융합심리분석상담치료2

융합심리분석상담치료2

ⓒ 지성용, 2023

초판 1쇄 발행 2023년 12월 25일

지은이   지성용
펴낸이   여럿이함께협동조합
편집   좋은땅 편집팀
펴낸곳   치유하는 도서출판 공감
전화   070-4142-9520
팩스   070-4142-9520
이메일   yeohamcoop@gmail.com
홈페이지 www.yeohamcoop.com

ISBN   979-11-951054-6-5 (93180)

CONVERGENCE PSYCHOANALYSIS COUNSELING THERAPY

융합심리분석상담치료2

‖ 내 마음 진단, 분석 그리고 치료 ‖

지성용 지음

치유하는
도서출판 공감

들어가는 글

'왜 정신분석은 항상 과거에 집착하고, 이유를 따져 묻느냐?'라고 하는 사람들이 있다. 현재가 중요한 것은 사실이다. 그러나 현재는 과거의 조각들에 의해 구성되고, 프로이트의 말대로 미래는 과거의 닮은꼴로 만들어진다. 그리하여 다른 미래를 가능하게 하기 위해서는 현재의 시선이 달라져야 하며, 현재를 조망하는 시선이 바뀌기 위해서는 과거에 대한 해석이 달라져야 한다.

범죄, 살인, 자살, 저출산, 행복지수 등이 개인만의 문제일까? 양극화, 실업, 빈곤, 주택난, 물가폭등, 기후환경 위기 등을 개인적 문제로 볼 수 있을까? 지금까지 상담심리학자들은 '자기(self)'를 찾아 나가는 과정에 역점을 두고 인간이 당면한 실존의 문제들, 즉 불안이나 분노, 우울 등의 문제에 접근했다. 그러면서 정작 한 개인을 둘러싸고 있는 다양한 주변 환경과 정치 경제학적 문제들에 대한 심층적인 이해나 접근을 부담스러워 했다. 그러나 개인의 문제는 그를 둘러싸고 있는 환경들과 무관하지 않았다. 내담자의 정서적 혼란과 붕괴, 증상과 장애는 매우 사회적이다. 에밀 뒤르켐은 1897년《자살론》에서 "모든 자살은 사회적 타살이며 사회와의 관계 아래서 일어난다."라고 말했다. '사회적'이라는 말에서 나는 자유로운가? 그 '사회적'이라는 것에 나는 어떤 방식으로든 동참하고 있지는 않았는가 생각해 보아야 한다.

우리는 융합심리를 연구하는 과정에서 특히 인간과 사회공동체 안에서 발견되는 불안, 우울, 분노 지점을 선택하고 집중했다. 과학적 사유와 논리를 전개할 때 다양한 상수와 변수들이 있겠지만, '마음의 원리'라는 측면에서 인간과 세계를 바라볼 때 불안, 분노, 우울의 관계와 역동은 개인과 사회공동체에 직접적이고 때로는 우회적 간접적으로 강력한 영향을 미치는 요소들(factors)임이 확실했다.

몸의 중심은 어디인가? 그것은 머리도 아니고, 심장도 아니고, 다리 근육도 아니고, 바로 가장 아픈 곳이다. 마음의 중심은 또 어디인가? 마찬가지로 바로 가장 아픈 곳이다. 그곳은 과거의 어느 시간을 지나며 만났던 사람이나 사건, 상황이나 충격들에 의해 생겨났지만, 우리는 그것들을 어떻게 다루어야 하는지 잘 알지 못했고 그저 사라져 버리고 아무런 영향도 없다고 간과했을 것이다.

어느 날 내 안에서 생각하지도 못하는 분노가 치밀어 오르고, 알 수 없는 무기력과 슬픔이 나를 짓누르고, 뜻하지 않은 불안으로 정상적인 일상을 살아갈 수 없는 상황에 놓인 적은 없었는가? 마음이 마음대로 움직이지 않았고, 내 마음이 내 뜻대로 움직여지지 않았던 기억들이 있다. 그런 마음을 진단하고, 분석하고 치료하는 작업이 필요했다.

가톨릭 사제로서 20년을 살아오면서 무수한 내담자들을 만나고 상담하고, 그들의 고통과 상처를 마주하게 되었지만, 인간의 마음을 알기에는 여전히 부족했으며, 필자 역시 불안과 분노, 우울의 시간을 지나야 했다. 그러면서 상담자로서의 막중한 책임과 역할에 대해 통감하고, 삶 속에서 조화와 균형을 이루는 길들을 모색했다. 인하대학교 인문융합치료대학원에서 지도하며 만났던 석사, 박사 과정의 연구생들과 학회에서 3년 가까이 동학들과 전개한 세미나, 워크샵의 자료들을 모아서 본 서를 발간하게 되었다.

무엇보다 먼저 어려운 시기 함께 걸어온 '인문학협동조합 여럿이 함께' 동무들에게 깊은 감사의 마음을 전하고 싶다. '한국영성심리분석상담학회의 회원들과 수련자'들에게도 감사의 마음을 전한다. 그들이 있었기에 이러한 작업이 끊이지 않고 진행되었다. 그들의 열정과 헌신이 조합을 이끌어 학회를 구성하고 자격증과정을 개설하면서 평생교육원을 설립할 수 있었으며, 양성된 상담사들이 현장에서 내담자들을 만날 수 있는 환경을 하나, 둘 만들어 낼 수 있게 되었다. 이 과정에서 존경하는 故선우경식 원장님의 동생 내외 선우효식, 변승환 선생을 만나게 되었다. 선우경식 원장님의 뜻이 이어지기를 바라는 마음으로 전해주신 후원금으로 이 책을 발간할 수 있게 되었으니 원장님께 빚을 진 셈이다. 빚을 빚으로 갚기 위해 한국영성심리분석상담학회 회원들은 마음을 모아 선우경식 기념 치유센터 '새봄'을 준비하고 있다.

천명(天命)을 알아야 할 나이에 이르러 그동안 보지 못했던 많은 것들이 새롭게 보이기 시작했다. 눈이 있으나 보지 못했고, 귀가 있으나 듣지 못했던 많은 것들을 다시 보고 듣게 된다. 이제 인력으로 안 되는 것들이 많이 있다는 것도 알게 되었고, 사람이 할 일을 다 하고 나면 천명을 기다려야 한다는 여유도 가지게 되었다. 공부할 영역과 수련할 내용들을 정돈했으니 이제 도반들과 함께 새로운 장을 열어나가야겠다는 다짐이다. 소리에 놀라지 않는 사자처럼, 그물에 걸리지 않는 바람처럼.

2023년 12월 8일
소나무 숲 성당에서

목차

II. 융합심리분석상담치료의 시작과 진단

III. 분석: 융합심리분석, PST-Convergence 분석키트

IV. 해석: 내담자의 프로파일 형성

V. 상담의 전개와 융합

VI. 치료

Intro

코로나 19 시대, 정서적 심리적 지지 시스템 구축을 위해 학제 간 융합에 대한 연구를 하던 시기, 서울대학교 우희종 교수는 "새로운 병원체의 등장으로 국제사회가 시끄럽지만, 돌이켜보면 신종 코로나 바이러스보다 훨씬 더 병원성이 높은 생명체가 지구에 존재한다. 우리를 공포로 몰아넣고 있는 신종 코로나 바이러스를 등장시킨 생물체로서 신종 코로나 바이러스보다 유전자 크기가 훨씬 크고 복잡하며, 신속히 전 세계를 돌아다니면서, 일부 오지를 제외하고는 지구 널리 퍼져 있다. 그 생명체의 이름은 인간이고, 이들이 지닌 이성과 욕망으로 생태계는 교란되고, 그들의 비이성적 두려움과 불안 및 무지는 이 병원체가 지닌 병원성의 동력이다."라고 말했다.[1] 코로나 19 이후 세계는 이전과는 다른 차원으로 비약하고 있다. 이후 인류가 더욱 집중해야 할 학문적 주제는 '지구와 인간을 살리는 연구'다. 인문학과 자연과학, 그리고 사회과학은 이제 '지구와 인간의 지속가능한 발전과 유지를 위한 연구'를 선택하고 집중해야 한다.

데이비드 쾀먼의 '인수 공통 모든 전염병의 열쇠'에 따르면, 1981년 이후 인수 공통 감염병에 걸려 사망한 사람들의 숫자는 2,900만 명에 달한다. 농업과 정주 생활로 인구밀도가 높아지고 전염병이 발생하기 시작했다. 새로운 질병은 동물들의 가축화에서 세균이 사람들에게 옮겨오면서 시작되었다고 바라보는 시각이 우세하다. 자연선택과정에서 살아남은 인간들은 면역체계가 강화되었고 병원균도 진화하였다. 인수 공통 감염병은 대부분 인간의 침투, 동물과의 접촉, 바이러스의 변형,

---

1) 경향 2020, 2월 3일 기사 인용, 우희종은 학제 간 연구에 깊은 관심을 지니고 있으며, 근대 과학의 한계를 극복할 수 있는 차세대 융합학문의 방향으로서 자연과학과 인문학 및 종교와의 접목을 시도하고 있다. 이러한 선구적 문제의식은 그를 한국 포스트휴먼 연구의 개척자로 만들고 있다. 그는 종교 간 대화에 관심과 더불어 개인적, 사회적 억압 구조와 이로 인한 소외 문제에 관심을 지니고 적극적 사회 참여를 주장한다. 학문의 경계를 넘나든 두 편의 논문 ['Individuality of Life from Emergence in the Network of Biosphere' 및 'Complexity Theory and the Structure of Full Awakening in Religious Experience']을 세계 최대 규모의 철학 학술 대회인 국제철학연맹(FISP) 주관의 세계철학대회(The XXII World Congress of Philosophy)에서 발표한 그는 과학철학과 과학기술사회학(STS)에도 관심을 지니고 과학과 사회와의 관계에 대한 입장을 분명히 하고 있다.

인간 감염의 순서로 일어난다. 그러니 사실 동물만이 원인은 아니다. 인간에게도 일정한 책임이 있다. 인간은 전염병의 원인을 원숭이, 박쥐, 들쥐 등, 야생 동물들에게 돌리지만 실상 인류가 동물의 서식지를 침범하고 때로는 야생의 동물들을 가축화시키면서 동물과 인간의 접촉이 바이러스의 변형으로 인간에게 치명적인 감염의 바이러스로 되돌아 왔던 것이다. 상당한 문제는 사실 인간에게 있었다.[2]

인류의 역사는 질병의 역사이자 질병에 대한 극복과 좌절의 역사다. 인간의 개인적, 사회적 고통 가운데 질병만큼 시간과 공간을 초월하며 인류를 괴롭혀 온 것이 없으며, 또 인간의 노력 가운데 질병의 고통에서 벗어나기 위해 기울인 것만큼의 지속적인 활동도 찾기 어렵다. 질병은 생명체의 탄생과 함께 나타난 것으로 인류보다 몇백 배나 긴 역사를 가지고 있다. 인간이 기존 생태계를 파괴하고 인간 중심으로 자연을 길들이는 과정에서 바이러스 등 여러 생명체가 적응하는 과정이 드러나는 것이고, 그런 점에서 질병의 역사는 생물의 역사이자 지구의 역사이며 인간 사회와 문명의 역사였다. 인간들이 겪는 질병의 바탕에는 자연사적인 측면도 있지만, 인류가 문명을 이룬 뒤에 더 중요하게 작용해 온 것은, 이러한 질병, 전염병, 바이러스의 공격이 세계사 안에서 중요한 역사적 사건들의 발생과 무관하지 않았다는 점이다. 지거 리스트는 《문명과 질병》에서 '인간의 질병은 **사회와 문명**이 만들며 질병은 다시 인간의 역사발전에 큰 영향을 미친다.'라고 말한다. 그는 질병을 단순히 의학적인 관점으로만 보던 협소한 지금까지의 관점으로부터 벗어나 사회구조의 상호관계 속에서 파악한 질병이 가지는 폭넓고 깊은 사회적·문화적인 의미를 지적한다.[3] 사회의 진화와 발전으로 생겨나는 문제는 더욱 복잡해지고, 해결도 단순한 지식이 아닌 융복합적인 연구를 통해 자연과학뿐만이 아니라 사회과

---

2) D. Quammen, 강병철. (2022). 인수공통 모든 전염병의 열쇠(Spillover: Animal Infections and the Next Human Pandemic), 꿈꿀자유.

3) 헨리 지거리스트 & 황상익. (2008). 문명과 질병. 한길사.

학과 인문과학의 학제 간 융합이 요구되는 시대에 진입한 것이다.

코로나 바이러스의 물리적인 공격과 인간의 신체적인 방어는 의학과 생물학의 과학적 진보에 힘입어 조속히 백신을 만들어 대응하고 있으며, 전 세계적으로 집단면역을 위한 백신 접종이 숨 가쁘게 전개되었다. 그러나 이러한 신체적 물리적인 바이러스보다 더욱 심각한 문제는 심리적, 사회적, 영성적인 바이러스가 전방위적으로 작용하며 시민사회에 불안과 우울, 분노와 분쟁을 일으키고 있다는 사실이다. 가령 코로나 바이러스 기간 내에 벌어진 많은 일들 가운데 한국 사회 1차, 2차, 3차 대유행과 확산의 시기에 수많은 교회 발 집단 감염으로 한국 종교계는 매우 심각한 혼돈 상태에 놓여 버렸다. 백신 접종과 관련한 가짜뉴스의 확산으로 백신 접종을 기피 하거나 부정하는 일들도 생겨났다. 이러한 두려움은 공동체 전반에 커다란 손실을 감수할 수밖에 없는 상황을 만들었다.

이제 우리에게는 이러한 문제들에 대한 날카로운 분석과 비판 그리고 사변이 필요한 시간이 주어졌다. 우리는 코로나 팬데믹을 바르게 해석하고, 지구와 인간 그리고 사회를 바라보는 인식의 틀을 넓히고 우리 삶을 깊이 있게 찬찬히 들여다볼수 있는 시간을 가져야 한다. 인문학은 그러한 면에서 이제 새로운 변화의 소용돌이 한가운데 놓이게 되었다. 과학기술의 진보는 인류의 생산력을 그 어느 때보다 더욱 높게 만들어 주었지만, 그것은 인류 모두에게 축복만은 아니었다. 아마존의 밀림이 신음하고 북극곰들의 서식지가 줄어들고 있다. 2020년에는 코로나 19뿐만 아니라 전 세계 많은 지역에서 산불과 폭염, 허리케인이 잇따랐고, 강력한 태풍과 그로 인한 대규모 홍수가 동시다발적으로 발생했다. 바이러스를 피해 집에서 안전함을 느끼는 사람들도 있었지만, 수천 명의 사람들은 생존을 위협하는 기후변화에 맞서 싸워야만 했다. 생태위기와 기후 위기는 이제 과학과 기술의 진보를 통해서 극복될 수 있는 문제가 아니라는 데에 많은 전문가들이 공감하고 있다. 철학이 없는 과학과, 역사를 망각한 진보, 인간의 존엄과 사랑이 없는 기술은 우리를 끊임없이 불안하게 하고 두려워하게 한다. 지금 우리가 살아가고 있는 지구와 자연 그리고 세계와 사람들이 병들어가고 신음하고 있다. 그동안 우리는 이러한 문제들이 경제의 성장과 풍요로움, 과학과 기술의 진보로 해결 가능하다고 생각해 왔다. 나의 문제로 다가오지 않았기에 지금까지 여유가 있었지만 이제 그러한 여유로운 시간은 우리에게 주어지지 않을 것이다. 인문학의 복원과 확장은 이제 종교 이상의 힘과 노력을 기울여야 할 시대의 사명이 되었고, 당면한 문제를 해결해 나가기 위한 철학적 모색과 탐구, 구체적인 실천 방법을 찾아 나가는 중요한 계기를 만들어야 한다.

‘인문융합상담’의 영역과 ‘융합심리 분석상담치료’ 분야는 그러한 면에서 인간의 회복, 자연과 세계의 회복을 위한 중요한 도구로서 자리매김할 것이다. 본 연구는 그러한 측면에서 인간의 위기와 자연의 위기, 지구의 위기 한가운데서 인간이 자신의 본래 모습으로 돌아갈 수 있는, 그리고 회복할 수 있는 길을 찾아 나가고자 한다. 인간의 회복은 곧 자연의 회복으로, 지구의 회복으로 돌아갈 수 있는 길도 알려줄 것이다. 우리는 그러한 작업의 시작으로 인문학과 사회과학 그리고 자연과학의 융합을 통한 ‘인문융합상담’과 ‘융합심리분석상담치료’의 새로운 장을 열어나가 보려 하는 것이다.

1.

융합심리학의 출발: '인문융합상담'과 '융합심리분석상담치료'의 영역과 범위

상담치료의 영역은 어디서부터 어디까지인가? 상담전문가는 내담자의 내면만을 분석하는 작업만으로 과연 치료/치유의 프로세스를 성공적으로 진행해 나갈 수 있을까? 내담자의 불안, 분노, 우울은 어디에서 발생한 것인가? 인간은 사회적 동물이라고 흔히들 말한다. 인간은 관계 안에서 출생하고, 성장하고, 희로애락을 겪으며, 무수한 감정의 역동과 갈등, 분열과 통합이라는 씨실과 날실의 얽힘을 통해서 성장하고 성숙해 간다. 그러한 한 개인의 내면은 그가 속한 집단과 공동체, 인종과 국가, 그가 성장한 학교를 중심으로 한 교육시스템과 사회경제적 활동을 하는 일터, 그가 선택한 종교의 영역을 비롯하여 개인과 개인, 개인과 사회가 교류하는 지점에서 끊임없는 정서적, 심리적, 사회적, 영성적 불균형이 발생한다. 그것을 다시 본래의 상태로 회복하려는 노력, 깨어진 균형과 조화를 찾아 나가는 과정에서의 조력을 그동안 우리는 상담사의 역할로 이해하고 있었다. 전통적인 의미에서의 상담의 영역은 고통을 겪고 있는 인간의 내면에 대해서 말하게 하고 지지하고 공감하고 응원하며 그들이 다시 삶에 대한 의미를 되찾고 일상의 삶으로 돌아갈 수 있도록 도와주지만, 그가 살아가고 있는, 그를 둘러싼 세계와 사회, 사람들과의 역동을 이해하고 그에 따른 행동을 수정하는 작업을 병행하지 않는다면 만족할 만한 치료의 성과를 기대하기 힘들 것이다.

인문융합상담은 그러한 측면에서 내담자의 내면뿐만 아니라 그를 둘러싼 환경을 함께 탐구한다. 심리학(Psychology)에 사회과학적 연구방법과 구체적인 실천이 융합되는 지점이다. 인문융합상담전문가는 내담자의 불안과 분노와 우울을 심리학적으로 연구하고 상담학의 다양한 이론과 기법을 통해 내담자와 공감하지만 동시에 그를 둘러싼 사회 구조적인 문제를 외면하지 않는다. 가령 국가폭력으로 희생당해 트라우마를 가지고 있는 내담자, 사회안전망의 부실로 희생당한 사람들, 재난이나 불평등, 구조적인 불의한 폭력이나 억압 등으로 삶의 균형과 조화를 잃어버린 내담자들이 그럼에도 불구하고, 사회 구성원들과 더불어 살아갈 힘과 용기를 주고, 삶의 의미와 가치를 새롭게 발견할 수 있는 영감(inspiration)을 줄 수 있는 역할을 마다하지 않는다.

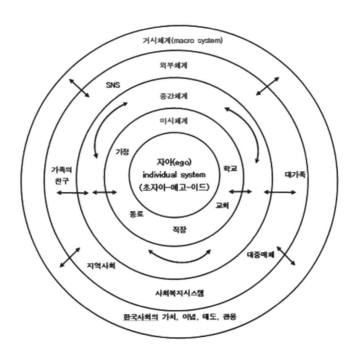

Bronfenbrenner(1979)의 생태학적 모형은 개인체계, 미시체계, 중간체계, 외부체계, 거시체계로 구성된다. 우리는 브론펜브랜너의 세계구성의 생태학적 모형을 인문융합상담과 융합심리분석상담 치료의 영역으로 확장한다.[4] 융합심리 분석상담 모형의 핵에는 **개인체계(individual system)**가 존재한다. 개인체계는 인지적, 정서적, 생화학적 요인으로 구성되어 있다. 인문융합상담의 시작 영역은 바로 브론펜브랜너가 말한 '개인체계'로부터 시작된다. 구체적인 치료의 프로세스, 융합심리분석상담치료는 바로 여기에서 발생하는 인지적, 정서적, 생화학적 요인 등의 현상을 관찰한다.

각 개인은 가족, 이웃, 친구, 동료 등과 상호작용 교류하며, 이들 인접 환경 속에서 인지적, 정서적, 사회적, 영성적 영향을 주고받는다. 개인과 만나는 개인, 개인과 집단 혹은 조직과의 일대일 대응을 **'미시체계(micro-system)'**라 규정한다. **중간체계(meso-system)**는 미시체계 사이의 관계, 즉 한 개인이 소속된 두 개 이상의 환경 간 상호작용을 일컫는 것으로, 예를 들면, 한 개인의 업무능력은 교육기관의 직업교육 수준과 해당 직장에서의 업무교육, 지도 등이 상호작용한 결과라고 할 수 있다. **외부체계(exo-system)**는 개인에게 간접적으로 관련되는 환경구조들로, 지역사회, 언론, 시민사회 등이 포함될 수 있다. 특히 4차 산업사회의 디지털 문해력과 사회적 소통망의 연결로 대부분의 정보를 취득하는 커다란 격변 속에서 외부체계는 개인의 심리와 정서에 지대한 영향을 미치는 것이 사실이다. 코로나 시기에 왜곡된 바이러스 정보나 백신 정보가 횡횡하며 합리적이지 않은 선택이나 결정으로 생명을 잃어버린 많은 사람들이 있었고, 외부체계의 과도하고 왜곡된 정보로 지나친 불안이나 우울 분노에 노출된 사람들도 부지기수였다. **거시체계(macro-**

---

4) 구남호, 이종영, 장익영. (2020). Bronfenbrenner 인간발달 생태학이론의 체육학 적용 가능성 및 이론모형 탐색. 한국융합과학회지, 9(3), 1-35.

system)는 외부체계보다는 조금 더 광역의 시각에서 개인을 바라본다. 개인이 핵을 이루는 사회의 문화, 이념, 태도, 가치 및 제도를 의미하는 거시체계는 사회적 조직체계, 공공정책, 문화 규범, 국가의 이념이나 추구하는 지향과 소중히 여기는 가치, 세계 안에서의 태도 등으로 구성된다. 최근 상담 심리학자들의 영역이 상담실 및 개인적인 수준에 국한되었을 때 그 효용에 한계가 있다는 문제를 제기하고 있다. 상담심리학자들이 개인 수준의 변화를 넘어서 공동체로 그 작업의 영역을 넓히고, 사회에서 소외된 집단을 위한 책임감을 가지고 자신의 역할의 범위를 확대해야 한다고 주장하는 움직임이 학계와 현장을 중심으로 커지고 있다. 이러한 움직임은 상담심리학자들이 미시적인 측면과 거시적인 측면 모두를 자신의 역할로 포함했을 때 내담자의 변화를 넘어서 사회의 변화에까지 기여할 수 있다는 견해와 맥을 같이한다.

대한민국에서도 2014년 4월 세월호 참사처럼 준비되지 않은 채 일어나는 재난은 사회적 위기의 한 유형으로서, 재난 현장은 즉각적인 위기개입과 심리지원이 필요했다. 재난에 노출된 피해자나 그 가족, 주변의 지인들과 친인척 등은 불안, 우울, 외상 후 스트레스장애, 알코올 의존이나 약물 남용 등과 같은 단기 또는 장기적인 심리적 정서적 장애로 고통받는다. 상담심리학자들은 현장에서 안전에 대한 최소한의 국가 시스템이 부재함을 경험하고, 심지어 근본적인 대책보다는 임시방편에 급급한 행정부처에 대한 분노와 실망을 표현하였다. 국민의 안전을 국가가 책임지지 못했다는 생각은 세월호 위기상담에 투입된 상담자들에게도 불안전감과 불안정감을 주었고 상담과정에서 내담자에게 영향을 미쳤다. 미국의 사회학자 Erikson(1976)은 트라우마를 개인적 트라우마(Individual trauma)와 집단적 트라우마(collective trauma)로 규정했다.[5] 집단적 트라우마는 사회적 불신, 인간에 대

---

5) K. Erikson. (1976). Everything in its path: Destruction of community in the Buffalo Creek flood. New York:

한 저평가 혹은 잔혹함, 굴욕, 삶에 대한 무가치, 사회적 분열 등의 위험하고 불안정한 감정으로 전이되기 쉽고, 특정 사회가 가지고 있는 연령, 인종, 성차별, 경제적, 사회적 불평등, 이전의 해결하지 못한 집단적 트라우마 등과 결합해 더 큰 사회 문제와 혼란을 야기하게 된다. 세월호 추모라는 전 시민의 애도 시기에 광장에 등장한 태극기 부대나 극우 보수단체들의 항의와 집회 등은 세월호 문제를 경제 문제와 연동시키며 국가재난의 무능력과 무책임을 질타하는 사회적 여론을 분산하는 정치적인 이해관계를 만들어 내며 젊은이들의 부도덕한 가치관을 양산하는 계기가 되었다. 당시 한국 사회의 집단지성과 시민단체들은 세월호 참사의 상황에서 비뚤어진 여론에 적절한 대응을 하지 못했고, 상담심리학자들도 사회 구조적 문제 개입의 적절한 시기를 놓치며 이후 제2, 제3의 사회적 가해 상황에 무력했다는 점에 주목할 필요가 있다.[6] 세월호 사건은 '불확실성' 시대를 사는 우리에게 국가를 향한 강한 불신을 심어 준 대형 사건이었다. 동시에 한국 사회 상담심리학자들의 한계를 적나라하게 노출한 안타까운 순간이었다. 그러나 416 재난은 우리 사회 상담심리학자들이 이제 사회 구조적인 문제를 바라보며 거시체계에 관심을 가지는 결정적인 전환점의 역할을 했다.

다시 2022년 10월 29일 이태원 참사가 발생했다. 그리고 세월호 사건과 다르지 않은 양상으로 국가와 행정기관은 정치적 책임과 사회적인 책임, 그리고 유가족에 대한 도의적 책임도 가지지 않았다. 참사 희생자의 명단공개를 2차 가해라 말하던 검찰, 위패와 영정 없는 조문을 강요했던 행정안전부, 시민들과 가족들이 꾸려 놓은 시민분향소 앞에서는 극우보수주의 단체들이 고성능스피커를 통해 유가족들에

Simon and Schuster. 개인적 트라우마는 잔혹한 어떤 힘에 의해 개인의 방어체계가 완전히 파괴되거나, 이에 대해 적절한 대응을 못할 때 나타나는 현상으로, 집단적 트라우마는 인간의 힘으로 감당할 수 없는 자연재해, 인간에 의해 발발하는 전쟁·사고·참사, 누적적인 빈곤·학대·질병·박탈 등이 집단-예를 들어, 가족, 커뮤니티, 사회 전체 등에 미치는 영향으로 설명한 바 있다.

6)   J. Saul. (2014). Collective Trauma Collective Healing, New York and London: Routledge, 3-4.

게 망발을 쏟아내는 어처구니없는 2차 가해, 또 다른 참사가 벌어지고 말았다. 이태원 참사의 159번째 희생자는 현장에서 생존한 고등학생이었는데 참사 트라우마로 극단적 선택을 하게 되어 희생되었다. 정신과 의사에게 자문한 결과 살아남은 죄책감과 인터넷의 악성 댓글에 충격을 받고 극단적인 선택을 하게 된 것으로 사료된다. 참사를 직접 목격한 이들은 현장 장면 기억이 반복적으로 떠오르거나 죄책감·악몽으로 고통을 받고, 인파가 많을 때나 거리에서 사이렌 소리가 들리면 느껴지는 극심한 공포 등을 공통으로 호소했다. 간접 목격자들도 상실감·죄책감, 국가가 자신을 지켜 주지 않는다는 불신, 희망 없음 등의 반응을 드러냈다. 이러한 사회적인 참사는 개인적 트라우마를 넘어 집단적 트라우마를 양산했다. 트라우마 환자들을 괴롭히는 주요 원인은 대인관계다. 사람과 세상이 나한테 안전하다는 믿음이 무너져 생겨난 트라우마이다. 물론 기본적으로는 의학적인 진단과 치료가 필요하지만 치료 못지않게 중요한 게 주변 사람들의 지지와 공감, 신뢰와 연대다. 피해자들을 이해하고, 믿음을 주려는 노력을 해야 한다. 여기에서 상담 전문가들은 사회적 상담의 역할을 주목했다. 상담 학계가 사회적 참사라는 거시적 체계를 바라보기 시작하면서 등장한 영역이 국가가 운영하는 트라우마센터이다. 이제 상담은 상담실 안에서만 이루어지는 것이 아니다. 사회의 모순과 부조리가 있는 곳, 위기와 갈등이 있는 곳, 도움과 연대가 필요한 여러 영역, 가령 다문화상담 영역과 사회정의 영역에 대한 상담, 그리고 사회적인 참사나 위기의 시기에 개입하는 위기상담의 영역 등이 활성화되기 시작했다.

상담의 구체적인 현장에서 내담자는 종종 자신의 정서 심리적 문제에 스스로가 전적인 책임이 있다고 생각하며 타인의 시선을 내면화하는 경향이 있는데, 이러한 내면화는 문화적으로 소외되고 억압의 위치에 있는 개인에게 흔히 발견되는 현상이다. 이런 내면화된 억압은 개인의 성장과 발전에 악영향을 미칠 수밖에 없고 문제의 해결에도 도움이 되지 못한다. 상담자는 내담자가 보이는 이러한 내면화된 억압을 취약함, 열등함이라기보다는 정상적이고 자연스러운 반응으로 이해해야 하며, 내담자가 이러한 내적 과정을 충분히 이해할 수 있도록 돕는 것이 필요하다.[7] 그리고 외부체계, 거시적 관점에서의 이해를 도모하여 내담자가 문제의 본질로 접근할 수 있도록 돕는 노력도 함께해야 한다. 그러기에 상담의 영역에 대한 규정이 필요한바, 앞서 언급한 Bronfenbrenner의 생태학적 모형은 융합심리분석상담의 영역과 범주를 이해하는 데 주요한 구획의 도구로 활용하게 되었다. 융합심리분석상담 치료는 이러한 생태적 환경구성의 이해를 전제로 상담의 영역과 참여의 영역을 미시세계와 거시세계로 대별하고, 미시세계 안에서는 개인체계와 그들 간 관계의 역동을 연구한다. 반면 거시체계에서는 외부체계를 연구하게 될 것이다. **거시체계(macro-system)**는 각 문화의 이념, 태도, 가치 및 제도를 의미하는 것으로, 이러한 사회적 체계, 공공정책, 문화 규범 등이 어떻게 외부체계에 영향을 미치는가를 연구할 것이다. **외부체계(exo-system)**는 개인에게 간접적으로 관련되는 환경구조들로, 지역사회, 언론, 시민사회 등이 포함될 수 있겠다.

1.1. 전통적인 심리학의 영역:
미시체계(micro-system)와 개인체계(individual system)

개인체계는 인지적, 정서적, 생화학적 요인으로 구성되어 있다. 곧 당신은 누구

---

7) 억압(oppression)은 사회 전반에 펼쳐있는 불평등, 즉 차별, 편견, 편협한 태도 등을 강조하기 위해 사용되는 용어로, 조직적인 차별, 편견, 편협한 태도 등이 사회적 관계망 속에서 어떻게 융합되고 개인의 삶에 영향을 미치는지를 설명한다. 곤궁한 처지에 있는 내담자를 만났을 때, 내담자가 경제적으로 무력하게 살아올 수밖에 없었던 억압적인 조건을 민감하게 고려하지 않는 상담자라면 이러한 가난과 무력함의 원인을 경제 제도나 내담자 주변의 환경적 맥락이 아닌 내담자 안에서 찾으려고 할 것이다. 반면에, 억압이 사회에서 어떠한 작용을 하는지, 또 개인의 삶과 정신건강에 어떻게 반영되는지 이해하는 상담자라면 내담자의 문제를 조금 더 포괄적으로 이해할 수 있을 것이다. 이러한 견지에서, 개인의 억압 경험을 탐색하지 않은 채 상담을 진행하는 것은 상담자가 의도한 것이 아니더라도 또 하나의 억압으로서 내담자에게 작용하는 것이라고 할 수 있다.

인가? 당신은 어디에서 와서 어디로 가는가? 질문에 대한 대답을 하는 '나'는 진짜 '나'인가? 프로이트와 융 심리학의 중심에는 바로 이 'Ego, 자아'가 있다. 에고는 그를 둘러싸고 있는 주변의 환경과 또 다른 수많은 타자들(가정, 학교, 직장, 교회 등)에 의해 자율적이고자 하나 자율적이지 못하고, 독립적이고자 하지만 독립할 수 없는 물리적 환경에 놓여 있다. '거짓 에고'를 넘은 자리, 거기에 '참 에고'가 있다. 사회 속에서 배운 대로 말하고 행동하는 '나'는 융의 페르소나 개념에 의하면 '거짓 나'일 수 있다. 융은 상담을 '자기(self)인식과정', '성격의 재구성'이라 말하기도 한다. 특정한 이론에 짜 맞추려는 어떠한 미숙한 시도에도 반대하였으며, 모든 상담 접근법에 내재하고 있는 경험적인 성질을 강조하였다. 그의 좌우명은 '효과가 있는 한, 그 어떤 것이라도 사용될 수 있다'이며, '할 수 있는 한 이론을 배우라. 그러나 살아 있는 영혼의 신비를 접할 때는 이론을 제쳐 놓으라[8]' 말한다. 자아는 내가 의식하는 세계로 지각, 기억, 생각, 감정으로 구성되어 있다. 자아는 의식에 대한 수문장 역할로 생각, 감정, 기억, 지각 결과가 자아에 의하여 인정받지 못하면 그것들은 지각될 수 없다. 자아는 많은 정신자료를 취사선택함으로써 인격의 동일성이나 지속성을 갖게 해 준다. [9]

심리학을 통한 이러한 에고의 접근에는 몇 가지 문제들이 있다. 에고를 분석하는 심리상담은 이론으로부터 유도된 유형들이 현실 세계에서 검증될 필요가 있다. 분석심리학의 이론과 관련된 대부분의 연구는 성격 유형론에 관한 것이다. 그러나 분석심리학적 상담의 효과에 대한 실증적 연구는 부족하다. 에고를 분석하는 심리학적 상담이 정신분석과 마찬가지로 수년에 걸친 장기간의 상담 및 심리치료 기간과 많은 비용을 요구한다는 것도 작은 문제는 아니다. 또한, 분석심리상담의 대

---

8) C. G. Jung. (1954). Collected Works, Vol. 17. New York: Princeton University Press, 174-181.
9) 박원진, 김보기. (2019). 분석심리학을 적용한 상담과정과 상담기법에 관한 연구. 산업진흥연구, 4(1), 67-78.

상이 지적 수준이 어느 정도 높고 문제의 해결보다 자신의 삶에 대한 이해를 심화시키려는 동기를 지닌 사람이어야 한다는 점이다. 이런 점에서 **프로이트의 정신분석이나 융의 분석심리학적 상담은 엘리트를 위한 접근법이라는 비판을 받아 왔다. 따라서 프로이트의 정신분석이나 융의 분석심리상담은 현실적인 문제와 증상의 해결을 넘어서 자신의 정신세계와 인생에 대한 깊은 성찰을 원하는 내담자에게 적합한 상담 접근법**이라 할 수 있다. 우리 사회를 구성하는 사람들 가운데 에고를 분석하는 데 많은 비용과 시간을 들일 수 있는 사람들이 얼마나 될까? 정신적인 문제가 나타나면 약물치료를 하게 된다. 심한 경우에 격리 치료 병동에 입원시키는 것으로 가야 하는 사회적인 분위기도 있다. 사회적으로 심각한 정신보건 문제에 대한 소위 해당 전문가들의 과도한 제한과 학회나 협회 등의 사적인 영역과 공적 개입의 불분명한 경계선이 정신보건 정책에 대한 애매한 상황만 오랫동안 유지하게 하고, 자살률 세계 1위, 자살증가율 1위라는 오명에서 벗어나지 못하는 한계에 봉착해 있는 것이 우리의 현실이다.

개인을 둘러싸고 있는 가정과 학교, 직장과 종교단체에서 받는 정서적 충격은 매우 크다. 가정폭력과 학교폭력, 직장 내 따돌림과 괴롭힘, 종교 중독과 사이비 종교로 인한 정신적 폐해 등등 개인체계를 둘러싸고 있는 미시체계에서 오는 정서적 위협과 심리적 불안 요인은 한두 가지가 아니다. 그런데 이러한 미시체계에 대한 분석과 연구, 대책과 대안 없이 개인의 에고의 문제만을 상담하고 집중한다면 정서적 장애(emotional disorder)의 책임이 온전히 개인에게만 돌려져 상담이 자칫 2차 가해가 될 수 있는 측면도 심각하게 고려해야 한다.

1.2. 융합심리학의 영역:
거시체계(macro-system)에서 바라보는 외부체계(exo-system)

우리가 분석하려는 그 에고는 세계 속에 살아가는 에고이다. 그 에고는 제도교육을 받고 성장했고, 그들의 부모는 우리와 같은 시대를 살아왔던 동시대인들이었다. 비슷한 사회문화적인 체험과 경험, 사회적인 시련과 공통의 체험들, 가령 예를 들어 한국전쟁, 무수한 정치적 격변의 시기, 세월호 침몰에서 용산 이태원 참사에 이르기까지 발생한 사회적인 격동과 참사를 함께 지켜보며 살아왔던 사람들이다. 우리가 이 사회공동체 안에서 숨 쉬고 살아가는 동안 우리의 에고는 끊임없이 세계의 영향에서 무관하지 않게 살아가며 작동할 것이다. 그런데 이러한 '에고'의 분석과 변화에만 많은 에너지를 쓰게 되니 정작 중요한 에고를 둘러싸고 있는 거시체계의 환경에 대한 연구와 분석, 그리고 변화에는 관심을 가지지 못하는 상황에 놓이게 된다. 외부체계는 대중매체와 SNS, 지역사회와 사회복지 시스템, 가족의 친구들이나 친지들을 망라한다고 볼 수 있다. 그들은 우리의 에고와 직, 간접적으로 연결되어 있고, 서로 긴밀하지는 않더라도 직간접적인 영향을 받는다. 특히 대중매체와 SNS는 디지털 시대를 살아가는 현대인들의 정서에 지대한 영향을 미치는 것 또한 새로운 연구의 지점이 되어야 할 것이다.

지구환경의 변화와 오염으로 우리는 각종 암에 노출되어 요사이 사망률 1위는 암이다. 그런데 정작 암이 개인의 문제로, 그 책임이 개인의 관리부실의 문제로 다가온다. 사실 많은 발암의 원인은 그를 둘러싼 직업이나 주소지의 환경이나 상황과 무관하지 않다. 오염된 공기를 마시고 살아가야 하는 사람들은 청정한 공기와 좋은 작업환경에서 일하는 사람보다는 훨씬 더 발암 비율이 높다. 동시에 실외에서 위험한 작업환경에서 일하는 사람들, 격무에 시달리는 노동자들의 삶과 평온한 실내에서 좋은 환경 안에서 일하는 사무직 직장인의 건강은 많이 다를 것이다. 우리는 신체보건과 정신보건 문제에 있어서 발생하는 문제들을 개인의 책임과 개인의 문제로 협소하게 이해하려 하는 경향이 있다. 하지만 현대의 신체, 정신보건의 문제는 전 사회적인 문제이고 전 사회적인 책임이다. 신자유주의 경제의 고된 경쟁과 낙오자가 되지 않기 위해 과도하게 피로해지는 사회 안에서 사람들은 쉴 틈을 찾지 못하고 병들고 신음하고 있다. 이것은 사회 구조적인 모순이고 문제이다. 이제 정신보건 건강에 대한 문제는 거시적인 문제에 대한 이해와 접근이 함께 해야 한다. 자신을 우주의 중심으로 생각하고 '태양이 우리를 두고 돌고 있다'라는 천동설 같은 에고 중심의 시각으로는 문제를 바르게 인식하고 분석하고 사변할 수 없다. 우리가 태양을 중심에 두고 돌아가고 있으며 우리와 같은 다른 행성들도 궤적을 달리하며 돌고 있고, 무수한 행성들이 서로 어떠한 영향을 주고받는지를 연구하고 분석할 때 우리는 새로운 길을 발견할 수 있을 것이다. 우리가 분석하려는 '에고'는 결국 세계 안에서 만들어지고 성장하고 지금 현존하는 바로 그 세계 안의 '에고'이기 때문이다.

한 개인이 억압의 기제를 이해함으로써, 그 악순환에서 벗어날 수 있도록 돕는 과정, 즉, 사회에 존재하는 억압 속에서 내담자가 자신이 어떻게 '사회화'되었는지 이해하고, 자기 고유의 역량을 발견하며, 스스로의 삶을 결정할 수 있게 되는 과정이 필요하다. 개인은 자신의 역량을 저해했던 방해물들을 확인하고 그에 대처할 수 있는 방안을 강구하며, 자신의 삶을 스스로 통제할 수 있는 역량'을 갖추어야 한다. 이러한 개인의 자각과 성장은 사회 변화를 위한 노력으로도 이어질 수 있다. 사회체계 내에 존재하는 억압을 이해하게 된 개인은 사회 내에 존재하는 다양한 종류의 억압에 관심을 가지고, 다양한 사람들이 각자 상이한 경험을 하며 살아왔음에도 불구하고 근본적으로 공통점을 가지고 있다는 것을 인식한다. 그리고 사회

체계 변화를 위한 연대가 절실하다는 것을 깨닫는다. [10]

　한국 사회는 비약적인 경제 및 기술 성장을 이루어왔음에도 불구하고, 현재 한국인들은 심리적으로 여유롭고 안정적이기보다는 생존과 경쟁에 지나치게 몰입함으로써 더 높은 수준의 불안을 보이고 있다. 2023년 대한민국의 사회나 조직이 인간성과 생명존중에 가치를 두기보다는 경제적인 가치, 상대적 우월감이나 성취에 열중하는 것이 실제로 내담자들의 주호소에서 다양하게 반영되고 있다. 이제 상담심리학자들은 상담의 전통적인 구조와 역할에서 벗어나 사회와 조직 속의 변화를 이끌어내는 역할을 수행하는 보다 거시적인 안목의 사회적 자리매김을 해야 하는 시대로 접어들었다. 이러한 사회적인 변화가 곧 내담자 삶의 변화로 이어진다는 것은 상담자와 내담자의 목표가 서로 다르지 않다는 것을 말해 준다.

　실제로, 거시적인 관점을 채택할 필요는 이미 상담 심리학계에서 대두되고 있

---

10)　'사회정의'에 대한 상담심리 전문가들의 관심은 2001년 미국 휴스턴에서 개최된 네 번째 '전미상담심리학회'(The Fourth National Counseling Psychology Conference in Houston)에서 본격화되었다(Goodman et al., 2004). 이때, 사회정의 관련 연구, 활동, 훈련에 대한 다양한 논의가 이루어짐과 동시에, 상담심리학자들이 사회정의에 폭넓은 관심을 가져야 한다는 데 합의가 이루어졌고, 이후, 상담심리학이 기존의 상담 및 심리치료를 넘어서서 공동체와 정책 수준의 개입으로 그 범위를 확장해야 한다는 움직임이 가속화되었다(Albee, 1996; Fox, 2003; Martin-Baro, 1994; Prilltensky & Nelson, 2002; Speight & Vera, 2004; Vera & Speight, 2003). 지금은 상담자 육성과정에서 다문화 상담 및 사회정의 관련 과정을 필수적으로 포함시키는 등 보다 체계적으로 다문화 역량을 함양하기 위한 방안이 필요한 시점이라고 할 수 있으며, 이러한 교육에서 상담자의 자기 탐색은 지식이나 기술에 앞서 핵심적인 요소로 상담자 교육에 포함되어야 한다. 또한, 내담자가 소속된 집단의 문제를 공적으로 알리는 것 또한 사회정의적 접근의 주요 활동영역 중 하나이다(Goodman et al., 2004). 해당 집단이 자신의 공동체에 청원을 넣을 수 있도록 돕거나, 법률가, 행정기관, 언론사에 문제를 제기할 수 있도록 편지를 함께 쓴다거나, 입법기관을 대상으로 로비를 하거나 기금을 마련하는 등의 활동이 이 영역과 관련된 활동들이다(Goodman et al., 2004; Mallinckrodt et al., 2014; Toporek et al., 2009). 상담자의 사회정의적 지식, 기술, 태도 및 가치관을 육성하는 데 있어서, Intergroup Dialogue(IGD)는 중요한 역할을 담당할 수 있다(Mallinckrodt et al., 2014). IGD는 인종, 성별, 성 정체성, 사회경제적 지위 등등에서 다양한 정체성을 지닌 개인들이 모여 경험을 나누고, 그 결과, 타 집단에 대한 지식과 인식을 증진하도록 돕는 집단 상담이다(Zúñiga, Nagda, Chesler & Cytron-Walker, 2007). IGD를 통해 집단원들은 서로의 차이에 대해 논쟁하고 자신의 입장을 설득하기보다는 타인의 경험을 경청하며, 그러한 경청을 통해, 집단원들이 타 집단을 보다 효율적으로 수용하게 되며, 자신과 타인에 대해 깊이 있게 이해하게 된다(Bohm, 1996; Chen, Thombs & Costa, 2003; Zúñiga et al., 2007; Zúñiga, Nagda & Sevig, 2002).

다. 특히 2014년 한국 사회에 큰 슬픔과 충격을 주었던 세월호 사건 이후 상담심리학자들은 자원봉사 등의 형태로 그 역할을 수행했고, 이는 이후 국립 트라우마센터 건립이나 다른 전문가 집단과의 협조체계 구축 등으로 이어졌다. 상담심리학자들의 이러한 활동은 앞으로 더욱 확장되어야 한다. 한국 사회는 여성에 대한 혐오 및 폭력, 성 소수자의 인권과 법률에 관련한 논란, 장애아동 교육기관의 설립에 대한 지역 기반의 찬반여론, 흙수저와 금수저로 대변되는 신사회계급의 등장 및 상대적 박탈감, 다양한 영역에서의 갑질논란, 보복운전, 높은 자살률, 잔혹해지는 청소년 폭력 등 심리적인 기제가 깔려 있는 다양한 사회문제에 당면해 있다. 이러한 사회문제들에 대한 개인적, 미시적 접근은 그 효과에 한계가 있으며, 내담자 및 지역사회에 대한 심리교육, 워크샵 개최, 지역 정치인들과의 협조 관계 구축, 법률가 등과의 협업 등의 접근이 보다 활발하게 이루어질 때, 보다 효과적인 개인의 변화와 사회 변화를 이끌어낼 수 있을 것이다. 이제는 상담심리학자들이 전통적인 방식에서 그 역할을 확장하여 거시적인 관점에서 사회 변화를 위한 방안을 꾀하는 것으로도 그 역할을 확장해야 한다. 융합심리학적 접근이 바로 이러한 중심에 서 있다. 융합심리학은 기존의 심리학이 가지는 '에고' 중심적인 한계를 넘어서서 인간 마음의 연구와 동시에 그 마음을 둘러싸고 있는 사회 구조적인 문제들, 곧 외부체계, 거시적 관점을 고려하며 한 개인의 체계와 미시세계를 융합하여 이해한다.

융합심리학적 접근이 무엇이며 어떻게 훈련할 것인지에 초점을 맞추는 교육과 수련이 필요하다. 그렇다고 거시적 관점의 강조가 미시적 관점, 개인적인 접근을 버려야 한다고 주장하는 것이 아님을 또한 분명히 해야 한다. 한 사회의 여러 가지 문제들은 거시적 관점, 미시적 관점 모두를 채택하여 다각적인 접근을 했을 때 그 효과를 가져올 수 있는 것이므로 기존에 상담심리학자들이 채택해 왔던 전통적인 방식에 새로운 방식을 융합해야 한다는 것이 필자의 목적을 더 잘 반영하는 것이

라 할 수 있다

급격한 도시화, 산업화, 세계화와 함께 전 세계의 인구는 이동을 시작한다. 이동은 인류에게 유익한 많은 것들을 서로 교환하게도 했지만 때로는 필요하지 않은 많은 것들을 이동하게 했다. 최근 들어 주기가 짧아진 신종감염병들, 사스, 신종플루, 메르스 그리고 최근의 COVID 19까지 감염병의 위기는 순식간에 전 세계적인 상황이 되어 버렸고, 인류는 그동안 체험하지 못한 새로운 세상의 변화를 체험하며 혼란과 불안을 체험하게 되었다. 감염병의 유행은 불안, 공포, 스트레스 반응, 우울과 정서적 위기를 양산했다. 방역 과정에서 백신 공급에 이르기까지 수많은 정보의 혼란과 가짜뉴스들은 코로나보다 더 위험한 바이러스로 작용하기도 했다. 개인적, 사회적인 활동의 제한과 경제적인 어려움과 혼란, 그리고 잘못된 정보에 의한 낙인과 차별, 배제 등의 원치 않는 사회적인 격리와 분리는 개인의 스트레스뿐만 아니라 지역사회 안에서의 불신과 갈등을 증폭하고 심리사회적 방역을 어렵게 만들기도 했다.

이러한 전염병의 팬데믹 외에도 분쟁이나 사고, 정치적 사회적 위기로 인한 난민 등 국제사회는 예측할 수 없는 커다란 위기가 갑자기 찾아오는 불안한 상황의 연속이었다. 이러한 위기 가운데 가족이나 친구, 이웃들의 사망이나 생활 터전으로부터의 격리나 이전 등의 거주의 위기와 심리, 사회적 위기 상황에서 인간은 서로 협력하고 연대해야 한다는 강한 동기를 가지게 되었다. 보다 근본적으로 지금 우리 사회가 당면한 전 지구적 위기, 환경오염과 기후 위기, 부의 집중, 상대적 빈곤, 불평등의 세계적 흐름은 신자유주의라는 전 세계 경제의 흐름과 무관하지 않다. 역사적으로 혼란의 시대에는 항상 새로운 시대정신이 출현했다. 지금의 혼란을 뚫고 나갈 수 있는 시대정신은 이미 시작되었는지도 모른다. 하지만 그러한 움직임이 아직 미미하고 방향과 방법에의 혼란도 있다. 넘치는 정보와 빅데이터 가운데서 우리는 자료의 선택과 집중이 요구되는 시대를 살고 있다. 수많은 정보들 가운데서 지금 당면한 문제들을 꿰뚫어 볼 수 있는 지혜와 구체적인 해결책으로 먼저 인간의 회복을 위한 인문학의 정비와 융합이 절실하다. 인문학은 이제 융합의 시대를 맞이하고 있다. 개별의 단편적인 지식만 가지고서는 다가오는 복잡하고 난해한 문제들을 해결해 나갈 수 있는 힘을 만들어 내지 못한다. 인간 사회와 인간 역사에 관한 설명도 사회과학이나 자연과학만이 아니라 인문과학을 통해 융합되어야 궁극의 진실과 실체에 접근하여 문제를 해결할 수 있는 지혜를 구할 수 있을 것이다. 특수한 한 분야의 설명과 지식만으로는 벌어지는 수많은 복잡다단한 현상에 대한 본질로 다가설 수 없다. 그리하여 사회과학적 인식을 토대로 자연과학적인 설명과 인문과학적 사변을 통합하고, 융합의 과정을 거치며, 세계와 자연 그리고 인간이 직면한 동시대의 문제를 지혜롭게 풀어나갈 수 있을 것이다. 이것이 **융합 심리학의 목표**이다. 최근 인문학자 이도흠의 《4차 산업혁명과 대안의 사회》는 의미심장하다. 인문학자 이도흠은 "인류는 어디에서 와서 어디로 가고 있는가? 슈밥 등이 말하는 것은 4차 산업혁명이 아니라 3차 디지털 혁명의 연장이다. 4차 산업혁명은 1, 2, 3차 산업혁명을 뛰어넘어 인류사 700만 년 이래, 전혀 다른 세상을 열게 될 것이다. 4차 산업혁명 시대라는 '새 하늘'을 맞아 인간은 생명을 조작하고 창조하는 신의 위상에 올랐다. 앞으로 AI가 인간의 지능을 초월하고, 거의 모든 사물이 스스로 말하며 거의 모든 인간과 네트워킹을 하며, 가상현실과 증강현실이 실제현실과 공존하고 빅브라더가 아닌 '빅마더(the Big Mother)'가 우리를 온화하게 감시하고 통제한다. 4차 산업혁명은 자본주의의 가장 야만적인 형태인 신자유주의 체제와 극단의 불평등, 간헐적 팬데믹, 기후 위기, 인류세(anthropocene)/자본세(capitalocene)의 조건에서 수행되고 있다. 인류가 이에 충분한 대비를 하지 않는다면, '혁명'이 아닌 '개벽'에 가까운 이 흐름 앞에 과학기술을 자본의 탐욕으로부터 독립시키지 않는다면, 패러다임과 사회체제의 대전환이 없으면, 4차 산업혁명의 끝은 디스토피아나 인류문명의 멸망이 될 것이다."[11]라고 극단적으로 말한다. 이제 과학기술과 자본의 융합이 만들어 내는 '인간소외'는 극으로 치닫고 있다. 마르크스는 인간'노동'의 소외를 말했지만, 지금의 세대는 '인간'이라는 존재 자체가 파멸을 향하여 가고 있는 엄중한 대격변의 시기라는 것을 주목해야 한다는 것이다.

---

11) 이도흠. (2020). (4차 산업혁명과) 대안의 사회. 1, 의미로 읽는 인류사와 인공지능, (4차 산업혁명과) 대안의 사회. 2, 4차 산업혁명과 간헐적 팬데믹 시대. 특별한서재. 참고.

2.

인문학의 규정

　인문과학 또는 인문학(人文學, humanities)은 인간과 인간의 본질적인 문제, 인간과 인간의 문화에 관심을 갖거나 인간의 가치와 인간만이 지닌 자기표현 능력을 바르게 이해하기 위한 과학적인 연구방법에 관심을 갖는 학문 분야로 설명된다. 구체적으로는 인간의 사상(思想)과 문화(文化)에 관해 탐구하는 학문이다. 그렇다면 사상이란 무엇인가 그리고 문화란 무엇인가? 인간의 사상(思想)은 생각이나 의견이다. 사고 작용의 결과로 얻은 체계적인 의식의 내용이다. 그리고 세계와 자연, 그리고 사회나 인생에 관한 나름의 일정한 견해를 사상이라 한다. 곧 사상은 인간 사유의 산물이다. 문화는 이러한 인간 사유의 산물이 외화(外華) 되는 것이다. 진리를 구하고 끊임없이 진보·향상하려는 인간의 정신적 활동, 또는 그에 따른 정신적·물질적인 성과들이 학문·예술·종교·도덕으로 피어오른다. 인지(人智)가 깨어 세상이 이해되고 생활이 보다 편리하게 변해나간다. 이렇게 문화는 인간 진보의 결과물이다. 인간은 문화적 경험의 축적으로 오늘날의 놀라운 과학기술과 생명공학적 성과를 이루었다. 이전 세대의 경험과 연구가 오늘날 진화와 진보의 밑바탕이 된 것이다. 자연과학과 사회과학이 경험적인 접근을 주로 사용하는 것과는 달리, 인문학은 분석적이고 비판적이며 사변적인 방법을 폭넓게 사용한다. 인문학은 학자들에 따라 다양하게 정의한다. **인문의 사전적 의미**는 "인류의 문화"라는 의미로 정의되는데 포괄적 의미에서는 문화와 동일시되어 이해될 수 있고, 좁은 의미에서는 인간관계나 그 질서라는 뜻으로 정의될 수 있다.[12]

서구적 의미에서는 Humanities로 번역되는 '인문'은 인간 문명, 인류문화 등을 의미한다. 특히 인문학 'humanities'라는 단어는 라틴어 'humus'에서 기원한다. 'humus'는 원래 '땅', '흙'이라는 의미를 가진다. 인간이 '흙에서 왔다'는 그리스도교의 신학(Theology)이 세계의 대학과 인문학의 출발이기도 했다. 기원전 387년 무렵, 고대 그리스의 아테네에 플라톤이 세운 학교인 '아카데미아'에서 대학의 기원을 찾을 수 있지만, 우리가 흔히 '대학'이라 일컫는 고등교육기관은 12세기 중세 유럽에서 시작했다. 이탈리아의 볼로냐 대학, 프랑스의 파리 대학, 영국의 옥스퍼드 대학 등이 대표적이다. 대학을 뜻하는 '유니버시티'(University)는 라틴어인 '우니베르시타스'(Universitas)에서 유래했는데 이는 다수, 복수, 사람의 집합체 등을 뜻하는 말이다. 교사와 학생이 가르치고 배우기 위해 스스로 조직한 기초적인 조합이 바로 중세의 대학이었다. 중세의 성직자를 양성하던 대학을 거쳐 1810년 지금의 독일에는 최초의 근대적 대학으로 불리는 베를린 대학이 세워졌다. 중세 대학의 목표가 성직자를 양성하거나 교양인을 길러내는 것이었다면 베를린 대학은 대학 사상 최초로 '학문연구'를 지상 과제로 삼았다.[13]

미국의 국립예술인문재단(National Endowment for the Humanities)은 인문학을 "현대언어와 고전언어, 언어학, 문학, 역사, 법학, 철학, 고고학, 비교종교학, 윤

---

12) 참고: 이상열. (2013), 인문정신문화 진흥방안연구, 한국국학진흥원: 김주연. (2000), 표현인문학, 생각의 나무.: 백승균. (2000), 인문학의 개념정립, 철학연구 제73집, 대한철학회, 99-116: 박찬욱. (2013), 인문학 융합의 현상진단 및 정책방향 연구, 한국문화관광연구원.

13) E. J. 베버볼프즈강 & 김유경. (2020), 유럽 대학의 역사, 경북대학교 출판부. 83-84.

리학, 예술사, 예술비평 및 예술이론, 인문학적 콘텐츠를 가지고 인문학적 방법론을 사용하는 사회과학 분야들, 그리고 우리의 다양한 문화유산과 전통 및 역사를 반영하는 것과 국민 삶의 현재적 조건들에 대한 인문학적 타당성에 특별한 주의를 기울이는 **인간 환경에 대한 인문학 연구와 응용**"으로 정의한다.[14] **한국연구재단 연구 분야의 색인정보에 의한 학문 분류**에 따르면 인문학은 "사전학, 역사학, 철학, 종교학, 기독교 신학, 가톨릭 신학, 유교학, 불교학, 언어학, 문학, 통역 번역학"의 범위를 규정한다. 반면 사회과학은 "정치외교학, 경제학, 경영학, 회계학, 무역학, 사회학, 사회복지학, 지역학, 인류학, 교육학, 법학, 행정학, 정책학, 지리학, 신문방송학, 심리과학"까지를 포괄한다.[15]

그리고 또 하나 **국가과학기술 표준분류체계의 학문분류**에 따르면 대분류 '인간'에 해당하는 "역사, 고고학, 철학, 종교, 언어, 문학, 문화, 예술, 체육" 등의 분야가 인문학에 해당된다. 학문적 분류에서는 자연과학과 인문과학(인문학)으로 크게 대별할 수 있는데 자연에 관한 여러 대상들을 연구하여 그 법칙성을 밝히는 것을 '자연과학'이라 정의하고, 종교, 도덕, 문예, 역사, 정치, 경제, 사회 등을 연구대상으

---

14) 우리나라의 인문정책이 주로 경제 · 인문사회연구회의 소속 국책연구기관이나 학술진흥재단을 중심으로 이루어지고 있는 데 반하여, 미국의 경우 인문정책 추진의 핵심기관은 국립인문재단(National Endowment for the Humanities: 이하 NEH)이다. 그러나 인문정책의 범위에 있어서 미국은 우리나라에 비해 상대적으로 매우 넓다고 할 수 있다. 우리의 인문지원 정책이 대부분 대학교수나 전문 연구자들에 대한 학술적 지원에 그치고 있는 데 반해, 미국의 국립인문재단은 단순히 대학의 인문학 연구나 혹은 국책연구기관에서의 인문학 연구를 지원하는 것 이외에도 일반 시민들의 인문 관련 문화 활동을 지원하거나 각급 교육기관에서의 인문교육, 미술관 · 박물관 · 도서관 등의 전시회나 보존활동 지원, 전국이나 지역의 역사와 문화의 개발과 보존을 위한 언론기관 지원 등 다양한 연구와 교육, 문화 활동을 지원함으로써 정보화와 세계화 등으로 더욱 파편화되고 개인화될 수 있는 미국 국민들에게 사물과 역사를 보는 장기적인 안목과 공동체 의식, 애국심 등을 고취시키는 역할을 수행하고 있기 때문이다. NEH는 1) 초 · 중등학교는 물론 대학에 이르기까지 전국의 모든 학교에서의 인문교육을 강화하고, 2) 연구비 제공을 통해 인문학 분야의 연구를 용이하게 하며, 3) 시민들에게 평생교육의 기회를 제공하고, 4) 문화유산이나 교육자료를 보존하고 쉽게 접근하여 이를 활용할 수 있도록 하며, 궁극적으로 5) 인문분야의 제도적 기초를 강화하는 것을 목적으로 한다. 홍성걸. (2009). 미국의 국립인문재단(National Endowment for the Humanities)과 교육, mailzine. kedi. re. kr.
15) 한국연구재단-기초학문자료센터. (2021). https://www.krm.or.kr/krmts/search/classify.html.

로 하는 학문을 인문과학(인문학)으로 구분한다.[16] 넓은 의미의 인문학은 좁은 범위의 인문학 개념에 인간이 공동생활을 하는 과정에서 발생하는 사회적인 현상을 연구 대상으로 하는 사회과학적 영역까지를 포함하는 것으로 볼 수 있다.

---

16) 장재덕·안건훈. (2000), 인문학에서의 방법론, 인문과학연구, 8, 367-387.

3.

'통합(integration)'심리학과 '융합(convergence)'심리학 그리고 통섭(consilience)

21세기 인간이 축적한 지식은 이전 시대의 것들과는 비교가 되지 않는 양질의 지식과 정보가 넘쳐 나고 있다. 한 사람이 하나의 분야를 깊이 있게 연구하기에도 어려운 지적 팽창이 일어난다. 이전에는 학문을 세분화, 분과(分科)화 하여 전문가를 양성하기 위해 학제 간 구분과 커리큘럼을 세분하였지만, 이제 학문의 경계는 무너져 내렸다. 새로운 시대정신은 학문과 학문을 연결하거나 통합하는 과정을 요구한다. 학문 간의 통합, 부서 간의 통합, 기능의 통합, 전문영역들의 통합은 새로운 시대에 적응해 나가는 지적 노력의 일환이다.

'통합'은 대학에서의 학과통합처럼 이질적이고 물리적인 단위들을 단순히 묶는 과정일 수 있다. 반면 '융합'은 하나 이상의 것이 녹아서 하나가 되는 과정으로 화학적으로 두 단위를 합치는 것이라 할 수 있다. 고대 그리스 시대부터 16세기 이전의 르네상스 시대까지만 해도 지금과 같은 학문 분류 체계가 존재하지 않았다. 당시 사람들은 자연현상이나 인간현상들은 여러 영역으로 나누어 접근하였고 이러한 여러 지식의 영역들은 철학이라는 이름 아래 아직 분화되지 않은 채로 존재하였다. 고대 그리스의 과학은 과학보다는 자연철학이라는 용어로 더 잘 표현이 되었다. 탈레스, 엠페도클레스, 데모크리토스와 같은 철학자들은 세상을 근본적인 한 가지 혹은 몇 가지의 개념들로 설명할 수 있다고 생각하였다. 실제로 탈레스는 만물의 근원은 '물'이라고 주장하였으며 엠페도클레스는 만물은 물, 불, 흙, 공기와 에테르의 5원소의 혼합으로 만들어진다고 주장하였다. 데모크리토스는 세상의 모든 것은 원자로 이루어져 있다는 고대 원자론을 주장하였다. 이와 같은 고대 그리스 철학자들의 생각은 학문들이 분화되기 이전의 특징을 잘 보여 주고 있다. 이와 같은 생각은 후에 과학적, 수학적 그리고 철학적 연구의 기초가 되었다. 또한, 고대 그리스의 철학이 중요한 까닭은 이 시기의 사상이 우주의 본질적 질서를 논리적으로 성찰하고자 했기 때문이다. 인문학과 사회과학, 자연과학의 구분이 없었던 당시의 이러한 사상은 후에 융합학문의 바탕이 된다. 그 이후의 중세 유럽의 과학이나 르네상스 시대까지만 해도 당시의 전형적인 학자들은 지금의 관점으로 분류한 거의 모든 학문에 걸쳐 전문적인 지식수준을 가지고 갖추고 있었다. 레오나르도 다빈치는 조각, 건축, 해부학, 식물학, 천문학, 지리학, 음악 외에도 도시 계획과 발명 등에 능통했다.[17]

16세기 이후로 지식은 분화되기 시작했다. 점진적으로 학문의 여러 영역들이 그것들만의 고유한 탐구 대상과 원리를 가지고 있다고 사료되었다. 그래서 구체적으로 분화되지 않았던 학문들이 점차 다른 영역들과는 독립적인 연구와 설명이 가능하다고 여겨졌고, 이로 인해 학문의 구분이 생기기 시작했다. 이와 같은 추세는 환원주의의 영향으로 더욱 가속화되었으며 엄청난 양의 지식 발굴에 기여했다. 학문의 구분이 시작된 16세기 이후에도 지적인 통일을 향한 비전이 존재하였다. 17-18세기의 계몽사상은 인간의 지성 혹은 이성의 힘으로 자연과 인간관계, 사회와 정치문제를 객관적으로 관찰해서 보편적이며 자명한 진리를 발견하고 낙관적으로 발전시킬 수 있다고 보았다. 또한, 18세기 뉴턴의 등장 이후 과학의 방법 이론이 가

---

17) 릭켄 프리도. (2000). 김성진 역. 고대 그리스 철학, 서울: 서광사.

다듬어져서 학문의 다양한 영역들이 뉴턴 과학이라는 체제하에서 융합 가능성을 보였다. 20세기 전반까지 일반적인 학문 추세는 융합과 수렴보다는 세분화와 전문화의 경향을 보인다.[18] 근대에서 현대로 넘어오면서 과학은 서서히 융합되기 시작하였다. 20세기 말에서 21세기에는 본격적으로 학문 간의 '통합'의 개념이 시작되었다. 서로 별개라고 여겨졌던 다양한 학문들 사이의 물리적, 개념적으로 공통 법칙들이 존재한다는 사실이 발견되었고 이는 학문 간의 상관연구와 연계된 연구를 시작하게 되었다.

통합심리학도 이러한 맥락 아래서 캔 윌버에 의해 정초되었다. 그것은 '자아초월심리학'의 또 다른 이름이었다. 곧 자아를 '벗어(beyond ego)'나거나 '초월(transcendent ego)'하거나의 문제였다. 즉 '통합심리학(Integral Psychology)'은 동양의 종교전통과 서양 심리학의 통합뿐 아니라, 한 인간의 몸, 마음, 정신의 통합과 전일성(全一性)의 추구하면서, 기존 심리학 연구들의 성과를 모두 포괄하고 통합하려는 노력을 기울였다.[19] Wilber는《통합심리학(Integral Psychology)》을 출간했는데 이 시점부터 Wilber의 심리학은 '통합심리학'이라는 공식적인 명칭을 사용하게 된다. Wilber는 근대 이전의 영원의 철학(물질-몸-마음, 혼-영에 이르는 인간 발달의 총체적 측면을 다룬 고대로부터 이어져 오는 지혜)을 보다 정교화하고 불교, 요가 등 의식의 상위 차원을 다룬 동양 사상의 핵심과 근대 이후의 심리학, 사회

---

18) 설혜심. (2011). 학문의 분화와 통섭, 학림 32, 91.

19) 문일경, 김명권. (2008). 통합심리학 연구의 세 가지 주요 흐름: 역사적 맥락과 향후 과제. 상담학연구, 9(2), 863-875. 1920년대부터 통합심리학 연구의 토대를 마련해 온 Aurobindo, Assagioli의 심리학은 고대의 영적 전통과 지혜, 현대의 심리학적 성과들을 모두 흡수하는 광범위한 자아초월 운동으로 자연스럽게 합류하면서 자아초월심리학의 발전에 크게 기여하였다. 또한 Wilber는 의식발달의 전 스펙트럼 모델을 비롯한 통합적 패러다임을 통해 자아초월심리학에 학문적 기초를 제공한 대표적인 이론가이다. 최근 그는 자아초월심리학과의 결별을 선언하면서 자신의 통합심리학은 자아초월심리학과는 뚜렷이 구별되는 것으로, 자아초월심리학을 비롯하여 기존의 1, 2, 3주류 심리학(행동주의, 정신분석, 인본주의)까지 모두 포괄하는 새로운 형태의 심리학, 아니 심리학의 경계를 넘는 통합 학문임을 밝힌 바 있다

학, 진화학 등 다양한 분야에서 밝혀낸 성과를 취합하여 통합심리학으로 집약하였다. 이러한 Wilber 심리학의 핵심은 인간 의식은 '포함하면서 초월하는 (Including & Transcending)' 발달과 진화의 과정을 거친다는 점이었다. 그러나 통합심리학이 지향하는 바가 아무리 정교하고 포괄적일지라도, 이전에 비해 정도의 차이가 있을 뿐, 현재로서는 그것 역시 여전히 이상일 뿐이다. 즉 그 지향점과 현실적 성과 간에는 상당한 괴리가 존재한다. Wilber의 통합 사상이 충분히 포괄적이고 보편적인가에 대한 수많은 의문들이 제기되고 있으며, 통합에 관심을 갖는 각계의 연구자들은 이 통합의 과정이 좀 더 수용적이고 개방적인 자세로 진행되어야 함을 강조한다.

그러기에 이제 '융합심리학'의 문제를 제기하고 고민하기 시작하는 것이다. 통합 (integration)과 융합(convergence)은 이미 그 개념과 방법이 다르다. 과학혁명 이후로 시작된 과학과 기술 간의 융합이 현대에 들어서 유기화학과 같은 과학과 기술이 융합된 새로운 학문의 탄생을 이끌었다. 이로써 과학의 발달은 새로운 국면으로 접어들었다.[20] 이제 융합과 통섭이 화두인 시대가 열렸다. 여러 분야의 지식과 기술 학문 간의 융합으로 사회 각 분야에서 영역 간 울타리를 허무는 시도가 활발하다. 서로 다른 것을 이해하고 유기적으로 결합하는 과정이 새로운 가치 창출을 이끄는 까닭이다. 가령 경제를 보다 정확하게 예측하려면 경제학 지식 위에 경제 활동의 주체인 인간의 마음까지 읽어 내는 능력이 필요하다. 거기에 빅데이터 처리 기술과 학문의 발전으로 시장은 수요와 공급, 상품의 트렌드까지도 읽어 낼 수 있을 정도의 인간행동 예측 시뮬레이션에 성공하고 있는 것도 당면한 사실이다.

'경계 넘기'의 선두에는 에드워드 윌슨이 있다. 1998년 '통섭: 지식의 대통합

---

20) 이남인. (2009). 인문학과 자연과학은 어떻게 만날 수 있는가?: 통섭 개념에 대한 비판을 토대로 삼아. 철학연구, 87, 259-311. 김정래. (2008). 교과통합의 관점에서 본 "통섭"의 의미와 한계. 교과교육학연구, 12(3), 1023-1040.

(Con-silience: The Unity Of Knowledge)'을 발표, '자연과학과 인문학의 벽을 허물자!'라는 주장을 펼쳤다.[21] 책의 원제는 〈Consilience〉로 "서로 다른 현상들로부터 도출되는 귀납들이 서로 일치하거나 정연한 일관성을 보이는 상태"를 뜻하는 말이다. 옮긴이는 이를 '큰 줄기'라는 뜻의 통(統)과 '잡다'라는 뜻의 섭(攝)을 합쳐 만든 말, 〈통섭〉으로 옮겨 제목을 달았다. 제목이 단적으로 드러내듯 책은 '인간 인식/지식의 대통합'에 대해 논한다. 자연과학, 사회과학, 인문학 등으로 분화되어 있는 지식들을 하나로 융합해야 한다는 것이 주요한 주장이다. 우리에게 필요한 것은 '이해'이지 단편적인 지식이 아니며, 이해란 본래 통합적인 성격을 갖는다는 것이다. 지식의 자유로운 소통을 막는, 분과 학문들 사이의 벽을 넘어, 다른 학문에 대한 무지로 인한 오해, 한 용어를 다른 학문의 용어로 옮기는 데 있어 비롯되는 혼란 없이 전체를 보아야 한다고 말한다.[22]

---

21) "통섭이 매력적인 가장 큰 이유는 그것이 지적인 모험의 전망을 열어 주고 비록 만족스럽지는 않더라도 인간의 조건을 보다 정확하게 이해하도록 이끈다는 데 있다"며 르네상스가 물려준 지식의 통합이라는 이상을 실현하자는 의지를 드러낸다. Consilience이라는 단어는 1840년에 윌리엄 휴얼이 쓴 귀납적 과학의 철학이라는 책에서 처음으로 등장한다. 이 말은 라틴어 'consiliere'에서 온 것으로, 여기서 'con-'은 '함께'라는 뜻을 갖고 있고 'salire'는 '뛰어오르다', '뛰어넘다'의 뜻을 가지고 있다. 이를 합하면 '더불어 넘나듦'으로 풀어서 설명하면 '서로 다른 현상들로부터 도출되는 귀납들이 서로 일치하거나 정연한 일관성을 보이는 상태'를 의미한다. 휴얼은 "귀납의 통섭은 하나의 사실 집합으로부터 얻어진 하나의 귀납이 다른 사실 집합으로부터 얻어진 또 하나의 귀납과 부합할 때 일어난다. 이러한 통섭은 귀납이 사용된 그 이론이 과연 참인지 아닌지를 가리는 시험이다."라고 하였다. 윌슨의 제자 최재천 교수는 consilience를 번역하는 과정에서 마땅한 단어를 찾지 못했고, 5년간의 번역 작업 가운데 근 1년은 단어에 가장 적합한 말을 찾기 위한 고군분투의 시간이었음을 고백한다. 통일, 통합, 일치, 합치 등의 단어들을 고민했지만 거기에 상응하는 단어들이 개별 존재하고, 원어의 의미를 고스란히 담고 있는 언어를 우리 문화권 안에서 발견한다는 것이 쉽지 않은 작업이었다. '통섭(統攝)'이라는 단어는 불교와 성리학에서 사용하는 용어이며 특히 원효의 '화엄사상'에서 비슷한 논맥을 발견할 수 있다. "이 책의 주제는 한 마디로 지식이 갖고 있는 본유의 통일성이다. 지식은 과연 본유의 통일성을 지니는가? 인간이 자신을 이해하는 데 이보다 더 중요한 질문이 있을까 싶다. 나는 이것이 철학의 중심 논제라고 생각한다. 이 세상에는 다수의 진리가 존재하는가? 지식은 언제까지나 자연과학, 사회과학 그리고 인문학으로 나뉘어 있을 것인가? 그래서 과학과 종교는 영원히 각각의 진리 영역에만 예속되어 있을 것인가?" Edward O. Wilson, 최재천, 장대익 역. (2005). 지식의 대통합: 통섭, 서울: 사이언스북스, 21-22.

22) 같은 책, 21-22. "이제 나는 진리의 행보를 따라 과감히 그리고 자유롭게 학문의 국경을 넘나들 때가 되었다고 생각한다." 곧 생물학에서 시작한 문제가 경제학과 사회학으로 정치학을 거쳐 심리학으로 이어진다. 사회학적 문제인 줄 알았는데 알고 보니 행정학과 법학은 물론 또 다른 여타의 학문 분야와 연결되어 있다는 것을 깨닫게 된다. 우리는 이제 학제적 연구(Inter-disciplinary)에서 다학문적 연구(multi-disciplinary)로 그리고 범학문적(trans-disciplinary) 연구로 통합적인 그리고 통섭의 연구 방향을 잡아 나가야 할 것이다.

인문학적 소양이 결여된 자연과학이나 기술의 진보는 인류에게 오히려 재앙이 될 수 있다. 반면 과학이 결여된 인문과학은 설득력을 잃어버릴 위험이 있다. 윌슨은 "우리는 도대체 우리가 어디로부터 왔으며 왜 여기에 있는지에 대해 뭔가 말할 수 있어야 한다. 성경은 우주의 섭리를 설명하고 인간을 우주에서 중요한 존재로 부각시키려는 최초의 글쓰기였는지도 모른다. 아마 과학도 이와 동일한 목표를 달성하기 위한 연장선 위에 있을 것이다. 다만 과학은 기존 종교와 달리 수많은 시험들을 견뎌낸 탄탄한 근거의 뒷받침을 받고 있다. 이런 의미에서 과학은 해방되고 확장된 종교다."[23]라고 말한다. 윌슨은 대학에서 '교양과목'을 가르치고 있다는 우리의 현실부터 문제가 있다고 생각한다. 교양과목은 백화점이나 구민회관에서 그리고 문화센터에서 하는 것이다. 대학은 교양을 쌓는 곳이 아니라 전문 교육기관이다. 윌슨은 인문학과 자연과학의 만남을 줄기차게 주장한다. 문과와 이과를 구별하는 원시적인 제도는 이제 내려놓아야 한다고 말한다.[24]

---

23) 필자는 군이 이러한 윌슨의 의견에 많이 동의하지는 않는다. 윌슨은 종교가 제 기능을 잃어버린 안타까움에 대한 나름의 소신을 말하지만, 과학 역시 종교의 영역처럼 믿어왔던 당연한 것들이, 어느 날 무너지는 수많은 체험이 있었다고 스스로 고백하고 있다. 그것은 신의 영역이나 과학이 무너진 것이 아니라 인간의 노력과 연구가 무너진 것일 뿐이다. 우리 시대의 인간이 가지고 있는 경험과 연구와 이성과 학문의 한계를 마주하게 된 것이지 그것에 어떠한 가치판단을 개입시킬 필요나 이유는 없다. 그러한 면에서 필자는 자연과학적 이해나 과학에 대한 편견이나 선입견 없이 세상과 인간, 우주와 자연을 이해하는 도구로서의 자연과학을 인문과학과 그리고 사회과학과 융합하려는 노력의 목적으로 본 연구를 진행하고 있다: 같은 책, 37.

24) 서양의 역사에서 르네상스 시대는 학문과 예술이 폭발적으로 성장한 시기였다. 학문 간 경계가 뚜렷하지 않아 다양한 분야를 자유롭게 넘나들며 초인적인 능력을 발휘하는 천재가 쏟아지기도 했다. 대표적 인물은 레오나르도 다빈치. '최후의 만찬'이나 '모나리자'와 같은 명작뿐 아니라 식물학 해부학 수학 천문학 지리학 도시 계획 건축학 등에서도 업적을 남겼다. 영국 철학자 프랜시스 베이컨(15c)의 등장은 르네상스 시대의 인재상에 균열을 가져왔다. 경험에 근거한 자연과학적 지식을 강조, 학문이 발전하려면 지식의 세분화가 필수적이며 낱낱이 나뉜 학문을 분야별 전문가가 깊게 연구해야 한다고 주장했다. 학문의 분화는 근대의 서막을 열었다. 새로운 학문이 생기고 분야별 전문가들이 쏟아지면서 폭발적인 학문 발전이 일어났다. 다만 '한 우물만 파라'라는 강력한 외침은 학문 발전에 걸림돌로 작용하는 결과도 낳았다. 지나친 지식의 분류와 전문화는 인간의 자유로운 상상력과 창조 정신을 가로막으며 지식과 사회를 바라보는 새로운 시각을 차단했다. 어떤 학문이든 진리를 찾아 인간의 삶에 기여하는 목표를 가지지만 파편화한 학문은 그들만의 리그를 만들었다. 17세기-18세기의 계몽주의 사상가들은 과학과 인문학을 연결해 보려고 시도했다. 이제 자연과학과 인문학은 21세기 학문의 거대한 두 가지가 될 것이다. 반면 사회과학은 계속해서 세분화(細分化)되면서 그중 어떤 부분은 생물학으로 편입되거나 생물학의 연장선 위에 있게 될 것이며 그 밖의 부분들은 인문학과 융합될 것이다. 철학, 역사학, 윤리학, 비교종교학, 미학을 아우르는 인문학은 과학에 근접할 것이고 부분적으로 과학과 융합할 것이다. 융합의 중심에는 인문학이 자리한다. 인문융합은 인간의 의지이고 과학과 기술의 진보로부터 소외되는 인간을 지키고자 하는

21세기 초유의 전염병인 코로나 19, 이전의 메르스, 사스 등의 질병의 세계적인 문제와 인종갈등, 무기경쟁, 인구과잉, 낙태, 기후환경 위기, 등의 문제를 과학기술의 진보만 가지고는 해결할 수 없다. 이것은 자연과학적 지식과, 인문, 사회학적 지식이 융합되지 않고서는 해결될 수 없다. 경계를 넘나드는 것만이 실제 세계에 대한 명확한 관점을 제공할 것이다. 이 실제 세계를 이데올로기와 종교적 독단 그리고 내 영역의 전문성만을 통해서 이해하거나 바라볼 수는 없다. 심리상담이나 분석의 영역도 마찬가지다. 인간 마음의 문제를 특정 학문 고유의 것이나 분과로 독점할 수는 없다. 또한, 특정 학회나 그룹이 인간 마음의 문제를 독점하거나 자신들 사업의 영역으로 제한할 수는 없다. 인간의 마음을 다루는 모든 영역은 서로 융합해야 하고, 통섭해야 한다.

몸부림일 수 있다. 과학과 기술의 진보에 인간과 인간의 역사가 이룩한 문화가 소외된다면 과학기술은 인류를 위해 쓰이지 않고, 자본의 노예가 되어 이윤의 추구를 위해 인간의 존엄과 가치를 무시하고 질주할 것이다. 그러나 인문융합이라는 인간의 지적이고 실천적인 작업은 인문학의 새로운 길 찾기의 주요한 방법론이 될 것이다. 에드워드 윌슨은 '통섭'에서 인종갈등 환경 파괴 등 전 지구적 과제는 "자연과학적 지식과 인문·사회과학적 지식이 통합되지 않고서는 해결할 수 없다"고 단언한다. "균형 잡힌 관점은 분과들을 쪼개서 하나하나 공부한다고 얻을 수 있는 것이 아니다. 오직 분과들 간의 통섭을 추구할 때만 가능하다. 통합은 진리의 울림이다. 통합은 인간 본유의 충동을 만족시켜 준다. 학문의 커다란 가지들 사이의 간격이 좁아지는 만큼 지식의 다양성과 깊이는 심화될 것이다."

4.

융합심리학의 주체와 대상

 결정론을 기반으로 한 절대적인 세계가 한 시대를 지배했다. 종교가 그러했고 과학이 그러했다. 모든 것은 인과율에 의해, 원인과 결과에 대한 설명을 하려 했고, 원인 없는 결과는 없으므로 선택과 노력 여하에 따라 못할 것이 없다고 믿었다. 그러나 이런 결정론적 세계관은 최근 들어 불가능한 세계로 여겨진다. 양차 세계대전, 끝이 없는 자본주의의 비극, 불평등의 심화, 기후 위기, 환경오염 등의 전 인류적 어려움을 겪으면서 우리가 믿었던 보편세계 안에서의 존재가 이해할 수 없는 상황으로 흘러가고 있다. 이전까지는 의미 있는 것은 오로지 주체(인간)이고, 객체(세상과 자연, 사물 등)는 그저 대상일 뿐이라고 했지만 이제 그러한 주체와 객체의 분리와 경계가 무너지는 세상을 체험하고 있다. 객체로만 바라보았던 지구와 자연이 우리의 의지와는 관계없이 우리들의 삶의 중심을 무너뜨리고, 우리들의 삶을 점령하는 상황이 벌어지고 있다.

 융합의 주체로서 인간의 '자기(Self)'란 자기실현의 종착점이자 시발점이다. 자기란 전체정신, 의식과 무의식이 하나로 통합된 '전체정신'이다. 그것은 인격성숙의 목표이며 이상이다. 이는 의식의 중심에 있는 '나(자아)'를 훨씬 넘어서는 엄청난 크기의 전체 정신의 중심이며 핵이다. 이는 원형 중의 핵심이며, 의식과 무의식의 조화로운 통합을 위해 스스로 조정하고 질서를 지우는 우리 정신의 내적인 방향타이며 나침반이며 고등종교에서 최고의 신, 최고의 진리라고 생각하는 것의 상징, 마치 태양계의 많은 혹성의 배열을 결정하며 운행을 조정하는 알 수 없는 궁극의 원리 같은 것, 그것이 '자기원형'이다. C.G. 융은 인간 무의식 속에서 하느님과 같은 신성을 발견한다. 우리는 자기원형 그 자체를 인식할 수 없다. 우리가 인지할 수 있는 것은 자기 원형의 상(Image)이다. 원형이란 지리적 인종적 차이, 문화, 시대정신의 차이에 관계없이 언제 어디서나 시간 공간을 초월하여 인간이면 누구에게나 갖추어져 있는 인간 형태의 원초적 조건이다. 무의식의 의식화 작업을 통하여 그림자와 아니마, 아니무스를 의식화하고 자기를 실현한다고 해서 무의식의 세계가 낱낱이 밝혀지고 완전한 인간이 되는 것은 아니다. '자기(Self)'는 언제나 '자아(Ego)'보다 크다. 우리는 자기실현을 통하여 '완전한 인간'이 되는 것이 아니라 '온전한 인간'이 되는 것이다.

반면에 그림자는 개인적 무의식의 열등한 인격, 자아콤플렉스의 무의식적인 측면의 여러 가지 열등한 성격 경향이다. 그림자는 전체 무의식의 일부를 차지한다. 이는 전부가 아니며 일부분임에 집중해야 한다. 우리가 무의식을 의식화하면서, 다시 말해 우리가 가지고 있으나 모르고 있는 인격 부분을 깨달아 가면서 성숙해 가는 과정, 즉 자기실현의 과정에서 처음으로 만나는 무의식의 요소이다. 우리는 험악한, 비굴한, 또는 야비한 자신의 그림자의 모습을 만나게 될 것이다. 문제는 이러한 그림자를 대면하고 이를 통과하고 지나가야 비로소 자기실현의 다음 과제인 아니마, 아니무스를 의식화할 수 있는 조건이 다소라도 생겨날 수 있다. 그림자의 문제는 살아 있는 한 만들어지게 마련이고 일생을 살아가면서 계속된다. 그림자를 다루려면 무의식 전체를 '의식의 그림자'로서 다루어야 한다. 우리가 의식을 '빛'

이라고 부르는 한 무의식은 분명 '의식의 그림자'라고 할 수 있기 때문이다. 그러나 무의식을 자세히 관찰하면 거기에는 어두운 그림자, 파괴적, 부정적 열등함만 있는 것은 아니다. 그 안에는 창조적 능력, 즉 빛의 원천이 있음을 발견하게 된다. 정신의 전체성이란 빛과 그림자의 융합으로 이루어진다. 겉보기에는 열등한 그림자 속에 또한 창조와 성숙의 씨앗이 있다는 점을 강조하고 있다. 이러한 구조 안의 내면의 중심 핵인 '자기(self)'는 '자율적(autonomy)'으로 운동한다. 자기(self)는 자아(ego)의 통제 안으로 들어오지 못한다. 이러한 '자기'는 양자물리학의 입자와 파동처럼 관찰자가 바라보는 순간 포착된다. 그 '자기'는 'soul'과 'spirit'의 역동과 함께 이해될 수 있다. 우리는 그 역동의 핵심에 있는 자기(self)를 보다 엄밀하게 '영성적 자기(spiritual Self)'로 명명했다.[25]

21세기 코로나 팬데믹이 만든 독특한 현상 가운데 하나는, 물론 이전부터 가능태로서의 잠재성을 가지고 있었지만 메타버스 세상이 다가왔다. 메타버스 내 가상세계는 가상적으로 확장된 물리적 현실과 물리적으로 영구화된 가상공간이 융합(convergence)되어 나타난 문명의 장이다. 컴퓨터 인터페이스의 기능과 역할이 커지면서 가상에 대한 패러다임이 전환되었다. 가상은 현실을 복제하는 단계를 넘어서서 상상력을 통해 독자적인 '가상세계(Virtual World)'를 구현하기에 이른다. 사이버스페이스(Cyber Space), 가상세계(Virtual World), 가상현실(Virtual Reality), 가상환경(Virtual Environment)이라는 인간 문명의 공간이 등장했다. 레비는 '사이버스페이스'는 인간 집단의 의사소통과 사유의 장소라고 말한다.[26] 즉 가상현실은

---

25) 지성용. (2022). 융합심리분석상담치료: 인문융합치료적 이해와 전개, 치유하는 도서출판 공감, 215-218.

26) Peter Lewis. (2002). "Metaphor in Visualization", Working Paper, Department of Information Science, Pennsylvania: University of Pittsburgh: Michael Heim. (1997). 여명숙 옮김, 가상현실의 철학적 의미, 서울: 책세상: 엄밀한 의미에서 사이버스페이스와 가상현실, 가상세계와 가상현실의 용어 사용은 구별되어야 한다. 미디어 학자 하임(1997)에 따르면 가상현실의 본질은 ① 시뮬레이션 ② 상호작용 ③ 인공성 ④ 몰입 ⑤ 원격현전 ⑥ 온몸몰입 ⑦ 망으로 연결된 커뮤니케이션 ⑧ 능동성과 수동성 ⑨ 조작과 수용성 ⑩ 격리된 현전감 ⑪ 증가된 실재이다. 여명숙(1998)은 "사이버스페이스는 고성능 컴퓨터와 광범위한 통신망에 의해 열려진 공간 혹

협의의 기술적 공간이며, 가상세계란 기술이 아닌 기술을 매개로 탄생한 광의의 사회적, 문화적 공간인 것이다. 하임에 따르면 '가상(virtual)'이란 '사실상 그렇지 않으나, 마치 …인 듯한'을 의미한다. 이때 가상을 '현존하지 않는 가짜'로 인식하느냐, '잠재성의 발현'으로 인식하느냐에 따라서 가상세계에 대한 낙관론과 비관론으로 나뉜다.[27] 이러한 가상은 환영(Illusion)으로 실재 세계를 전복시킬 위험도 있지만, 인간의 의사소통과 사유의 장소가 될 수도 있다. 가상세계는 사용자들이 아바타(Avatar)를 만들어서 거주하고 상호작용하는 컴퓨터 기반의 시뮬레이션 환경으로, 게임, 의사소통, 상거래 등 다양한 문화, 예술, 사회, 경제 활동을 할 수 있는 공간이다. 이것은 마치 플라톤이 말했던 이데아의 세상일 수도 있고, 중세가 그려 낸 천국과 연옥, 지옥일 수도 있다. 일단 생생한 삶의 현실과 감각으로부터 벗어나 있는 실재인 것이다.[28] 융합의 주체와 객체 그리고 대상에 대한 고려가 이제는 실재와 가상의 공간에서 실재와 가상의 주체와 객체로 교차되는 일들이 빈번해질 것이고, 이때 우리가 치료의 대상으로 지정하고 있는 '실재의 세상과 인간'은 '가상의 세계와 아바타'로 분열되어 다가올 것이다. 그러면 주관 안에서 통제되는 아바타는 가상이라는 내부가 아닌 외부의 가상계에 존재하는데 이것을 객관으로 말할 수 있을까?

은 장소이고, 가상현실이란 그 속에 존재하는 사물, 사건 혹은 경험"이라고 두 용어를 구별한다[여명숙(1998), 사이버스페이스의 존재론과 그 심리철학적 함축, 이화여자대학교 철학과 박사학위논문]. 라도삼(1997)은 가상 공간의 기술을 다시 네트워크 공간과 가상현실로 구분하는데, 이때 가상현실 영역은 인터페이스의 확장을 통해 상호작용성을 통한 몰입을 발생시키는 기술적 수단으로 축소해 이해한다고 본다. 라도삼(1999), 비트의 문명, 네트의 사회, 서울: 커뮤니케이션북스.

27) Michael Heim, 여명숙. (1997), 가상현실의 철학적 의미, 서울: 책세상.

28) 가상이란 보드리야르의 '시뮬라시옹'과 일치하지 않는다. 마리 로르라이언(2003)은 "'가상(virtual)'과 '가짜(fake)'가 혼동되어서는 안 된다"고 지적한다. 가상세계가 활성화된다고 해서 실재와 가상이 구분되지 않거나, 가상이 실재의 가치들을 무마시켜 버리는 SF적 디스토피아가 도래하는 것은 아니기 때문이다. 국내에서 'virtual'을 일반적으로 '가상'으로 번역하는 경우, 용어 자체에 대한 불신이 함의되어 있다. 이채리(2003)는 "엄밀한 의미에서 '실제로는 존재하지 않는 거짓된 모습'이라는 뜻을 지닌 가상이라는 단어는 'virtual'의 바람직한 번역어가 아니다."라고 지적한다. 즉 'virtual reality'의 경우 보다 엄격히 번역할 경우에는 '가상적 실재'로 번역하는 것이 타당하다고 본다.

라틴어로 주관(Sub-jectum)은 '아래에 있는 것', 객관(Ob-jectum)은 '건너편에 던져진'이란 뜻으로 풀이된다. 문명의 초기에는 대부분의 지식은 주관적 지식이었다. 오늘날 문명 시대의 지식은 과학과 밀접한 관계를 가진 객관적 지식이 많아졌다. 인류의 지식이 발달하면서 다양한 지식들이 외연을 확대시키면서 서로 유기적인 지식으로 통합하려는 경향으로 가고 있음은 확실하다. 과학 이론에는 절대적인 지식의 결과는 있을 수 없다. 과학지식은 계속해서 증거들이 축적되고 새로운 이론들이 서로 얽히고 첨가되면서 유동성 있는 지식의 형태로 존재하게 되는 것이다. 주관과 객관은 분리될 수 없이 동시적으로 존재한다. 객관적인 정보의 홍수 속에서 중심 없이 많은 정보를 모두 받아들일 수는 없다. 정보의 선택과 집중은 주관에 달려 있다. 지극히 주관적인 생각은 타인들의 공감을 불러올 수 없고 외딴 섬이 된다. 그러기에 자신의 주관을 객관적으로 바라보는 훈련과 타인에 의해 생산 유통되는 정보를 냉철하게 분석하고 비판하며 사변하는 노력이 필요하다.

자연현상은 인간의 의지와는 무관하게 생겨나는 일들이다. 그러기에 가치판단이 불가하다. 자연현상은 일어난 현상을 통해 원인을 추론하는 인과율을 찾아 나간다. 결과에 따르는 원인을 찾아 동일한 환경에서 동일한 실험을 했을 때 동일한 결론을 얻을 수 있다면 이것은 '법칙'이 된다. 과학적 사고는 현상을 관찰하고 인과율을 찾아 법칙이나 이론으로 표현하는 과정을 거친다. 반면 사회문화적인 현상은 인간의 의도와 가치가 내재한다. 그러기에 가치판단이 가능하다. 선한 것인지, 악한 것인지, 좋음과 나쁨에 대한 판단이 가능하며 자연현상과 같이 규칙과 예측은 어렵다. 보편성은 존재하지만 구체적인 결과들이 나올 때마다 특수성도 공존하며 인간이 형성한 다양한 공동체만큼의 특수성이 존재한다. 객관의 함정과 과학주의의 오류에 빠지지 않기 위해 질적 연구는 사회가 하나의 의미를 담고 있는 세계임을 중시하면서 사회 내에서 이루어지는 인간의 행위, 사회적 상호작용의 의미에 대한 내적 이해를 강조하는 연구방법이다. 실증주의를 반대하는 현상학적 또는 해석학적 비판적 접근법, 포스트모더니즘 등의 입장을 질적 연구방법을 통해 융합적으로 바라볼 수 있다. 이러한 질적 연구는 대규모 거시사회에 대한 이해에 한계를 가진다. 또한, 사회현상을 너무 주관적으로 바라본다는 비판도 감수해야 한다. 하지만 인문융합적 접근은 질적 연구방법론을 통해 인간의 가장 미시적인 부분들에서부터 시작하여 세계 안의 '인간의 문제'로 접근해 나가고자 한다. 인간의 마음과 문화마저 개량화(改量化)시키려는 과학주의와 양적 조사의 한계를 넘어 사회문화 현상 이면의 숨겨진 진실을 찾아 나가는 것이 본 융합심리학 연구의 목표다.

5.

'인문융합'의 의미에 대한 고찰

　인간은 다양한 '자연현상'과 '사회문화현상'을 관찰할 수 있다. 인문융합적 사고의 통찰은 바로 이러한 현상들의 관찰에서 시작된다. 과학적 사유는 현상의 관찰을 통해 인과율을 찾고 이론과 법칙을 고안한다. 법칙은 동일한 조건에서 동일한 실험을 통해 동일한 결과를 얻을 수 있으므로 그 성과를 집적하여 다시 과학과 기술의 진보, 생산력의 증대 혹은 인류의 보편적인 선을 위해 기여할 수 있으나 가치판단의 문제가 발생하는 국면에서는 예측할 수 없는 상황을 맞이할 수 있고 국면을 통제할 수 있는 조절과 통제능력이 무력화될 수도 있다. 가령 자동차로 집적된 인류의 과학과 기술의 진보가 인류의 공동선을 위해 기여하고 있는 바가 크지만, 그로 인한 교통사고 사망자 수의 증가는 전쟁으로 사망하는 사람들의 숫자를 상회한다는 것은 주지의 사실이다. 인문융합적 사유는 이러한 과학적 사유의 한계에서 시작된다. 인류에게 꼭 필요한 과학이고 기술이겠지만 지금의 상황에서 그러한 과학과 기술의 진보와 성과가 인류의 공동선을 위협한다면 우리는 그러한 성과를 역전시킬 수 있는 사유를 시작해야 한다. 곧 자동차의 질주를 막는 다양한 법을 만들고, 자동차 사고를 일으켜 인명사고를 일으키는 사람들을 통제할 수 있는 연구와 함께 법과 규제의 틀을 고민한다. 최근의 기후 위기와 환경문제에 대한 접근 역시 이러한 통제할 수 없는 과학과 기술의 진보가 가져온 인류의 지속가능한 발전과 공존을 가로막는 흐름을 관찰하고 분석, 비판하여 걸림 없는 진보를 향한 다양한 사변들을 할 수 있는 노력이 인문융합적 사고이다.

'인문융합'의 의미는 동시대 인문학의 새로운 시작이, 과학과 기술의 급격한 진보가 실제로 인간을 소외시키기 때문이었다. 인간은 눈부시게 발전하는 과학기술로부터 소외되고 객체가 되어 가기 시작했다. 자연을 정복했다는 자만에 빠졌던 인간이 스스로 개발한 과학으로부터 위협을 받으며 살아가는 과정에서 인간을 회복해야 한다는 절실함이 인문학의 복원을 수면 위에 떠오르게 한 것이다. 인문학은 앞서 언급한 바 인간과 문화에 관련한 모든 것이다. 인문학의 복원은 인간의 위기에 근거한 것이고 위기 안에 놓인 인간의 회복을 위한 몸부림이다. 동시에 이러한 인간의 회복을 위해 우리는 문화적 도구들을 활용한다. 음악, 미술, 문학, 종교와 영성, 철학, 역사, 심리학과 상담학 등의 문화적 도구들이 융합된다. 앞서 과학기술의 진보와 발전에는 '인간'의 문제, 인문과학이 융합되어야 한다. 인간을 소외시키며 성장한 많은 과학과 기술이 얼마나 많이 인간에게 위협이 되고 있는가? 핵에너지, 미사일 등의 첨단 전쟁 무기와 화학무기, 인명을 살상하는 총기, 해마다 늘어나는 자동차 사고 사망자의 증가는 과학의 발전에도 불구하고 해마다 멈추지 않는 인간의 파괴에 일조한다.

'제4차 산업혁명'의 주요 인자는 인공지능 시스템과 의생명과학기술이다. 그것은 신체적 인간의 오랜 염원인 부(富)와 불로장생에 '혁명적'으로 기여할 것으로 예측된다. 반면에 이제까지의 인간 사회와 '인간' 개념을 근본적으로 뒤흔들 위협적 요소 역시 포함하고 있다. 2016년 초 스위스 다보스에서 열린 '세계경제포럼'이 "제4차 산업혁명"을 주제로 택한 것을 계기로, 다수의 산업계 종사자와 각국 정부의 정책입안자들은 21세기는 새로운 산업 양태를 보일 것으로 예상하면서 '제4차 산업 혁명의 시대'가 도래할 것이라고 말했다.[29]

인문학은 '인간의 인간임'의 가치, 곧 인문주의(휴머니즘)를 지향한다. 인간은 누구에 의해서도, 무엇에 의해서도 그 실존이 대체될 수 없고, 그의 생이 무엇에 의해 대리될 수도 없다. 그리고 그런 의미에서 개개 인간의 가치는 절대적이다. 다시 말해 한 인간은 다른 무엇과 교환될 수 없다. 인간은 자기 자신과 대화하는 유일한 동물이다. 자기 자신과 대화한다는 것은 자기를 타자처럼 대한다는 것이며, 자기를 대상화한다는 뜻에서 '자기소외'이기도 하지만, 자기를 성찰하고, 반성(reflection)할 수 있고 그를 통해 자기를 개선(reformation)할 수 있다는 것을 의미한다. 이것이 인간이 다른 동물과 다르게 진화할 수 있었던 까닭이고 이유였다.

'생명 윤리(Bioethics)'라는 말이 처음 등장했을 때(1971)[30]만 하더라도 윤리의 과제는 낙태, 연명 치료, 뇌사, 안락사, 존엄사, 자비사, 대리모, 인공 수정, 장기 이식, 유전자 치료, 유전자 검사 정도였다. 그러나 그 후 급속하게 발전하는 의생명 과학 기술이 유전자 조작, 생명 복제 등을 가능하게 하고, 심지어는 인공 생명(artificial life)마저 생산해낼 단계에 다가섬으로써 더욱더 어려운 규범적 문제들이 부상했다. 이에 한국만 하더라도 기존의 「의료법」(1951) 외에 새로운 사회환경에 대응하는 「생명공학육성법」(1983), 「보건의료기술진흥법」(1995), 「장기 등 이식에 관한 법률」(1999), 「의료기기법」(2003), 「생명윤리 및 안전에 관한 법률」(2004), 「생명연구자원의 확보·관리 및 활용에 관한 법률」(2009) 등 다수의 법률 들을 제정하여 시행하면서 또한 이를 빈번하게 개정해 가고 있다. 그것은 관련되는 '규범적' 상황이

---

29) K. Schwab. (2016), The Fourth Industrial Revolution, Cologny/Geneva. 참조; 정원호·이상준·강남훈. (2016). 4차 산업혁명 시대 기본소득이 노동시장에 미치는 효과 연구, 한국직업능력개발원, 15면 이하.

30) Van Rensselar Potter. (1971), Bioethics: Bridge to the Future, Prentice-Hall. 참고.

매우 가변적임을 말하고, 이런 경우 법 제정이나 개정에 있어서 직접적 이해관계가 큰 사람이나 집단의 의사가 더 크게 반영되어서 시민사회의 더 많은 관심과 인문융합적 연구가 요청된다. 곧 의학이라는 부분이 인간의 '생명윤리'라는 부분에서 접촉이 일어나는 현상을 바라보며 인간의 존엄과 가치를 지키고 훼손하지 않기 위한 인문학적 노력과 투쟁이 필요한 시대가 된 것이다. 인간이 하는 주요한 일은 이것들을 조정하고 이를 위해서 인간에게는 균형 잡힌 통찰력, 곧 온화한 지성이 필요하거니와, 이러한 지성은 기민한 지능과는 달리 냉철한 머리와 따뜻한 가슴의 융합에서 비롯된다. 과학기술에 인문학의 세례를 주어야 한다. 세례는 대상에게 있는 부정한 것들을 정(靜)하게 하는 정화(Purification)의 기능이 있다. 즉, 과학기술의 진보로 말미암아 생겨나는 부정적인 기능에 대한 감시와 통제, 균형과 제어의 역할, 그것이 바로 '인문융합'의 목표이기도 하다.

한때 지식은 타인을 지배하고 자연을 운용하고 세계를 정복하는 등의 역할을 하며 기술과 자본, 권력, 전쟁 안에서 힘을 가지고 존재했다. 자연과학의 시대에는 자연과 인간을 완전히 지배하기 위한 지식의 체계가 있었기에 사회과학 역시 과학을 표방하며 사회에 대한 이해와 통찰을 가지고 사회에 대한, 타자에 대한 지배력을 가지려 했다. 그러나 인문학의 기능은 인간 자체, '자아 주체(자기)'를 다스릴 힘을 형성하는 것이다. 자기 자신을 통제할 힘을 가질 수 있는 교양을 배양하는 것이다. '제4차 산업혁명'의 참 주역은 '지능적'인 사람이 아니라 '지성적'인 사람, 특히 인문융합적 지성을 갖춘 사람이어야 할 것이다. 교양을 가져 나가기란 참으로 어렵다. 자연을 지배하고, 타인을 지배하는 것보다 자기를 다스리는 일이 더 어렵기 때문이다. 타자를 지배하는 데는 일정 부분의 쾌락이 있을 수 있으나 자신을 통제하는 데는 고통이 따른다. 바로 그러하기에 교양의 학문, 인문의 학문이야말로 사람됨을 위한 기초가 되는 것이며 그것의 융합은 삶의 구체적 현장에서 자율적이고 창의적으로 주어진 문제를 해결할 수 있는 능력을 제고(提高)하기 위한 노력이다. 더욱이 우리는 인문융합의 과정을 통해 인간을 치료하고 회복시키려는, 곧 인간을 본래의 모습으로 회복시키는 사회적 소통의 역할을 모색하고 있다.

5.1. 인문융합치료와 질적 연구방법론

양적 조사가 현실적인 접근이라면 질적 조사는 해석적 접근방법이다. 양적 조사는 연역적인 추론을 진행하고 질적 조사는 귀납적인 추론을 전개한다. 양적 조사는 설명적 성격이 강하고 융통성이 거의 없다. 비교적 구조화된 환경에서 실시되며 규모가 큰 표본으로부터 시작한다. 양적 방법은 대부분 가설을 검증하거나 보편적 법칙을 발견하려고 진행한다. 자료수집을 위해 구조화된 설문지와 실험을 진행하고 설문 조사연구, 실험조사연구, 단일사례연구, 욕구 조사, 프로그램 평가조사 등이 이에 해당한다. 일반화할 수 있는 결과를 산출해 낼 수 있으며 재정지원과 출판이 용이하다. 하지만 모든 것을 개량화하려는 조작적 시도는 측정 가능한 자료만 보려 하기 때문에 조사결과가 제한적이고 피상적일 수 있다. 이에 반해 질적 연구조사 방법은 탐색적 성격이 강하다. 방법과 연구에 융통성이 다양하며 자연스러운 실제 환경에서 진행된다. 작은 표본 및 대상자에게도 적용이 가능하고, 법칙보다는 관계의 의미해석에 중점을 둔다. 현지 조사나 관찰, 심층 면접 등으로 자료를 수집한다. 이러한 연구는 풍부하고 자세한 발견이 가능하고 문제에 대한 새로운 시각과 통찰력, 영감을 준다. 하지만 주관적이라는 인상을 주기가 쉽고, 재정지원과 출간에 어려움이 따른다. 조사결과를 일반화하기가 어려워 학술지 심사위원들이나 재정지원기관에서는 양적 조사를 더욱 선호하는 경향이 있다.[31]

---

31) 백상용. (2006). 질적 연구의 의미와 한계: 양적 연구와의 비교를 통하여. 정보시스템연구, 15(1), 239-254.

실증적인 사고로 인과관계를 증명해야 학문적인 타당성을 입증하는 방법론이 심리학과 상담학 안에서도 역시 과학적, 심리학적, 실험심리학과 통계분석 등을 통한 양적 연구방법론 위주의 연구를 진행해 왔다. 하지만 인간이라는 복잡다단하고 미묘한 존재의 다양한 삶의 문제와 깊이를 연구하기 위해서는 양적인 조사와 연구만으로는 충분하지 않을 뿐 아니라 때로는 실재의 삶과는 무관한 연구결과를 가져올 수 있다. 상담과 치료의 분야에서 양적인 연구의 한계가 인간 삶의 깊은 의미를 간과하거나 외면하는 경우들이 많아지면서 연구자들은 인간 내면 심층의 욕구나 숨겨진 의미는 깊은 만남을 통해서만 가능하다는 점을 깨닫게 되었다.

5.2. 질적 연구의 개념 및 필요성

양적 연구로 밝히기 어려운 문제들이나 개인의 경험이나 사례의 본질에 대한 깊이 있는 분석을 할 때에 질적 연구방법론을 활용한다. 사전에 연구할 대상에 대해 알려진 바가 없을 때도 유의미하다. 양적 연구의 한계를 보충하고자 할 때 질적 연구는 커다란 버팀목이 될 수 있다. 질적 연구는 연구자의 느낌, 인지, 해석이 자료가 된다. 현장 노트, 사진, 메모, 대본, 영상 등 다양한 자료가 쓰인다. 결과보다 과정이 중요하며 상황에 따라 유연하게 절차를 변화시켜 나갈 수 있다. 구체적 경험 중심의 귀납법이 사용되며 표집의 한계로 인하여 일반화는 어려운 것이 사실이다. '임신한 여성의 우울감과 운동량의 상관관계'는 양적인 조사가 필요한 연구이다. 그러나 '유산한 여성의 우울감과 회복에 관한 연구'는 질적 조사가 필요한 연구인 것이다. 아래 제시되는 도표에서는 다섯 가지 질적 연구 접근의 특성이 잘 비교되어 있다. 내러티브 연구, 현상학, 근거이론, 문화기술지, 사례연구를 통해 인문융합상담이 질적 연구방법론을 활용하고 적용할 수 있는 측면을 검토하는 작업은 유의미하다.[32]

---

32)   J. W. Creswell, (2013). Qualitative Inquiry and Research Design: Choosing among Five Approaches. 조흥식

구분	내러티브	현상학	근거이론	문화기술지	사례연구
초점	개인의 인생	경험의 본질	현장의 자료를 근거로 한 이론	문화공유집단을 기술하고 해석	단일사례나 여러 사례에 대해 면밀하고 세밀한 기술과 분석 전개
설계에 적합한 유형	개인 인생 경험에 대한 이야기를 할 때 적합	경험한 현상의 본질을 기술할 때 적합	연구 참여자의 기준에서 근거로 한 이론을 개발할 때 적합	집단 문화의 공유된 패턴을 기술하고 해석할 때 적합	단일 사례나 여러 사례에 대해 면밀하고 세밀한 이해를 제공할 때 적합
연구 방법	면접과 문서 활용으로 한 명 이상의 개인을 연구	개별면접이나 문서 및 관찰, 예술작품 등의 활용으로 여러 개인이 공유한 경험을 연구	약 20-60명의 많은 개인의 면접으로 행동, 상호작용을 연구	직접 현장에서 긴 시간을 보내며 같은 문화를 공유하는 집단을 관찰과 면접을 활용하여 연구	면접, 관찰, 문서, 인공물 등의 자료들을 활용하며 사건, 프로그램, 활동, 한 명 이상의 개인을 연구
분석 방법	개인의 인생 이야기, 이야기 재구성, 이야기 전개	경험의 본질에 대한 진술, 경험의 본질에 대한 의미단위, 경험의 본질을 기술	개방코딩, 축코딩, 선택코딩, 한 개의 그림으로 설명되는 이론을 창출	문화공유집단이 작동하는 방식을 기술, 집단에 대한 주제	하나 이상의 사례에 대한 상세한 분석을 전개, 사례의 주제와 사례에 대한 기술

5.3. 다양한 질적 연구의 방법들

질적 연구는 연구의 결과를 통하여 특정 주제나 이슈에 대한 세상의 인식을 환기하거나 변화시키는 데 기여하며, 다양한 영역에 관심을 가지고, 다양한 사람들의 목소리를 전하는 역할을 하지만, 일반화하기는 어렵다는 단점이 지적되곤 한다. 그러한 점에서 질적 메타분석 연구의 진행은 기존에 수행된 다양한 질적 연구물들을 종합적으로 통합하여 비교하고 분석하여, 향후 전개되는 다양한 연구에 대한

외(역)(2015). 질적 연구방법론: 다섯 가지 접근. 서울: 학지사. 133.

기초 정보를 제공하는 의미 있는 연구로 도약할 수 있게 된다. 현상학과 해석학의 융합과 내러티브, 문화기술지 등의 연구는 질적 메타분석으로 더욱 효율적인 연구 결과를 도출할 수 있을 것이다.

1) 현상학적 연구

현상학(現象學, phenomenology)은 에드문트 후설에 의해서 시작된 철학이다. 신칸트학파와 같이 대상을 의식 또는 사유에 의해서 구성하는 논리적 구성주의에 서지 않고, 또 분석철학과 달리 객관의 본질을 진실로 포착하려는 데에 철학의 중심을 두는 것이다. '경험과 의식의 구조들(the structures of experience and consciousness)'을 철학적으로 연구한다. 후설이 '자연의 수학화'라고 명명한 19세기말 실증주의적 학문 경향에 대해 '사태'의 본래 모습인 '현상'으로 되돌아갈 것을 주장하면서 각 학문 분야가 연구하고자 하는 적합한 연구 대상에 주목하도록 했다.[33]

Van Manon은 인간의 체험을 연구하는 목적은 실천적 지혜를 얻기 위한 것이며 우리가 겪는 체험의 의미를 가장 잘 가르쳐 줄 수 있는 접근법은 다른 무엇보다도 현상학적 접근이라 말한다. 현상학적 연구는 세계를 체험하는 방식에 의문을 던진다.[34] 현상학적 연구는 개인이 처해있는 상황에서 출발한다. 후설은 "사물들 그 자체로 돌아가라!" 말한다. 우리가 세상을 바로 알기 위해서는 불충분한 설명과 부정확한 근거에 입각한 모든 원칙과 개념, 독단적인 사고방식과 편견을 버리고 오로지 사물, 그 자체에 대해 연구해야 한다고 말한다. 있는 것을 있는 그대로 인식할 수 없는 것이 연구자가 처한 상황임을 알아야 한다. 그래서 현상학적 연구의 시

---

33) 에드문트 후설, 비멜 & 이종훈. (2009). 순수현상학과 현상학적 철학의 이념들. 2: 구성에 대한 현상학적 연구. 한길사.
34) M. V. Manen, 신경림 & 안규남. (1994). 체험 연구: 해석학적 현상학의 인간과학 연구방법론. 동녘.

작은 '괄호치기'에서 시작해야 한다.[35] '괄호치기'는 우리의 믿음과 가정을 일단 보류하고 그것들로부터 자유로워지는 것을 의미한다. 내담자 혹은 연구의 대상자가 자신의 경험의 언어로 설명하고 의미를 부여하도록 허용함으로써 연구자는 이들의 개념 세계 안으로 들어갈 수 있게 된다. 현상학은 우리가 세계와 보다 직접적으로 접촉할 수 있는 통찰을 가능하게 해준다. 인문융합상담 안에서 만나는 모든 이들은 또 다른 세상이다. 연구자는 겸손한 자세로 그들의 세계를 존중하고 나의 경험과 나의 인식의 한계를 언제나 가정해야 할 것이다. 특히 종교적 상담의 영역에서 자주 만나는 장벽은 '죄와 용서'의 강력한 프레임이다. 어떤 종교인이든 개인의 죄와 그것을 정화하는 방법, 그리고 용서와 화해의 길을 찾기 위한 무수한 노력과 전례, 예절들이 발달한다. 그러나 그리스도교는 그 출발부터가 '자유와 해방'의 종교이다. 노예로 살고 있던 히브리 백성들이 이집트 파라오의 지배에서 출애굽하는 장면부터가 구약의 또 다른 시작이었던 것처럼 새로운 약속의 시대 예수의 복음은 기존의 종교적 지배질서에 대한 강력한 도전과 정화, 그리고 자유와 해방의 복음이었다는 것에 많은 연구자들은 동의한다. 이렇게 후설 현상학은 개별 학문의 정체성 논의에서 방법론적, 인식론적 안목을 제공하였다.

선입견을 벗어나 초월론적 관점에 도달하고자 하는 현상학의 입장은 선입견에 머물러 이해의 역사성을 강조하고자 하는 해석학의 입장과 근본적으로 충돌한다. 두 입장 사이의 모순은 그동안 리쾨르, 데리다, 바티모, 투겐트하트 등 수많은 철학자들을 통해 자주 지적되었다. 이러한 모순을 극복하기 위해서는 해석학이 '현상학적 환원'보다는 '철학적 분석'을 바탕으로 전개되어야 한다. 후설의 초월론적 현상학은 가다머의 현상학적 해석학을 성립시키는 이론적 근거이다. '해석학'은 특정한

---

35) 김영천. (2016). 질적 연구방법론 II: Methods, 아카데미프레스, 94. 현상학적 연구에서 현상학적 괄호치기는 에포케와 유사한 개념 또는 동일한 개념으로서 주류가치관 또는 주류학자 등의 인식, 세상의 보편적인 가치관이나 윤리의식 등 현상에 관한 선입견을 괄호치는 것을 의미한다.

방법을 통해 선입견이 없는 상태에 도달하고자 하는 시도를 비판한다. 신의 관점에서 세계를 있는 그대로 순수하게 바라보기 위한 방법이란 애초에 존재하지 않는다. 선입견에 의존하지 않은 상태에서는 대상을 이해하기 위한 방향 정위가 이루어질 수조차 없다. 즉, 선입견은 '지평'이라고 일컬어지는 이해의 조건을 구성한다. 이해란 타자와 대화하는 과정에서 우리가 전제하고 있는 선입견을 끊임없이 반성하고, 수정하고, 확장시켜 나가는 '지평 융합'이다. 가다머의 말처럼 전이해(fore-understanding)를 긍정적으로 이해하는 이해, 해석과 적용의 '지평 융합'이 일어나는 해석학적인 작업 역시 질적 연구방법론을 통한 상담 치료에서 중요하다. 우리는 세계를 어떻게 이해하게 되는가?

우리가 어떤 것을 이해할 때 아무것도 모르는 상태에서 새로운 이해에 도달하는 것은 불가능하며, 이해를 위해서는 이해의 배경이 되는 지식이 필요하다. 현대 해석학의 거장인 가다머는 '전이해'와 '지평 융합'의 개념을 도입하여 세계에 대한 이해를 설명하고 있다.[36] 전이해란 어떤 대상에 대해 미리 판단하는 일종의 선입견을 의미한다. 이성적인 이해를 중시했던 계몽주의 학자들은 선입견을 올바른 이해를 가로막는 잘못된 생각이라 보았다. 그들에 따르면 선입견은 개인의 권위나 속단에서 비롯된 비이성적인 것이다. 이와 달리 가다머는 세계에 대한 이해를 위해서는 선입견이 반드시 필요하다고 주장하였다. 그가 제시하는 선입견이란 개인적 차원에서 임의로 만들거나 제거할 수 있는 편협한 사고가 아니라, 문화나 철학, 역사와 같이 과거로부터 전승되어 온 전통에 의해 형성된 사고를 뜻한다. 이러한 선입견은 이해의 기본 조건으로, 우리가 세계를 이해할 수 있도록 인도하는 역할을 한다. 그렇다면 전이해를 기본 조건으로 하는 이해의 과정은 어떠한가? 가다머는 이

---

36) 노상우 and 이진복. (2016). 해석학의 상담학적 의의-가다머의 지평 융합 개념을 중심으로-교육종합연구, 14(1), 49-71.

를 '현재 지평'과 '역사적 지평'이 결합되는 '지평 융합'이라는 개념으로 설명하고 있다. 그가 말하는 현재 지평이란 인식의 주체가 전이해를 바탕으로 형성한 이해로, 이해 주체의 머릿속에 형성된 지식이나 신념 등과 관련이 있다. 반면 역사적 지평이란 과거로부터 축적되어 온 이해의 산물로, 텍스트를 통해 전해 내려오는 수많은 지식들이 대표적인 예이다. 이해의 과정이란, 서로 다른 두 지평이 만나 새로운 지평을 형성해 나가는 과정이다. 현재 지평은 역사적 지평과의 융합과 통섭을 통해 상호작용하면서 끊임없이 수정되고 확장되어 나간다. 따라서 두 지평이 융합된 결과 형성된 지평은 주체가 기존에 가졌던 현재 지평과 다른 새로운 것이 된다. 이와 같은 이해의 과정으로서 지평 융합은 일회적으로 끝나는 것이 아니라 반복적으로 이루어진다. 즉, 주체가 가진 현재 지평은 역사적 지평과 융합하여 새로운 지평이 되고, 이것이 다음 이해의 전이해로 작용하며 또 다른 이해로 이어지는 과정을 반복한다. 이와 같은 순환 과정을 고려할 때, 이해는 결과가 아니라 언제나 과정 중에 있다고 볼 수 있다. 결국 가다머가 말하는 세계에 대한 이해는 완성된 것이 아니라 과정에 있는 것이며, 고정된 것이 아니라 끊임없이 변화하고 확장되어 가는 것이다.[37] 해석학은 내담자의 감정과 태도 및 행동을 이해하고 변화를 추구하는 상담학과 밀접하게 연결되어 있다. 해석학은 내담자를 심층적으로 이해하는 통로를 열어 줄 뿐 아니라 지속되는 상담과정을 통해 더욱 깊은 이해를 할 수 있는 가능성이 열린다.

선입견을 벗어나 초월론적 관점에 도달하고자 하는 현상학의 입장은 선입견에 머물러 이해의 역사성을 강조하고자 하는 해석학의 입장과 근본적으로 충돌하지만 융합심리분석상담 치료에서는 현상학과 해석학의 융합이 일어난다. 현상학적

---

37)　한스 게오르그 가다머 & 이길우. (2000). 진리와 방법: 철학적 해석학의 기본 특징들 1. 문학동네: 임홍배 & 한스 게오르그 가다머. (2012). 진리와 방법: 철학적 해석학의 기본 특징들. 2. 문학동네.

연구 진행의 과정은 연구 대상의 선정 및 참여 동기부여, 자료수집(심층 면담), 자료의 기록과 분석, 자료 분석 결과보고(현상학적 글쓰기)로 진행되어 나간다. Van Manon은 현상학적 글을 쓰는 작업 자체가 연구의 본질이고, 현상학적 텍스트를 만들어 내는 것이 연구 과정의 목적이라고 말한다. 또 현상학적 연구는 일종의 시를 쓰는 것과 같은 창작과정처럼 이론 수립을 위한 요약이나 결론을 요구하지는 않는다. 현상학적 글쓰기 작업은 다시 생각하고, 다시 고찰하고, 다시 인식하는 복합적인 과정을 통해 이루어진다. 모든 현상학적 글쓰기는 해석이다. '해석'은 인문융합치료의 중요한 치료 원리다. 지나간 과거의 사실(fact)은 변할 수 없지만, 그것을 '해석'하는 것을 통해 현재의 그리고 미래의 상황을 변화시킬 수는 있기 때문이다. 해석은 과거의 시점에서의 현상학적 결과들을 재구성한다. 현상학은 선입견이라는 과거를 벗어나려 하지만 연구시점의 현실은 이내 다시 과거의 선입견이 되어 버린다. 질적 연구의 상담영역에서는 해석학적 방법론을 통해 현상학으로 '괄호치기'했던 과거의 판단중지로 얻은 결론들을 분석하는 해석작업을 수행한다. 여기에서 현상학과 해석학은 상호충돌이나 갈등이 아니라 조화와 융합이 발생하며 질적 연구의 수준을 하나 더 높은 차원으로 끌어올리게 한다.

2) 내러티브 연구

우리의 삶에 대한 우리의 이야기를 통해 우리는 살아간다. 이러한 내러티브는 이야기이다. 내러티브는 우리가 누구인지를 정의하고 우리는 일생 동안 우리의 삶을 이야기하고 있다. 우리는 살아가면서 우리의 삶을 포용하는 수많은 내러티브와 이야기를 만들어 내고 우리가 살아감에 따라 우리의 이야기도 변화한다. 내러티브 상담자들은 우리의 삶이 다층적 이야기로 이루어져 있다고 말하는 것을 좋아한다. 우리가 누구인지를 정의하는 수많은 이야기가 있고 어떤 내러티브는 내담자의 인생에 새로운 의미와 가치를 부여하는 이야기가 있고, 반면 어떤 내러티브는 내담자를 강하게 만들고, 삶에 대한 새로운 의지를 가지는 데 도움이 되는 이야기도 있다. 한 사람의 여러 가지 이야기를 이해하는 것과 서로 모순되거나 다른 이야기를 부정하는 이야기를 구별해 내는 것은 내러티브 상담자들의 중요한 작업이고 능력이다. 상담자는 내담자의 삶에 문제를 일으키는 갈등이나 분열로 점철된 이야기와 반대되는 좀 더 도움이 되는 이야기를 발견하려고 노력한다. 그리하여 사람들은 내러티브 과정을 통해 삶을 다시 이야기하거나 재저술할 수 있다.

내러티브의 목표는 내담자로 하여금 문제가 있거나 도움이 되지 않는 이야기를 가려내게 하고 그 이야기의 내적 영향력을 감소시키며 선호하는 이야기(좀 더 건강하고 내담자의 지배적 내러티브가 될 수 있는 이야기)를 발전시키도록 하는 것이다. '아니 땐 굴뚝에 연기 나랴!' '털어서 먼지 안 나는 사람 없다!' 식의 지배적 담론은 무죄한 이들을 옭아매는 지배자들의 지배적 내러티브이다. 내담자는 외적으로는 이러한 지배적 이데올로기에 묶여 내적으로 심각한 내러티브의 지배와 영향력으로 좌절하거나 타협해야 하는 현실을 받아들이게 되는 억압적 상황에 놓일 수 있다. 왜냐하면 내러티브 관점에서 개인은 사회적 환경 내에서 만나는 타인과의 끊임없는 이야기 구조 속에 놓여 있기 때문이다. 그리고 그러한 상호작용을 통해 자기 자신에 대한 개념을 만들어 간다. 우리가 당연하게 여기는 현실은 우리가 태어날 때부터 우리를 둘러싸고 있던 사회이다. 이 현실은 우리의 삶을 구성하는 신념, 실행, 단어와 경험을 제공한다. 개인의 세계에 대한 지각은 내담자 진실의 기반이 되는 하나 또는 두 가지의 이야기에 의해 지배되고 있다. 지배적인 이야기는 문화적 의무(가족, 공동체, 종교, 사회)와 대체로 연결되어 있으며 자주 특정 그룹에 대한 억압이라는 결과를 낳는다. 상담자는 내담자가 문화적 환경과 사회에서 사용하는 언어에 의해 얼마나 부정적 또는 긍정적 영향을 받았는지 알 수 있도록 도와야 한다. 우리가 결국 믿게 되는 지배적 사회의 '진실'은 그저 진실의 한 부분이다. 상담자는 바로 이 진실이 사회에서 권력 구조를 유지하는 경향이 있고 피지배층을 억압하는 데 책임이 있다고 말한다. 사회의 지배적 이야기는 개인에게 내재화해 있고 하위계층을 억압하는 경향이 있는 스토리를 믿고 실행하게 하며 다른 가능한 이야기와 기회에 대해 눈감도록 한다.

그래서 분석 상담에서 필요한 도구가 바로 '해체'이다. '해체'는 신념, 가치, 개념, 사회적 담론이 지배적 이야기를 뒷받침해 왔다는 것을 이해하고 지배적 이야기를 분해하는 과정이다. 해체는 사회과학적인 이해의 시작일 수도 있다. 해체는 당연하게 여겼던 것들을 뒤집는 절차이다. 상태와 맥락과 동떨어진 '진실'이라고 말해지는 것들, 편견과 선입견을 숨기고 있는 현실과 동떨어진 방식들, 개인의 삶을 복종시키는 익숙한 행동들을 해체하는 것이다. 당연하다고 생각했던 많은 것들을 다시 생각하고 말하며 내담자 안에 존재하는 지배구조, 지배적인 이야기를 부수어 내는 것이다. 이야기를 들어주는 것과 질문하는 것의 조화를 통해 상담자는 내담자의 지배적인 이야기를 부인하거나 그것에 모순되거나 반대되는 이야기들을 되살려 본다. 상담자는 어떻게 지배적인 이야기가 그렇게 큰 영향력을 가졌는지 알아가면서 내담자는 그것에 대한 존중 어린 호기심을 갖거나 질문을 하게 된다. 이러한 해체의 과정이 진행되면서 지배적인 이야기의 힘은 약해지는데 지배적 이야기가 해체되거나 분리되거나 새로운 국면을 맞이하고 있기 때문이다. 상담자는 내담자가 문화적 환경과 사회에서 사용하는 언어에 의해 얼마나 부정적 또는 긍정적 영향을 받았는지 그리고 지배당하고 있었는지 알 수 있도록 돕는다. 내러티브 상담자는 자신의 가치를 내담자에게 강요하지는 않지만 중립적이지는 않다. 중립적인 것은 사회의 관념에 미묘하게 동조하는 것이다. 명백하거나 교묘하게 일어나는 권력과 복종의 문제는 전염병과 같으며 다양한 배경의 내담자에게 해가 된다. 상담자의 생각을 내담자에게 강요하지는 않더라도 내담자와 협력하면서 억압에 대한 문제를 생각해 볼 수 있는 질문을 할 수 있다. **그래서 내러티브 상담자가 된다는 것은 사회적 모순과 불의에 민감해지고, 사회정의에 적극적으로 참여하는 시민활동가가 되어 가는 과정에 당면하게 된다.**

영적이거나 종교적인 것에 관해서도 내러티브 상담자의 역할 중 하나는 내담자의 영적이거나 종교적인 이야기를 통해 그들이 영감을 얻어내거나, 삶에 대한 새로운 의미와 가치를 발견할 수 있도록 돕는다. 내담자가 영적인 삶에 대해 재저술하는 동안에 독특한 결과와 대안적인 이야기를 찾아내도록 돕는 일련의 질문을 던져보기도 한다. 내담자가 잘못된 종교나 영성에 대한 신념으로 묶여 있는 경우, 소위 우리 사회에서 이단이나 사이비 종교로 인한 폐해를 경험한 사람들이라면, 새롭게 의미를 찾은 종교 안에서 다시 관계를 맺고 새로운 영적이고 종교적인 힘을 주는 이야기를 발전시키는 것이 내러티브의 목적이 될 수도 있다. 이렇게 질적 연구에서는 다양한 상황과 문제들에 대한 지식을 바라보는 여러 가지 방식이 있고, 문제에 대한 가능한 설명을 찾아내기 위한 노력을 다양하게 진행해야 한다. 내러티브 연구자들은 개인이 살아온 경험, 이야기된 경험에 관련한 이야기를 수집한다. 이야기가 연구자와 참여자들의 대화 혹은 상호작용을 통해 나온다는 것이 내러티브 연구가 갖는 강력한 협력적 특징이 된다. 내러티브의 자료수집은 면접뿐만 아니라 관찰, 문서, 사진 등과 같은 여러 다양한 형태의 자료들을 통하여 수집된다. 이후에 내러티브, 이야기된 것에 관해 분석이 이루어진다.

다음 표는 질적 연구와 양적 연구의 차이를 구별한 해프너(Heppner et al., 1999) 등의 표와 맥 밀런과 슈마허(McMillan & Schumacher, 2006)가 제시한 표를 통합한 것이다.

구분	양적 연구	질적 연구
세계에 대한 가정	진리는 존재하고 현실은 측정될 수 있다.	현실은 사회적으로 구성된 것이며 다양한 현실이 있다.
지식은 어떻게 적용되는가	지식은 가설을 만드는 데 사용된다. 연역적인 과정이다.	과거의 지식은 결과에 편견을 갖게 할 수 있다. 귀납적인 과정이다.
연구방법과 과정	수학적, 통계적, 논리적	철학적, 문화인류학적, 융통성 있는 방법, 자료가 축적되면서 방법은 변화하고 새롭게 나타날 수 있다.
편견과 정당성	편견에는 문제가 있다. 연구를 통제하면 편견이 줄어 정당성이 증가한다.	편견은 인정된다. 자료를 얻고 결과를 검사하는 다양한 방법을 사용해서 편견을 줄일 수 있다.
목표의 일반화 가능성	진리를 발견하고 대중에게 일반화하는 것.	대중을 일깨우기 위해 정보를 찾아내고 발견한 내용을 기술하는 것.
연구자의 역할	독립적, 객관적 과학자	연구자는 사회적 상황에 몰두하고 발견해 낸 것을 기술하고 해석한다.

3) 문화기술지 연구

문화기술지[38]는 초기에 어떤 부족이나 종족, 국가에 대해 기술하는 것을 의미했다. 오늘날 문화기술지는 특정 집단 구성원들의 행동, 삶의 방식, 신념, 가치 등을 현지인의 관점에서 이해하고 자세히 기술하기 위한 연구방법으로 정의된다. 보통 연구자가 연구 대상 집단에 들어가 그들의 생활 속에서 참여 관찰을 통해 얻게 된 그 사람들의 가치, 지식, 기술 등을 정리하는 연구들이 그것이다. 연구의 핵심은 객관적으로 가정된 질서의 진위를 입증하는 일이 아니라 한 인간 집단이 어떤 질서 속에서 생활하고 있는가, 왜 그러한 질서체계를 구성하게 되었는가를 이해하

---

38) 문화기술지를 뜻하는 영어 'Ethnography(에스노그라피)'의 어원은 그리스어 'ἔθνος(ethnos, 사람들)'와 'γράφειν (graphein, 기록)', 혹은 ethnos(=nation)+graphic(=writing)로 이해될 수 있다. 일본 및 중국에서는 '民族誌(민족지)'라고 쓰인다. 한국에서는 종족지학, 민족기술지, 민속기술지, 문화기술지, 기술민족학 등으로 학문 분야에 따라 다양하게 불리고 있다. 인간 사회와 문화의 다양한 현상을 정성적, 정량적 조사기법을 사용한 현장 조사를 통해 기술하여 연구하는 학문의 분야이다. 문화기술지는 어떤 시스템이 가지고 있는 각 부분을 정확히 이해하는 것을 통해 전체 시스템의 총체적 연구 성과를 거둘 수 있다는 생각에 기반을 두고 있다.

는 일이다. 문화기술지를 연구하는 목적은 문화를 공유하고 있는 집단(문화공유집단)의 행동, 신념, 언어 면에서 공유된 패턴을 기술하고, 분석하고, 해석하는 것이라 말할 수 있다. 선행 연구에 대한 사전 지식이 전혀 없는 경우나 복잡미묘한 사회적 관계나 상호작용을 탐구하는 경우, 소규모 집단의 역동에 관해 총체적인 연구를 하는 경우, 사건의 맥락, 흐름, 구조에 대한 심층적 분석을 하는 경우, 현상 이면에 내재한 가치체계, 신념체계, 행위규칙, 등을 이해하고자 하는 경우에 문화기술지 연구가 적합하다. 문화기술지는 현장 속에서 연구하며 문화적 집단을 둘러싼 장면, 상황, 환경, 역사, 종교, 정치 등 맥락에 의존적이다.[39]

　　문화기술지의 유래는 문화인류학(cultural anthropology)에서 시작되었다. 문화인류학이 추구하는 특정 집단, 마을, 기관, 그리고 인종적인 분류에 대한 일정한 문화 양태에 대하여 분석하는 방향을 문화기술지는 따른다. 문화인류학이 거시적인 관점이라면 문화기술지는 좀 더 미시적인 연구주제들을 취급한다. 문화기술지의 가장 근본적인 연구방법은 문화인류학과 마찬가지로 집단구성원에 대한 참여 관찰과 심층 면담이다. 참여 관찰은 연구자가 특정 집단의 일상세계에 비교적 장기간 참여하여 그들의 삶과 문화를 관찰, 기록, 해석하는 것을 말한다. 심층 면담은 참여 관찰의 일부라고 할 수 있다. 왜냐하면, 참여 관찰 과정에서 연구자는 낯선 문화에 대해 끊임없이 의문들을 갖게 되고, 관찰의 현장에서 그 의문들을 실시하고 그 녹음 기록의 분석 수준에 맞게 텍스트화한 다음, 참여 관찰에서 얻은 자료들과 함께 문화기술지의 작성을 위한 기초자료로 활용하기 때문이다. 문화기술지는 다른 특정한 문화에 대한 결과이자 과정이다. 문화기술지가 결과인 것은 연구자에 의해 특정한 사회적, 문화적인 특색이 평가되어 보고서로 나오기 때문이다.

---

39)　김영순 외. (2018). 질적 연구의 즐거움. 창지사: 조용환. (1999). 질적 연구: 방법과 사례, 서울: 교육과학사: J. W. Creswell, (2007). Qualitative inquiry and research design(2nd ed.). 조홍식, 정선욱, 김진숙, 권지성 역, (2010). 질적 연구방법론: 다섯 가지 접근. 서울: 학지사.

과정인 이유는 문화기술지를 연구하는 연구자들이 해당 집단에 대하여 이해해 가는 과정을 공유해 가기 때문이다. 과정과 결과의 양 측면을 고려해야 하는 관점에서 Boyle(1994)은 '문화기술지는 예술적인 측면과 과학적인 측면을 지니고 있다'라고 평가한다. 문화기술지는 1) 연구주제 및 범위의 설정 2) 연구문제의 설정 3) 현장선택과 예비연구 4) 현장접근과 제보자선정 5) 자료수집 6) 자료기록 7) 자료분석 8) 보고서작성의 순서로 진행된다.[40]

질적 연구 접근의 특성별 비교 (2)

구분	내러티브	현상학	근거이론	문화기술지	사례연구
자료 수집 형식	면접과 문서를 활용	문서와 관찰, 예술작품도 활용	20-30명 정도의 개인들과의 면접	관찰과 면접을 활용 현장에서 오랜 시간 보내면서 다른 자료원 수집	면접, 관찰, 문서, 인공물과 같은 다양한 자료원 활용
자료 분석 전략	이야기, 이야기의 재구성, 주제 전개 연대기 활용	의미 있는 진술, 의미 있는 단위, 조직, 기수, 본질에 대한 연구	개방코딩, 축코딩, 선택코딩	문화공유집단에 대한 기술, 집단에 대한 주제	사례 간 주제뿐만 아니라 그 사례의 주제와 사례에 대한 기술
보고서 작성	개인의 인생 이야기에 대한 내러티브 전개	경험의 본질을 기술	하나의 그림으로 설명되는 이론을 창출	문화공유집단이 작동하는 방식 기술	하나 이상의 사례에 대한 상세한 분석 전개

40) J. Boyle. (1995). "You leave your troubles at the gate": A case study of the exploitation of older women's labor and leisure in sport, Gender & Society, 9, 556-575.

연구의 일반적 구조	서론(문제, 질문)
	연구절차
	- 내러티브
	- 개인의 중요성
	- 자료수집
	- 분석결과
	이야기 보고
	개인의 인생에
	대한 이론화
	확인된 내러티브
	의 부분들
	확인된 의미의
	패턴들
	- 사건, 과정, 발
	  현, 주제 요약
		서론(문제, 질문)
		연구절차
		- 현상학
		- 철학적 가정
		- 자료수집
		- 분석
		- 결과
		의미 있는 진술
		진술의 의미
		의미 있는 주제
		현상에 대한 철
		저한 기술
			서론(문제, 질문)
			연구절차
			- 근거이론
			- 자료수집
			- 분석
			- 결과
			개방코딩
			축코딩
			선택코딩과 이론
			적 명제, 모형
			이론에 대한 논
			의 선행문헌과의
			대조
				서론(문제, 질문)
				연구절차
				- 문화기술지
				- 자료수집
				- 분석
				- 결과
				문화에 대한 기술
				문화적 주제에
				대한 분석 해석,
				교훈
				제기된 질문
					도입삽화
					서론
					- 문제, 질문
					- 사례연구
					- 자료수집,
					  분석, 결과
					사례
					사례들과 맥락
					기술
					이슈들의 전개
					선택이슈 상세
					논의
					주장
					종결삽화

관련 학자 근거	Denzin, 1989. 각색	Moustakas, 1994. 각색	Strauss & Corbin, 1990. 각색	Wolcott, 1994. 각색	Stake, 1995. 각색

4) 근거이론

근거이론이란 체계적으로 수집되고 분석된 자료에 토대를 두고 이론을 개발하려는 일반적인 방법론을 말한다. 이론은 실제적인 조사를 과정에서 발견되는데 이것은 분석과 자료수집 사이의 끊임없는 상호작용을 통하여 이루어진다. 연구자는 자료에서 이론이 형성되도록 노력해야 한다. 근거이론은 자료에서 도출된 것이므로 직관력을 제공하며 이해를 강화하고, 행동을 하는 데 의미 있는 지침을 제공한다. 분석은 연구자와 자료 간의 상호작용으로서 일정한 수준의 엄격함을 유지하고, 자료에 근거하여 분석하면서 원자료(raw material)로부터 개념을 추출하고 점주를 명명하고 이를 위하여 지속적인 비교와 질문을 한다. 이러한 접근방법을 '항

상적 비교법(Constance Comparative Method)'이라 한다. [41]

코딩은 자료를 분해하고, 개념화하고, 이론을 형성하도록 통합시키는 분석과 정이다. 개방 코딩(Open coding)[42]은 개념을 밝히고 그 속성과 차원을 자료 안에 서 발견해 나가는 분석과정이고, 축코딩(axial coding)[43]은 한 범주의 축을 중심으 로 속성과 차원의 수준에서 범주를 하위범주와 연결시키는 과정이며, 선택코딩 (selective coding)[44]은 핵심범주를 발견하여 이론을 통합시키고 정교화하는 과정 이다. 이렇게 코딩 과정은 정보나 자료를 분류하고 해석하는 과정이다. 근거이론 방법론을 사용하는 연구자는 현상에 대해 행동(작용)하고, 상호작용하는 방식을 연구하기 위해 일차적으로 인터뷰 자료를 수집하고, 현장을 방문하며, 정보의 범 주를 개발하고 상호 관련시키며, 이론적 전제 혹은 가설을 작성하고, 이론의 그림 을 그린다. [45]

---

41) W. 크리스웰존 & 조흥식. (2015). 질적 연구방법론: 다섯 가지 접근. 서울: 학지사, 109-113.

42) 개방(Open)코딩: 개념도출, 범주 분류. 텍스트 형태의 자료를 해체하여 문장 형태의 의미 단위로 개념화한 다. 자료→개념→하위범주→범주(패러다임) 식으로 묶이게 된다. 전 사본을 반복적으로 읽으며 의미 있다 고 여겨지는 내용에 개념을 부여한다. 면담 내용 녹음을 한 문장씩 검토하여야 하므로 지겨운 반복작업이 수반된다. 이때 연구 참여자의 응답 표현을 그대로 인용하거나 응답을 적절히 드러낼 수 있는 말을 사용한 다. 발견된 개념의 의미 단위는 속성과 차원에 따라 범주화하여 묶는다. 위의 책, 113.

43) 축(Axial)코딩: 패러다임 모형, 범주 분석. 패러다임을 구축한다. 하나의 범주에 그 하위 범주들을 연관 지어 새 로운 방식으로 자료를 재조합한다. 축이라 불리는 이유는 코딩이 한 범주의 축을 중심으로 일어나며 속성/차 원 수준에서 범주들을 연결시키기 때문이다. 패러다임이란 각각의 범주를 이론적으로 연결하는 일련의 과정 이다. 근거이론에서 하위범주들은 범주를 발생시키는 인과적조건(원인적 상황) 곧, 중심현상이 발생하게 된 상황. 피험자의 반응이 발생하는 초기 조건, 맥락적 조건(전후 관계, 중심현상의 발생에도 기여하며 중심현상 에 대한 개인의 대응이 어떻게 달라지는지 간접적 영향을 주는 범주들의 모임) 곧, 중심현상, 중재적 조건(상 황, 중심현상의 강도를 완화시키거나 변화를 주는 조건), 작용/상호작용(이미 밝혀진 중심현상에 대응하기 위 해 취해지는 대상자들의 전략적, 의도적 반응, 일상적 행위와 (특정 사회현상을 자신에게 유리하게 만들려는 행위 역시 대응 방식에 해당함) 전략, 결과들을 나타내는 범주에 연결된다. 축 코딩의 결과물에 따라 과정 분석 (process analysis)을 하는데, 이는 한 가지 현상과 관련되어 시간의 흐름에 따라 발전하는 구조와 상호작용에 대한 분석이다. 현상에 대한 반응→대처→조정에 관계하는 작용/상호작용의 연속적인 연결을 의미한다.

44) 선택(Selective)코딩: 핵심범주를 밝히고, 이 핵심범주를 중심으로 다른 모든 범주를 통합시키고 정교화하는 방 식으로 현상을 정리하여 이론을 생성한다.

45) A. Strauss & J. Corbin. (2001). Basics of qualitative research Grounded theory procedures and technique NewburyPark, CA: Sage.

일반적으로 근거이론의 연구 진행 과정은 사전준비, 자료수집, 자료 분석 방법 및 해석, 연구방법론에 대한 평가로 진행된다. 사전준비 과정에서는 예비조사와 연구 참여자가 선정된다. 자료를 수집하기 위해서는 심층 면담이 진행되는데 이때 다른 사람의 가치를 존중하며 공감을 갖는 것이 필요하다. 먼저 연구자는 면담 과정에서 자기 인식을 점검하고, 가치판단을 중지하며, 개방적이고 수용적인 자세를 가져야 한다. 연구 참여자의 흐름을 존중하면서 면담을 진행하고, 주로 라포 형성과 자연스러운 접촉과 의사소통에 역점을 두어 진행한다. 자료수집과 분석절차에서는 먼저 녹음 및 기록된 자료들을 텍스트로 전사(Transcribe)하여 원자료(raw data)로 사용한다. 원자료의 개념화를 위하여 자료를 줄마다 읽어 문장과 그 의미에 대해 개념의 명명화를 하였다. 개방 코딩의 과정이며 사례마다 지속적으로 비교와 질문을 통하여 유사한 개념들을 분류, 비교, 범주화한다. 이를 통해 중심현상을 발견하는 작업이 진행되었는데 이때 패러다임의 모형을 통하여 중심현상을 기점으로 어떠한 인과적 조건, 맥락적 조건, 중재적 조건, 작용/상호작용의 전략과 결과가 나오는지를 재배치하는 과정인데 이 부분 역시 많은 시간이 소요되고 시행착오가 발생한다. 사례 간 유형의 공통점과 차이점을 발견하고 이야기 개요를 발견한다. 자료를 분석하는 과정에서는 자료 속에서 중요한 것을 찾아내고, 그것에 의미를 부여하는 연구자의 능력을 고양해야 한다. 연구자료가 가지는 의미, 여기에서 무슨 일이 일어나고 있는가? 이 자료가 무엇을 의미하는가? 이 사람들이 다루는 중심적인 문제는 무엇인가? 하는 문제들을 연구 기간 내내 문헌 자료 외에도 신문, TV, 잡지나 기사, 인터넷 자료 등을 통해 살펴보아야 한다. 우리 모두는 우리가 살고 있는 문화와 시대, 성별, 경험, 교육 안에서 성장해 오면서 자신의 인식과 편견에서 자유롭지 못하며 완전히 벗어날 수 없다. 그래서 객관성을 담지한다는 것은 연구자로서는 상당히 어려운 부분일 수 있다.

5) 사례연구

　문화기술지의 문화공유집단 하나가 사례로 간주될 수 있겠지만, 문화기술지의 목적은 구체적인 사례를 사용하여 이슈나 문제를 탐구하거나 단일한 사례를 심층적으로 이해하려는 것보다는 해당 문화가 어떻게 작동하는지 파악하려는 것이다. 그래서 사례연구는 실생활, 현대적 맥락, 혹은 세팅에 대한 연구를 포함한다. 우리가 여기서 말하고자 하는 사례연구는 경계를 가진 체계(bounded system) 내의 사례를 말한다. 연구자는 시간 경과에 따라 하나의 경계를 가진 체계(사례) 또는 경계를 가진 여러 체계들(사례들)을 탐색하여, 다양한 정보원(예를 들어, 관찰, 면접, 시청각 자료, 문서와 보고서 등)들을 포함하여 상세하고 심층적인 자료를 수집하며, 사례기술과 사례주제를 보고한다. 사례연구는 심리학, 의학, 법학 정치학 등에서 얻고 있는 대중적 활용으로 사회과학자들에게는 익숙한 방법론이다.[46]

　다양한 질적 연구방법론 중에서 사례연구는 일상생활에서 발생하는 여러 사건의 복잡한 사회적 현상에 대한 전체적이며 의미 있는 성격을 그대로 보존하면서 이해를 이끌어 낸다. 어떤 현상에 대해서 관심을 갖게 되면서 시작되어 그 사례가 무엇을 말하려는지 심층적인 탐색을 시도하며 그 사례가 주는 핵심적이고 중요한 의미가 무엇인지를 파악한다. 사례연구는 하나의 사례의 특수함과 복잡함에 대한 연구이며, 중요한 상황들 속에서 사례가 전개되는 방식에 대해 이해하고자 하는 것이다. 사례연구는 복잡하게 얽혀 있는 다양한 맥락과 모호한 실제 생활 속에서 연구자들이 각자의 능력에 따라 개별적 상황을 탐색하는 것이며, 기본적으로 가설검증이나 새로운 이론의 생성에 관심을 두지 않고 현상에서의 통찰이나 발견, 혹

---

46)　K.R.Yin, (2009). Case Study research: Design and method, Thousand Oaks, CA: Sage: R. Stake, (2005). The art of case study research, Thousand Oaks, CA: Sage.

은 해석에 관심을 가질 때 실시하는 연구형태이다. 사례를 연구하는 데에는 그 사례의 특수성과 보편성 모두를 고려해야 한다. 연구할 만한 가치가 있는 사례는 그 사례에 어떤 일이 일어나고 있으며 왜 일어나고 있는지 알아야 할 필요가 있다. 그리하여 사례연구는 하나 혹은 여러 사례를 시간을 두고 심층분석한다. 사례연구에는 서류와 보고서 상담, 관찰과 같은 다양한 정보의 자원을 활용하는 철저한 자료수집이 요구된다. 그리고 자료는 사례의 자연스러운 상황에서 수집된다. 이런 과정을 통해서 단일사례 혹은 여러 사례에 대한 세부적인 기술이 전개된다.

사례연구를 서술적 사례연구, 해석적 사례연구, 평가적 사례연구로 구분하기도 한다. 서술적 사례연구는 연구되는 현상에 대해 설명하는 것을 목적으로 한다. 이 연구는 이론적이며 서술적인 것으로 연구 대상에 대한 기본적인 서술만을 한다. 이것은 어떤 현상의 개념을 도출해 내는 것으로 새로운 현상이나 기초 정보를 얻는데 유용하다. 해석적 사례연구는 풍부하고 상세한 양의 서술과 더불어 이론적 가정에 대한 설명, 지지, 혹은 도전을 위해 수행한다. 서술적 사례연구보다 분석하는 단계를 더 거치게 된다. 평가적 사례연구는 서술과 해석과 판단을 포함하는 최종 결과물을 도출한다.

6.

인문융합상담 안에서 질적 연구방법론의 적용
(해석학적 방법론)

해석의 틀은 연구에 이론적 렌즈를 만들기 위해서 사용되는 사회과학 이론일 수 있다. Denzin과 Lincoln은 "우리는 사회과학이 우선 사회정의, 공정, 비폭력, 평화, 보편적 인권을 위해 헌신해 주기를 바란다"라고 말했다.[47] 연구자들은 그들 자신의 배경이 자신들의 해석의 틀을 형성하고 있음을 인지해야 한다. 그들이 살아온 개인적, 문화적, 역사적 경험들을 통해 어떻게 세계와 사회를 해석하는 틀을 만들었는가를 아는 것은 해석의 시작이다. 연구자의 의도는 타인이 세상에 대해 갖는 의미를 이해하거나 해석하는 것이다. 해석에 참여하는 질적 연구 수행자는 그들 스스로의 삶, 혹은 그들이 살고 있는 세상의 제도적 환경, 그리고 그들 스스로의 삶을 변화시킬 수 있는 개혁을 위한 행동 의제(action agenda)를 포함한다. 세상의 압박, 지배, 억압, 소외, 헤게모니 등은 주요한 연구주제가 될 수 있다. 인간의 자유와 존엄, 가치를 제한하거나 억압하는 비이성적이고 불공정한 구조의 제약으로부터 사람들을 자유롭게 하는 것의 시작은 해석이다. 세상과 인간을 새롭게 이해하고 해석하는 일이 변화의 시작이다. 해석학적 방법론으로 접근하는 방법은 다양하지만

---

47) Norman K. Denzin, and Lincoln Yvonna S. (2011). The Sage Handbook of Qualitative Research. 4th ed. Thousand Oaks: Sage.

큰 틀에서 논의한다면 특정한 사회적 이슈들(집단이나 조직의 지배, 억압, 불평등)을 연구 질문의 틀로 선택하고, 연구에 참여하는 개인들은 변혁의 틀을 지향하는 연대(solidarity)를 형성해야 한다. 그들은 연대와 협력의 틀 안에서 연구 질문을 설계하고, 자료수집, 자료분석, 최종연구보고서를 작성하여 참여자들에게 도움을 요청할 수 있다. 문화기술지 연구와 내러티브 연구의 변화지형 유형은 해석학적 방법론의 유형일 수 있다.

상담심리학자들에게 질적 연구방법론은 왜 필요한 것인가? 상담학 안에서 질적 연구방법론은 어떻게 정리될 수 있는가? 사람들은 모두 자기들의 언어로 자신들의 삶을 이야기한다. 자신들의 이야기를 하면서 자신의 삶을 스스로 해석하고, 분석하고, 통합하고, 통섭한다. 그러한 융합된 이야기는 더 이상 억압되지 않고 숨어 있지 않고 드러나며 내담자의 삶 속에서 융합되어 삶을 살아갈 수 있는 힘과 용기를 준다. 그리고 내담자 삶의 의미와 가치를 새롭게 발견할 수 있도록 도와준다. 살아온 삶을 바르게 분석하고 해석하고 통합과 융합의 과정을 거쳐야 비로소 통섭할 수 있고, 살아갈 수 있다. 융합은 흐르는 물에 비유할 수 있다. 하지만 통섭은 뿌리와 나무와의 관계와 같아 성장한 가지와 잎새는 다시 더 넓고 고르게 광합성을 하며 뿌리를 더욱 땅속 깊숙이 들어가게 한다. 질적 연구는 한 개인의 체험세계를 선택하고 집중한다. 그의 이야기를 인정하고 존중하며 그 삶이 울려 나오도록 격려한다. 그리고 스스로 체험한 이야기에 이름을 붙이고 해석하고 융합할 수 있게 되면 그에게 있었던 불운했던, 받아들이기 힘들었던 과거의 삶이 새롭게 해석되며 미래를 향한 삶의 힘을 주게 된다.

인간을 받아들이고 연구함에 있어 상담학 안에서의 질적 연구방법론은 다양한 주체성을 강조하는 다원화된 포스트모던 사회의 인문과학으로서의 인문융합, 사회과학, 자연과학 연구의 새로운 패러다임을 열어 갈 수 있는 도구이다. 또한 상담심리학자들은 질적 연구를 수행함에 있어 내담자 내면의 지표와 더불어 외면의 지표를 융합하여 분석과 해석의 작업을 진행해 나아가야 할 것이다. 범죄, 살인, 자살, 저출산, 행복지수 등의 문제는 내면의 지표로 이해할 수 있다. 그러나 양극화 문제, 실업, 빈곤, 주택문제, 물가폭등, 기후환경 위기 등의 문제 등의 절망적 지표는 개인의 일탈이나 문제로 이해될 수 없는 외면적 지표로 구별하여 이해해야 한다. 사실 지금까지 상담심리학자들은 내면의 지표에 역점을 두고, 에고의 문제, 원초아, 초자아의 갈등이 어떻게 에고에 영향을 미치고, 가면의 외피 안에 도사리는 그림자를 이해하고 '개성화 과정'을 추구하며, '자기(self)'를 찾아 나가는 과정에 역점을 두었다. 그렇지만 정작 한 개인을 둘러싸고 있는 다양한 주변의 환경과 정치경제학적 문제들에 대한 심층적인 연구와 접근을 방기한 것도 부인할 수 없는 사실이다. 역설적이게도 질적 연구는 한 개인의 이야기를 더욱 심층적으로 경청하고 존중하기도 하지만 동시에 한 개인에게 영향을 준 외면의 지표, 내담자를 둘러싼 정치경제학적 문제를 비롯하여, 구조적인 문제들을 간과하지 않는다. 오히려 더욱 그 중심으로 본질로 접근해 나아간다. 우리에게 '초월(trascendance)'이란 우리가 살아가는 세상을 벗어나거나 도망가거나 회피하는 것이 아니라 더욱 중심으로, 본질로, 핵심으로 나아가는 것을 말한다. 우리는 그러한 한 개인의 초월과 자유를 지향한다. 그러기에 질적 연구는 우리에게 소중한 도구로 자리매김되는 것이다.

I

현상

우리 사회를 규정하는 많은 키워드들이 있다. 불안사회, 피로사회, 우울사회, 투명사회, 분노사회 등등. 이러한 사회에 대한 규정과 정의들은 그만큼 사회 구성원들이 체감하는 불안이나 우울, 분노 등의 총량이 크다는 것을 반증하는 것이고 그 단어들 안에 숨어 있는 행간의 의미를 읽어내는 것은 우리 사회를 이해하고 분석하는 중요한 열쇠가 될 수 있다.

우리는 융합심리를 연구하는 과정에서 특히 인간과 사회공동체 안에서 발견되는 불안과 우울, 분노라는 지점을 선택하고 집중하기로 했다. 과학적 사유와 논리를 전개할 때 수많은 상수들과 변수들이 있지만 '마음의 원리'라는 측면에서 인간과 세계를 바라볼 때 불안, 분노, 우울의 트라이앵글은 개인과 사회공동체에 직접적이고 때로는 우회적 간접적으로 강력한 영향을 미치는 중요한 요소들(factors)이기 때문이다.

1.

불안한 사람들과 사회

현대인은 왜 고질적인 불안감에 시달리는가? 그리고 이러한 불안은 어찌하여 끊임없이 증폭되고 확산되어 나가는가? 과학의 시대, 4차 산업혁명 시대를 살아가는 합리적인 사람들이 왜? 어떻게 급진적이고 비이성적인 사이비종교나 맹목적인 주술행위로 빠져들고 있는가? 현대 독일의 사회심리학자 에른스트 디터 란터만은 불안한 현대사회의 급진적, 광신적 경향을 분석하고 그 심리적 공통점을 탐구한《불안사회》[48]를 출간했다.

지금 우리는 정치와 경제, 사회문화적으로 빠르게 변화하는 급변의 시대를 살고 있다. 4차 산업혁명은 그 변화를 견인하며 급진적 사회 변화를 주도하고 있다. 란터만은 현대사회의 특징을 **급격한 변화, 확실성의 소멸, 예측 불가능성**으로 정리

---

48) 란터만, 이덕임 & E. -D. Lantermann. (2019). 불안사회: 혐오와 광신으로 물든 현대사회를 말하다. 책세상: 현대 독일의 지성이자 독보적 사회학자. 1945년 오버하우젠에서 태어났다. 독일 본 대학교에서 사회학, 심리학, 철학을 공부했다. 라이프치히 대학교, 만하임 대학교, 베른 대학교, 포츠담 대학교의 초빙교수로 재임했고, 독일 카젤 대학교 사회심리학과 교수로 재직했다. 20여 년간 불확실성 극복 전략에 천착하며 인간과 주변 환경, 생각과 느낌의 관계를 연구하고 있다. 하인츠 부데(Heinz Bude)와 더불어 사회적 소외의 배경과 문제를 연구하는 뛰어난 사회학자로 손꼽힌다. 지은 책으로는《연대와 거주에 관한 현장 연구(Solidaritaat und Wohnen: Eine Feldstudie)》《회화의 변화와 상상력: 예술 심리학(Bildwechsel und Einbildung: Eine Psychologie der Kunst)》《상호작용: 사람, 상황, 행동(Interaktionen: Person, Situation und Handlung)》등이 있다.

한다. 현대사회의 **'불확실성'**이 현대인의 고질적 불안을 야기하고, 불안한 심리 상태가 급진화된 양상으로 표출된다고 주장한다. 합리적이고 이성적인 사람들이 도무지 이해되지 않는 행동이나 문제를 야기하는 경우가 다반사다. 과도한 경쟁이 만들어 낸 과도한 자기애와 이기심, 고독사, 자살률과 증가율 세계 최고, n번방 사태를 통해 바라본 범죄적 성문화, 성폭력, 부동산과 비트코인 주식 등에 투자하는 재테크 열풍, 사회적 불공정과 사법부에 대한 불신 등은 끊임없이 불안한 사람들을 만들어 내고 사회는 더욱 불안해지고 있다. 모든 것이 '불확실'이라는 개념 안으로 들어가는 중이다. 한국 사회는 어느 순간 불안과 공포에 점령당해 버리고 말았다.

불안은 인간의 실존 문제와 분리시켜 논할 수 없는 삶의 본원적 속성에 해당한다. 그것은 죽음에 대한 두려움이나 삶의 무의미에 대한 자각, 의지하며 살아갈 수 있는 타인의 부재나 관계 상실에 의한 실의, 자아 정체성의 형성이나 자아실현 과정에서의 난관이나 좌절 등에서 비롯된다고 말한다.[49] 불안의 근거가 되는 '불확실성'은 **개인적 수준의 불확실성과 구조적 수준의 불확실성**으로 크게 나누어 볼 수 있다. 동시에 불안은 뇌와 유전자만의 문제는 아니라는 사실이 과학과 정신의학의 최근의 성취이다. 범죄와 자살, 살인과 저출산, 여가나 행복의 문제는 내면의 심리적 지표로 파악하고 이해할 수 있으나 양극화, 실업, 빈곤, 주택, 물가, 기후환경 위기, 재난 등의 외면의 지표 역시 불안의 원인임에 틀림없지만 상담심리학자들이나 현장의 상담사들 혹은 정신과 의사마저도 그러한 불안의 원인에 대한 이해가 없고 더군다나 이러한 거시적 안목에서 문제해결을 위한 영역으로 취급하거나 다루지 않는다. 더 정확하게, 못 하고 있는 상황이다. 이러한 절망적 지표들을 개인적인

---

49) A. Giddens. (1991), "Modernity and Self-Identity: Self and Society in the Late Modern Age", Stanford, CA: Stanford University Press.

일탈로만 설명할 수 있을까?

산업혁명 이후 근대 국가는 경제 성장에 기반한 사회 발전을 가장 중요시해 왔으나, GDP 등의 경제 성장 지표가 인간의 총체적 삶을 온전히 대변해 주지 못한다는 성찰이 점점 더 크게 부각되고 있다. 이처럼 '물질적 번영'의 한계에 대한 인식은, 서구 사회에서는 '이스털린의 역설(Eaterlin Paradox)'이 말해 주듯 경제 성장이 어느 정도의 궤도에 올라서면 더 이상 행복은 증진되지 않는다는 사회적 사실(social facts)로 인식되고 있다. 막스 베버(1978)가 말하던 '형식적 합리화'는 물질적 풍요를 지향하며 '부'와 '성공'을 마치 구원의 대체물인 양 강박 혹은 도착적으로 추구하는 것을 정당화하였지만, 오늘날 '탈물질주의 (post-materialism)'의 기치 아래 '실질적인 합리화'에 대한 성찰로서 행복, 삶의 질, 인생의 의미와 가치에 대한 연구가 사회과학계에서 광범위하게 확산되고 있다

코로나 19로 촉발된 전 세계적인 변화는 인류의 그동안의 삶의 방식을 완전히 변화시켜 놓았다. 《전염병의 세계사》의 저자 시카고대학 역사학과 교수 윌리엄 맥닐은 "다른 사람들과 마찬가지로 역사가에게도 때때로 발생하는 재앙에 가까운 전염병 창궐은 일상을 급작스럽게, 예측불허로 침범하는 것이었으며 본질적으로 역사적인 설명이 가능한 범주의 바깥에 있다"라고 말한다.[50] 우리 사회는 지금 어느 때보다 훨씬 불확실하다. 인간의 뇌는 근본적으로 불확실성을 피하려고 한다. 예측 가능한 고통은 받아들일 수 있다. 한 번 경험한 고통은 알게 되었을 때 이후 같은 상황이 발생해도 덜 아프게 된다. 반면 뇌에서 경험이 없는 상태에서 생기는 고통에 대한 불안(Anxiety)은 통증에 대한 역치를 낮춰서 같은 자극도 더 아프게 느껴지게 한다. 그리고 어떤 아픔인지 경험하고 나서 생기는 두려움(Fear)은 통증에 대

---

50) 최재천 외. (2020). 코로나 사피엔스: 문명의 대전환, 인플루엔셜, 5.

한 역치를 높여서 같은 자극도 덜 아프게 느껴지게 한다. 비슷한 감정처럼 보이지만 불안과 두려움의 차이는 경험의 차이로 만들어지고, 그 경험의 차이가 고통의 차이를 만든다.[51] 오늘날 현대인 대부분은 사회가 통제 불가능하고 불확실하며 과거보다 위험하고 혼란스럽다고 생각한다. 개인화는 공동체, 전통과의 단절로 이어지고, 경제 인프라의 구조적 변화에 따라 경제적, 직업적 불안 요소가 급증하고 있다. 현대사회의 개인은 자신만의 지향점을 찾아 협소한 이념과 왜곡된 정체성을 요구하는 급진주의와 광신주의로 기울고 있다. 이러한 불안한 사회환경은 특별히 한국 사회에서 이상 종교현상을 야기한다. 극단적 종교의 광신의 형태와 사이비종교 시장의 확산과 확장은 전 세계적으로 유례를 찾아보기 힘든 상황이다.

1.1. 가족제도의 붕괴와 1인 가족의 확산

한국 사회의 자본주의 사회가 시작되며 등장했던 '정상가족'의 개념이 이제 서서히 붕괴되어가기 시작한다. 21세기의 한국 사회에서 정상가족은 이미 무너진 지 오래전이다. 혼외결혼을 통한 출산, 입양을 통한 자녀 양육, 다문화 가정의 확산 등 한국의 가족제도의 전통적 개념은 하나, 둘 무너져 내려갔다. 여성들이 4비(非), 비연애, 비섹스, 비혼, 비출산을 주창하고, 젊은이들은 결혼을 피한다. 2018년은 출산 합계가 0.98로 그동안 저출산 고령화 시대 정책예산으로 쏟아부은 비용을 생각하면 너무나 초라한 성적표다. 2023년 우리나라 출생아 수가 24만 9000명대로 집계됐다. 1년에 태어나는 아이가 25만 명을 밑돈 것은 처음이다. 여성 한 명이 평생 나을 것으로 예상되는 평균 출생아 수도 0.7명대로 추락했다. 대한민국이 사라질 위기에 놓였다.

---

51)   김문조 and 박형준. (2012). 불확실성의 시대, 불안한 한국인. 사회와 이론, 21, 611-643.

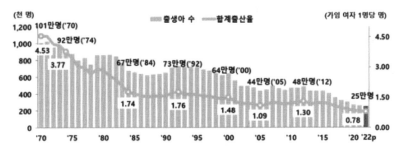

1970~2022년 출생아 수 및 합계출산율 추이. 2022년 수치는 확정치가 아닌 잠정치다. 자료=통계청

　합계출산율 0.78명으로 10년째 OECD 최하위를 기록하고 있다. 여자 한 명이 평생 낳을 것으로 예상되는 평균 출생아 수인 합계출산율도 급락했다. 합계출산율은 0.78명으로 전년(0.81명)보다 0.03명 감소했다. 1970년 통계 작성 이래 최저치다. 2020년 경제협력개발기구(OECD) 평균 합계출산율은 1.59명으로 우리나라는 절반에도 못 미친 것이다. 2020년 기준 우리나라 합계출산율은 0.84로 당시 합계출산율이 1명 미만인 나라는 한국뿐이었다. 우리나라는 2013년부터 OECD 국가 가운데 합계출산율 꼴찌를 기록하고 있다.

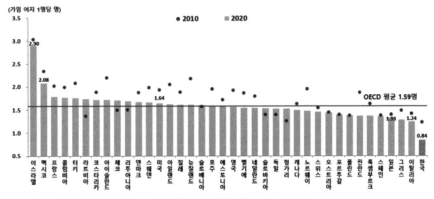

2010년, 2020년 경제개발협력기구(OECD) 회원국의 합계출산율 비교. 제공=통계청

근대적 가족제도의 시작은, 1920년대 전근대 시대의 일부다처, 신분제에 바탕을 둔 대가족 제도를 거부하며 사회적 파장을 일으켰다. 개인의 자유로운 의지를 바탕으로 한 연애와 결혼에 기반한 일부일처 결혼 제도는 전근대적 가족제도보다 평등하고 합리적이고 우월한 가족제도로 선택되었다. 과거의 일부다처의 가족제도가 일부일처제로, 집안 사이에 맺어졌던 가족관계가 애정에 기반한 남, 여 개인의 사랑에 의해 기존 전근대적인 가족제도가 무너지는 위기의 순간은 산업화에 기인하는 사회문화적 현상이었다.

1950년대의 등장한 영화 〈자유부인〉은 전통적인 가정의 해체라는 현상과 함께 그럼에도 불구하고, 정상 가족을 지켜 내야 한다는 사회적 강박을 보여 준다. 여주인공이 바람을 피우다 처벌받으며 가정으로 다시 돌아온다는 얘기다. 많은 1960년대 가족 드라마 속 수많은 소시민 가부장의 이야기는 법률로 정비된 "정상 가족"의 이미지는 전쟁을 겪고 사회 재건이 필요했던 국가의 바람과 일맥 하는 문화적 결과물로 볼 수 있다. 이런 면에서 이 시기의 가족 영화들은 '국가정책 홍보적 성격을 보여 준다'라고도 말할 수 있을 정도였다. 1968년 최고의 흥행 기록을 갱신하며 사회적으로 이슈가 되었던 영화 〈미워도 다시 한번〉이라는 신파적 멜로드라마는 축첩을 용인하지 않고, 사생아는 본처와 남편으로 이루어진 호적법 안으로 흡수되어야 한다는 사회적, 법적 변화를 주장한다.

1970년, 1980년대에는 정상적 가족 이데올로기가 사회에 상당히 정착했고 남과 여로 이루어진 이성애적 법률혼이 일상화되었다. 이렇게 급속한 근대화, 산업화의 시기를 거치며 정립, 유지되던 정상 가족제도는 1990년대가 되면서 눈에 띄게 변화하기 시작한다. 과거 100년 동안 지속해 온 근대 가족제도는 '자연스러운 것'이라기보다 근대에 이르러 특정한 인간과 사회관계를 새롭게 '정형화'하였을 뿐, 인간이 가지고 있는 다양한 삶의 모습을 담아낼 수 없었다. 이런 면에서 1990년대에 이루어진 대대적인 가족법 개정과 2005년 호주제 폐지는 개발 성장기를 통해 여성의 보편적 권리에 대한 주장이 봇물처럼 솟아오르고, 남녀의 실질적 법적 평등을 추구하는 요구들이 빈번하였다. 법 개정을 통해 여성의 권리는 한층 보장되었고 여성의 교육과 경제권은 눈부시게 발전했다. 산업화 시대가 규정했던 성 역할이 지배적인 가부장적 가족 구조는 흔들릴 수밖에 없었다. 또한, 부부 사이의 정절의 의무를 법으로 제지하던 '간통법'은 성적 자기 결정권을 옹호하며 2015년 폐지되었다. 이제 부부 관계, 혹은 가족관계를 지속하는 것은 법적인 제도를 통해서가 아니라 당사자들의 '의지'에 의한 것임이 명확해지는 시대로 접어들었다.

기존의 정상가족은 핵가족의 형식을 유지하였다. 이러한 핵가족 시스템은 기술 사회적 진전과 더불어 여러 세대가 동거하는 확대가족, 재혼부부와 그 자녀, 그리고 전 혼인관계에서 출생한 자녀들로 구성된 혼합가족, 비(非)동거가족, 신(新)확대가족 등으로 다채롭게 변모하고 있다. 더구나 인공수정에 의한 출산, 정/난자기증을 통한 임신, 대리모를 통한 출산, 생물학적 임신능력을 초월한 출산 등 첨단 과학기술을 활용한 가족 형태의 다양화가 촉진되면 우리 의식세계를 지배해 왔던 전통적이고 전래적인 가족관은 전폭적으로 수정되고 있다. 청춘남녀들은 결혼하지도 않고 아이를 낳지도 않는다. 혼인의 파탄이 다양한 경제적, 사회문화적 원인들에 의해 촉발된다. 1인 가구가 폭발적으로 증가하고 있다. 그리고 그러한 1인 가구가 만들어 내는 다양하고 복잡한 사회문제들은 사회복지의 문제가 아니라 구조적인 문제로 자리 잡고 있다.

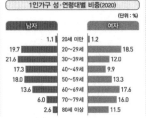
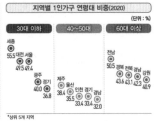

2020년 통계청의 자료에 따르면 1인 가구의 여러 가지 어려움이 조사된 보고를 볼 수 있다. 그들 가운데 42.4%는 균형 잡힌 식사가 어렵다고 응답하였고, 30.9% 는 아프거나 위급 시 대처가 어렵다고 말하고, 25.0%는 가사 어려움을, 19.5%는 경제적 불안을, 18.3%는 고립으로 인한 외로움을 느끼고 있다고 설문에 응했다.[52] 의식주의 문제뿐만 아니라 정서적 심리적 문제 역시 상당히 커다란 지점이 되어 있었다. 최근 1인 거주 여성의 경우 성적범죄에 노출되어 벌어지는 끔찍한 사건 사고들은 우리 사회를 더욱 불안하게 만들고 있는 사회문화적 현상이 되어버렸다. 20세기적 근대 가족제도를 넘어 다양한 사회 구성원이 각양의 목소리를 내고 있다. 지금 우리 사회 불안의 큰 원인으로 가족제도의 붕괴와 변화는 중요한 지점임에 틀림없다.

1.2. 위험에 대한 인식과 체감의 증가(불안의 항상성)

삶이 풍요로워지고 자아실현에 대한 욕구가 커질수록 위험에 대한 인식과 체감도 높아진다. 물론 기후변화나 핵무기처럼 근대화의 결과로 빚어진 실질적 위험이 울리히 벡이 말하는 위험 사회의 우선적 측면이지만, 삶의 개인화 유연화 고령화 등과 연관된 사회적 위험의 증대는 후기 현대의 특징을 보다 명징하게 보여 준

---

52) 통계청 사회통계국 인구동향과. (2021). 2020년 사망원인통계 결과. 1-7.

다.[53] 1980년대, 울리히 벡은 아직 태어나지도 않은 21세기를 '위험사회'라고 명명했다. 위험이 사회의 중심이 된 사회, 위험을 결정하기 위해 늘 점검해야 하는 사회, 평등의 가치보다 안전의 가치가 더 중요해진 사회가 위험사회이다. 빈곤에는 위계와 차별이 있지만, 미세먼지로 당하는 고통과 위험은 민주적이다. 울리히 벡은 윤리성을 상실한 과학기술과 금융자본, 무절제한 환경 파괴, 억압당한 개인과 집단의 반발, 정보사회의 위험성 등을 위험사회의 원인으로 지적했다. 벡이 말한 21세기의 위험은 'danger'가 아니라 'risk'라고 했다. 자연재해나 전쟁 같은 불가항력적 재난이 아니라, 정치, 경제, 사회적인 환경과 결합되어 나타나는 재난이라고 본 것이다. 그래서 사람에 의해 만들어지는 '생산된 위험(manufactured risk)', '생산된 불확실성(manufactured uncertainty)'이라고 불렀다. 과학과 기술발전, 환경 훼손, 경제사회 발전에 따른 의도되지 않은 부작용이거나, 별 위험이 아니지만, 그 대처 과정에서 잘못된 판단이나 행동이 개입해 재앙이 되는, 인위적 위험이라는 것이다. 울리히 벡은 위험사회의 특징을 다음과 같이 요약했다. "디지털 시대, 초연결사회인 21세기 위험의 전염성은 빠르다. 특정 지역이나 계급과 상관없이 어디서든 발생할 수 있다. 과학 발전에 비례해 위험 인식도가 높아진다. '안전'의 가치가 가장 중요해진다. 안전은 물이나 전기처럼 공적 소비재가 된다." 2014년 한국을 방문한 울리히 벡은 "세월호 참사에서 한국 정부는 무능과 무지를 드러냈다. 국민은 분노했고 아무도 책임지지 않는다는 것을 깨닫게 됐다."라고 말했다. 그리고 그 원인 중 하나로 '조직화된 무책임'을 신랄하게 지적했다.[54]

사실상 21세기는 위기의 항상성을 보여 주고 있다. 환경 위기이든 경제 위기이든 전쟁의 위기이든 신종바이러스 위기이든 사회적 위기이든 이 시대는 위기를 늘

---

53) 벡, 박미애 & 이진우. (2010). 글로벌 위험사회. 길.
54) 박희제. (2014). 위험사회에서 세계시민주의로: 울리히 벡의 (기술)위험 거버넌스 전망과 한국의 사회학, 사회사상과문화 제30집, 83-120.

안고 살고 사회시스템은 위기 대응시스템으로 전환되고 있다. 위기란 균형과 안정이 파괴되는 상태를 의미한다. 위기는 위험과 불안공포를 내포한다. 실존적 불안은 이 같은 위기의 항상성과 밀접히 관련되어 있다. 프로이트식 해석에 의하면 불안은 "외적 세계에 대한 지식과 내가 그에 대해 어느 정도 힘이 있는가 하는 느낌"에 의해 좌우된다고 말할 수 있다. 삶과 직결된 실존적 위기나 불안은 삶의 안전성과 지속성이 공격받고 이에 저항할 힘이 부족할 때 고조되는데, 그것은 **자살 충동부터 정신분열증, 무력증, 거식증, 대인기피, 언어기피, 패배의식, 노이로제, 과잉스트레스, 편집증, 항상적 분노와 불만** 등으로 다양하게 표출된다.[55]

우리는 불안과 불확실성을 일상적으로 경험한다. 누구도 미래를 예측할 수 없다. 통제 불가능한 현재의 불확실성은 미래의 희망을 앗아가며 현대인을 절망으로 이끈다. 모든 사회 구성원이 불안감을 점점 강하게 느끼고, 다수의 현대인이 국가와 공동체를 신뢰하지 않는 상황에 이르고 있다. 불안한 개인은 사회가 제공하지 않는 안전지대를 찾아 헤맨다.

개인과 사회의 상호관계를 연구하는 심리학적 분석의 본질적 목표는 매우 다르게 보이는 여러 현상을 설명할 기본적 심리 구조와 과정을 찾는 것이다. 란터만은 여러 형태의 급진적 현상 이면에 있는 개인적, 사회적 배경을 바라본다. 그는 증가하는 인류의 급진화 경향을 사회 변화에 따른 불확실성과 불안 탓이라고 이해한다면, 인간의 본질적 욕구를 들여다보아야 한다고 강조한다. 유한한 인간의 본질적 욕구 중 하나는 안전 추구다. 급진적 현상의 공통분모는 일상적 불확실성을 타계할 안전지대를 찾는 개인의 지향에 있다. 몸은 개인이 통제할 수 있는 가장 직접적

55) 이현주, 곽윤경, 전지현, 구혜란, 변금선. (2020). 한국의 사회적 불안과 사회보장의 과제: 청·중년의 사회적 불안, 한국보건사회연구원, 연구보고서 2020-06.

인 수단이다. 피트니스 중독, 채식주의는 몸의 통제를 통해 통제 가능한 것을 갈망하는 개인의 욕구를 충족하는 요소로 자리했다는 것이 란터만의 입장이다. 불안한 현대사회, 새로운 안전지대를 찾는 초조한 개인에 관한, 그리고 불안한 사회의 원인에 대한 깊이 있는 성찰과 분석이 필요하다. '안전함에 대한 욕구'는 현대인의 불안한 삶의 조건을 동시에 일상적으로 만연한 불확실성을 말해주고 있다. 사람들은 불안 가운데에서 추락한 자존감, 자립감, 자기가치감의 위기를 돌아본다. 해결되지 못한 불안의 문제는 다시 자기가치감과 불확실성을 극복하려는 전략으로 표출된다. 난민 문제로 불거진 이방인 혐오 현상과 자발적 고립을 추구하는 개인, 일반인 출입을 제한하는 폐쇄적 주택단지가 유행처럼 퍼지는 현상을 고찰한다. 또한, 통제 가능한 몸에 집중하여 피트니스에 중독된 사람들과 극단적 배타성을 추구하며 스스로 도덕적 안정감을 찾는 비건의 사례 역시 우리들의 연구지점이다. '개방과 폐쇄' 사이에서는 광신적 사회의 뚜렷한 징후가 드러난다, 불안한 현대사회의 문제를 타개할 시민사회의 역할에 대해 상담 전문가들은 주도적인 역할을 해야 하는 시대가 열렸다.

사회의 불안을 개인의 자유와 다양성을 존중하는 긍정적인 계기로 삼아 성숙한 시민 사회를 발전시켜 나가야 한다. 또한 광신주의와 급진주의가 증가하는 현대사회에서 공허한 거대 담론이 아닌 사회와 개인 사이의 복잡한 심리적 연관성을 대중 일반이 관심을 가질 만한 주제와 친근한 사례에 집중하여 다루는 것도 중요한 일이다. 불안은 해결되지 않은 감정(unresolved emotion), 부정적인 감정(negative emotion)에 기반한다. 불안의 친구는 불만이다. 만족하지 못하는 것이고 안 하는 것이다. 신자유주의 경제체계 아래서는 만족이 있을 수 없다. 그래서 우리 사회는 피로하다. 학교, 군대, 일터로 이어지는 규율사회는 이제 성과사회로 전환되었다. 규율사회는 부정적인 사회였다. 해서는 안 되는 것들, 금지된 것들이 많았다. 그러나 작금의 사회는 무엇을 해야만 하는 사회가 되었다. 규율사회의 부정성은 광인과 범죄자를 낳았지만, 성과사회는 우울증 환자와 낙오자를 만들어내기 시작했다.[56] 학생들은 입시와 경쟁으로 피로해지고, 청년들은 스펙 쌓기와 취업으로 피로하고, 중년의 남녀는 상시해고와 조기퇴직의 위험 속에서 피로해진다. 연금에 대한 불안과 미래에 대한 불안은 만성적인 불안과 공포를 통해 사람들을 잔인한 경쟁과 비열한 실존으로 몰아대며 '오징어 게임'을 권장하는 사회가 되어 버린 것이다. 이제 그러한 불안을 처방하는 다국적 제약기업들은 프로작과 신경안정제를 의사들을 통해 다량으로 처방 유포 확산하며 돈벌이에 급급하지만, 정작 불안한 개인은 어떠한 개선의 여지없이 '존버'의 실존을 유지하며 아슬아슬한 줄타기를 하고 있다.

울리히 벡은 위험하고 불안한 사회를 극복하는 방법은 디지털이 아닌 아날로그의 소통을 강조한다. 그의 소통은 인문학적, 인문융합적 상담을 통한 소통과 공감을 요구한다. 소통과 공감을 통한 신뢰와 협력, 안전한 사회를 위한 시민사회의 관심과 참여, 믿음을 바탕으로 문제를 해결하려는 연대와 협력이 필요하다고 역설한다. 벡은 성찰적 근대화라는 개념을 이해시키고자 노력한다. 성찰적 근대란 위험을 포함한 모든 준비를 국가와 전문가만 독점하지 말고 시민들이 소통하고 대화하면서 공론의 장을 만들어 해결에 동참하는 사회다. 지식과 과학기술 전 과정을 공중이 비판적으로 개입할 수 있도록 하는 것이다. 이렇게 함으로써 과학에 대한 사회적 제어력을 높이는 과정이다. 성찰적 근대를 위한 전제는 소통을 통한 신뢰와 협력이다. 인문융합적 사유는 그러기에 더욱 중요한 시대적 사명을 가지게 된다.

---

56) 한병철 & 김태환. (2012). 피로사회. 문학과지성사, 24.

1.3. 고독인가, 고립인가?

고독사 당하는 사람들이 많아졌다. 고령화 현상을 통한 노인 인구의 급격한 증가는 개인적·사회적인 차원에서 다양한 문제들을 발생시켰다. 그중 하나가 심각한 고독사 문제이다. 고독사 문제는 노령층에만 국한된 것이 아니다. 청년층 고독사도 증가추세를 보여 주고, 조기 은퇴로 인한 50대의 고독사도 적지 않은 숫자로 유의미한 통계자료를 살펴볼 수 있다. 캐럴라인 냅은《명랑한 은둔자》에서 "고독은 차분하고 고요하지만, 고립은 무섭다. 고독은 우리가 만족스럽게 쬐는 것이지만, 고립은 우리가 하릴없이 빠져 있는 것이다."라고 말한다.[57]

'고독(孤獨)'이란 단어의 사전적인 뜻은 '홀로 있는 듯이 외롭고 쓸쓸함', '고립(孤立)'은 '남과 사귀지 않거나 남의 도움을 받지 못하여 홀로 됨'을 의미한다. 정서적으로는 '고독'이 자발적인 외로움이라면, 고립은 타의에 의해서 타인에게 외면당하거나 홀로되었을 때라고 할 수 있다. 종교적인 수련과 성장을 위해 선택한 고독이야 자신의 내면 깊은 곳에 있는 진리를 찾아 나가는 구도의 열정으로 이해될 수 있겠지만[58] 고립은 자발적이지 않고 많은 경우 타자들에 의한 폭력이나 구조적인 힘에 의해 고립되는 경우들도 종종 있다. 현대는 점점 더 외로운 시대가 되어가고 있다. 애를 쓰는 것에 비해 관계는 원활하지 않고, 소통은 어려워지고, 심각한 외로움에 빠져드는 세대가 되었다. 존재는 사회적이다. 그래서 늘 인간은 사람들 속에 머물고자 한다. 그러나 이러한 고립과 고독이 사회적인 죽음이 되고 문제가 되어 버렸다.

---

57) 캐럴라인 냅, 김명남. (2020). 명랑한 은둔자. 바다출판사.
58) 깊은 종교적 수련이나 체험을 위해서 스스로 고독한 환경을 만들어 명상이나 기도에 몰입한다. 불교에서는 겨울 3개월 동안 동안거(冬安居) 또는 설안거(雪安倨)를, 한여름에도 하안거(夏安居)를 수행한다. 그리스도교에서도 하느님 존재의 신비를 받아들이고 내면의 하느님을 찾아나가기 위해 분주하고 복잡한 일상에서 물러나 피정(retreat)한다. 중세의 수도자들을 '은자(隱者, anchorite)'라고 불렀다. 일상의 삶의 자리에서 멀리 떨어진 장소로 물러난다는 뜻인 희랍어 '아나코레오(anachoreo)'에서 유래한 말이다.

고독사(孤獨死)는 홀로 사는 사람이 돌발적인 질병 등으로 사망하는 사회적인 죽음을 말한다. 혼자 생활하는 사람이 급증하면서 고독사 역시 현저하게 나타나기 시작하였다. 편의시설의 확대, 간단한 식사나 세탁, 일상생활이 적은 비용으로 가능해졌다. 편의점의 대용 식사, 빨래방, 원룸주택, 고시원 등의 주거시설 등으로 혼자 살아갈 수 있는 능력이 어느 때보다 훨씬 용이해졌다. 이러한 도시화, 문명의 이기로 각종 편의시설은 섬세하게 발달하고 개인주의 가치관의 확산, 인권, 권리에 대한 정보 등의 확산으로 홀로 살다가 홀로 죽어 가는 사람들이 많아졌다. 고독사하는 사람들은 대부분 오랫동안 시신이 방치되는 경우가 많다. 초기에는 실직이나 경제적 능력으로 인한 중장년 남성의 고독사가 대부분이었지만 개인주의 가치관 확산 및 인권, 권리의식, 가치관 충돌 등으로 독신자가 늘면서 경제력과는 상관없는 고독사, 연령과 상관없는 고독사가 다양한 계층 안에서 나타나고 있다.

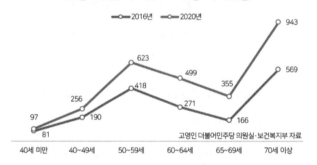

연령대별 무연고 사망자 현황

━○━ 2016년   ━●━ 2020년

	40세 미만	40~49세	50~59세	60~64세	65~69세	70세 이상
2016년	81	190	418	271	166	569
2020년	97	256	623	499	355	943

고영인 더불어민주당 의원실·보건복지부 자료

입법조사처는 지난 2022년 6월 16일 '초고령사회 대비 고독사 대응 현황과 과제'라는 주제로 〈이슈와 논점〉 보고서를 발간했다. 현행 '고독사 예방 및 관리에 관한 법률(고독사예방법)'에 따르면 고독사란 가족, 친척 등 주변 사람들과 단절된 채 '홀로 사는 사람'이 자살·병사 등으로 '혼자 임종'을 맞고, '시신이 일정한 시간이 흐른 뒤에 발견'되는 죽음을 법적으로 규정했다.

구분	2025	2030	2035	2040	2045	증감
합계	689.7	744.0	792.3	823.7	832.4	20.7
비율	32.3	33.8	35.2	36.4	37.1	14.9
10대	6.5	7.2	6.4	4.9	6.1	△6.2
20대	102.7	89.4	90.0	88.2	73.1	△28.8
30대	103.4	110.3	96.8	83.3	82.3	△20.4
40대	93.0	92.1	93.9	99.8	88.0	△5.4
50대	113.9	117.4	117.2	114.9	115.7	1.6
60대	121.3	133.0	141.7	140.4	137.9	13.7
70대	87.9	120.4	154.1	169.3	180.0	104.8
80대	52.7	61.8	76.4	103.5	123.8	134.9
90대	8.2	12.2	15.8	19.3	25.4	209.8

(단위: 만 명, %)

▲연령별 1인 가구 추계(단위: 만명, %)./출처= 통계청 장래가구추계(2022.5.20.)

2020년 말 기준, 우리나라의 1인 가구는 621만 4000가구로 전체 가구 중 30.4%로 가장 큰 가구 유형의 비중을 차지한다. 통계청 '장래가구추계'에 의하면 초고령 사회로 진입하는 2025년부터 2045년까지 1인 가구는 832.4만 가구다. 이는 전체 가구 중 37.1%를 차지한다. 또 노인가구는 급속도로 늘어나서 같은 기간 70대는 104.8%, 80대는 134.9%, 90대는 209.8%나 증가하는 것으로 나타났다. 고독사 문제는 향후 더 증가할 것으로 예상되고, 인간소외의 문제는 더욱 광범위해질 것이다.

1.4. 디지털 시대 불안의 시원: 과도한 정보와 왜곡된 정보

오늘날 우리가 살고 있는 사회는 피해의 원인을 자신에게 돌리느냐 아니면 타자에게 돌리느냐에 따라 '모험사회(risk society)' 또는 '위험사회(danger society)'로 불릴 수 있다.

초연결 디지털 사회로 규정되는 오늘, 과거와는 비교할 수 없는 편리함과 지식 정보 문화의 풍요를 누리고 있지만, n번방 사건을 비롯한 디지털 성폭력, 프라이버시 침해, 각종 사이버 범죄, 매일같이 시달리는 스팸 문자와 전화로 인한 디지털 피로, 인터넷 통제 같은 내부 불안요소도 심각한 문제로 대두되고 있다. 디지털 풍요와 혜택이 커질수록 디지털 불안요소들이 인간의 마음과 영혼을 좀먹고 있는 것이 현실이다. 언제 어디서든 인터넷에 연결하여 이메일을 확인하고 게임도 하며 모르는 길을 찾아갈 수도 있는 스마트폰에 사람들이 집중하고 있지만, 휴식 시간을 방해하고 주의력을 떨어뜨리며 나의 위치를 누군가로부터 감시당할 수 있다는 문제점이 드러나면서 스마트폰 사용을 불안해하는 사람도 있다. 유명호텔에서 '디지털 해독(Digital Detox)' 상품을 내놓아 사람들의 관심을 끌기도 한다. 체크인할 때 스마트폰이나 PC를 데스크에 맡기면 숙박료를 할인해 주면서 디지털 기기를 현대인의 족쇄로 생각하는 사람들에게 해방감을 주는 아이디어 상품이 개발되었다. 현대 디지털 사회는 개인의 인적사항, 건강 상태와 같은 거의 모든 상태 정보뿐 아니라 CCTV 등을 통해 사람의 움직임까지도 디지털 데이터로 저장되고 있다. 최근에는 사물에 탑재된 RFID, 센서 등을 통해 각종 정보가 쌓이면서 도시에서 디지털 사각지대를 찾는 것이 어렵게 돼버렸다. 범죄예방과 교통단속 등이 목적인 CCTV이지만 개인의 일거수일투족을 누군가가 감시할 수도 있기 때문에 프라이버시에 대한 우려가 발생할 수밖에 없다. 누군가 나를 바라보고 있고, 나의 일거수일투족이 기록되는 상황이라면 이것은 상당히 불안한 일일 수 있다.[59]

스마트폰을 손에서 떼지 못해 상대방과의 대화에 집중을 못하거나, 업무에 차질이 생기는 사례를 주위에서 쉽게 찾아볼 수 있다. 물론 스마트폰의 작은 화면을 장기간 불편한 자세로 보면서 나타날 수 있는 시력 저하, 목 디스크 같은 육체적 피로

---

59) 이양숙. (2020). 디지털 시대의 경계불안과 포스트휴먼. 구보학보, 26, 607-643.

도 있겠지만, 보다 근본적으로는 사람의 생각과 행동에 영향을 주는 정신적 피로가 더욱 심각한 문제라 하겠다. 또한, 정보 과도에 의한 사람의 사고력 저하를 말하지 않을 수 없다. 인간이 감당할 수 있는 양을 넘어서는 자료가 봇물 터지듯 쏟아지고 있다. 밀려드는 이메일을 확인하는 데에만 몇 시간씩 허비해도 건질 수 있는 정보는 얼마 되지 않는다. 사람이 다루는 정보의 양은 늘어났지만, 정작 하나의 정보에 들이는 시간은 줄어들었다. 주어진 자료를 정독하고 필자의 의도를 파악하며 정보를 정리한 후 자기화하기보다는, 빠르게 마우스 스크롤을 내리면서 단지 스크린을 보기만 할 뿐이다. 이에 IT 미래학자인 니콜라스 카는 자신의 저서 '생각하지 않는 사람들'에서 디지털 시대 사람들의 집중력 및 사고력 저하를 큰 문제로 지적하였다.[60]

---

60) 니콜라스 카. 최지향 역. (2011). 생각하지 않는 사람들 인터넷이 우리의 뇌 구조를 바꾸고 있다, 청림출판사, 27-36.

2.

분노하는 사회

대한신경정신의학회가 2015년 정신건강의 날을 맞아 조사한 바에 따르면 우리 국민의 절반 정도가 상당한 분노 감정을 경험하고 있으며 11%는 치료가 필요한 분노를 경험하고 있는 것으로 나타났다. 조사 결과 본인이 행복하다고 느끼는 사람은 64%로서, 36% 정도는 행복하지 않다고 느끼는 것으로 나타났다. 전체 대상자 중 삼분의 일 정도가 우울, 불안, 분노와 같은 정서적 문제를 경험하는 것으로 나타난바, 28%가 우울증이 의심되었고, 21%가 불안장애가 의심되는 것으로 나타났다. 또한, 분노조절장애가 의심되어 전문가와 상담이 필요한 대상자는 11% 였다.[61]

우리 사회에 만연한 좌절과 분노를 지칭하는 분노세대, 분노사회 같은 사회학자의 분석이 등장했다. 분노조절장애는 정신의학적으로 흔한 질병은 아니다. 그럼에도 매스미디어에 반복 보도되는 까닭은 그만큼 우리 사회에서 분노가 흔하게 발견

---

61) 대한신경정신의학회는 2015년 4월 4일 '정신 건강의 날'을 맞아 '국민정신건강과 행복'에 대한 조사를 시행하고 결과를 발표했다. 대한신경정신의학화가 개발한 문항으로 조사전문기관 마크로밀엠브레인이 수행한 〈정신건강과 행복 조사〉는 서울 및 6대 광역시에 거주하는 만 20-59세 남녀 1,000명을 대상으로 하였다. (신뢰수준 95%(±3.1%))

되고 있다는 것을 말해주고 있다. 분노란 욕구 좌절에 대한 반응이거나 생존을 위협하는 자극에 대한 반응이다. 우리 뇌의 감정 중추의 일부인 편도체에서 분노 자극이 유발된다. 그러나 분노의 감정이 일었다고 해서 모두 공격적인 행동으로 표출되는 것은 아니다. 뇌의 편도체에서 분노가 유발되는 순간 전두엽 속에서 '나의 분노는 정당한가?'라는 자기성찰과 자기 제어의 프로세스가 작동한다. 우리 사회 분노의 감정과 더불어 공격적 표출이 폭발적으로 증가하고 있는 이유는 생존의 위협 또는 욕구 좌절과 같은 분노 유발 요인의 증가로 뇌의 편도체가 심각하게 각성되어 있고 동시에, 뇌의 전두엽(전전두피질, Pre-frontal Cortex) 기능은 마비되어 자기성찰과 자기 제어의 기능은 약화 되고 있기 때문이다.

먼저, 대한민국은 경제의 성장 속도가 더뎌지면서 국민의 욕구 좌절과 절망이 증폭되었다는 점을 주목해야 한다. 70대 이후의 고도의 경제 성장 과정에서 소득의 급속한 증가를 경험하면서 무지개 원리 방식의 '하면 된다'라는 긍정적 사회적 분위기와 함께 우리 사회 구성원들의 경제적 성공과 부의 성취에 대한 열망이 뜨거웠다. 급작스런 1997년 IMF 위기를 겪으며 좌절한 국민들과, 2000년대 이후 경제 성장의 둔화와 정체 국면이 장기간 지속되면서 청년들의 실업난과 장년층의 조기 퇴직이 뚜렷한 사회현상의 하나가 되어 버렸다. 경제성장기에 고조된 성장과 성취 욕구가 전 세대에 걸쳐 좌절되는 현상이 나타났다. 경제가 무너진다는 것은 생존을 위협하는 직접적 자극에 해당된다. 위기의 반응으로서의 분노가 우리 사회에 만연하고 있는 이유는 IMF와 금융위기에 의한 중산층이 붕괴 과정이 우리 국민들의 뇌리에 트라우마로 자리 잡고 있기 때문이기도 하고 지금의 부동산 급등과 주식거래, 코인 거래 등의 급작스런 졸부들의 등장과 갑자기 꺼지고 있는 부동산 거품, 주식하락, 코인가치의 추락 등의 경제적 변동과 무관하지 않다. 실재로 최근의 20, 30 영끌족(영혼을 끌어모아 집을 사들인 젊은이들)들은 금리인상으로 인한 부동산 가치의 급락으로 불안과 분노가 가중되고 있는 상황이다.

1997년 IMF 사태로 인한 대량 해고의 충격은 국민들 마음속 깊이 생존을 위협하는 추락의 공포로 자리매김되었고, 스태그플레이션이 장기화되면서 한국경제 위기설이 반복 제기될 때마다 이러한 공포가 자극되면서 분노 유발의 촉매제로 작용하고 있다. 분노 제어 기제의 약화는 이처럼 정당한 성취 욕구가 좌절되고 생존의 위협에 끊임없이 시달리는 이유가 개인의 잘못이 아닌, 사회구조적 원인에 있다는 인식이 만연하면서 좌절과 위협을 경험하는 개인에게 내가 아닌 남을 탓하는 '투사'의 방어기제가 활성화되고 있음도 부인할 수 없는 사회문화적 현상이다. 그러나 동시에 정당하지 못한 사회구조적인 문제들로 인해 정치, 경제적 패배자가 된 많은 중, 서민들에게는 신자유주의 경제구조의 폐단과 모순, 부조리와 불의한 착취구조에 대한 이해를 증진시킴으로써 문제를 새롭게 해석하고 자신의 삶을 살아갈 수 있는 힘을 줄 수 있도록 구조적 문제에 대한 이해를 병행해야 함은 이미 앞서 언급한 바 있다. '한국형 사회갈등 보고서'는 이러한 분석을 뒷받침해 주는 내용들을 보여 주고 있다. 우리 사회에 '희망'이 사라지고 '좌절과 포기'의 정서가 널리 확산되고 있다. 또 우리 국민들이 세대를 막론하고 생존 불안으로 인해 뭔가를 하지 않으면 도태될 것 같은 강박심리에 시달리는, '불안을 넘어선 강박'의 현상을 보이고 있다. '수저론'으로 표현되는 사회 양극화가 우리 사회를 '분노사회'를 넘어선 '원한사회'로 변모시키고 있다.

이처럼 날로 증폭되어 가는 분노의 범람을 막기 위해서는 먼저 분노의 정서가 행동화되는 과정부터 차단할 수 있는 처방이 필요하며, 그러한 해법들은 분노의 정당화를 막아 줄 수 있는 사회 구조적 문제의 해결이 선행되어야 함을 주지해야 한다. 정규직과 비정규직 간의 불합리한 차별을 교정하며, 사회 양극화를 극복, 중산

층을 살려내야 한다. 동시에 개인적 차원의 노력 또한 필요하다. 분노 감정에 압도되어 마비되어 버린 뇌 중추의 기능을 되살려, 나 자신의 내면을 돌아보는 노력이 필요하다. 급속한 경제 발전의 성과를 내고도 각종 행복도 조사에서 하위를 면치 못하는 우리 사회의 내면을 들여다보면 우울증에 걸린 중년 남성의 심리와도 같은 상태이다. 전 국민이 국가 경제 성장과 개인 소득 증대라는 목표를 향해 앞만 보고 달려온 시절이 있었다. 성장과 성공, 승리와 1등만을 바라보게 하는 세상에서는 실패한 사람은 물론, 성공한 사람들마저도 심리적 공허감에 빠져 버린다.

경찰청 범죄 통계자료에 따르면 자신의 분노를 주체하지 못하고 우발 범죄를 저지르는 사례는 매년 늘고 있다. 특히 전과자 4명 중 1명은 우발적인 원인으로 또 범죄를 저지르고 있는 것으로 파악됐다. 지난해 재범을 저지른 범죄자 중 범행 동기가 우발적이었던 경우는 28.1%에 달했다. (2022. 8. 12. 서울경제, 분노사회 대한민국⋯ 4명 중 1명 또 우발범죄)

"목소리 큰 사람이 이긴다"라는 문제 해결방식이 한국 사회에 일반화되어 있다. 양보를 먼저 하면 손해를 본다는 생각은 상대방에 대한 무차별적 폭언과 폭력의 시작이 된다. 욕설을 해야지 자신의 이익을 관철할 수 있다는 사회적 인식이 팽배하다. 본인의 분노 감정을 조절하지 못하고 공공기관, 백화점, 음식점 등에서 극단적으로 드러내면서 불만을 표시하고, 자신의 감정을 타인에게 전이한다. 익명성이 보장되는 환경에서는 일반인들의 타인에 대한 무분별한 분노 표출 현상이 보다 심해지고, 이에 대한 피해가 더욱 커지고 있는 실정이다.

분노는 자기 필요와 욕구 실현을 부정 혹은 저지당할 때 생겨나는 저항이다. 타인에 의해서 고의적으로 유발된 불쾌하고 공정하지 못한 상황에서 발생한다. 이러한 개별적이고 일회적인 감정이 집단화되고 일상화될 때 그러한 사회는 분노로 움직여지며 곧 분노가 사회화된다. 우리나라 사람들은 화를 잘 내고 지기 싫어하는 기질적 특성을 가진다. 또한, 결과 지향적인 사회 문화로 인한 스트레스가 분노 촉발의 주요한 원인으로 지목되기도 한다.

3.

우울(depression)한 사회

통계를 살펴보면 지난 5년간 대한민국 우울증 환자의 수는 유례를 찾아보기 힘들 정도로 급속하게 증가했다. 건강보험심사평가원의 보고서에 따르면 2021년 우울증으로 병원을 방문한 사람의 숫자는 93만 3,481명으로 2017년 대비 35.1% 증가했다. 우울증으로 인한 1인당 진료비 역시 56만 4,712원으로 2017년과 비교해서 28.5%가 증가했다.[62]

우리 사회에 이제 '복종', '순명'이라는 말은 사라졌다. 말은 사라졌지만, 그 말은 스며들고 물들게 했다. 금지와 명령은 사라졌는지 몰라도 그 자리에는 '성과'라는 말이 새로운 지배의 주체가 되었다. 금지와 명령의 부정성은 민주주의 성취의 결과로 철폐되었으나, '자유'에 기반한 '성과'라는 말이 이제 우리 사회를 지배한다. 프로이트의 '해야 한다'가 아니라 '할 수 있다'는 말이 더 유효한 사회가 되었다.

---

62) 건강보험심사평가원. (2021). 생활 속 질병, 진료행위 통계, 112.

최근 5년간 환자수 현황 (단위: 만 명)

64.3 2016년
68.2 2017년
75.3 2018년
79.9 2019년
83.1 2020년

1인당 진료현황 (2020년 기준)

● 입원일 경우
37.2 일 1인당 입원일수
455.9 만원 1인당 입원 진료비

● 외래일 경우
7.7 일 1인당 내원일수
42.3 만원 1인당 외래 진료비

※ 진료비는 보험자부담금(급여비)과 환자본인부담금을 합한 금액임

세부통계 (2020년 기준)

● 연평균(2016~2020년) 환자수 증감률
6.6%

● 주민등록인구 * 대비 환자수 비율
1.6%

● 성별 환자수 비율
여성(67.0%)

(*주민등록인구: 2020년 전국 총인구수, 출처: 행정안전부, 주민등록인구현황)

　이러한 사회적 변동은 인간의 자아(ego), 내적 영혼(spirituality)에도 구조적 변화를 가져온다. 성과를 바라는 자아는 프로이트의 정신분석학이 대상으로 하는 복종적 주체와는 완전히 다른 자아의 내적역동을 발견한다. 프로이트의 불안 메카니즘은 부인과 심적 억압, 위반에 대한 불안이 지배적이다. 현실적(ego) 불안, 심리적(id) 불안, 이념적(super-ego) 불안은 전방위적으로 다층적으로 발생한다. 불안은 불만에서 시작한다. 만족하지 않는 채워지지 않는 욕구, 욕망이 인간의 불안을 채찍질한다고 분석했다. 자아는 그래서 '불안의 장소'였다. 성과를 내려는 자아, 주체는 이제 의무적인 일, 해야만 하는 일에 매달리지 않는다. 복종, 법, 의무 이행이 아니라 자유, 쾌락, 선호가 새로운 시대, 자아의 원칙이다. 그는 타자의 명령에 따라 움직이지 않고 그 누구보다 자기 자신의 욕구와 욕망에 충실하다. 그는 자기 자신의 경영자가 되어야 한다. 우울증에 자주 선행하여 나타나는 소진(Burn out)은 스스로를 경영하는 자기가 더 이상 자신을 운영하기 어려운 상황에 직면한 것이다. 과도한 자기 착취로 이전의 노동자 파업과 같은 현상이 일어나 버리는 것이다.

자아는 일단 도달 불가능한 이상 자아의 덫에 걸려들면 이상 자아로 인해 완전히 녹초가 되고 만다. 이상적인 자아는 스스로 만들어 내는 것만이 아니다. 우리 사회가 이상적인 자아를 판매한다. 이상적인 자아는 이미 상품이 되어 버렸다. 혼인중개업자들이나 혼인을 연결하는 어플에서 이미 배우자는 하나의 상품이 되어 버린 지 오래전이다. 이때 현실적 자아와 이상적 자아의 간극은 스스로에 대한 자책으로 이어진다. 이상적인 자아를 성취하지 못한 '나'는 능력이 부족한 사람이고 할 말이 없는 사람이다. 이상 자아에 비하면 현실의 자아는 온통 자책할 거리밖에 없는 낙오자로 나타난다. 자아는 자기 자신과 갈등을 겪는다. 그것은 전쟁과도 같다. 모든 외적 강제에서 해방되었다고 믿는 민주주의적인 긍정의 사회는 이제 파괴적 자기 강제의 덫에 걸려들었다. 21세기의 대표 질병인 소진증 후군이나 우울증 같은 심리 질환들의 본질은 자기를 스스로 학대하고 있다는 특징을 나타낸다. 사람들은 자기를 가혹하게 다루고 자기를 괴롭힌다. 타자에게서 오는 폭력이 사라지는 대신 스스로 만들어 낸 폭력이 그 자신을 가해한다. 그러한 폭력에 희생자 스스로가 자유롭다고 착각하기 때문에 더욱 치명적이다. [63]

우울은 '자아분열'에서 기원한다. **프로이트에게서 "자아분열"**은 내 스스로가 의식 못 하면서 그것이 '나에게' '어떤' 주어진 것으로 발견되는 현상을 말한다. 그리고 그 "자아분열"의 내용은, 자아가 무의식적인 상태에서 '어떤' 대상에 대해서 서로 상반된 입장을 가지면서 둘로 나누어지는 것, 혹은 그런 태도를 취하는 자아의 상황을 말한다. 프로이트는 유기체로서 인간(프로이트는 인간을 유기체로 본다)의 자아가 하는 역할은, 가급적이면 그 주어진 사태에서 심리적인 긴장을 줄이고 또 현실에 보다 더 잘 적응함으로써 그의 생존을 보존하고자 하는 본능을 갖는데, "자아분열"이란 바로 '그런' 전략적 욕망의 표현이라는 것이다. 즉 당면한 상황이나 사

---

63) 한병철 & 김태환. (2012). 피로사회. 문학과지성사 27-30.

태를 견디어낼 수 없는 자아가 무언가 그 상황을 극복할 수 있는, 넘어설 수 있는 또 다른 자아를 스스로 만들어 내는 행위가 바로 "자아분열"이라는 것이다.

후설의 "자아분열"은 그 사태의 성립과 그 존재 양태 면에서 볼 때, 프로이트의 그것과는 전혀 다르다. 후설의 자아는 프로이트의 그것처럼 어떤 '주어진' 상태의 모습으로 발견되는 것이 아니라 '그' 사태 성립 자체가 '나'의 자유 의지에 의한, '환원'이라는 조작적(operational) 수행에 의해서 가능하기 때문이다. 그 "자아분열"의 형태는 전기-선험적 현상학의 경우와 후기-현상학의 경우로 나누어지며, 그 양자의 관계는 '연속적'이고 '발전적'이라고 할 수 있다. 그리고 이 '현상학적' 자아분열의 기본 형태는 하나의 자아가 두 개의 자아(자연적 자아와 선험적 자아)로 분리되는 것을 말한다. 그런데 그 성립의 상황의 측면에서 후설 경우의 특징은 프로이트 경우와 달리, 주관적 심리의 세계가 아니라 객관적 경험세계라는 점이다. 후설의 "자아분열"이 갖는 의미도 프로이트의 그것과는 다르다고 할 수 있다. 왜냐하면, 이 현상학적 "자아분열"은 현상학적 환원을 통한 '선험적' 인식 해명이라는 목적을 위한 의도적 '수행'의 결과라는 점이다. 이를테면 이 환원(현상학적 "자아분열"의 원인이 되는)이 갖는 구체적 의미는 자연적(혹은 일상적) 의식 속에 잠재해 있음에도 "의식되지 않은 것"(무의식적인 것)을 의식의 차원으로 끌어올려서 그것을 인식론적으로 해명하자는 것이다. 후설에 있어서 "자아분열"이란 바로 이런 환원이라는 특단의 조치의 결과라고 할 수 있다.[64]

분석심리학의 창시자인 칼 구스타프 융은 지나친 외적 성공의 추구가 우울증의 원인이 됨을 말한다. 인간은 사회생활 속에서 타인과 사회의 기대를 반영한 외적 인격인 '페르소나'를 발달시키는데 페르소나와 자아를 지나치게 동일시할 경우 자

---

64) 배우순. (2013). E. 후설의 "자아분열"과 S. 프로이트의 "자아분열"의 비교 문제. 철학연구, 125, 215-235.

아와 내적인 정신세계로부터 단절되고 진정한 자기 자신을 잃게 되어 우울증에 빠진다는 것이다. 그래서 우울증은 외부로만 향해 온 자아의 시선을 안으로 되돌려 내면의 공허를 극복하고 내적인 정신세계를 살찌우는 의미가 있다고 말한다. 우리는 너무 오랜 세월 동안 '더 높이', '더 많이', '더 크게'를 외치며 과도한 소유와 필요를 넘어서는 탐욕과 외면적 성장만을 추구했고 우리의 영혼과 마음을 소홀히 해 왔다. C.G. Jung은 그러한 면에서 이제 우리 마음을 돌아보고 돌보기 위해 '더 깊이'를 위한 차분한 노력이 필요하다.

4.

위험한 종교적 처방

'해로운 신앙'이라는 말은 스티븐 아터번과 잭 펠톤이 쓴《해로운 신앙》(그리심)에서 가져왔다. 저자들은 해로운 신앙과 종교 중독에 대해 이렇게 말한다. "해로운 신앙(toxic faith)은 하느님과의 관계가 아니라 개인의 삶을 통제하는 종교에 파괴적이고 위험스러울 정도로 몰두하는 것이다. 여기에는 특히 여러 가지 경험으로 상처받은 사람들, 역기능 가족에서 자란 사람들, 비현실적인 기대를 가진 사람들, 자기 자신만의 유익이나 위로를 얻으려는 사람들이 빠져들기 쉽다. 그것은 하느님에 대한 불완전하고 왜곡된 견해를 가진 잘못된 신앙이다. 이런 신앙은 사람을 학대하고 조종하고 중독에 빠지게 한다."[65]

"누구나 무언가에 중독될 수 있다. 삶에서 일어나는 갈등을, 처리할 수 없는 고통을 숨기거나 제거해 주는 것이라면 그것이 무엇이든지 중독이 될 가능성이 높다. 신앙생활과 종교에 몰두하는 것은 잠재적으로 중독적인 요소를 많이 가지고 있다. 우리는 스스로 의롭다는 느낌이나 무엇에 대해 옳다고 생각하는 것에 으레 따라오는 느낌에 중독될 수 있다. 우리는 기도에 사로잡힐 수도 있다. 경배와 찬양으로

---

65) 스티븐 아터번 · 잭 펠톤. 문희경 옮김. (2013). 해로운 신앙, (서울: 그리심), 33-36.

주어지는 감정적인 절정감에 중독될 수도 있다. 무엇인가 흥미진진한 것의 일부에 참여했다는 느낌에 중독될 수도 있다. 우리는 무엇인가 거대한 것에 소속되었다는 느낌에 중독될 수도 있다. 다른 신봉자들과 같은 집단에 속했다는 것은 대단한 느낌을 갖게 한다. 그러한 관계에서 오는 느낌을 반드시 즐기게 된다. 그것이 하느님을 사랑하는 데서 오는 놀라운 열매가 아니라 어떤 노력의 목적이 될 때에 중독으로 변한다."[66]

상담을 진행하며 '그동안 건강한 신앙을 갖고 있다고 생각했는데 돌이켜 보니 종교 중독이었다. 성직자의 말을 신의 말씀으로 믿고 신앙·종교를 구분하지 못하면서 살아온 시간이 아쉽다'고 고백하는 내담자들을 많이 만났다. 통상적으로 '독실하고 건강한 신자'라고 부르는 모델이 사실상 '종교 중독자'인 경우들이 많다. '종교 중독' 현상이 만연하다. 중독이란 고통스러운 현실을 회피하거나 대체하려 할 때 쓰이는 물질(substance)이나 과정(process)이다. 종교는 하나의 과정 중독(process addiction)이다. 스스로를 담금질하고 성찰하게 하는 말들과 노래, 소리와 빛의 융합은 흩어진 마음을 다잡고 새로운 삶을 살아갈 수 있는 힘을 주기도 한다. 관계적으로 취약한 상태에 있는 사람들이 종교 중독에 쉽게 빠지게 된다. 부모와의 갈등이나 학대 경험, 상실의 고통 등 여러 가지 취약한 상태가 다듬어지지 않은 채 성장한 사람들은 결핍이 있을 수밖에 없다. 사랑은 사람의 가장 기본적인 욕구다. 사람은 사랑받고 주기 위해 계속 관계를 형성한다. 종교 중독은 과거에 해결하지 못한, 사랑받고 인정받고 싶은 욕구를 종교로 풀려고 하는 것이다. 이렇게 되면 잘못된 성직자, 혹은 영적 지도자가 심리적, 정서적, 영성적으로 학대해도 끊을 수 없는 관계가 형성된다. 마태오 린 신부는 영적 학대를 다음과 같이 설명했다. "두 살 아이에게 열 살 아이처럼 행동하도록 기대하거나, 열 살 아이에게 두 살 아이처럼 계속

---

66) 같은 책, 136-137.

의존하도록 하는 것." 신앙도 발달의 문제다. 자라나는 것이다. 다양한 신앙의 발
달단계가 있다는 걸 인식하고 인정해야 한다.[67]

'(인생의)시련-입교-극복-축복'이라는 패턴의 증언이 종교 중독을 가속화한다.
입교 이후 실제로 어려움을 극복하고 나면 이내 인과관계에 혼란이 온다. '교회를
떠나면 망한다', '여러분은 교회를 지키는 군사다'라는 이야기를 계속 듣다 보면 정
상적인 판단을 할 수 없게 된다. 신앙생활이 약해지면 다시 이전으로 회귀할 수 있
다는 '가스라이팅'[68]에 두려움도 생겨난다. 종교 중독에 빠져 사회문제에는 시선을
두지 않고, 오직 나와 가족의 앞길만을 생각하게 된다. 살아 있다는 것은 무언가에
중독되는 일이다. 우리는 건강한 신앙과 종교 중독 사이 스펙트럼 안에 있다. 모든
사람이 다 중독자고 어쩌면 신의 은총이 필요한 존재다. 우리 삶에서 오는 고통스
러운 현실을 피하고 진실을 대면하지 않으려는 모든 행위가 중독이다. 종교적 권
위에 대한 의존이 자기 내면의 모습을 회피하게 만드는 수단이 되면 종교 중독에
빠지게 된다. 궁극적으로 나 자신과 화해하고 타인과의 연결을 통해 신(神)과의 건
강한 관계를 회복하는 것이 근본적인 치유다. 단지 무언가를 개선하거나 고치는
것이 아니라 온전한 한 존재가 되는 과정이다. '종교(re+ligion)'의 어원은 '다시 묶
는다'라는 뜻이다. 일상의 고통, 실존의 어려움을 내 존재와 분리하지 않고 묶어서
연결하는 것이 종교 중독의 치유다.

중독은 크게 알코올, 약물과 마약, 음식 등 우리 몸 안으로 섭취되는 것과 관련
한 '물질 중독(substance addiction)'과 성 · 도박 · 쇼핑 · 인터넷 · 종교 등 구체적

---

67) 마태오 린. 쉴라 린. 데니스 린. 김종오 옮김. (2019). 상처받은 마음 치유하는 기도. 생활성서.
68) 가스라이팅(gas-lighting) 또는 가스등 효과(-燈 效果)는 뛰어난 설득을 통해 타인 마음에 스스로 의심을 불러
일으키고 현실감과 판단력을 잃게 만듦으로써 그 사람에게 지배력을 행사하는 것을 가리키는 말이다. 패트릭
해밀턴(Patrick Hamilton)의 연극을 원작으로 한 1944년 미국의 영화 〈가스등(Gaslight)〉에서 유래한 말이다.
(https://ko.wikipedia.org/wiki/가스라이팅)

인 일련의 행동들과 상호작용들의 과정에서 빠져들기 쉬운 '과정 중독(process addiction)'으로 구분된다. 과정중독으로서 종교 중독은 종교나 종교적 행위에 통제력을 상실할 정도로 강박적으로 집착하는 현상을 의미한다. 종교 중독은 삶의 통제력을 상실한 정도에 따라 평가되며, 이때 타자에 대한 배타성과 공격성의 강도가 매우 중요한 역할을 한다.[69] 심리적 측면에서 종교 중독 요인으로 외적 억압과 현실 도피의 욕구(need to escape from reality)를 들 수 있다. 인간은 욕구를 억압할 때 그것을 인식하지 않으려 애쓰며 다른 좀 더 안전한 것들에 집중하려고 하는 '치환(displacement)'의 경향을 가지고 있다. 하지만 치환이 일어난다고 해서 우리가 억압해 온 그 무엇이 사라지는 것은 아니다. 억압이 욕구를 억누르는 것이라면, 중독은 "욕구에 집착하며 욕구의 에너지를 특정한 행위나 사물 혹은 사람들에게 속박"시킬 때 발생한다.[70] 욕구와 집착(attachment)은 동전의 양면과 같아서 무언가에 억눌린 강도가 클수록 특정한 대상에 대한 집착의 강도도 커진다. 치환 과정 중 종교적 황홀경이 주는 기분 전환을 경험한 이들이, 기분을 향상시키거나 전환하기 위해 종교적 행위를 되풀이하려는 욕구를 절제할 수 없을 때 종교 중독에 빠지게 된다. 인식론적 측면에서 종교 중독 요인으로 흑백논리(black or white thinking)와 권위주의(authoritarianism)를 들 수 있다. 종교 중독자들은 사고·가치·선호 등을 명료한 범주 안에 넣으려 한다. 세상의 모든 현상을 두 가지 범주, 특히 선과 악으로 구분하려는 편협한 사고방식 속에 중간 지대는 존재할 수 없다.

일반적으로 좋은 범주는 매우 좁고 성취하기 힘든 조건들이고 나쁜 범주는 아주 넓어서 포함되기가 쉽다. 흑백논리에 빠진 사람들에게 적당한 혹은 부분적 성공이란 존재할 수 없기에 이들은 실패의 경험을 훨씬 더 많이 한다. 한국에서 자기 꿈을

---

69) 심수명. (2003). 인격 치료, (서울: 학지사4), 325: 아치볼트 하트. 온누리회복 옮김. (2005). 참을 수 없는 중독. (서울: 두란노), 162-163.

70) 제럴드 메이. 이지영 옮김. (2005). 중독과 은혜. (서울: IVP), 13-14.

이루고 사는 사람이 얼마나 될까. 99%는 자신이 원하는 삶을 이루지는 못한다. 그저 주어진 삶에 만족하는 것이다. 나머지는 무한 경쟁 체제 속에서 억압받고 살 수밖에 없다. 한국 사회가 가지고 있는 잘못된 가치, 왜곡된 인식 구조, 억압된 가치 체계 때문에 피해 입은 사람들, 심리적 문제를 가지고 있는데도 사회에서 제대로 치유받지 못한 사람들이 상당히 많다. 실패의 경험을 극복하지 못한 상태에서 현실 도피 욕구를 정당화해 주는 기제를 종교적 영역에서 발견할 때 종교에 집착하게 된다.[71]

종교 중독은 '영적 학대'와 '권력 중독'이라는 두 가지 부정적인 결과를 낳는다. '영적 학대'란 종교적 권위를 이용해 교인들을 학대하는 것을 의미하며, 가정 폭력처럼 힘과 권력을 가진 사람이 그렇지 않은 사람을 향해 일방적으로 학대를 가하는 양상을 보인다는 측면에서 대단히 위험한 현상이다. 종교 중독은 권력 중독 문제와 연관되어 있다. 권력 중독자는 그들의 주도권과 지도력에 대한 사람들 반응으로 기분 전환 체험을 한다. 이러한 기분 전환 체험은 자신의 약점을 가려 주고 내적 갈등을 멈추게 한다. 종교 지도자가 과거의 실패나 약점을 보상받고자 하는 심리가 강할수록 권력 중독에 쉽게 빠진다. 근본주의 성향이 강한 한국 대형 교회나 가부장적인 가톨릭교회 안에서 성직자들이 강력한 종교적 지도력을 추구하거나 집착할 경우, 쉽게 권력 중독에 빠지는 이유가 바로 이것이다. 대형교회의 목사들이나 교구의 교구장들이 쉽게 권력 중독에 빠져드는 현상들을 종종 목격하게 된다. 한국 교회를 지배하고 있는 가장 큰 문제는 수직적 위계 구조다. '주교-사제- 평신도' 혹은 '목사-장로-집사' 등 직분 자체가 계급화되어 왔다. 모든 종교가 어느 정도 위계 구조를 가지고 유지하고 있지만, 한국은 이러한 권위적인 위계구조가 상

---

71) 데브라 A. 호프 외. 최병휘 옮김. (2007). 사회불안증의 인지 행동 치료: 사회 불안 다스리기. (서울: 시그마프레스), 100-111.

당히 심각하다. 오랫동안 권위주의 사회가 지속해 왔기 때문에 가부장제와 군사 문화가 종교적인 위계 구조와 결합했다. 사회는 더 민주화, 다문화, 소통 중심으로 가는데 교회는 바뀌지 않는다. 권위적이고 계급적이고, 배타적이고 불통으로 운영된다. 1970년대와 1980년대 개발독재 세력은 억압적인 사회적 체제를 유지하기 위해 공권력이라는 미명 아래 물리적 폭력을 남용했다. 이는 직접적으로 물리적 폭력의 피해를 입은 사람들을 양산했을 뿐 아니라 '독재정권에 복종하지 않는다면 누구라도 물리적 폭력의 피해자가 될 수 있다'라는 강력한 두려움을 심어 주었다. 이렇게 형성된 사회적 트라우마는 한국 사회의 현실 도피 욕구를 강화했다. 한국 교회는 군사 문화와 결합된 권위주의를 무비판적으로 수용했다. 권위주의적 종교에 매력을 느끼는 이들은 종교 중독에 쉽게 빠진다.

한국 교회의 몰락은 세월호 참사나 용산 이태원 참사 등의 사회적 트라우마를 외면한 채 그로부터 도피하려는 왜곡된 욕구가 만들어 낸 잘못된 종교적 가치가 시민으로부터 외면당하는 몰락의 길로 접어들게 한다. 애꿎은 성적 소수자나 이슬람과 같은 외적 요인 때문에 종교가 외면당하는 것이 아니다.

5.

신자유주의 경제의 위기

한국 사회는 세계적인 신자유주의 경제 질서 아래서 OECD에 가입하며 놀라운 경제 성장에 자부심을 가지며 그 속도를 더 빠르게 가져왔지만, OECD 국가 중에서 '자살률 1위', '자살증가율 1위'라는 부끄러운 삶의 성적표와 '행복과 삶의 질' 지표는 선진국가 안에서 대체로 최하위에 있다. 대한민국 사회는 물질적 성장과 정신적 풍요 사이에서 매우 심각한 불균형을 보이고 있기에, 실제적인 '행복'의 의미는 더욱 더 중요하게 부각되고 있다. 기실, 1998년 IMF를 기점으로 한국 사회에서는 경제 발전에 대한 물질주의 이데올로기가 급격하게 침식되고, 탈물질주의적인 관심으로서 '웰빙' '힐링' '행복' 등이 삶의 새로운 화두로서 중요하게 대두되기 시작했다. 박정희 정권 때부터 '잘 살아보세!'를 외치며 경제 발전이 사회의 최대목표인 양 인식해 온 '집합 의식'으로서 '잘산다=(물질적) 성공'의 도식이 IMF와 그로 인한 사회적 파장을 통해서 붕괴되기 시작했다. 그 대신 '잘 사는 것'의 사회실존적 의미로서 '웰빙'이 부각되었다.

전 세계 100명의 경제학자가 참여한 《세계 불평등 보고서 2018》(알바레도 외, 2018)는 글로벌 차원에서 불평등 추세를 도표로 일목요연하게 보여 준다. 이 보고서의 목표는 불평등 심화의 원인의 규명이라기보다 현황을 있는 그대로 보여 주는 것이지만, 추세와 현황으로부터 원인은 충분히 유추될 수 있다. 보고서의 2부에서 다룬 소득불평등의 심화는 생산과 노동의 유연화, 노동의 양극화, 불안정노동의 증대, 일자리와 소득의 탈동조(decoupling) 등과 같은 신자유주의의 불안정 노동체제의 귀결로 볼 수 있으며, 3부에서 다룬 민간자본의 증가와 공공자본의 감소는 신자유주의의 대대적인 사영화 정책과 탈규제 정책의 결과물이다. 4부에서 다룬 자산 불평등 추이는 공공자산의 민간 이전뿐만 아니라 금융자본주의의 폐해가 어떻게 나타나고 있는지를 분명히 보여 준다. 물론 보고서의 저자들도 이와 같은 불평등 현황이 1950년대와 1960년대의 "전후 평등주의 체제(post-war egalitarian regime)"가 해체된 이후 1980년대부터 시작된 일련의 변화의 결과물임을 언급하고 있다.[72]

---

72) 파쿤도 알바레도, 뤼카 샹셀, 토마 피케티, 이매뉴얼 사에즈, 게이브리얼 주크먼 저자(글)·장경덕 역. (2018). 세계 불평등 보고서, 65. 저자 파쿤도 알바레도 Facundo Alvaredo는 파리경제대학 교수이자 아르헨티나 국립과학기술연구위원회 연구위원, 옥스퍼드대 너필드 칼리지와 신경제사고연구소 선임연구원이다. 소득과 자산 불평등, 개인 세제, 경제사를 연구한다. 파리경제대학 세계 불평등 연구소와 세계 불평등 데이터베이스 집행위원을 맡고 있다.

6.

코로나 19 팬데믹과 무너지는 세상

　인류 역사상 감염병의 대유행은 단순히 의학적인 사건이 아니라 복잡한 사회현상이었으며 정치적, 문화적, 종교적인 관점을 포함한 인문학적 함의를 동반해 왔다. 이는 세계가 직면하고 있는 COVID-19의 대유행 상황도 예외가 아니며, 이와 관련한 최근의 논의들에 있어서 실제적 방역의 방법 이외에 역사, 철학, 윤리, 종교와 같은 요소들은 상대적으로 간과되어 왔던 것이 사실이다. 그러나, 감염병의 긴 역사를 고려할 때, 대유행이 펼쳐질 때 벌어지는 장기간에 걸친 엄혹한 질병 상황과 감염병 전후에 나타나는 역사의 급박한 전환은 반드시 다양한 관점에서 깊이 있는 조명을 통해서만 파악될 수 있는 영역이다. 특히, 감염병의 극단적인 상황으로 인한 공포와 불안, 그리고 혐오와 차별이라는 사회불안의 요소는 방역 자체에 있어서도 중요한 영역이다. 역사적으로 대규모 전염병이 단순히 '의학적'인 문제였던 적은 없었다. 감염병의 빠른 대단위 확산은 항상 정치적, 사회적, 종교적인 함의를 가져왔고, 여러 사람이 동일한 증상을 보이며 심지어 빠르게 사망에 이르는 급성 감염병에 대한 경험은 언제나 대중의 공포를 불러일으켰다.

　그 원인이 불명확한 상황에서 감염병의 발생은, 정치의 실패나 정치인들의 부도덕과 같은 사회적 문제와 자연스럽게 연결되었으며, 더 나아가서는 하늘의 징벌(scourge)이라는 인식도 상당히 보편적이었다. 그래서, 대단위의 감염병은 개인의 문제가 아니라 공동체 전체의 위기요, 국가나 민족 차원의 위기로 받아들여지곤 했다. 그래서 집단적인 감염병은 소수자에 대한 편견과 차별, 나아가서는 혐오와 희생양 삼기(scapegoating)를 동반하는 경우가 대부분이다. 14세기 유럽에서는 흑사병의 참혹한 상황이 유대인에 대한 차별과 추방 혹은 살해로 이어졌고, 매독이나 에이즈와 같은 감염병은 성적으로 방종한 소수자라는 고정화를 통해 도덕적인 비난을 동반하고, 에볼라 출혈열은 아프리카에 대한 지역적 차별을 동반하였다. 특별히 마땅히 책임을 돌릴 누군가를 찾기 어려운 절망적인 감염병 상황에서는 하늘의 징벌이라는 대의가 힘을 얻기 쉬웠고, 이러한 징벌을 받게 된 환자들에 대한 비난으로 이어지기 쉬웠다. 또한, COVID-19 대유행과 관련하여 현재 유럽과 북미 일부에서 일어나고 있는 아시아에 대한 차별과 혐오, 그리고 우리나라에서 감염된 환자들이 속한 특정한 계층과 그룹에 대한 혐오가 지속적으로 나타나는 것도 이런 관점에서 이해할 수 있을 것이다.

현대사회가 주는 불확실성과 불안이 팽배한 상황에서 병의 실체와 한계를 알 수 없는 대규모의 감염병은 단순히 건강과 공중보건의 문제일 뿐 아니라 경제와 정치, 그리고 문화적인 모든 부분에서 불안을 극대화하여 사회적인 패닉을 만들어 내기도 한다. 역사적인 관점에서 다른 사회적 불안요소와 마찬가지로 감염병은 대중의 공포에 기인한 루머를 만들어 왔는데 최근에는 소셜미디어(social media)의 발달로 인하여 이러한 루머가 가진 영향력이 강력해지고 파급의 범위가 더 넓어지고 있다. 대중의 공포가 루머로 이어지면서 더 증폭되면 이것은 사재기(panic buying)와 심하게는 폭동(riot)과 같은 폭력적인 형태로 악화될 위험이 있다. 따라서 중요한 것은 대중적인 불안을 어떻게 해소할 것인지의 문제와 사회적인 신뢰를 줄 수 있을 것인지가 향후 큰 과제가 될 것이다. 이점에 성공적으로 접근한 조직이나 단체는 감염병 이후에도 더욱 큰 신뢰를 받게 되고, 실패한 경우에 도태되는 예도 많이 있었다.

7.

끊임없는 세계적 참사

7.1. 우크라이나 전쟁

러시아의 우크라이나 침공 전쟁 1년여 동안 러시아군과 우크라이나군의 사상자가 35만 명을 넘는 것으로 추정하는 미국 정부의 기밀문서 추정 문건을 확인했다고 〈로이터〉 통신이 보도했다. 러시아군 사상자는 18만9500-22만3천 명 수준이다. 전사자는 3만5550-4만3천 명, 부상자는 15만4천-18만 명으로 추정됐다. 우크라이나군 사상자 규모는 12만4500-13만1천 명으로 제시됐다. 전사자는 1만55000-1만 7500명, 부상자는 10만9천-11만3500명 규모였다. 이런 추정치는 그동안 러시아와 우크라이나가 공개적으로 밝힌 피해 규모의 10배 이상이다.

세계보건기구는 전쟁 지역에서 다섯 명 중 한 명이 우울증, 불안, 외상 후 스트레스, 양극성 장애 또는 정신분열증을 앓고 있으며 이 중 상당수의 상태가 심각하다고 밝혔다. 세계보건기구는 연구를 통해 아프가니스탄, 이라크, 남수단, 시리아, 예멘 같은 전쟁으로 인한 위기를 겪은 나라의 장기 영향을 발견했다며 14명 중 약 1명에게 정신질환이 발생하는 평시보다 수치가 매우 높다고 밝혔다. 도움이 필요한 수많은 사람과 이들의 고통을 줄이기 위한 인도주의적 노력을 고려하면 대규모 정신건강 개입을 통해 이 문제를 시급히 해결해야 한다. 전쟁 중, 이후로 공황장애가 빈번하게 발생한다. 공황장애나 외상 후 스트레스 장애는 강박장애와 사회공포증, 특정공포증, 광장공포증 등과 함께 잘못된 생각과 반응으로 지나치게 불안해하는 '불안장애' 증상 중 하나에 속한다. 인간은 누구나 실제 위험 상황에 빠졌을 때 생명을 보호하기 위해 반사적으로 공포 반응을 작동시킨다. 이것이 바로 '공황'인데, 이런 현상은 생물학적으로 야기되는 위험에 반응하는 뇌의 정상적인 기능으로 볼 수 있다. 그러나 실제로 위험 상황이 아님에도 불구하고 아무런 해가 없는 상황에서 공황 상태에 빠지는 경우가 있다. 이것이 바로 '공황장애'인데, 실제 위험 상황처럼 미치거나 자제력을 잃을 것 같은 공포감이 동반되는 신경질환이다. 이 같은 공황 발작이 일어나면 발작이 반복되면서 또 다른 발작이 일어나지 않을까 하는 강한 근심이 생기는 예기 불안을 일으킬 수도 있다.

트라우마라고 불리기도 하는 '외상 후 스트레스 장애(PTSD)'는 전쟁이나 성폭행, 고문 등의 심각한 외상 후에 극심한 공포, 무력감, 두려움 등을 보이는 것을 말한다. 트라우마는 상처라는 의미의 그리스어 '트라우마트(traumat)'에서 비롯되었다. 여기서 외상이란 원래 '외부로부터 얻은 상처'를 의미하지만, 정신병리학에서는 심리적, 정신적 상처까지 포함시킨다. PTSD는 반복적으로 같은 사건에 대한 공포감을 경험하고, 그 사건에 대한 부분적인 기억상실, 악몽, 불면, 집중력 저하, 지나친 경계심 등을 나타내게 된다. PTSD 연구의 역사는 19세기 후반까지 거슬러 올라가는데, 1, 2차 세계대전 당시에는 군인들이 겪는 정신적 고통을 '포탄 작열에 의한 충격' 혹은 '전쟁 신경증' 등으로 불렀다. 그러다가 베트남전 참전 군인들의 사회 부적응이 사회적 이슈가 되면서 '외상 후 스트레스 장애'라는 의학적 명칭이 붙여졌다. 이라크전쟁이 일어난 지 4년 후인 2007년 4월 이라크 보건당국이 바그다드시의 초등학생 2천500명을 대상을 조사를 벌인 결과, 그중 약 70%가 야뇨증이나 말더듬기 등 전쟁으로 인한 심각한 PTSD를 겪고 있는 것으로 드러났다. 급작스런 전쟁으로 많은 인명피해와 전 세계적 트라우마, 전쟁으로 인한 심리적, 정서적, 혼란과 불안, 우울이 세계시민을 엄습하고 있다.

7.2. 튀르키예 지진 대참사

튀르키예 동남부 지역에서 규모 7.8의 강진이 발생하며 튀르키예와 시리아 지역은 그야말로 아수라장이 됐다. 시민들이 거주하던 주택과 기간 시설은 붕괴되고 전기, 물, 통신 등 생활 기반을 형성하는 서비스들이 끊겼다. 바로 이어 규모 6.3의 지진이 또다시 발생하여 시민들은 혼비백산 재난 위험에 계속해서 노출돼 있었다. 튀르키예 재난관리국(AFAD)이 발표한 누적 사망자 수는 44,218명, 시리아에서 현재까지 파악한 사망자 수는 5,914명으로, 공식 집계된 양국 사망자 수만 5만 명이 넘었다. 이재민 수는 헤아릴 수도 없다. 국제기구들의 협력과 연대로 식량 부분은 상당 부분 해소됐지만, 사람들이 어떻게 위생적으로 생활할 수 있을지에 대한 부분이 문제가 제기됐다. 실제로 이재민 캠프에서는 안전하게 음용할 수 있는 물, 몸을 씻을 수 있는 깨끗한 물이 없어서 전염병 확산의 문제가 구체적으로 대두되었다.

튀르키예 심리학자 협회의 케게이 두루는 이 정도 규모의 트라우마에 대처하는 것이 쉽지 않지만 그것에 대해 이야기하고 경험한 것에 대한 느낌과 생각을 표현하는 것이 치유를 향한 첫 번째 단계여야 한다고 말했다. 그는 이 슬픔의 과정에서 도움이 필요한 사람들을 위한 심리 · 사회적 지원이 마련되지 않으면 많은 사람들이 외상 후 스트레스 장애(PTSD), 우울증 또는 약물 남용과 같은 심각한 장애로 끝날 수 있다고 경고했다. "우리 모두는 **서로에게 이렇게 물어봐야 합니다. 잘 지**

내세요? 제가 당신을 위해 할 수 있는 일이 있습니까? **우리는 이렇게 말해야 합니다. 저는 당신을 위해 여기 있습니다.** 우리는 도움이 필요한 사람들과 연대하고 그들의 경험을 이해하려고 노력하고 있다는 메시지를 전해야 합니다. 우리는 그들의 말을 듣고 돕고 이 모든 감정을 공유하기 위해 그곳에 있다고요." 두루는 정상성은 지진 이전의 삶으로 돌아가는 것이 아니라, (지금이) 새로운 정상이 될 것이라고 경고했다. 이 새로운 표준은 새롭게 구축해야 하고 이를 위해서는 시간이 걸릴 것으로 예상한다. [73]

7.3. 후쿠시마 오염수 대방출

일본 정부가 후쿠시마 원자력 발전소의 녹아내린 핵연료를 냉각하기 위하여 투입된 냉각수와 유입된 지하수가 합쳐진 오염수를 다핵종제거설비(ALPS)로 방사성 동위원소를 처리한 후 바다에 방류하겠다는 계획에 대한 논란이 벌어지고 있다. 오염수 방류 옹호 담론은 과학이되, 반대 담론은 괴담이라는 것이 2023년 정부와 언론의 인식이다. 도쿄전력이 오염수를 바다에 방류하려는 것은 그것이 가장 값싼 방법이기 때문이다. 실제로 2016년 6월 오염수 처리 관련 전문가 회의 결과 (가) 해양방류, (나) 대기로 증발, (다) 전기분해 방출, (라) 지층주입, (마) 지하매설 등 5가지 방안 가운데 해양방류 비용이 가장 저렴하다는 결론이 났다. 도쿄전력은 이 결론에 따라 가장 경제적인 방안을 택하면서 과학적 방법인 양 위장하게 된 것이다.

사회적 재난의 핵심에는 정부의 책임 있는 대처가 중요하다. 그런데 정부는 "시간이 걸리더라도 한국 국민의 이해를 구하겠다."라고 말한다. 해양오염보다 더 무

73)   셀린 기릿. (2023. 2. 26.) 튀르키예 지진: 생존자들은 어떻게 트라우마를 마주하고 있나, BBC NEWS.

서운 과학오염과 정치오염이 시작되었다. 영국의 웨이드 엘리슨 교수는 한국원자력연구원 행사에서 그가 '후쿠시마 물 1리터가 있다면 마시겠다'고 하자, 국민의힘은 초청간담회를 열고 〈방사능 공포괴담과 후쿠시마〉를 주제로 특강하는 자리를 마련했다. 그는 주최 측의 기대에 영합하여 "오염수를 1리터의 10배 정도 마실 수 있다"라고 과학을 오염시켜 버렸다. 원전 오염수를 바다에 방류하는 일은 인류 역사상 초유의 일이다. 따라서 아무도 그 결과를 안전하다고 장담할 수 없다. 방류 결과에 관한 데이터가 전혀 없기 때문이다. 방사능 물질은 사라지거나 분해되지 않고 계속 축적되는 까닭에 시간이 지날수록 오염은 더 심각해지기 마련이다.

프로이트의 '정신분석'과 C.G. 융의 '분석심리학'을 통한 인간 마음 치료의 시작은 '기억'하는 일이다. 즉, 과거의 것을 '기억'하는 작업이 치료의 시작이다. 그다음은 내담자가 말하게 한다. 자신의 기억을 말하게 하고, 상담자는 그 기억이 만든 불안과 분노, 그리고 우울을 안전하게 표현하도록 돕는다. 과거의 불편한 기억들은 내담자와 그 가까운 이들이 '지금 여기' 현재를 온전히 살아가지 못하게 하며 장애(disorder)를 만들고, 때로는 지옥을 만들기도 한다. 그리고 그의 '미래'마저도 절망으로 만들어 살아갈 의미와 가치를 숨겨버린다. 그래서 치료해야 한다. 치료의 핵심은 '재해석'이다. 과거의 불운했던, 일어나지 말았어야 했던, 그러나 이미 지나간, 변경할 수 없는, 변화시킬 수 없는 사건들을 다시 이해하고 수용함으로써 새로운 의미와 가치를 발견하게 하고, 온전히 '지금 여기'를 살면서, 다가올 '다음 저기'를 살아갈 수 있도록 치료하고 치유한다. '치료'는 제3자의 개입을 통해서 이루어지지만, '치유'는 온전히 스스로의 힘에 의한 것이다. 한 사람 삶의 역사 안에서 벌어지는 이러한 역동은 민족, 국가, 공동체에서도 다르지 않게 나타난다. 우리가 끊임없이 역사를 돌이키는 이유는, 그 역사로 말미암아 고통받고 있는 사람들이 있으며, 그 역사에 대한 의미를 정확히 이해하고 해석하지 못하면 비극적인 굴레에서 벗어날 수 없는 반복이 끊임없이 되풀이되기 때문이다. 인간은 알 수 있는 마음 '의식'을 통해 자각하는 '부조리'한 상황과 상태 안에서 '지금 여기'를 살아가야 한다. '천벌과 지옥', '영생과 천국' 등을 팔아먹는 부정직한 종교적 희망을 통한 비약이나, 스스로 극단적인 선택을 통해 삶을 종결하는 것은 지혜로운 해결책이 아니다.

세상과 인간의 부조리는 우리가 이에 굴하지 않고 '저항'함으로써 새로운 의미를 찾을 수 있다. 부조리와 투쟁하는 의식의 공간은 '광야'이며 '성전(聖殿)'이다. '광야'에서 살아가기 위해 우리는 오늘도 사유하고, 깨달음을 얻으려 몸부림친다. 선한 영향력을 펼쳐내기 위한 작은 '떨림'과 '울림'의 진동이 성전에서 꼬물꼬물 흘러나온다. 성전은 근사하게 지어진 건물이 아니라 바로 세상의 한복판이다. 역사학자 주진오는 장 세노의《역사는 누구를 위한 것인가?》를 번역하면서 "현실에 대한 절망이 깊어 갈수록, '역사에 대한 깊은 갈망'은 솟아오르고, 부정직한 왜곡의 문제를 해결하기 위해서는 명확한 현실 인식과 그에 따른 실천적 행동이 요구된다."라고 적고 있다.[74] 역사는 현재이고, 미래의 시작이다. 지난 역사의 잘못을 철저히 반성했던 독일은 서서히 그들의 기억에서 자유로워졌고 치유되어, 동서독의 분단을 극복하고 통일을 이루어 냈다. 그리고 이제 유럽의 새로운 역사적 주체의 삶을 살아가고 있다. 반면, 끊임없이 역사를 부정하고 왜곡하는 일본은 과거의 트라우마 속에서 잘못된 역사를 반복한다. 태평양으로 핵폐기 오염수를 방류하는 무책임한 행동을 마다하지 않고, 또다시 지구와 인류에게 돌이킬 수 없는 상처를 떠넘기려 전쟁범죄 이상의 끔찍한 지구파괴라는 환경범죄를 기획하며 전 세계의 비난을 받고 있다. 역사를 지우려는 뉴라이트의 노력으로 21세기 대한민국에서는 해군 일제 전범기를 향해 경례를 하고, 일제 강제동원 피해자 배상 문제에 있어서도 죄를 지은 일본 피고 기업이 아니라, 국내 재단이 국내기업으로부터 기부금을 받아 배상하는

---

74) 장세노, 주진오 역. (2023). 역사는 누구를 위한 것인가?, 포북. 8-9.

"제3자 변제안"을 공식 발표했다. 후쿠시마에서조차 어민들을 위한 대책 마련에 일본 정부가 애를 쓰고 있다는데, 정작 우리나라 어민들의 정당하고 당연한 분노는 '괴담'이 되어 버렸다. 해양 생물학자가 사태의 심각성을 알리는 학문적 의견을 제시했음에도 그는 '괴담 유포자'가 되어 고발되었다.

　과거를 잊은 민족에게 미래는 없다. 과거는 미래의 문을 열어 줄 수 있을 때 비로소 의미와 가치를 가지게 된다. 미래가 없는 과거는 지배자들의 것이다. 그러한 과거는 현실을 왜곡하고 부정하며, 또 다른 장애(disorder)와 피해를 양산한다. 역사를 끊임없이 환기하며 소환하는 것은 치료를 위한 전제이며, 미래를 위한 시작이기 때문이다.

II

융합심리분석상담
치료의 시작과 진단

내담자에게 정신분열을 야기할 만한 완고한 습관과 틀은 내담자의 통찰만으로는 고쳐지지 못한다. 그래서 융합심리학은 심리학의 통합(integrate)을 넘어선 융합(convergence)을 지향한다. 프로이트의 정신분석학의 주요 개념과 융의 분석심리학의 핵심적 개념을 양자물리학이라는 자연과학적 이해를 기반으로 융합(convergence)한다. 또, soul과 spirit의 양자역학적 관계와 역동을 표상하는 영혼의 지도를 통해 인간 정신과 심리를 분석하고 상담할 수 있는 과정을 진행하는 융합심리분석상담, 마음 분석의 도구가 바로 융합심리학(Convergence Psychology)적 관점에서 접근한 '융합심리분석상담'기법이다.

융합심리분석상담의 프로세스는 인문융합적이고 목표는 '치료'와 '회복'이다. 앞서 설명했던 '영성(spirituality)' 개념은 프로이트와 융의 '영혼(psycho)'을 넘어 제4세대 심리학인 자아초월심리학(trans-personality psychology)의 통합(integrate), 융합(convergence) 그리고 통섭(consilience)의 측면을 고려한 것이다.

우리는 이제 학제적 연구(Inter-disciplinary)에서 다학문적 연구(multi-disciplinary)로 그리고 범학문적(trans-disciplinary) 연구로 통합적인 그리고 융합과 통섭의 연구 방향을 잡아 나가야 할 것이다.

우리는 이제 기존에 사용하던 정신분석 진단 도구들에 대한 이해를 통해 우리가 접근하고 선택하고 집중할 수 있는 부분을 보다 명확하게 정돈하고자 한다. 인간 존재에 관련한 연구, 인간정신에 대한 연구, 인간 영혼에 대한 '자아초월'분야의 연구는 철학자, 신학자뿐만 아니라 이제는 심리학자와 상담가들에게도 의미 있는 영역이 되어가고 있다. 정신의학이라는 분과에서만 인간 정신의 문제를 독점할 수는 없다. 지난 세기 교회, 종교가 인간 정신의 이해를 독점하고 지배하며 생겨난 부조리와 모순은 하나, 둘이 아니었다. 아니 지금 21세기를 살아가는 대한민국 안에서도 여전히 사이비종교와 잘못된 믿음으로 신음하고 고통받고 있는 사람들이 여전하다. 우리가 직면한 현대사회의 불안한 영혼들을 통해 벌어지는 수많은 범죄와 일탈, 상처와 혼란들을 마무리하고, 나의 삶을 돌아보고, 정돈하며, 성찰하고 성숙하는 통합과 융합 그리고 통섭의 과정을 통해 의미 있는 성장과 변화를 이루어내는 것이 본 과정의 목표임을 잊지 말아야 한다.

1.

융합심리분석상담치료 Convergence Psychology Analysis Counseling Therapy Manual

1.1. 프로이트의 정신분석과정

초기단계의 핵심은 말하게 하는 것이다. 내담자의 마음속에서 떠오르는 것을 모두 말하게 하는 것이다. 논리적이거나, 비논리적이거나 판단하지 않고 내담자에게 떠오르는 의식과 무의식의 내러티브를 허용하는 것이다. 상담자의 공감은 내담자와의 '라포'[75]를 형성하는 데 주요하게 작용한다. 라포가 형성되면 내담자는 상담자에게 이해받으려고 하면서 전이[76] 감정을 표현하거나, 전이의 욕구를 상담자에게

---

75) '라포'란 '두 사람 사이의 공감적인 인간관계 또는 그 친밀도, 특히 치료자와 환자 사이의 관계'를 말하는 심리학 용어이다(Standard Korean Language Dictionary, 2017). Leach(2005)는 라포를 조화로운 관계(harmonious relationship)로 정의하였고, Gremler와 Gwinner(2000)는 즐거운 관계와 개인적인 유대감이라고도 하였다. 라포는 치료적 동맹(therapeutic alliance), 치료적 관계(therapeutic relationship)라는 용어와 비슷한 의미로 사용되기도 한다(Leach, 2005).

76) 내담자가 인식한 지금의 상황이나 상대방의 특성이 내가 과거에 느꼈던 어떤 장면이나 인물과 혼동되어, 그것과 전혀 관계없는 지금 여기에서 그 당시에 했어야 했거나, 하지 말았어야 하는 행동을 되풀이하는 것이다. 잘 알려진 속담 '자라 보고 놀란 가슴, 솥뚜껑 보고 놀란다'라는 말처럼, 과거에 내가 큰 상처를 받은 사람을 그와 비슷한 외모나 그 당시와 비슷한 상황에서 떠 올리게 되는 것이다. 자신을 학대하던 아버지를 비슷한 남성들의 모습을 보면서 느끼거나, 자신을 원망하고 인정하지 않던 어머니의 모습을 일반적인 여성을 보면서 느끼게 된다면 일상생활에서 상당한 지장이 생겨난다. 전이 현상은 과거의 중요한 어떤 타인을 현재로 소환할 뿐만 아니라, 내담자가 어떤 타인에 대해 보인 행동과 감정도 소환되기 때문에, 전이를 적절한 방식으로 이끌어내고 관찰하는 것은 정신분석심리학과 통합적 상담에서 중요한 상담의 기법으로 활용될 수도 있다. 이것은 치료자 쪽에서도 발생할 수 있는데 치료자가 내담자를 보고 떠오르는 불편감이나 특유한 감정을 하나의 자료로 활용하

충족 받으려고 한다. '전이'의 역동을 통해 내담자의 심리분석이 이루어지고, 내담자는 욕구의 좌절로 생기는 적개심이나 분노를 상담자에게 표출하기 시작한다. 이러한 통찰단계가 마무리되어 가면 무의식을 의식화하며 현실을 수용하게 된다. 상담자는 불명확한 부분에 대해 통찰하여 내담자에게 문제를 설명해주고, 내담자는 자기 분석 능력을 가지게 되며 의식화된다. 내담자는 현재의 문제와 과거의 억압된 갈등을 탐색하고, 결국 자기에 대한 이해를 넓히고 건강한 자기를 이해하며, 성숙한 인간관계, 현실을 직시하는 사람으로 변화된다. 프로이트의 정신분석 과정을 표로 정리하였다.

프로이트의 정신분석과정	상담과정	상담의 전개와 기법	주요지침
초기단계	상담관계형성(라포 형성) 내담자의 사고를 비판 없이 수용	네러티브/이야기 치료 자유연상	마음 속에 떠오르는 것을 말하게 함 비논리적인 것도 모두 말하게 함
전이단계	전이감정을 표현, 전이욕구를 상담자에게 충족 받으려고 함	꿈 분석	꿈에서는 내담자의 방어기제 약화, 표현/ 상담자는 꿈분석을 통해 내담자의 심리적 갈등을 통찰
통찰단계	분석이 이루어지는 단계 욕구 좌절로 생기는 적개심을 상담자에게 표현	전이 & 저항	과거에 중요한 사람에게 느꼈던 감정을 상담자에게 느끼는 것 상담을 방해하고 현재상태를 유지하려는 의식적/무의식적 생각, 태도, 감정, 행동을 의미
해석단계	불명확한 부분에 대해 상담자가 통찰하여 내담자에게 설명해주는 단계	해석/의식화 작업	무의식을 의식화 하며 현실을 수용하고 자기분석능력을 가지게 한다.
통합과 변화	통찰을 현실 속에서 유지하게 위해 노력하는 단계, 통찰을 적용하기 위해 상담자의 적절한 강화가 필요	현실에 적용/ 강화	현재의 문제와 과거의 억압된 갈등을 탐색 결국 자기에 대한 이해를 넓히고 건강한 자기를 이해하며 성숙한 인간관계, 현실을 직시하는 사람으로 변화된다.

1.2. 융의 분석심리학 전개과정

융의 분석심리학은 성격에 대한 정신분석 이론보다 훨씬 덜 결정적인 입장을 취하며, 성이나 공격성을 덜 강조하는 반면에 신비하고 종교적인 역사나 문화적 배경을 강조하고 있다. 융은 개인적 무의식 외에도 집단적 무의식의 개념을 정립하

여, 자신의 무의식이 알려준 감정적 단서를 바탕으로 내담자의 특성을 유추해 볼 수도 있다.

고 신화나 상징적인 것들 속에 집단적 무의식이 표현되어 있다고 했다. 따라서 융의 분석심리학에 있어서는 개인의 경험이 무의식에 억압되어 있는 것을 의식화하는 것만이 아니라 집단적 무의식을 의식화하는 것을 중시하고 있다.

융의 '분석심리학'의 출발은 내담자의 '고백'에서부터이다. 억압에 의해 숨겨져 왔던 비밀, 억제된 감정과 정동들을 상담자 앞에서 고백의 형식으로 토로하여 다른 사람과 공유함으로써 치료는 시작된다. 이것은 마치 가톨릭교회의 '고해성사'와 유사한 방식으로 전개되는데 전이와 무의식의 원인을 규명하여 치료하는 방법으로 프로이트가 진행한 정신분석학적 치료가 해명, 명료화 단계에서 상담자가 내담자에게 설명하는 방법으로 전개된다. 고백과 용서의 원형은 신과 인간 사이에 있다. 그런데 가톨릭의 고해성사에서 엿볼 수 있듯이, 교회에 의해 권위가 부여된 고해신부(father confessor)와 고백자(patient) 간에 형성된 도덕적 결속은 신과 인간 사이의 원형에 대한 "전이 관계(transference relationship)"이다.[77] 이후 내담자는 결정적인 변화의 단계에 접어든다. 고유한 '개성화 과정'과 전체정신으로서의 '자기'를 체험하게 되는 것이다. 인생의 전반기에는 사회적응과 정상화를 위해 '자아'를 강화하는 데 많은 에너지를 쏟아붓지만, 후반기 내담자의 경우에는 자신의 삶의 의미를 이해하고, 전체정신의 중심인 '자기(self)'를 경험하도록 돕는다.

---

77)　E. Todd, The Value of Confession and Forgiveness According to Jung, 42.

융의 분석심리 단계	상담과정과 기법
고백	죄의 고백과 유사하게 억압에 의해 숨겨져 왔던 비밀, 억제된 감정과 정동들을 치료자 앞에서 고백의 형식으로 토로하여 다른 사람과 공유함으로써 치료가 이루어진다.
해명, 명료화	이 방법은 꿈이나 환상, 억압된 소망자료들을 인과론적이고 환원론적으로 해석함으로써 전이와 무의식의 원인을 규명하여 치료하는 방법으로, Freud가 사용했던 전통적인 정신분석학적 치료가 이에 속한다.
교육	이는 Adler의 개인심리학으로 대표되는 치료법으로, 신경증 등으로 만들어진 완고한 습관은 통찰만으로는 고쳐지지 않고 적절한 교육이 필요하다고 하여 교육을 중시한다. 이들의 목표는 사회적인 적응과 정상화
변화	**고유한 개성화 과정과 전체 정신으로서의 자기(self)를 체험하도록 돕는 것.** Jung은 정신치료의 네 단계 중에서 고백(Confession), 명료화(Elucidation), 교육(Education) 단계의 암시요법을 '과학적 치료', '작은 치료'라 부르고, 네 번째 변환(Transformation)의 단계인 변증법적 치료를 '철학적 치료','큰 치료'라고 불러 후자의 중요성을 강조
개성화, 의식화과정	인생의 전반기 환자의 경우에는 사회적응과 정상화를 위해 자아(ego)를 강화하는 쪽이라면, 후반기 환자의 경우에는 전인격적인 개성화 과정에서 자신의 삶의 의미를 이해하고 전체 정신의 중심인 자기(self)를 경험하도록 돕는데 있다.

1.3. 융합심리분석상담과정

융합심리분석상담은 인생의 의미와 목적을 새로운 관점에서 바라볼 수 있도록 지나간 시간을 새롭게 해석하게 도와주고 '지금 여기'를 바르게 자각하고 내일을 바라볼 수 있는 힘을 가질 수 있도록 도와준다. **내담자를 병적인 문제를 지니고 있는 존재만이 아니라 스스로 전체성과 완전성을 실현하고자 하는 전인적, 통합적인 인간으로 바라볼 것을 강조**한다. 여기에서 영성적 통합의 과정이 시작된다. 이것은 자아실현의 과정을 넘어선 자아초월의 과정이며 자아완성의 과정으로 나아가는 시작이다. 내담자는 평온을 유지하면서 명상(meditation)과 관상(contemplation)을 진행한다. 명상은 일상의 번잡함을 일시적으로 떠나 잠시 외딴 곳에 머물며 본래의 '자기'와 일상의 '자아'의 대립과 분열을 바라보며 이해하고 통합하는 고도의 정신훈련과정이다. 가톨릭교회의 전통적 정신수련의 과정인 피정(retreat), '피세정념'의 프로세스를 지나며 자기 본래 모습을 바라보고 자기와 자아의 통합을 이끌어 내는 일종의 적극적 관상활동(Active Contemplation)을 통해 내면의 얽힌 문제들을 해소하고 정돈할 수 있다.

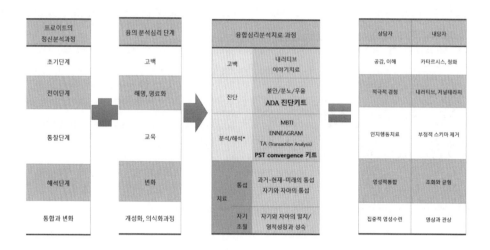

이제부터 제시되는 융합심리 분석상담 치료의 10단계의 프로세스는 프로이트의 '정신분석'의 과정과 융의 '분석심리학' 과정을 융합한 학회의 수년간의 상담 연구의 결과물이다. 학회에서 상담을 진행하는 이들뿐만 아니라 개인의 내면을 성찰하고 의미 있는 변화를 이루어내고자 하는 성숙한 삶을 살아가고자 하는 모든 이들에게 하나의 정신수련 지침이 될 것이라는 기대를 해 본다.

다음은 프로이트의 정신분석과정과 융의 분석심리 과정의 전개를 융합하여 융합심리분석치료과정의 전개 핵심을 간단한 표로 요약해 본 것이다. 이러한 기억들을 정돈하는 방식은 사람들마다 각자 다르다. 모든 사람이 인간과 세상을 만나는 방식을 일일이 열거할 수는 없겠지만 그들의 패턴이나 특성들을 구분하거나 분류할 수는 있다. 그것은 이후 내담자의 문제해결의 중요한 해법이 될 수 있다.

융합심리분석상담 과정	치료기법	상담자의 역할	주요지침과 이해
고백 Confession	카타르시스, 정화	공감, 이해	고백의 기원은 **가톨릭 고백성사의 전형**에서 발견된다. 이 단계에서는 죄의 고백과 유사하게 **억압에 의해 숨겨져 왔던 비밀, 억제된 감정과 정동들을 치료자 앞에서 고백의 형식으로 토로**하여 다른 사람과 공유함으로써 치료가 이루어진다. 카타르시스 또는 정화법이 이에 속하는데, 철저하게 마음을 털어버리는 카타르시스 방법은 진심을 토로함으로써 모든 것을 드러낼 수 있다. **상담자의 철저한 비밀 엄수가 중요하다.** 내담자의 신뢰를 형성해야 한다.
진단 불안/분노/우울 ADA 진단키트	내러티브, 저널 테라피	적극적 경청	**이야기들은 우리 삶의 모습을 만들고 우리 삶을 구성하며 우리 삶을 포용한다**(White, 1995). 사람들이 겪는 다양한 사건들과 기억들, 감정들은 처리하지 못한 채, 어딘가에 저장된다. **정리되지 않은 기억의 창고들의 해결되지 못한 감정과 사건**을 말과 글로 적어 표현하게 되면 나의 기억 속의 사건과 감정들과의 적절한 거리를 두며 한걸음 물러서서 전체상황을 되돌아보고 성찰하며 정리하는 시간을 가질 수 있다. **상담자는 내담자의 내러티브와 저널을 깊이 있는 통찰로 이해하며 해석할 수 있는 능력을 가져야** 한다.
분석 Analysis 해석 Verwandeln*/transform	부정적 스키마 제거	인지행동치료	부정적인 스키마의 발견과 인지/인지된 스키마의 작동원리 설명/개선유도 부정적인 스키마의 변경과 제거를 위한 패턴 전환 훈련
치료 therapy 통섭 consilience	조화와 균형	영성적 통합	융합심리분석상담은 인생의 의미와 목적을 새로운 관점에서 바라볼 수도있고 지나간 시간을 새롭게 **해석할 수도있도록** 도와주고 '지금 여기'를 바르게 자각하고 내일을 내다볼 수 있는 힘을 가질 수 있도록 도와준다. 환자에 대해 병적인 문제를 지닌 존재가 아니라, 스스로 전체성과 완성을 실현하고자 하는 전인적인 통합적인 인간으로 볼 것을 강조한다.
자아초월 (trans-personality)	명상과 관상	집중적 영성수련	명상은 일상의 번잡함을 일시적으로 떠나 잠시 외딴 곳에 머물며 본래의 '자기'와 일상의 '자아'의 대립과 분열을 바라보며 이해하고 통합하는 **고도의 정신(의식)훈련과정**이다. 피정(retreat), '피세정념'의 프로세스를 지나며 자기의 본래 모습을 바라보고 **자기와 자아의 통합을 이끌어낸다.**

　"분석상담과정 10단계: 10 Step"은 **"진단-분석-해석-통섭-자아초월"**이라는 단계를 세분화한 것이다. "10 Step"의 과정은 내담자의 심리적인 불만과 불안, 분노(공격성), 우울 등의 역동 정도를 진단하고 **"Life Cycle CT"**를 통해 인생 전반에 대한 통찰을 하게 된다. 많은 사람들이 자신이 살아온 삶 전반을 돌아본다는 것은 쉬운 일이 아니며, 또 막상 그렇게 내 인생 전반을 돌아본다 해도 그것을 어떠한 방법으로 돌아보아야 하는지, 어떻게 통합을 해야 하는지 길을 잃어버릴 수 있다. 필자는 다년간의 가톨릭교회의 사제양성과 지도자 양성과정의 전문가로 일하면서 쌓아 온 경험을 정돈하여 **"Life Cycle CT"**를 고안하였다. 내담자는 자신의 삶을 총체적으로 돌아보며 지난날의 일기장을 정리하듯, 나의 지난 한 삶 속에서 있었던 수많은 기억들을 소환한다. 그것들은 때로는 아련한 추억이나 그리움으로 포장되어 있을 수도 있으나, 어떤 경우에는 정돈되지 못한, "해결되지 않은 감정(unresolved emotion)"으로 무의식 가운데서 현실을 살아가는 '자아'에게 은밀하게 말을 걸어 온다. 때로는 당황스러운 기억들에 놀라 부끄러움과 수치심, 혹은 분노와 자기파괴, 자책과 우울에 빠져들기도 한다. 내담자의 분노나 우울, 불안은 과거의 기억

하고자 원하지 않는 기억들이 불쑥불쑥 튀어올라 "지금여기: here and now"를 살아가는 나에게 치명상을 주기도 한다. 이어 내담자의 성격유형패턴과 의사결정구조에 대한 분석을 진행하고, 내담자의 프로파일 유형, 부정적인 스키마를 발견하고 작동원리를 설명하여 그것을 변경하거나 제거할 수 있도록 도움을 준다. 이 과정에서 분열되어진 의식과 무의식을 통합해 나가는 '의식화 과정'이 전개되며, 다양한 치료의 방법들이 제시될 것이다. 그러한 다양한 치료의 방법들은 과거의 기억을 소환하고 재해석하여 '지금여기'를 살아갈 수 있도록 도움을 주는 것이다. 명상(meditation)과 이미지요법(Image therapy) 등은 나의 의식을 변화시킴으로써 몸과 마음의 유의미한 변화를 유도할 수 있다는 '심심상관의학(Body & Mind Concerning Medicine)'에 근거한 것이다.

	한국영성심리분석상담학회	융합심리분석상담치료 Convergence Psychology Analysis Counseling Therapy Manual	
회기	분석상담과정	프로그램	주요지침 및 프로그램
1	만남	- 인사 나눔, **상담계약서** 작성 - **기초상담신청서** 작성 - **상담동의서, 정보처리 이용 동의서**	
2	마음진단	ADA 진단검사 실시	
		불안과 분노 우울에 대한 자가 체크와 면접 조사를 통해 나의 마음의 상태를 체크합니다.	
3		Life Cycle CT 작성	
		상담자는 친절하게 당신의 이야기를 들을 것이고 당신은 충분한 공감과 이해를 받으실 것입니다. **Life Cycle CT를 잘 작성하시고 상담자와 이야기를 나눕니다.**	
4	마음분석	PST Convergence Analysis 키트	
		당신의 성격유형 패턴과 의사결정 구조에 대한 분석을 진행합니다.	

5	성격유형분석	**내담자의 유형 프로파일 안내** 상담자는 당신의 성격유형을 설명해 주고 의사결정 패턴과 감정 변화에 대한 원리를 설명해 줍니다. 자기 이해의 시작은 변화의 첫걸음입니다.
6	마음치료 5R 집중적 영성 수련	Remember 기억하다	**내 마음 기억의 창고를 정돈하는 작업이 필요한 시간** 기억하기는 마음을 치료하는 시작입니다. 과거의 후회와 원망, 불운했던 일이나 해결되지 않은 감정들(무의식)은 의식으로 급작스레 올라와 삶을 불안하게 우울하게 때로는 분노하게 만듭니다.
7		Re-interpretation 재해석하다	**기억된 일들은 바꿀 수 없는 과거의 사건입니다.** 바꿀 수 없는 사건을 새롭게 해석함으로써 히스테리적 비참을 평범한 불운으로 바꾸는 치유의 과정이 필요합니다. 그릇된 과거의 믿음에서 벗어나야 합니다. 부모, 사회, 문화, 종교, 과거의 경험 등 우리의 기억 속에 저장된 명령들과 가치들을 새롭게 해석하여 기존의 명령에서 벗어나야 자유로워집니다.
8		Re-fresh 회복하다	**'틀'의 억압에서 벗어나야 자유로워지고 회복될 수 있습니다.** 기존의 저장된 명령에서 벗어나면 좌절과 분노, 쓰라림과 우울 그리고 불안이 우리를 괴롭힙니다. 주변의 사물들과 사람들을 마음대로 통제할 수 없고 미래가 불확실해질 때 기존의 틀은 심각한 위기를 느끼게 됩니다. '틀'의 억압에서 벗어나야 자유로워지고 회복될 수 있습니다.
9		Re-formation 변화하기	**변화의 과정은 치유의 과정입니다.** 과거의 고통을 대면하여 그것을 견디어내는 극복의 과정을 통해 변화합니다. 변화는 지금 여기, '오늘'의 새로운 의미와 가치를 발견하여 살아간다는 것을 의미합니다. 우리를 멈추게 만드는 모든 사건들과 기억들로부터 우리는 새로운 해석을 통해 회복하고 변화해야 합니다.
10		Re-creation 새로워지다	**나는 이제 새롭게 균형 있게 조화로운 삶을 살아갈 수 있습니다.** 변할 수 없는 과거의 사슬로부터 생겨나는 내담자의 신체적 정서적, 사회적, 영성적 불균형과 부조화에 주목하여 '나'의 변화에 집중합니다. '나'는 이제 과거의 사건에 묶이지도 억압되지도 않고 재해석할 힘을 가집니다.

2.

DSM-5(정신질환 진단 및 통계 매뉴얼)

DSM-5는 정신질환 진단 및 통계 매뉴얼(약칭 DSM)의 2013년에 나온 다섯 번째 개정판으로 미국정신의학협회(APA)에서 발행한 분류 및 진단 절차이다. 미국에서 DSM은 정신병 진단을 위한 이해의 지침을 제공한다.

상담치료 과정에서는 내담자의 정신세계와 심리를 파악하는 것과 동시에 정신병리가 있는지 식별하고 그에 따른 기존의 진단분류를 검색하며 이해하려는 노력이 필요하다. 이러한 작업은 의학적인 처방을 위한 것이 아니라 내담자의 상황에 대한 이해의 폭을 넓히고 통합적인 이해를 위한 자연과학적 이해를 인문과학에 융합하기 위한 시도이다. 그래서 심리학과 정신병리학을 융합하는 과정은 융합학문으로서 상담을 보다 전문적인 영역으로, 보다 효과적인 회복으로 내담자의 정상적인 삶의 균형과 조화를 이루어 가는데 도움이 되는 것이다. 정신병리학은 결코 정신의학 종사자만 공부하는 학문이 아니다. 상담심리학자가 정신병리를 배워야 하는 또 하나의 이유는 내담자에 대한 두려움을 완화하기 위해서이다. 정신병리(psycho-pathology)는 이상심리(abnormal psychology)라고 말하기도 한다. 이상심리학은 비정상적인 사람들에 대한 심리학이다. 정신병리학에서는 비정상적인 의식, 생각, 감정, 행동을 설명하고 각각의 증상들을 분류하여 정상과 이상의 구분 작업을 진행한다. 통계적으로는 보통 95%를 벗어나는, 즉 5% 이내의 특성이 비정상에 해당된다.

2.1. 정신질환 분류의 역사적 변천

1) 히포크라테스의 분류

병리에 대한 초기 분류로 히포크라테스의 분류를 언급한다. 히포크라테스는 여러 가지 정신적 질환에 이름을 붙이고 그에 따른 특징을 기술하였고 인간의 각각의 성향을 체액설에 근거하여 황담즙, 흑담즙, 혈액, 점액 이렇게 넷으로 분류했다. 그의 제자 갈렌(Cladius Galen)은 이를 성격 특징으로 확대하여 담즙질, 흑담즙질(우울질), 다혈질, 점액질로 분류하였다. 체형이나 체질에 따라서 인간 및 정신이 분류된다고 보는 개념은 과학적이지 않을 수 있다. 그것은 관찰과 경험에 따르는 빅데이터의 가능성은 있지만, 합리적인 추론과 기준이 되기에는 역부족이었다. 히포크라테스의 분류나 진단은 21세기 의학과 과학의 영역에서는 인정하지 않으나, 제대로 된 판단 기준과 합리적인 논의가 없던 시절에 난해한 현상을 분류하고 설명하고 해결책을 제시하려 했던 그의 의도와 노력만큼은 인정해야 한다.

2) 크레펠린의 분류

19세기에 들어와서 크레펠린(Emil Kraepelin)이 지금 우리가 분류하고 있는 것과 비슷한 분류를 해낸다. 크레펠린의 중요한 원칙은 '겉으로 보이는 것이 같으면 같다고 분류'하는 것, 즉 문제가 있는 이상행동이 같은 현상으로 관찰되면 같은 그룹으로 묶어 분류를 했다는 것이다. 그러나 크레펠린의 문제는 '겉으로 보여지는 것이 같다' 하여 안에 있는 병인이 같지는 않다는 한계에 직면했다.

3) WHO의 ICD 분류

본격적으로 질병이 분류된 것은 세계보건기구(World Health Organization)의 국제질병분류(International Classification of Diseases)체계, ICD다. ICD는 모든 질환을 분류하고 각각의 병에 특정 코드를 지정했다. 처음 정신질환이 ICD 분류에 속해 있지 않다가 다섯 번째 개정인 ICD-5(1938)에서 처음 포함되었다. 당시의 진단은 단 두 가지, **정신증(psychosis)**과 **신경증(neurosis)**이었다. ICD-5판 이후 비로소 정신 문제를 의학적 틀 안에서 분류하고 접근하기 시작한 것이다. 정신증은 보통 사람들이 경험하지 '못하는' 증상들을 보인다. 망상, 환청, 환시 등을 본다고 말하며 정신이 와해상태에 이르는 것이다. 반면 신경증은 사람이라면 누구나 다 한 번쯤은 경험해 보는 증상들 곧 불안, 우울, 분노 등이다. 누구에게나 있을 법한 증상이지만 생활에 방해를 주는 정도와 기간 면에서 정상인과 차이가 나타날 때 보통 신경증이라고 말한다.

4) 미국 정신의학회의 DSM 분류

ICD처럼 질환을 구분하되 정신질환에 대해서만 분류한 것이 미국 정신의학회에서 만든 DSM이다. DSM은 'Diagnostic and Statistical Manual of Mental Disorders'의 약자로, 해석하자면 정신질환의 진단통계편람이라 번역할 수 있다.

2.2. DSM 정신질환 분류

DSM-5 개정에는 정신질환의 진단적 표지자(diagnostic markers)에도 비중을 두었으나 아직 초보적인 단계이다. 이것이 현실화된다면 정신건강의학과 진료도 다른 내외과 진료처럼 혈액검사나 영상촬영검사와 같은 진단검사를 통해 진단이 나올 수 있겠지만 아직은 그런 검사가 거의 없다. 대부분의 심리검사가 환자 스스로의 보고에 의존한다. 곧 질환의 분류와 진단이 환자의 내러티브에 의존한다는 것이다.

1) 분류의 어려움과 난해함

정신질환의 분류는 다른 질환에 비해 분류가 어렵고 난해하고 때로는 모호하다. 정신 현상에서 정상과 비정상의 구분 자체가 애매하고 쉽지 않다. 생물, 심리, 사회 환경 요인이 복합적으로 작용하고 많은 경우 아직 원인이 제대로 밝혀져 있지 않기 때문에 다른 질환처럼 혈액검사나 방사선 촬영 등의 객관적 지표로 진단을 하는 것이 아니라 환자가 호소한 증상이나 평가자에게 관찰된 부분을 통해 진단을 하는데, 진단기준에 맞는지 안 맞는지를 판단할 때 평가자마다 의견 차이가 날 수 있다. 그러다 보니 분류의 정확성이 다른 내·외과 질환에 비해 낮은 편이다. 그래서 진단의 기준을 보면 대개 '○○개의 진단 항목 중에서 ○○개를 만족할 경우'라고 다소 애매한 기준을 제시한다. 예를 들어 조현병 진단기준은 진단 항목이 다섯 가지인데 이 중 두 가지 이상을 만족하는 경우 조현병으로 진단하게 된다. 그렇다면 1, 2 항목을 만족한 경우와 3, 4 항목을 만족한 경우는 비록 둘 다 조현병이지만 진단항목 중 하나도 겹치지 않으니 서로 증상이 많이 다르다고 생각하게 될 것이다. 이렇듯 '○○개의 진단 항목 중에서 ○○개를 만족할 경우'라는 식의 진단은 큰 틀에서는 하나의 질환이지만 그 틀 안에서의 상당한 다양성이 존재하는 특성을 갖고 있다고 볼 수 있다.

2) 현상적인 분류

DSM 체계는 크레펠린의 분류 원칙인 '겉으로 같으면 같다'라고 분류하는 식의 원칙을 위주로 한다. 현상, 즉 겉으로 드러난 증상이 진단기준이 된다. 증상을 판별하기 위해선 우선 명확한 관찰이 필요하고 이를 정확하고 상세하게 서술해야 한다. DSM은 이러한 현상적 · 증상적 · 서술적 방식에 따라 병을 분류한다. 그렇다고 오로지 현상적으로만 분류하는 것은 아니다. 현상적 분류와 달리 내적 요소에 따라 분류하는 방식이 있으며, 대표적인 것이 심리역동 분류이다. 곧 인간 내면의 심리역동을 평가하여 그에 따라 현상을 구분하여 진단하려는 것이다. 한때는 정신분석에 따른 심리역동 분류를 선호하기도 했는데 지금은 다시 현상적인 입장으로 돌아가고 있다. 지금의 DSM은 현상적 분류를 위주로 하되 심리역동 분류가 약간 섞여 있는 상황이다. 성격장애 진단기준에는 심리적인 내면을 개념화한 심리역동 분류가 많이 포함되어 있다.

3) 증상과 장애의 구분

예전에는 모든 정신질환에 우울증, 강박증처럼 끝에 '증'을 붙였는데 이제는 정신질환 각각에 '증'이라는 말보다 '장애(disorder)'라는 말을 사용한다. 정신병리를 공부할 때 증상과 장애(질환)가 개념상 어떻게 다른지 짚고 넘어가야 한다. 증상(symptom)이라는 것은 나타나는 문제 현상 각각을 말하는 것이다. 예를 들어서 우리가 우울하다고 느끼면 그것은 우울 '증상'이다. 하지만 주요 우울장애의 진단기준에 해당하는 여러 증상을 만족하지 않으면 '장애'는 아닌 것이다. 장애 (disorder), 즉 진단명은 진단기준에 해당하는 여러 증상이 요건에 맞도록 충분히 존재할 경우 내려진다.

4) 다축진단체계의 회복이 필요한 이유

DSM은 DSM-IV-TR이 출간된 후 13년간의 개정작업 끝에 2013년 5월 DSM-5가 출간되었다. DSM의 개정작업은 매우 보수적으로 이뤄지는데, 그 이유는 단어 하 나의 변화에도 역학, 준거에 대한 임상에서의 적용, 실험연구에 유의한 변동을 초 래하기 때문이다. DSM이 처음 출간된 이래로 거듭된 개정을 통해 정신건강 분야 의 표준 참조 틀이 되었으나 장애의 범주적 분류와 관련하여 끊임없이 문제들이 제 기되어 왔다. 이런 문제를 해결하기 위한 방법으로 범주적 진단을 유지하면서 차 원의 사용을 통해 양적인 척도를 구성하는 것이 조심스럽게 논의되어 왔다. DSM-IV의 다축 진단체계에서 축은 I에서 V까지 있다. 축 I과 II에는 정신질환 진단명 을 기록한다. 축 III에는 이 진단명과 긴밀한 연관성을 보이는 신체 상태를 기록하 는데 보통은 내·외과 진단명을 적는다. 축 IV는 이 질환을 유발하였거나 악화 혹 은, 재발에 관여하는 '심리사회 환경'을 적는다. 축 V는 전반적인 기능 상태(global assessment of functioning, GAF)를 적는다. GAF 점수는 100점이 최고점수이고 10 점 단위로 어느 수준인지 설명이 있어서 이 기준에 맞추어 점수를 정한다. DSM-5 의 문제가 있는 변화로 많이 언급되는 것이, 다축 진단체계를 제외한 점이다. 다축 진단체계의 중요한 지점은 다섯 개의 축 가운데 네 번째 축인 심리사회적 문제와 주변 환경의 문제에 대한 관찰과 진단이다.

1차적 지지집단과의 문제, 사회환경과 관련된 문제, 교육 관련 문제, 직장문제,

주거 환경 사회문제, 재정문제, 의료서비스를 받기 어렵게 하는 문제, 사법/범죄 관련 문제, 심리사회적 문제와 주변 환경문제 등을 탐색한다. 이것은 특별히 우리가 주목하는 인간의 불안, 분노, 우울과 긴밀한 관련을 가지는 문제들이기 때문이다.[78]

상담의 영역에서 생겨나는 중요한 문제 가운데 몇 가지는 "상담치료의 영역은 어디서부터 어디까지인가?", "상담전문가는 내담자의 내면만을 분석하는 작업으로 과연 치료/치유의 프로세스를 성공적으로 진행해 나갈 수 있을까?" 그리고 "내담자의 불안, 분노, 우울은 과연 어디에서 발생한 것인가?" 상담의 경계에 대한 모호한 영역의 문제이다. 본 연구는 브론펜브랜너의 생태학적 모형을 본 상담연구의 영역으로 적용했다. 브론펜브랜너(1979)의 생태학적 모형은 자아를 둘러싸고 있는 생태계를 설명한다. 본 연구자는 앞서 브론펜브랜너의 생태학적 모형을 현대사회의 다양한 집단과 조직의 구성, 관계와 역동을 고려하며 새로운 도표를 제시했다. (19페이지)

2.3. DSM-5 장애 전체 목록

장애와 비장애의 구별이 때로는 "의미가 있는가?"라는 질문을 던지기도 하지만, 보여지는 현상과 관찰되어지는 증상들에 대한 개념과 선이해가 결여되어 있다면 난처한 상황에 직면할 수 있다. 상담자로서 여러 가지 상황판단을 할 때 기준과 근거들을 제시할 수 있는 자질은 꾸준한 학습과 다양한 경험의 축적을 통해서 가능하며 제시된 인간 정신과 이상행동에 대한 정의들과 증상들을 숙지함으로써 가능할 것이다. 정신장애 진단기준 가운데서 상담자들이 알아야 할 상위항목들 가운데

---

78) 고진경. (2013). DSM-5의 변화와 문제에 대한 개관, 한국심리학회지. The Journal of the Korean Association of Psychotherapy, Vol. 5, No. 2, 1-11.

그 개념과 진단기준에 대해 정리한다. 장애목록 전체에 대한 탐색과 개괄적인 이해가 필요한 이유는 내담자가 상담이 아닌 의사의 치료적 개입이 필요한 경우 상담 치료 가운데에서 병원진단과 처방을 권유할 수 있도록 조치를 취하기 위함이라 하겠다.

구분	진단기준 리스트(상위항목 총 22개)	
1	신경발달장애(Neurodevelopmental Disorders)	
	지적장애(지적발달장애) **Intellectual Disability(Intellectual Developmental Disorder** 다음 3가지 기준을 충족해야 한다. 1) 표준화된 지능검사로 확인된 지적기능(추론, 문제해결, 계획, 추상적 사고 판단 학습 등)의 저하 2) 적응능력의 저하로 인해 독립성과 사회적 책임에 대해 발달적으로나 사회문화적으로 표준에 맞지 않음. 지속적인 지원 없이는 적응결함으로 인해 다양한 환경(집, 학교, 지역사회 등)에서 1가지 이상의 일상활동(의사소통, 사회적 참여, 독립적 생활) 기능에 제한을 받음 3) 지적기능 및 적응능력의 저하는 발달시기에 나타남	1
	〈표 1〉 지적장애(지적발달장애)의 심각도 수준 Severity levels for intellectual disability (intellectual developmental disorder)	2
	전반적 발달지연 Global Developmental Delay	3
	명시되지 않는 지적장애(지적발달장애) Unspecified Intellectual Disability (Intellectual Developmental Disorder)	4
	언어장애 Language Disorder 나이와 대화에 적절하게 기대되는 언어음을 제대로 사용하지 못함 1) 어휘(단어에 대한 지식과 사용) 감소 2) 제한된 문장구조 3) 대화능력의 결함. 이로 인하여 학업, 직업, 의사소통에 막대한 영향을 줌. 증상의 시작이 발달시기로부터 나타남	5

6	**말소리장애 Speech Sound Disorder**
	
	1) 이해 또는 표현의 어려움으로 인해 지속적인 언어사용의 장애
	  · 언어 발성에 지속적인 어려움
	  · 언어 명료도 저하 및 구두 의사전달에 어려움
	2) 연령에 기대되는 수준 이하의 언어능력으로 인해 효과적인 의사소통, 사회활동 참여, 학업, 직업활동 등에서 기능이 제한됨
	3) 증상의 시작이 발달시기로부터 나타나야 함
	4) 지적장애, 운동이나 감각결함, 환경적 박탈로 인해 초래된 것이 아니어야 함

7	**아동기 발병 유창성장애(말더듬) Childhood-Onset Fluency Disorder(Stuttering)**
	
	1) 다음 중 1가지 이상으로 나이에 맞지 않게 유창성이 떨어짐
	  (1) 음. 음절의 반복(그, 그러니까…)
	  (2) 음 길이를 늘임(그러…니까)
	  (3) 별안간 내는 소리(그러, 참, 니까)
	  (4) 단어 단절(한 단어 내에서 머뭇거림: 그러…니깨
	  (5) 머뭇거림(침묵 또는 다른 소리로 채워진 말 멈춤)
	  (6) 확실하게 발음할 수 없는 단어를 다른 단어로 대치
	  (7) 말하면서 과도한 신체긴장
	  (8) 단어의 반복(그러니까. 그러니까. 그러니까…)
	2) 이로 인하여 학업. 직업, 의사소통에 막대한 지장을 줌
	3) 증상의 시작이 발달시기부터 나타나야 함
	4) 운동이나 감각결함. 지각장애로 인해 기대되는 정도보다 심함

8	**사회적(실용적) 의사소통장애 Social(Pragmatic) Communication Disorder**
	
	1) 다음 모두의 사회적 상황에서 언어, 비언어적 의사소통의 지속적 어려움
	(1) 사회적 맥락에 적절한 방법으로 인사하거나 정보를 공유하는 의사소통의 결함
	(2) 상황에 맞게 의사소통을 변화시키는 능력의 결함
	    (예: 운동장에서는 의사소통을 잘하는데 교실에서는 잘 못함)
	(3) 대화나 이야기의 규칙을 따르는 것을 어려워함
	    (예: 잘못 들었을 때 되묻기를 어려워함)
	(4) 애매하거나 모호한 의미의 언어를 이해하는 데에 어려움
	    (예: 속담. 유머, 상징 등)
	2) 이로 인해 학업, 직업, 의사소통에 막대한 지장을 줌
	3) 증상의 시작이 발달시기부터 나타나야 함
	4) 다른 신체 상태나 다른 정신장애로 초래된 것이 아니어야 함

9	명시되지 않는 의사소통장애 Unspecified Communication Disorder

10	**자폐스펙트럼장애 Autism Spectrum Disorder** 1. 다음에서 사회적 의사소통과 사회적 상호작용의 지속적 장애로 현재 또는 발달력상에서 다음 모든 양상이 나타남 1) 사회적, 정서적 상호작용의 결핍 2) 사회적 상호작용을 위한 비언어적 의사소통, 행동의 장애 3) 관계를 가지고 유지하고 이해하는 것의 장애 2. 행동, 관심 혹은 활동이 한정되고 반복 양상이 다음 중 적어도 2가지 이상 나타남 1) 상동적이고 반복적인 행동, 물건의 사용. 또는 말 2) 같은 상태를 고집함, 일상적으로 반복되는 것에 대한 융통성 없는 집착, 또는 틀에 박힌 언어적 혹은 비언어적 행동의 관습적 사용 3) 매우 한정적이고 고정된 관심을 가지고 있으며, 그 강도나 집중의 대상이 비정상 4) 감각적 자극에 대해 과도하게 높거나 낮은 반응성 또는 환경의 감각적 측면에 대한 특이한 관심 3. 증상은 발달시기부터 나타내야 함. 4. 증상은 사회적, 직업적 혹은 다른 중요한 영역에서 임상적으로 유의한 장애유발 5. 이러한 장애는 지적장애 혹은 전반적 발달지연으로 설명 안 됨(지지요함, 상당한 지지요함. 매우 상당한 지지요함)으로 심각도를 평가함	
11	〈표 2〉 자폐스펙트럼장애의 심각도 수준 Severity levels for autism spectrum disorder	
12	**주의력결핍 과잉행동장애 Attention-Deficit/Hyperactivity Disorder** A. 기능이나 발달을 방해하는, 지속적인 양상의 주의력결핍(혹은 과잉행동-충동성) B. 몇 가지 주의력결핍 또는 과잉행동-충동성 증상들이 12세 이전에 나타났다. C. 주의력결핍 혹은 과잉행동-충동성 증상들이 2개 이상의 상황에서 나타난다. (예: 학교/직장/가정, 친구/동료와 함께할 때, 다른 활동들 중) D. 사회생활, 학업, 직업 기능의 질을 낮추거나 지장을 준다는 분명한 증거가 있다. E. 증상들이 전반적 발달장애, 정신분열병, 기타 정신장애 중에 발생하는 것은 아니며, 다른 정신장애(예: 기분장애, 불안장애, 해리성 장애, 인격장애, 물질중독, 위축 등)로는 잘 설명되지 않는다.	
13	**달리 명시된 주의력결핍 Other Specified Attention-Deficit Disorder** 다음 중 6개 (17세 이상의 청소년이나 성인의 경우 5개) 이상의 증상이 적어도 6개월 이상 지속될 때 a. 자주 학교과제나 공부 혹은 다른 활동 시에 부주의한 실수를 하거나 관심을 기울이지 못한다. (예: 세부사항을 간과하거나 놓침, 작업이 부정확함) b. 자주 업무나 놀이활동에 오랫동안 집중하기가 어렵다. (예: 수업 중, 대화 중, 긴 글을 읽을 때) c. 자주 남이 자기에게 하는 말을 듣지 않는 것 같다. (예: 명백한 방해가 없음에도 불구하고 마음이	

		딴 데 있는 거 같음) d. 자주 지시를 끝까지 따르지 않고, 숙제나 집안일을 끝내지 못하거나 아니면 해야 할 의무를 다하지 못한다. (예: 일을 시작하긴 하나 빨리 집중을 잃고 쉽게 딴 길로 샘) e. 자주 할 일이나 활동을 체계적으로 해나가지 못한다.(예: 순차적인 작업을 하는데 어려움이 있음, 물품이나 소지품들을 관리하는 데 어려움이 있음, 엉망이고 체계화되지 않은 일 처리, 관리에 시간을 들이지 않음, 기한을 지키지 못함) f. 자주 꾸준한 정신적 노력이 요구되는 과제수행을 꺼리거나 혹은 싫어하고 피하려 한다. (예: 학교공부나 과제, 17세 이상의 청소년이나 성인의 경우 보고서를 준비하거나 양식을 완성하거나 긴 글을 검토할 때) g. 자주 일이나 활동에 필요한 물건들을 잃어버린다. (예: 학교 자료, 연필, 책, 도구들, 지갑, 열쇠, 문서 업무, 안경, 휴대폰) h. 자주 외부자극 (17세 이상의 청소년이나 성인의 경우 관련 없는 생각들)에 의해 쉽게 산만해진다. i. 자주 일상적인 일을 잊어버린다. (예: 집안일, 심부름. 17세 이상의 청소년이나 성인의 경우 전화 회신, 계산서 지불, 약속 지키기)	
	14	**과잉행동장애(충동성) Hyperactivity Disorder** 다음 중 6개(17세 이상의 청소년이나 성인의 경우 5개) 이상의 증상이 적어도 6개월 이상 지속될 때 a. 앉아서도 자주 손발을 가만두지 못하고 몸을 뒤튼다. b. 앉아 있어야 하는 상황에서 자주 자기 자리를 벗어난다. (예: 교실, 사무실이나 작업 장소에서 자리를 이탈함) c. 부적절한 상황에서 주위를 뛰어다니거나 기어오르는 경우가 자주 있다. (청소년기 또는 성인의 경우는 못 견디는 느낌으로 제한할 수 있음) d. 자주 놀이나 레저 활동을 조용히 수행하지 못한다. e. 자주 엔진이 불붙은 것처럼 행동하거나 쉴 새 없이 서성댄다. (예: 식당이나 회의에서 시간이 연장되는 경우 불편해함) f. 지나치게 말이 많을 때가 자주 있다. g. 자주 질문이 끝나기도 전에 대답이 불쑥 튀어나오곤 한다. (예: 다른 사람들이 말할 때 본인이 문장들을 마무리함, 대화 시 본인의 차례를 기다리지 못함) h. 자주 본인의 차례를 기다리기를 어려워한다. (예: 줄을 서서 기다릴 때) i. 다른 사람의 활동을 방해하고 간섭한다. (예: 대화나 게임, 활동들에 끼어들 듯이 참견함, 질문이나 허락 없이 남의 물건을 사용함, 청소년이나 성인의 경우 남이 하는 중인 것을 함부로 방해하거나 차지함)	
	15	특정 학습장애 Specific Learning Disorder	
	16	발달성 협응장애 Developmental Coordination Disorder	
	17	상동증적 운동장애 Stereotypic Movement Disorder	

18	**틱장애 Tic Disorders** 1. 단일 또는 다발성 운동 또는 음성 틱이 있음. 2. 틱이 첫 발생 후 1년 이하로 있음. 3. 18세 이전에 발병. 4. 장애가 어떤 물질의 생리학적 효과나, 다른 의학적 상태에 의한 것이 아님. 5. 뚜렛 장애나 만성 운동 또는 음성 틱장애의 진단기준을 만족한 적이 없음.	
19	달리 명시된 틱장애 Other Specified Tic Disorder	
20	명시되지 않는 틱장애 Unspecified Tic Disorder	
21	달리 명시된 신경발달장애 Other Specified Neurodevelopmental Disorder	
22	명시되지 않는 신경발달장애 Unspecified Neurodevelopmental Disorder	

2	**조현병 스펙트럼 및 기타 정신병적 장애** **(Schizophrenia Spectrum and Other Psychotic Disorders)** A. 다음 증상 중 둘(혹은 그 이상)이 1개월의 기간(성공적으로 치료가 되면 그 이하) 동안의 상당 부분의 시간에 존재하고, 이들 중 최소한 하나는 (1) 내지 (2) 혹은 (3)이어야 한다. (1) 망상 (2) 환각 (3) 와해된 언어(예: 빈번한 탈선 혹은 지리멸렬) (4) 극도로 와해된 또는 긴장성 행동 (5) 음성 증상(예: 감퇴된 감정 표현 혹은 무의욕증) B. 장애의 발병 이래 상당 부분의 시간동안 일, 대인관계 혹은 자기관리 같은 주요 영역의 한 가지 이상에서 기능 수준이 발병 전 성취된 수준 이하로 현저하게 저하된다.(혹은 아동기 또는 청소년기에 발병하는 경우, 기대 수준의 대인관계적 학문적 직업적 기능을 성취하지 못함) C. 장애의 지속적 징후가 최소 6개월 동안 계속된다. 이러한 6개월의 기간은 진단기준 A에 해당하는 증상(예: 활성기 증상)이 있는 최소 1개월(성공적으로 치료되면 그 이하)을 포함해야 하고, 전구 증상이나 잔류 증상의 기간을 포함할 수 있다. 이러한 전구기나 잔류기 동안 장애의 징후는 단지 음성 증상으로 나타나거나, 진단기준 A에 열거된 증상의 2가지 이상이 약화된 형태(예: 이상한 믿음, 흔치 않은 지각 경험)로 나타날 수 있다. D. 조현정동장애와 정신병적 양상을 동반한 우울 또는 양극성 장애는 배제된다. 왜냐하면 1) 주요우울 또는 조증 삽화가 활성기 증상과 동시에 일어나지 않기 때문이거나, 2) 기분 삽화가 활성기 증상 동안 일어난다고 해도 병의 활성기 및 잔류기 전체 지속 기간의 일부에만 존재하기 때문이다. E. 장애가 물질(예 남용약물. 치료약물)의 생리적 효과나 다른 의학적 상태로 인한 것이 아니다. F. 자폐스펙트럼장애나 아동기 발병 의사소통장애의 병력이 있는 경우, 조현병의 추가 진단은 조현병의 다른 필요 증상에 더하여 뚜렷한 망상이나 환각이 최소 1개월(성공적으로 치료되면 그 이하) 동안 있을 때에만 내려진다.

1	**망상장애 Delusional Disorder** A. 1개월 이상의 지속 기간을 가진 한 가지(혹은 그 이상) 망상이 존재한다. B. 조현병의 진단기준 A에 맞지 않는다. 주의점: 환각이 있다면 뚜렷하지 않고, 망상의 주제와 연관된다. (예: 벌레가 우글거린다는 망상과 연관된 벌레가 꼬이는 감각) C. 망상의 영향이나 파생 결과를 제외하면 기능이 현저하게 손상되지 않고 행동이 명백하게 기이하거나 이상하지 않다. D. 조증이거나 주요우울 삽화가 일어나는 경우, 이들은 망상기의 지속기간에 비해 상대적으로 짧다. E. 장애가 물질의 생리적 효과나 다른 의학적 상태로 인한 것이 아니고, 신체이형장애나 강박장애와 같은 다른 정신질환으로 더 잘 설명되지 않는다.	
2	단기 정신병적 장애 Brief Psychotic Disorder	
3	조현양상장애 Schizophreniform Disorder	
4	**조현병 Schizophrenia** A. 다음 증상 중 둘(혹은 그 이상)이 1개월의 기간(성공적으로 치료가 되면 그 이하) 동안의 상당 부분의 시간에 존재하고, 이들 중 최소한 하나는 (1) 내지 (2) 혹은 (3)이어야 한다. (1) 망상 (2) 환각 (3) 와해된 언어(예: 빈번한 탈선 혹은 지리멸렬) (4) 극도로 와해된 또는 긴장성 행동 (5) 음성 증상(예: 감퇴된 감정 표현 혹은 무의욕증) B. 장애의 발병 이래 상당 부분의 시간 동안 일, 대인관계 혹은 자기관리 같은 주요 영역의 한 가지 이상에서 기능 수준이 발병 전 성취된 수준 이하로 현저하게 저하된 된다.(혹은 아동기 또는 청소년기에 발병하는 경우, 기대 수준의 대인관계적 학문적 직업적 기능을 성취하지 못함) C. 장애의 지속적 징후가 최소 6개월 동안 계속된다. 이러한 6개월의 기간은 진단기준 A에 해당하는 증상(예: 활성기 증상)이 있는 최소 1개월(성공적으로 치료되면 그 이하)을 포함해야 하고, 전구 증상이나 잔류 증상의 기간을 포함할 수 있다. 이러한 전구기나 잔류기 동안 장애의 징후는 단지 음성 증상으로 나타나거나, 진단기준 A에 열거된 증상의 2가지 이상이 약화된 형태(예: 이상한 믿음, 흔치 않은 지각 경험)로 나타날 수 있다. D. 조현정동장애와 정신병적 양상을 동반한 우울 또는 양극성 장애는 배제된다. 왜냐하면 1) 주요우울 또는 조증 삽화가 활성기 증상과 동시에 일어나지 않기 때문이거나, 2) 기분 삽화가 활성기 증상 동안 일어난다고 해도 병의 활성기 및 잔류기 전체 지속 기간의 일부에만 존재하기 때문이다. E. 장애가 물질(예 남용약물. 치료약물)의 생리적 효과나 다른 의학적 상태로 인한 것이 아니다. F. 자폐스펙트럼장애나 아동기 발병 의사소통장애의 병력이 있는 경우, 조현병의 추가 진단은 조현병의 다른 필요 증상에 더하여 뚜렷한 망상이나 환각이 최소 1개월(성공적으로 치료되면 그 이하) 동안 있을 때에만 내려진다.	

	5	조현정동장애 Schizoaffective Disorder	
	6	물질/약물치료로 유발된 정신병적 장애 Substance/Medication-Induced Psychotic Disorder	
	7	다른 의학적 상태로 인한 정신병적 장애 Psychotic Disorder Due to Another Medical Condition	
	8	다른 정신질환과 연관된 긴장증(긴장증 명시자) Catatonia Associated With Another Mental Disorder (Catatonia Specifier)	
	9	다른 의학적 상태로 인한 긴장성장애 Catatonic Disorder Due to Another Medical Condition	
	10	명시되지 않는 긴장증 Unspecified Catatonia	
	11	달리 명시된 조현병 스펙트럼 및 기타 정신병적 장애 Other Specified Schizophrenia Spectrum and Other Psychotic Disorder	
	12	명시되지 않는 조현병 스펙트럼 및 기타 정신병적 장애 Unspecified Schizophrenia Spectrum and Other Psychotic Disorder	
3		**양극성 및 관련 장애(Bipolar and Related Disorders)**	
	1	**제I형 양극성장애 Bipolar I Disorder** 조증삽화의 DSM-5 진단기준 A. 비정상적이면서 지속적으로 상승된, 팽창된 또는 과민한 기분과 비정상적이면서 지속적으로 증가된 목표 지향적 활동 또는 에너지가 1주 이상, 거의 매일, 하루 중 대부분에 나타나는 뚜렷한 기간이 있다. B. 기분장애 및 증가된 에너지와 활동을 보이는 기간 중 다음 증상 가운데 세 가지 또는 그 이상이 지속되고(기분이 단지 과민하기만 하다면 네 가지 이상), 평소 모습에 비해 변화가 뚜렷하며, 심각한 정도로 나타난다. - 과장된 자존심 또는 과대성 - 수면욕구 감소 - 평소보다 말이 많아지거나 계속 말을 함 - 사고의 비약 또는 사고가 질주하는 듯한 주관적인 경험 - 주관적으로 느끼거나 객관적으로 관찰되는 주의산만 - 목표 지향적 활동의 증가 또는 정신운동성 초조 - 고통스러운 결과를 초래할 가능성이 높은 활동에 지나치게 몰두 C. 기분장애가 사회적, 직업적 기능의 뚜렷한 손상을 초래할 정도로 심각하거나, 자신이나 타인에게 해를 입히는 것을 예방하기 위해 입원이 필요한 경우이거나 정신병적 양상이 동반되어 있다.	

2	**제II형 양극성장애 Bipolar II Disorder** 경조증삽화의 DSM-5 진단기준 1. 삽화는 증상이 없을 때의 모습과는 다른, 명백한 기능 변화를 동반한다. 2. 기분의 장해와 기능의 변화가 타인에 의해 관찰될 정도이다. 3. 삽화가 사회적, 직업적 기능의 뚜렷한 손상을 일으키거나 입원이 필요할 정도로 충분히 심각하지 않다. 만약 정신병적 양상이 있다면 이는 조증 삽화로 정의한다. 4. 삽화가 물질(예: 남용하는 물질, 치료약물, 또는 기타 치료)의 생리적 작용의 결과가 아니다.	
3	순환성장애 Cyclothymic Disorder	
4	물질/약물치료로 유발된 양극성 및 관련 장애 Substance/Medication-Induced Bipolar and Related Disorder	
5	다른 의학적 상태로 인한 양극성 및 관련 장애 Bipolar and Related Disorder Due to Another Medical Condition	
6	달리 명시된 양극성 및 관련 장애 Other Specified Bipolar and Related Disorder	
7	명시되지 않은 양극성 및 관련 장애 Unspecified Bipolar and Related Disorder	
8	양극성 및 관련 장애의 명시자 Specifiers for Bipolar and Related Disorders	
4	**우울장애(Depressive Disorders)** A. 다음 9가지의 증상 중 5가지 이상이 최소 2주 이상 거의 매일 지속되어야 한다. 최소한 한 가지 증상은 우울한 기분 또는 흥미나 쾌락의 상실이어야 한다. 　1. 거의 하루 종일 우울한 기분이 거의 매일 이어지며, 이는 주관적 느낌(예컨대 슬픔, 공허감, 아무런 희망이 없음)이나 객관적 관찰 소견(예컨대, 자주 눈물을 흘림)으로 확인된다. 　2. 거의 하루 종일 거의 모든 활동에 대한 흥미나 즐거움 감소된 상태가 거의 매일 이어짐. 　3. 체중 또는 식욕의 심한 감소나 증가. 　4. 거의 매일 반복되는 불면이나 과수면. 　5. 정신운동의 초조(예: 안절부절 못함) 또는 지체(예: 생각이나 행동이 평소보다 느려짐). 　6. 거의 매일 반복되는 피로감 또는 활력 상실. 　7. 무가치감, 또는 지나치거나 부적절한 죄책감이 거의 매일 지속됨. 　8. 사고력 또는 집중력의 감퇴, 결정을 못 내리는 우유부단함이 심해져 거의 매일 지속됨. 　9. 죽음에 대한 생각이 되풀이되어 떠오르거나, 특정한 계획이 없는 자살 사고가 반복되거나, 자살을 시도하거나, 구체적인 자살 계획을 세움. B. 임상적으로 의미 있는 고통이나 대인관계, 직업을 포함한 주요 영역의 기능 저하를 일으킴. C. 약물 등 섭취 물질이나 질병으로 인해 야기된 생리적 효과로 인한 것이 아니어야 함.	
1	파괴적기분조절부전장애 Disruptive Mood Dysregulation Disorder	
2	주요우울장애 Major Depressive Disorder	
3	지속성 우울장애(기분저하증) Persistent Depressive Disorder (Dysthymia)	

	4	월경전불쾌감장애 Premenstrual Dysphoric Disorder	
	5	물질/약물치료로 유발된 우울장애 Substance/Medication-Induced Depressive Disorder	
	6	다른 의학적 상태로 인한 우울장애 Depressive Disorder Due to Another Medical Condition	
	7	달리 명시된 우울장애 Other Specified Depressive Disorder	
	8	명시되지 않는 우울장애 Unspecified Depressive Disorder	
	9	우울장애의 명시자 Specifiers for Depressive Disorders	
5		**불안장애(Anxiety Disorder)** **감정표현으로 나타나는 불안:** 안절부절 못함 - 공포 또는 지나치게 놀람 - 만사 걱정 - 마음이 쉽게 긴장이 됨 - 마음이 쉽게 편안해지지 않음 - 공황발작(불안발작)을 보임 - 짜증을 잘 내고 예민함 **신체화 불안:** - 근골격계: 근 긴장, 통증(두통, 어깨통증, 요통 등) - 신경계: 떨림, 오한, 손발 저림, 손발 차가움, 어지러움, 현기증, 쓰러질 것 같음 - 식은땀, 입 마름, 집중곤란, 수면장애 - 심혈관: 심장이 빨리 뛰거나 벌렁거림, 가슴통증, 답답함, 흉부 불편감 - 호흡기: 숨참, 호흡곤란 - 소화기: 삼키기 어려움, 소화불량, 복통, 설사, 변비, 신경성 위염, 과민성 대장염 - 비뇨기: 소변이 자주 마려움, 소변을 본 후에도 시원하지 않은 느낌 - 생식기: 성욕감퇴 **행동으로 나타나는 불안:** - 불안이 일어날 만한 상황이나 불안한 상황에 대한 회피 - 서성거림 - 관심을 다른 것에 집중하면서 대처하는 주의 분산방법의 사용 - 안정감을 위해 물건(예: 약병, 돈, 애완동물 등) 가지고 다니기 - 불안감을 없애기 위한 술이나 담배에 의존	
	1	분리불안장애 Separation Anxiety Disorder	
	2	선택적함구증 Selective Mutism	
	3	특정공포증 Specific Phobia	
	4	**사회불안장애(사회공포증) Social Anxiety Disorder(Social Phobia)** 1. 타인에게 면밀하게 관찰될 수 있는 하나 이상의 사회적 상황에 노출되는 것을 극도로 두려워하거나 불안해한다. 그러한 상황의 예로 사회적 관계, 관찰되는 상황, 다른 사람들 앞에서 수행을 하는 상황 등이 있다. (참고: 아동의 경우 공포와 불안은 성인과의 관계에서뿐만 아니라 또래 집단에서도 발생할 수 있다.) 2. 다른 사람들에게 부정적으로 평가되는 방향(수치스럽거나 당황한 것으로 보임, 다른 사람을 거부하거나 공격하는 것으로 보임)으로 행동하거나 불안 증상을 보일까 봐 두려워한다. 3. 이러한 사회적 상황이 거의 항상 공포나 불안을 일으킨다. (참고: 아동의 경우 공포와 불안은 울음, 분노발작, 얼어붙음, 매달리기, 움츠러듦 혹은 사회적 상황에서 말을 하지 못하는 것으로 표현될 수 있다.) 4. 이러한 사회적 상황을 회피하거나 극심한 공포와 불안 속에 견딘다. 5. 이러한 불안과 공포는 실제 사회 상황이나 사회문화적 맥락에서 볼 때 실제 위험보다 비상식적으로 극심하다.	

	5	**공황장애 Panic Disorder** A. 반복적으로 예상하지 못한 공황발작이 나타남. 공황발작은 극심한 공포와 고통이 갑작스럽게 발생하여 수 분 내 최고조에 이르러야 하며 다음 중 4가지 이상의 증상이 나타나야 함 1. 가슴 두근거림 또는 심장박동수의 증가 2. 발한 3. 몸이 떨리거나 후들거림 4. 숨이 가쁘거나 답답한 느낌 5. 질식할 것 같은 느낌 6. 흉통 또는 가슴 불편감 7. 메스꺼움 또는 복부 불편감 8. 어지럽거나 불안정하거나 멍한 느낌이 들거나 쓰러질 것 같음 9. 춥거나 화끈거리는 느낌 10. 감각 이상(감각이 둔해지거나 따끔거리는 느낌) 11. 비현실감(현실이 아닌 것 같은 느낌) 혹은 이인증(나에게서 분리된 느낌) 12. 스스로 통제할 수 없거나 미칠 것 같은 두려움 13. 죽을 것 같은 공포 B. 적어도 1회 이상의 발작 이후에 1개월 이상 다음 중 한 가지 이상의 조건을 만족함 1. 추가적인 공황발작이나 공황발작에 대한 결과에 대한 지속적인 걱정 2. 발작과 관련된 행동으로 현저하게 부적응적인 변화가 일어남(예: 익숙하지 않은 환경을 피하는 등)	
	6	공황발작 명시자 Panic Attack Specifier	
	7	광장공포증 Agoraphobia	
	8	**범불안장애 Generalized Anxiety Disorder** 1. 일상 활동에 대한 과도한 불안과 걱정(염려)이 최소한 6개월 이상 지속 2. 불안과 걱정을 조절하기가 어려움 3. 불안과 걱정은 다음 가지 증상 중 적어도 3가지 이상의 증상과 관련이 있음 1) 안절부절못하거나 긴장, 초조하고 신경이 곤두선 느낌 2) 쉽게 피로해짐 3) 집중하기가 어렵고 멍한 느낌 4) 짜증이 잘 남 5) 근육의 긴장 6) 수면장애(잠들기 어렵거나 유지가 어렵고, 밤새 만족스럽지 못한 수면 상태)	
	9	물질/약물치료로 유발된 불안장애 Substance/Medication-Induced Anxiety Disorder	
	10	다른 의학적 상태로 인한 불안장애 Anxiety Disorder Due to Another Medical Condition	
	11	달리 명시된 불안장애 Other Specified Anxiety Disorder	
	12	명시되지 않는 불안장애 Unspecified Anxiety Disorder	
6		**강박 및 관련 장애(Obsessive-Compulsive and Related Disorders)**	
	1	**강박장애 Obsessive-Compulsive Disorder** 경미한 강박사고 및 강박행동은 누구나 경험할 수 있다. 가끔 한두 번씩 일시적으로 일	

		어나는 증상이나 사회생활에 지장을 주지 않을 정도의 행동은 병이라고 할 수 없다. 하지만 미국 정신의학회의 진단기준에 의하면 적어도 하루에 1시간 이상 강박 증세가 나타나거나, 이런 사고와 행동이 지나쳐 사회 활동과 대인관계에 어려움을 겪을 정도일 때, 강박 장애를 의심할 수 있다. 따라서 위에서 서술한 강박사고 및 강박 행동을 지속적으로 경험하면서 생활에 지장이 초래된다고 느낄 경우, 반드시 전문가의 상담과 평가를 통해 진단을 받아야 한다. 강박장애 평가도구도 자신의 증상을 파악하는 데 도움이 될 수 있다. 예일-브라운 강박 척도(Yale-Brown Obsessive-Compulsive Scale)는 강박사고와 강박 행동을 구분하여 평가하는데, 각각은 다시 소모되는 시간, 일상에의 방해, 불안, 강박 행동을 참는 데 드는 노력, 통제 정도에 따라 평가된다. 또 다른 평가도구로 단축형 강박증상 목록(Obsessive Compulsive Inventory)이 있는데, 세척, 강박, 저장, 정렬, 확인/의심, 중화 등 총 6차원을 18개의 항목으로 평가한다.
	2	신체이형장애 Body Dysmorphic Disorder
	3	수집광 Hoarding Disorder
	4	발모광(털뽑기 장애) Trichotillomania(Hair-Pulling Disorder)
	5	피부뜯기장애 Excoriation (Skin-Picking) Disorder
	6	물질이나 약물치료로 유발됨 강박 및 관련 장애 Substance/Medication-Induced Obsessive-Compulsive and Related Disorder
	7	다른 의학적 상태로 인한 강박 및 관련 장애 Obsessive-Compulsive and Related Disorder Due to Another Medical Condition
	8	달리 명시된 강박 및 관련 장애 Other Specified Obsessive-Compulsive and Related Disorder
	9	명시되지 않는 강박 및 관련 장애 Unspecified Obsessive-Compulsive and Related Disorder
7		**외상 및 스트레스 관련 장애(Trauma-and Stressor-Related Disorders)**
	1	반응성 애착장애 Reactive Attachment Disorder
	2	탈억제성 사회적 유대감 장애 Disinhibited Social Engagement Disorder
	3	**외상 후 스트레스장애 Post-traumatic Stress Disorder** **사건/사고** 외상후스트레스를 일으키는 사건은 보통 사람이 일반적으로 겪는 위기 상황을 훨씬 뛰어넘는 정도의 자극이다. 자신이 직접 크게 다치거나 살해 위협을 당하는 정도의 경험 혹은 타른 사람이 죽거나 크게 다치는 것을 직접 목격한 경우의 중대한 사건들이 증상을 유발한다. 중요한 것은 증상으로 인해 사고와 관련된 기억을 잘하지 못하는 경우가 있다. 사건을 기억해내면 너무 괴롭기 때문에 심리적인 억압 현상이 나타나서 사고 기억이 잘 나지 않는 경우인데 이럴 경우에는 주변 사람들의 관찰이 정황으로 확인해야 한다.

기간

사고 직후 며칠 동안 악몽이나 사고 생각이 반복적으로 나는 것은 정상이다. 신체 손상이 심한 경우에는 수일에서 1주 정도 이후에 증상이 심해지기도 한다. 대부분은 1-2주 사이에 좋아지고 경우에 따라서 1달까지도 지속되는 경우가 있다. 이렇게 한 달 미만으로 증상이 지속되는 경우 '급성 스트레스 장애'로 진단한다. 외상후스트레스 장애는 사고 이후 한 달 이상 증상이 지속될 때 얘기하는데 이는 그 한 달을 기준으로 기간을 넘어가는 경우 그 증상의 정도나 지속기간이 분명하게 심각하기 때문이다.

재경험

사고에 대한 생각, 느낌, 감각이 재현되는 것을 말합니다. 종류로는 꿈에 나타나는 악몽과 깨어 있는 동안 경험되는 플래시백이 있다. 재경험은 사건 자체와 관련이 있는 모든 자극들이 유발할 수 있다. 감전사고를 경험한 사람이 벼락 치는 것에 놀라거나 화재 사고를 겪은 사람들이 타는 냄새에 예민한 것처럼 말이다. 때로는 사고와 관련된 사람(사고 당시 같이 있었던 사람)을 피하는 경우도 있고 사고 때 다친 상처가 자극이 될 수도 있다. 이러한 재경험을 피하기 시작하면서 점점 더 생활이 위축되고 두려움이 커지게 된다.

과각성

재경험의 고통을 피하기 위해 사고 경험자는 자신도 모르게 계속 신경을 곤두세우고 지내게 된다. 항상 신경을 쓰다 보니 극도의 예민 상태가 지속되어 쉽게 피곤해지고 잘 놀라게 된다. 잠을 들기도 어렵고 잠을 자주 깨는 것도 가장 흔하게 호소하는 증상들 중 하나이다.

회피

재경험을 유발하는 자극들을 피하기 위해서 사고를 떠올리게 하는 모든 자극으로부터 피하려는 경향이 생긴다. 사고가 발생하면 재빠르게 도망가기 위해서 문에 가까운 쪽에 앉거나 화재 사고를 경험한 사람들은 어둠이 두려워 불을 켜 놓고 자거나 하는 증상이 있다. 이러한 회피는 지나칠 경우 불안감을 더 증폭시킬 수 있다.

부정적 기분

사고 이후에 사람들에 대한 믿음이나 사회나 환경이 안전하다는 믿음이 사라지게 되면 다양한 부정적 감정이 생겨난다. 두려움, 죄책감, 불신, 피해의식 등이 생기게 된다. 재난 직후나 신체 손상이 동반된 경우 상당기간 다른 사람들의 도움에 의지해야 하는 경우에 이러한 경향은 타인의 도움을 받는 것을 어렵게 만든다.

신체검사

의사는 다른 신체 질환이 있는지 신체검사를 하고 건강에 관해 질문할 수 있다. 어떤 경우에는 우울증과 같은 공존 질환이 신체 증상들을 많이 나타나게 할 수 있다.

		혈액검사 일반혈액검사나 갑상선 기능 검사 등을 통해서 내분비계 등에 이상이 없는지 검사할 수 있다. **정신의학적 평가** 정신건강전문가는 증상, 생각, 느낌 및 행동 양상에 대해 묻는다. 이러한 질문에 대답하기 위해 설문지를 작성하라는 요청을 받을 수도 있다. **심리검사** 환자 스스로 작성하는 자가보고 척도와 함께, 숙련된 임상심리사와 진행하는 심리검사는 증상 평가와 환자가 가진 방어기제 및 내적 자원의 평가를 통해 치료계획수립에 도움을 줄 수 있다.	
	4	급성 스트레스장애 Acute Stress Disorder	
	5	적응장애 Adjustment Disorders	
	6	달리 명시된 외상 및 스트레스 관련 장애 Other Specified Trauma-and Stressor-Related Disorder	
	7	명시되지 않는 외상 및 스트레스 관련 장애 Unspecified Trauma-and Stressor-Related Disorder	
8		**해리장애(Dissociative Disorders)**	
	1	해리성 정체성장애 Dissociative Identity Disorder	
	2	해리성 기억상실 Dissociative Amnesia	
	3	이인성/비현실감 장애 Depersonalization/Derealization Disorder	
	4	달리 명시된 해리장애 Other Specified Dissociative Disorder	
	5	명시되지 않는 해리장애 Unspecified Dissociative Disorder	
9		**신체증상 및 관련 장애(Somatic Symptom and Related Disorders)**	
	1	**신체증상장애 Somatic Symptom disorder** 1. 하나 이상의 신체 증상을 호소하며 이 증상으로 인해 고통스러우며 일상생활에서의 심각한 문제가 유발됨. 2. 신체 증상 또는 관련 건강문제와 연결된 지나친 생각, 느낌, 행동이 다음 세 가지 중 한 가지로 나타남 1) 증상의 심한 정도와 관련된 생각이 불균형적이고 지속적 2) 건강과 증상에 관한 불안이 지속해서 높음 3) 이들 증상과 건강염려증에 바친 시간과 에너지가 과도함. 3. 한 가지 신체 증상(예, 복통, 두통 등)이 지속해서 있지 않더라도 증상 상태는 지속적임(전형적으로 6개월 이상).	
	2	질병불안장애 Illness Anxiety Disorder	

	3	전환장애(기능적 신경학적 증상장애) Conversion Disorder(Functional Neurological Symptom Disorder)	
	4	기타 의학적 상태에 영향을 주는 심리적 요인 Psychological Factors Affecting Other Medical conditions	
	5	인위성장애 Factitious Disorder	
	6	달리 명시된 신체증상 및 관련 장애 Other specified Somatic Symptom and Related Disorder	
	7	명시되지 않는 신체증상 및 관련 장애 Unspecified Somatic Symptom and Related Disorder	
10		**급식 및 섭식 장애(Feeding and Eating Disorders)**	
	1	이식증 Pica	
	2	되새김장애 Rumination Disorder	
	3	회피적/제한적 음식섭취장애 Avoidant/Restrictive Food Intake Disorder	
	4	신경성 식욕부진증 Anorexia Nervosa	
	5	신경성 폭식증 Bulimia Nervosa	
	6	**폭식장애 Binge-Eating Disorder** 1. 반복되는 폭식행동이 있다. 폭식은 다음과 같은 특징이 있다. 1) 짧은 시간 동안 (대개 2시간 이내) 한 번에 많은 양의 음식을 빨리 섭취하거나, 폭식행동에 대한 통제력이 부족하다. 2) 폭식을 할 때 당분이 높은 고지방 제품을 먹는 경향이 있는데, 가끔 수천 칼로리를 먹기도 하며, 하루에 수차례씩 폭식을 하기도 한다. 이러한 폭식은 충동적으로 발생하며 죄책감, 자기비하, 두려움을 유발하는 경향이 있다. 대부분의 폭식행동은 은밀히 발생한다. 2. 체중증가를 방지하기 위하여 1) 스스로 유발하는 구토 2) 설사제, 이뇨제 또는 관장제 등 약물의 오용 3) 굶기나 4) 과도한 운동 같은 부적절한 보상 행동을 되풀이한다. 4)많은 신경성 폭식장애 환자들은 이러한 보상 행동과 다이어트를 통해 체중을 조절하려는 시도를 한다. 그리고 구토와 약물 사용으로 인해서 소화기관 문제, 혈액 내 전해질의 불균형, 무월경, 심장이나 콩팥 질환, 치아 법랑질의 손상 등이 나타내기도 하며, 목의 통증, 체중 변화도 흔한 편이다. 3. 폭식과 부적절한 보상행동이 3개월 동안, 1주일에 1회 이상 발생한다. 4. 자신의 체중, 외모에 대한 관심이 지나친 편이다. 폭식 후에 살이 찔 것에 대한 공포로 우울감, 불안 등을 보고하는 경우가 많다. 5. 신경성 거식증(Anorexia Nervosa)이 있는 기간에 나타나지는 않는다. 신경성 폭식증 환자는 체중 저하가 심하지 않아 거식증 환자에 비해 평균 또는 평균 이상의 체중을 유지하는 편이다.	

7	달리 명시된 급식 또는 섭식 장애 Other Specified Feeding or Eating Disorder	
8	명시되지 않는 급식 또는 섭식 장애 Unspecified Feeding or Eating Disorder	
11	**배설장애(Elimination Disorders)** A. 침구 또는 옷에 의도적이든 불수의적이든 반복적으로 소변을 본다. B. 적어도 3개월 이상을 지속적으로 주 2회 이상 나타나고, 이로 인해 사회적, 직업적 또는 학습기능을 포함한 중요한 영역에서 심각한 장애를 보이는 경우 C. 생활 연령이 최소 5세 이상이다(혹은 이와 비슷한 발달 상태에 있다). D. 이러한 장애가 이뇨제 등 약물에 의한 것은 아니어야 하며, 당뇨병, 척수이분증, 또는 경련성 질환 같은 의학적 상태의 직접적인 생리적 효과로 인한 것이 아니어야 한다. 유형 1. 야간 유뇨증 단독 2. 주간 유뇨증 단독 3. 주간 및 야간 유뇨증 복합	
	1	유뇨증 Enuresis	
	2	유분증 Encopresis	
	3	달리 명시된 배설장애 Other Specified Elimination Disorder	
	4	명시되지 않는 배설장애 Unspecified Elimination Disorder	
12	**수면-각성장애(Sleep-Wake Disorders)**	
	불면장애 Insomnia Disorder 병력 청취 및 검사 - 약물 사용력(약, 술, 커피, 담배, 불법적 약물들) - 신체검사 - 혈액검사 - 정신과적 병력 - 성격적 요인 - 직업 및 가족 상황 - 수면장애의 병력 (유발 요인을 포함하여) - 같이 자는 사람으로부터의 정보 (자는 동안 주기적으로 다리를 차는지, 자는 동안 숨이 멎는지 등) - 근무 시간/일주기리듬 (교대근무, 자고 깨는 시간이 앞으로 당겨지거나 뒤로 늦춰져 있지 않은지) - 수면-각성 패턴, 낮잠을 자는지 (수면일기 및 설문지를 통해 평가) - 활동기록기	
	2	과다수면장애 Hypersomnolence Disorder	
	3	**기면증 Narcolepsy** 억누를 수 없는 수면 욕구를 느끼거나 잠에 빠져들거나 낮잠을 자는 증상이 일주일에 3번 이상, 지난 3개월 동안 발생하고 이와 함께 다음 3가지 중 하나를 만족해야 한다. 1) 탈력발작 2) 뇌척수액에서 하이포크레틴 결핍 시 3) 수면잠복기반복검사에서 평균 수면 잠복기가 8분 이하이고, 입면 후 렘수면이 2차례 이상 나타나는 경우 기면증은 임상적으로 심한 주간졸림증과 뚜렷한 탈력 발작이 있으면 의심해 볼 수 있다. 하지만 탈력 발작, 수면마비, 입면/탈면 시 환각 등 다른 증상이 없이 과도한 주간졸림이나 과수면만을 호소하는 경우도 있다. 과도한 주간졸림증은 기면증뿐만 아니라 폐쇄성 수면무호흡증, 생활습관에 의한 수면 부족, 교대근무 수면장애, 불면증 등 밤잠의 질이 나빠지는 경우에 의해서도 생기기 때문에, 주간졸림증이 있다면 야간 수면에 문제가 있는지를 먼저 확인한 후 기면증에 대한 검사를 하게 된다.	

	4	**폐쇄성 수면 무호흡 저호흡 Obstructive Sleep Apnea Hypopnea** * 자는 동안 코골이, 숨을 멈추는 모습이 관찰되기도 함. * 자다가 자주 깸. * 주간졸림, 낮에 피로감이 증가한다. * 아침에 두통이나 입마름이 동반될 수 있다. * 성욕 감퇴가 나타날 수 있다. * 집중력 저하, 기억력 저하 * 기분과 활력의 저하	
	5	중추성 수면무호흡증 Central Sleep Apnea	
	6	수면 관련 환기저하 Sleep-Related Hypoventilation	
	7	일주기리듬 수면-각성장애 Circadian Rhythm sleep-wake disorders	
	8	NREM수면 각성장애 Non-Rapid Eye Movement Sleep Arousal Disorders	
	9	악몽장애 Nightmare Disorder	
	10	REM수면 행동장애 Rapid Eye Movement Sleep Behavior Disorder	
	11	하지불안 증후군 Restless Legs Syndrome	
	12	물질/치료약물로 유발된 수면장애 Substance/Medication-Induced Sleep Disorder	
	13	달리 명시된 불면장애 Other Specified Insomnia Disorder	
	14	명시되지 않는 불면장애 Unspecified Insomnia Disorder	
	15	달리 명시된 과다수면장애 Other Specified Hypersomnolence Disorder	
	16	분류되지 않은 과다수면장애 Unspecified Hypersomnolence Disorder	
	17	달리 명시된 수면-각성장애 Other Specified Sleep-Wake Disorder	
	18	명시되지 않는 수면-각성장애 Unspecified Sleep-Wake Disorder	
13		**성기능부전(Sexual Dysfunctions)**	
	1	사정지연 Delayed Ejaculation	
	2	발기장애 Erectile Disorder	
	3	여성극치감장애 Female Orgasmic Disorder	
	4	여성 성적 관심/흥분장애 Female Sexual Interest/Arousal Disorder	
	5	성기-골반통증/삽입장애 Genito-Pelvic Pain/Penetration Disorder	
	6	남성성욕감퇴장애 Male Hypoactive Sexual Desire Disorder	
	7	조기사정 Premature (Early) Ejaculation	
	8	물질/약물치료로 유발된 성기능부전 Substance/Medication-Induced Sexual Dysfunction	

	9	달리 명시된 성기능부전 Other Specified Sexual Dysfunction	
	10	명시되지 않는 성기능부전 Unspecified Sexual Dysfunction	
14		**성별 불쾌감(Gender Dysphoria)**	
	1	성별 불쾌감 Gender Dysphoria	
	2	달리 명시된 성불쾌감 Other Specified Gender Dysphoria	
	3	명시되지 않는 성불쾌감 Unspecified Gender Dysphoria	
15		**파괴적, 충동조절 및 품행 장애(Disruptive, Impulse-Control, and Conduct Disorders)**	
	1	적대적 반항장애 Oppositional Defiant Disorder	
	2	간헐적 폭발장애 Intermittent Explosive Disorder	
	3	**품행장애 Conduct Disorder** A. 다른 사람의 기본적인 권리를 침해하고 나이에 맞는 사회 규범 및 규칙을 위반하는 행동을 반복적이고 지속적으로 보인다. 이는 지난 12개월 동안 다음의 15개의 기준 중 적어도 3가지 이상을 충족하고, 지난 6개월 동안에 적어도 한 가지 이상의 기준을 충족해야 한다. 〈사람과 동물에 대한 공격성〉 (1) 자주 다른 사람을 괴롭히거나, 협박하거나 겁을 준다. (2) 자주 육체적인 싸움을 도발한다. (3) 다른 사람에게 심각한 신체적 상해를 입히기 위해서 무기(예: 방망이, 벽돌, 깨진 병, 칼, 총)를 사용하곤 한다. (4) 사람에게 신체적으로 잔인한 행동을 한다. (5) 동물에게 신체적으로 잔인한 행동을 한다. (6) 피해자와 대면한 상태에서 물건을 훔친다. (예: 강도, 날치기, 강탈, 무장 강도) (7) 다른 사람에게 성적인 행위를 강요한다. 〈재산의 파괴〉 (8) 심각한 손상을 끼칠 의도를 가지고 고의로 방화에 관여한다. (9) 타인의 재산을 고의로 파괴한다. (불을 지르는 방법에 의하지 않고) 〈속이기 또는 훔치기〉 (10) 타인의 집, 건물, 그리고 차에 무단 침입한다. (11) 자주 재화나 호의를 얻기 위해서 또는 의무를 피하고자 거짓말을 한다.(타인에게 사기를 친다) (12) 피해자를 대면하지 않고 중요한 가치를 가진 물건을 훔친다.(무단침입을 하지 않은 들치기, 위조) 〈심각한 규칙의 위반〉 (13) 13세 이전부터 부모의 금지에도 불구하고 자주 외박을 한다. (14) 보호자와 같이 사는 동안에 적어도 2회 이상 가출을 하거나 1회 이상 긴 기간 동안 가출을 한다. (15) 13세 이전부터 자주 무단결석을 한다.	

		B. 이러한 행동 장애는 사회적, 학업적, 직업적 기능에 임상적으로 중대한 장애를 초래한다. C. 18세 이상인 경우에 진단기준이 반사회적 성격장애의 기준에 맞지 않는다. 유형: - 아동기 발병형: 10세 이전에 적어도 한 가지 증상을 보이는 경우 - 청소년기 발병형: 10세 이전에 위의 증상이 보이지 않는 경우 - 특정되지 않은 발병형: 품행장애의 진단기준에 맞으나 첫 증상이 나타난 시기가 10세 전후인지 충분한 정보가 없는 경우	
	4	병적 방화 Pyromania	
	5	병적 도벽 Kleptomania	
	6	달리 명시된 파괴적, 충동조절 및 품행 장애 Other specified Disruptive, Impulse-Control, and Conduct Disorder	
	7	명시되지 않는 파괴적, 충동조절 및 품행장애 Unspecified Distruptive, Impulse-Control, and Conduct Disorder	
16		**물질 관련 및 중독 장애(Substance-Related and Addictive Disorders)**	
	1	〈표 1〉 각 물질과 연관된 진단명 Diagnoses associated with substance class	
	2	**알코올사용장애 Alcohol Use Disorders** 1. 알코올을 종종 의도했던 것보다 많은 양, 혹은 오랜 기간 동안 섭취 2. 알코올 섭취량을 줄이거나 조절하려는 지속적인 욕구가 있음. 혹은 섭취를 줄이거나 조절하려고 노력하지만 실패한 경험들이 있다 3. 알코올을 구하거나, 섭취하거나 그 효과에서 벗어나기 위한 활동에 많은 시간을 보냄 4. 알코올에 대한 갈망, 강한 바람 혹은 욕구 5. 반복적인 알코올 섭취로 인해 직장, 학교 혹은 가정에서의 주요한 역할을 수행하는 데 실패함 6. 알코올의 영향으로 지속적, 반복적으로 사회, 대인관계 문제가 발생하거나 악화됨에도 불구하고 알코올 섭취를 지속함 7. 알코올 섭취로 인해 중요한 사회적, 직업적 혹은 여가 활동을 포기하거나 줄임 8. 신체적으로 해가 되는 상황에서도 반복적으로 알코올을 섭취 9. 알코올 섭취로 인해 지속적, 반복적으로 신체/심리적 문제가 유발되거나 악화될 가능성이 높다는 것을 알면서도 계속 알코올을 섭취함	
	3	**알코올 중독 Alcohol Intoxication 내성** - 원하는 효과를 얻기 위해 알코올 섭취량의 뚜렷한 증가가 필요함. - 동일한 용량의 알코올을 계속 사용할 경우 효과가 현저히 감소한 경우.	
	4	**알코올 금단 Alcohol Withdrawal** - 알코올의 특징적인 금단 증후군. - 금단 증상을 완화하거나 피하기 위해 알코올을 섭취.	

	5	기타 알코올로 유발된 장애 Unspecified Alcohol Related Disorder	
	6	카페인 중독 Caffeine Intoxication	
	7	카페인 금단 Caffeine Withdrawal	
	8	기타 카페인으로 유발된 장애 Unspecified Caffeine Related Disorder	
	9	대마사용장애 Cannabis Use Disorder	
	10	대마 중독 Cannabis Intoxication	
	11	대마 금단 Cannabis Withdrawal	
	12	명시되지 않는 대마 관련 장애 Unspecified Cannabis Related Disorder	
	13	펜시클리딘사용장애 Phencyclidine Use Disorder	
	14	기타 환각제사용장애 Other Hallucinogen Use Disorder	
	15	펜시클리딘 중독 Phencyclidine Intoxication	
	16	기타 환각제 중독 Other Hallucinogen Intoxication	
	17	환각제 지속성 지각장애 Hallucinogen Persisting Perception Disorder	
	18	명시되지 않는 펜시클리딘관련장애 Unspecified Phencyclidine-Related Disorder	
	19	명시되지 않는 환각제관련장애 Unspecified Hallucinogen-Related Disorder	
	20	흡입제사용장애 Inhalant Use Disorder	
	21	흡입제 중독 Inhalant Intoxication	
	22	명시되지 않는 흡입제관련장애 Unspecified Inhalant-Related Disorder	
	23	**아편계사용장애 Opioid Use Disorder** A. 임상적으로 현저한 손상이나 고통을 일으키는 문제적 아편계(진통제) 사용 양상이 지난 12개월 사이에 다음의 항목 중 최소한 2개 이상으로 나타난다. 1. 아편계(진통제)를 종종 의도했던 것보다 더 많은 양 혹은 오랜 기간 동안 사용함. 2. 아편계(진통제) 사용을 줄이거나 조절하려는 지속적인 욕구가 있음. 혹은 사용을 줄이거나 조절하려고 노력했지만 실패한 경험들이 있음. 3. 아편계(진통제)를 구하거나 사용하거나 그 효과에서 벗어나기 위한 활동에 많은 시간을 보냄. 4. 아편계(진통제)에 대한 갈망감 혹은 강한 바람 혹은 욕구. 5. 반복적인 아편계(진통제) 사용으로 인해 직장, 학교 혹은 가정에서의 주요한 역할 책임 수행에 실패함. 6. 아편계(진통제)의 영향으로 인해 지속적으로 혹은 반복적으로 사회적 혹은 대인관계 문제가 발생하거나 악화됨에도 불구하고 아편계 사용을 지속. 7. 아편계(진통제) 사용으로 인해 중요한 사회적, 직업적 혹은 여가 활동을 포기하거나 줄임. 8. 신체적으로 해가 되는 상황에서도 반복적으로 아편계(진통제)를 사용함. 9. 아편계(진통제) 사용으로 인해 지속적으로 혹은 반	

		복적으로 신체적·심리적 문제가 유발되거나 악화될 가능성이 높다는 것을 알면서도 계속 아편계를 사용함. 10. 내성, 다음 중 하나로 정의됨. a. 중독이나 원하는 효과를 얻기 위해 아편계(진통제) 사용량의 뚜렷한 증가가 필요. b. 동일한 용량의 아편계(진통제)를 계속 사용할 경우 효과가 현저히 감소. 11. 금단, 다음 중 하나로 나타남. a. 아편계(진통제)의 특징적인 금단 증후군. b. 금단 증상을 완화하거나 피하기 위해 아편계(진통제)(혹은 비슷한 관련 물질)를 사용.
	24	아편계 중독 Opioid Intoxication
	25	아편계 금단 Opioid Withdrawal
	26	명시되지 않는 아편계관련장애 Unspecified Opioid-Related Disorder
	27	진정제, 수면제 또는 항불안제 사용장애 Sedative-, Hypnotic- or Anxiolytic Use Disorder
	28	진정제, 수면제 또는 항불안제 중독 Sedative, Hypnotic, or Anxiolytic Intoxication
	29	진정제, 수면제 또는 항불안제 금단 Sedative, Hypnotic, or Anxiolytic Withdrawal
	30	명시되지 않는 진정제, 수면제 또는 항불안제 관련 장애 Unspecified Sedative-, Hypnotic-, or Anxiolytic-Related Disorders
	31	자극제사용장애Stimulant Use Disorder
	32	자극제 중독 Stimulant Intoxication
	33	자극제 금단 Stimulant Withdrawal
	34	명기되지 않는 자극제 관련 장애 Unspecified Stimulant-Related Disorder
	35	담배사용장애 Tobacco Use Disorder
	36	담배 금단 Tobacco Withdrawal
	37	명시되지 않는 담배 관련 장애 Unspecified Tobacco-Related Disorder
	38	기타(또는 미상의) 물질사용장애 Other (or Unknown) Substance Use Disorder
	39	기타(또는 미상의) 물질 중독 Other (or Unknown) Substance Intoxication
	40	기타(또는 미상의) 물질 금단 Other (or Unknown) Substance Withdrawal
	41	명시되지 않는 기타(또는 미상의) 물질 관련 장애 Unspecified Other (or Unknown) Substance-.Related Disorder
	42	도박장애 Gambling Disorder
17		**신경인지장애(Neurocognitive Disorders)**
	1	〈표 1〉 신경인지 영역 Neurocognitive domains
	2	**섬망 Delirium** 치매와 섬망은 특히 구별하기 어려울 수 있으며, 둘 다 동시에 나타날 수 있다. 실제로 섬망은 치매 환자에게 자주 발생한다. 그러나 섬망이 있다고 해서 항상 치매가 있는 것

은 아니다. 따라서 원인과 결과를 오해할 수 있어, 섬망 에피소드 중에는 치매인지 아닌지를 따지지 않는다. 치매는 점진적인 기능 장애와 뇌 세포의 손실로 인해 기억 및 기타 사고 능력이 점진적으로 감소하는 병으로, 가장 흔한 원인은 알츠하이머 병이다.

섬망과 치매 증상의 차이점은 다음과 같다.

발병
섬망의 발병은 짧은 시간 내에 발생하는 반면, 치매는 대개 시간이 지남에 따라 점차 악화되는 비교적 경미한 증상으로 시작되고, 만성적인 경과를 밟는다.

주의력
섬망으로 인해 집중력을 유지하거나 주의력을 유지하는 능력이 현저하게 손상된다. 치매 초기 단계의 사람은 일반적으로 경계심을 유지한다.

변동
섬망 증상의 출현은 하루 종일 상당히 자주 변동될 수 있다. 치매 환자는 하루 중 시간이 더 좋고 나빠지지만, 하루 중 기억력과 사고력은 상당히 일정하다.

3	달리 명시된 섬망 Other Specified Delirium	
4	명시되지 않는 섬망 Unspecified Delirium	
5	주요 및 경도 신경인지장애 Major and Mild Neurocognitive Disorders 주요 신경인지장애 Major Neurocognitive Disorder 경도 신경인지장애 Mild Neurocognitive Disorder	
6	알츠하이머병으로 인한 주요 또는 경도 신경인지장애 Major or Mild Neurocognitive Disorder Due to Alzheimer's Disease	
7	전두측두엽 주요 또는 경도 신경인지장애 Major or Mild Frontotemporal Neurocognitive Disorder	
8	루이소체 주요 또는 경도 신경인지장애 Major or Mild Neurocognitive Disorder With Lewy Bodies	
9	혈관성 주요 또는 경도 신경인지장애 Major or Mild Vascular Neurocognitive Disorder	
10	외상성 뇌손상으로 인한 주요 또는 경도 신경인지장애 Major or Mild Neurocognitive Disorder Due to Traumatic Brain Injury	
11	〈표 2〉 외상성 뇌손상의 심각도 평가 Severity ratings for traumatic brain injury	
12	물질/약물치료로 유발된 주요 또는 경도 신경인지장애 Substance/Medication-Induced Major or Mild Neurocognitive Disorder	
13	HIV 감염으로 인한 주요 또는 경도 신경인지장애 Major or Mild Neurocognitive Disorder Due to HIV Infection	

	14	프라이온병으로 인한 주요 또는 경도 신경인지장애 Major or Mild Neurocognitive Disorder Due to Prion Disease	
	15	파킨슨병으로 인한 주요 또는 경도 신경인지장애 Major or Mild Neurocognitive Disorder Due to Parkinson's Disease	
	16	헌팅턴병으로 인한 주요 또는 경도 신경인지장애 Major or Mild Neurocognitive Disorder Due to Huntington's Disease	
	17	다른 의학적 상태로 인한 주요 또는 경도 신경인지장애 Major or Mild Neurocognitive Disorder Due to Another Medical Condition	
	18	다중 병인으로 인한 주요 또는 경도 신경인지장애 Major or Mild Neurocognitive Disorder Due to Multiple Etiologies	
	19	명시되지 않는 신경인지장애 Unspecified Neurocognitive Disorder	
18		**성격장애(Personality Disorders)**	
	1	일반적 성격장애 General Personality Disorder	
	2	**편집성 성격장애 Paranoid Personality Disorder** 편집성 성격장애의 주요 특징은 다른 사람의 동기를 악의가 있는 것으로 해석하는 등 타인에 대한 전반적인 불신과 의심을 가진다는 것이다. 이런 양상은 성인기 초기에 시작하며 남자에게 더 흔하게 진단된다. 환자들은 충분한 근거 없이 다른 사람이 자신을 관찰하고 해를 끼치고 기만한다고 의심한다. 보통 악의 없는 말이나 사건에 대해서도 자신의 품위를 손상하는 또는 위협적인 의미가 있는 것으로 해석한다. 이 환자들은 자신이 받았다고 생각하는 모욕이나 상처 혹은 경멸에 대해서 용서하지 못하고 오랫동안 적대적 감정을 품고 있다. 주위 상황에 대해 감지한 위협에 대해 즉시 반격을 하므로, 소송을 쉽게 시작하는 등 자주 법적 분쟁에 관련되기도 한다. 어떠한 정보가 자신에게 나쁘게 이용될 것이라는 잘못된 두려움 때문에 다른 사람에게 비밀을 털어놓기를 꺼리고 친밀한 관계에 어려움을 겪는 것이 일반적이다. 배신당하지 않기 위해서 친밀한 관계를 완벽하게 통제하기를 원하며 특히 정당한 이유 없이 애인이나 배우자의 정절을 의심하고 끊임없이 시험한다.	
	3	**조현성 성격장애 Schizoid Personality Disorder** 조현성 성격장애의 주요 특징은 다양한 형태의 사회적 관계를 기피하고 대인 관계에서도 감정 표현이 부족하다는 것이다. 대부분 아동기 시절부터 외톨이로 지내며 사회불안, 학습 부진 등 남들과 다른 면모로 또래로부터 따돌림을 당했다. 성인이 되어서도 매사에 무관심하고 단조로우며 활력이 없어 마치 감정이 없는 사람처럼 보인다. 가족과의 관계를 포함해서 누구와도 친밀한 관계를 원하지 않으며 다른 사람의 성적 경험에 관해서도 관심이 거의 없다. 혼자서 지내는 것을 더 좋아하고 여럿이 함께하는 것보다는 항상 혼자서 하는 활동이나 취미를 선택한다. 수학적이거나 추상적인 주제에 대해 몰두하는 경향이 있고, 자신의 세계 안에서 사는 고독한 몽상가처럼 보여진다.	

4	**조현형 성격장애 Schizotypal Personality Disorder** 조현병 성격장애의 주요 특징은 사회적 관계 형성 능력이 현저히 부족하고 기이한 행동을 생활 전반에 보이며 인지와 지각의 왜곡이 나타나기도 한다. 종종 우연한 상황이나 외부 사건이 자신에게 특별하고 놀라운 의미가 있다고 잘못 해석한다. 이들은 초자연적 현상에 몰두하여 미신을 신봉하고 자신이 천리안, 텔레파시와 같은 특별한 능력 혹은 다른 사람들을 통제할 수 있는 마술적 힘을 갖고 있다고 믿는다. 애매하고 모호한 신체 감각 혹은 소리에 대해 외부에서 보내는 신호 등으로 왜곡시켜 해석하고 특이한 문구의 말을 반복해서 사용하기도 한다. 대인관계를 어려워하고 사람들과 친밀해지는 것을 불편하여 가족 외에는 친한 친구나 측근이 없다. 흔히 주변 사람들을 의심하고 남을 탓하는 경향이 있으며 그들의 행동 패턴은 친밀한 관계를 만들고자 하는 욕구 자체가 없어 보인다. 이들은 사회적 관습에서 벗어나는 괴이한 행동과 용모, 특이하고 엉뚱한 생각과 말투를 가진다.	
5	**반사회성 성격장애 Antisocial Personality Disorder** 반사회성 성격장애의 주요 특징은 다른 사람의 권리를 무시하는 행동 양상을 보인다는 점이다. 후기 청소년기에 시작되는데, 거짓말, 무단결석, 가출, 사기, 절도, 폭행 등 사회적으로 불법적이고 무책임한 행동을 지속한다. 얼핏 보면 예의 바르고 말을 잘해 매력적인 인상으로 보일 수 있으나 자신의 이익을 위해서라면 거짓 술수와 사기행각으로 상대방을 조종하고, 주저함 없이 공격한다. 종종 외도, 가정폭력, 아동학대, 횡령 및 조작 등과 같이 여러 영역에서 범죄 및 문제 행동에 가담한다. 가장 주목할 만한 특징은 다른 사람에게 해를 끼치는 자신의 범죄 행동이나 문제 행동에 대해 아무렇지도 않게 느끼거나 이를 합리화하는 등 죄책감이나 양심의 가책이 없어 보인다.	
6	**경계성 성격장애 Borderline Personality Disorder** 경계성 성격장애의 주요 특징은 대인관계, 정체성, 정서, 행동 등 많은 영역에서 현저한 불안정성을 보인다는 점이다. 중요한 인간관계를 맺고 있는 상대에게 버림받을 것에 대해 보통 사람들보다 훨씬 더 큰 아픔과 두려움을 갖고 있다. 상대방에 대해 전부 좋거나 아니면 전부 나쁘다는 식의 이분법적인 방식으로 사람을 평가한다. 특히, 경계성 성격장애 환자들은 자신에 대한 자아상과 정체성에 대해서도 혼란이 심하고, 자신을 빈 껍데기 같다 표현하며 만성적 공허감을 느낀다. 결과를 고려하지 않은 채 충동에 이끌려 위험하고 자신에게 손상을 줄 수 있는 활동에 참여한다. 예를 들어 불필요한 과소비, 무분별한 성적 관계, 부주의하고 위험한 운전, 약물 남용 등이 그것이다. 가장 문제가 되는 것은 반복적인 자해와 자살 시도와 같은 자기 파괴적 행동이다.	
7	**연극성 성격장애 Histrionic Personality Disorder** 연극성 성격장애의 주요 특징은 과도한 감정반응과 주위 사람들의 관심을 끄는 행동을 보인다는 것이다. 자신의 경험을 실제보다 부풀리거나 감정과 생각을 과장하여 더 중요한 것처럼 떠벌린다. 자신이 관심의 중심에 있지 않은 상황을 불편해하며 칭찬이나	

	인정을 받지 못하면 눈물, 비난, 짜증, 분노 폭발하는 모습을 보인다. 주목과 관심을 끌기 위해 지속해서 화려한 외모를 사용하는데 부적절하게 성적으로 유혹하는 행동을 자주한 다. 대인관계 상 감정 변화가 심하여 변덕스럽다는 평을 듣고 매사 자기중심적인 경향을 보인다. 실제 자신의 감정이 어떠한지 제대로 인식하지 못하고 다른 사람이나 주변 상황에 의해 쉽게 영향을 받는다.	
8	**자기애성 성격장애 Narcissistic Personality Disorder** 자기애성 성격장애의 주요 특징은 자신의 중요성에 대해 과대한 느낌이 들고 상대방에게도 과대한 숭배를 요구한다는 점이다. 자신의 성취와 능력에 대해 과장하고 적절한 성취 없이 특별대우를 받기를 기대한다. 매사 자신의 방식대로 하길 원하고 다른 사람들이 자신을 시기, 질투하고 있다고 믿는다. 명성, 권력, 부를 얻는 것에 대해 야심을 갖는 경우가 흔하고 이상적인 사랑, 아름다움, 무한한 성공과 같은 공상에 몰두하는 경향이 있다. 자기애성 성격장애 환자들은 자신의 목적을 달성하기 위해 타인을 이용하고 착취적인 경우가 많다. 상대방의 마음을 이해하는 공감 능력이 부족하고 오만하고 건방진 행동이나 태도로 대인관계나 직업 생활의 어려움이 지속된다. 자존감이 낮아 사소한 비난이나 거절에도 상처를 심하게 받아 분노를 표출하고 종종 우울증에 빠지기도 합니다.	
9	**회피성 성격장애 Avoidant Personality Disorder** 회피성 성격장애의 주요 특징은 사회적 관계를 억제하고 부적절감을 경험하며 부정적인 평가에 대해 매우 예민함을 보인다는 것이다. 마음속으로는 친밀한 관계를 원하면서도 상대방이 자신을 거부하지 않을까 두려워하면서 자신을 좋아한다는 확신 없이는 사람들과 관계하는 것을 피한다. 그러다 보니 대인관계에 지나치게 소극적이며 상대방이 자신을 싫어하는 눈치가 조금이라도 보이면 우울, 불안, 모욕감 등을 느끼며 힘들어한다. 자신을 사회적으로 부적절하게, 개인적으로 매력이 없는, 다른 사람에 비해 열등한 사람으로 인식하여 사회적 관계를 원함에도 불구, 결국은 하지 못한다. 종종 사회적, 직업적 기능 수행이 어렵고 특히 가족 외에 친밀한 대인 관계없이 사회적으로 고립되어 지낸다.	
10	**의존성 성격장애 Dependent Personality Disorder** 의존성 성격장애의 주요 특징은 돌봄과 지지를 받고자 하는 광범위하고 지나친 욕구가 커서 복종적이고 매달리는 행동과 이별 공포를 흔히 겪는다는 점이다. 지지와 칭찬을 잃는 것에 대한 공포 때문에 이견이 있어도 전적으로 타인의 의견에 따른다. 또한, 자신의 생활 중 가장 중요한 부분에 대해 타인이 결정하고 책임져 달라고 요구한다. 혼자서는 아무 일도 할 수 없다는 심한 공포와 혼자 남지 않는 것에 대한 과도한 집착 때문에 종종 우울과 절망감을 느낀다. 자신감이 부족하여 계획을 세우거나 스스로 일을 하기가 어려워 직업적으로도 실패를 경험하기 쉽다. 대인관계에서 자신을 도와주는 소수의 사람하고만 관계를 맺고, 친밀한 관계가 끝나게 되면 자신을 돌봐주고 지지해줄 다른 관계를 시급히 찾는 모습을 보인다.	

11	강박성 성격장애 Obsessive-Compulsive Personality Disorder 강박성 성격장애의 주요 특징은 질서, 완벽성, 통제에 지나치게 집착하는 양상을 보인다는 것이다. 세부적인 것에만 매달려 일이나 상황의 전반을 보지 못하고 결국 중요한 부분을 놓치게 된다. 정확성, 완벽성을 추구하나 이것이 비효율적으로 되어 일의 완수를 방해하게 된다. 여가 활동이나 가족, 친구와의 관계보다는 일이나 성과에 지나치게 열중하는 모습이며 그런 부분이 생산적이지 못한 경우가 많다. 따뜻한 감정 표현에 인색하며 경직되고 융통성이 없는 태도로 인해 폭넓은 대인관계가 어렵고 상대방이 자신의 스타일에 철저히 복종적이길 원하며 그렇지 않을 때는 함께 일하려고 하지 않는다. 낡고 가치 없는 물건을 버리지 못하고 돈을 미래의 재난에 대해 대비하는 것으로 인식하며 자신과 타인에게 과도하게 절약하는 자린고비가 된다.	
12	다른 의학적 상태로 인한 성격 변화 Personality Change Due to Another Medical Condition	
13	달리 명시된 성격장애 Other Specified Personality Disorder	
14	명시되지 않는 성격장애 Unspecified Personality Disorder	

19	변태성욕장애(Paraphilic Disorders)		
	1	관음장애 Voyeuristic Disorder	
	2	노출장애 Exhibitionistic Disorder	
	3	마찰도착장애 Frotteuristic Disorder	
	4	성적피학장애 Sexual Masochism Disorder	
	5	성적가학장애 Sexual Sadism Disorder	
	6	소아성애장애 Pedophilic Disorder	
	7	물품음란장애 Fetishistic Disorder	
	8	복장도착장애 Transvestic Disorder	
	9	달리 명시된 변태성욕장애 Other Specified Paraphilic Disorder	
	10	명시되지 않는 변태성욕장애 Unspecified Paraphilic Disorder	

20	기타 정신질환(Other Mental Disorders)		
	1	다른 의학적 상태로 인한 달리 명시된 정신질환 Other Specified Mental Disorder Due to Another Medical Condition	
	2	다른 의학적 상태로 인한 명시되지 않는 정신질환 Unspecified Mental Disorder Due to Another Medical Condition	
	3	달리 명시된 정신질환 Other Specified Mental Disorder	
	4	명시되지 않는 정신질환 Unspecified Mental Disorder	

21		약물치료로 유발된 운동장애 및 약물치료의 기타 부작용 (Medication-Induced Movement Disorders and Other Adverse Effects of Medication)	
	1	약물치료로 유발된 운동장애 및 약물치료의 기타 부작용 Medication-Induced Movement Disorders and Other Adverse Effects of Medication	
22		임상적 주의의 초점이 될 수 있는 기타의 상태 (Other Conditions That May Be a Focus of Clinical Attention)	
	1	임상적 주의의 초점이 될 수 있는 기타의 상태 Other Conditions That May Be a Focus of Clinical Attention	
1		평가도구(Assessment Measures)	
	1	〈표 1〉성인용 자기평정 DSM-5 수준 1 교차편집 증상 평가 Adult DSM-5 Self-Rated Level 1 Cross-Cutting Symptom Measure	
	2	〈표 2〉6-7세 아동용 부모/보호자 평정 DSM-5 수준 1 교차편집 증상 평가 Parent/guardian-rated DSM-5 Level 1 Cross-Cutting Symptom Measure for child age 6-17	
	3	〈평가표〉자기평정 DSM-5 수준 1 교차편집 증상 평가-성인용 DSM-5 Self-Rated Level 1 Cross-Cutting Symptom Measure-Adult	
	4	〈평가표〉부모/보호자 평정 DSM-5 수준 1 교차편집 증상 평가-아동용(6-17 세) Parent/Guardian-Rated DSM-5 Level 1 Cross-Cutting Symptom Measure-	
	5	〈평가표〉정신병 증상 심각도에 대한 임상의 평정 차원 Clinician-Rated Dimensions of Psychosis Symptom Severity	
	6	〈질문지〉WHODAS 2.0	
2		문화적 개념화(Cultural Formulation)	
3		성격장애에 대한 대안적 DSM-5 모델(Alternative DSM-5 Model for Personality Disorders)	
	1	성격장애의 일반적인 진단기준 General Criteria for Personality Disorder	
	2	〈표 1〉성격 기능의 요소 Elements of personality functioning	
	3	반사회성 성격장애 Antisocial Personality Disorder	
	4	회피성 성격장애 Avoidant Personality Disorder	
	5	경계성 성격장애 Borderline Personality Disorder	
	6	자기애성 성격장애 Narcissistic Personality Disorder	
	7	강박성 성격장애 Obsessive-Compulsive Personality Disorder	
	8	조현형 성격장애 Schizotypal Personality Disorder	
	9	특질에 따라 명시된 성격장애 Personality Disorder-Trait Specified	

	10	〈표 2〉 성격 기능 수준 척도 Level of Personality Functioning Scale	
	11	〈표 3〉 DSM-5 성격장애 특질의 영역과 양상의 정의 Definitions of DSM-5 personality disorder trait domains and facets	
4		**추가 연구가 필요한 진단적 상태(Conditions for Further Study)**	
	1	약화된 정신병 증후군 Attenuated Psychosis Syndrome	
	2	단기 경조증 동반 우울 삽화 Depressive Episodes With Short-Duration Hypomania	
	3	지속성 복합 애도장애 Persistent Complex Bereavement Disorder	
	4	카페인사용장애 Caffeine Use Disorder	
	5	인터넷게임장애 Internet Gaming Disorder	
	6	태아기 알코올 노출과 연관된 신경행동장애 Neurobehavioral Disorder Associated With Prenatal Alcohol Exposure	
	7	자살행동장애 Suicidal Behavior Disorder	
	8	자살 의도가 없는 자해 Nonsuicidal Self-Injury	
		전체	

3.

MMPI, 다면적 인성검사
(Minnesota Multiphasic Personality Inventory)

구분	척도명	기호	약자	문항수
타당도 척도	모르겠다(can not say)			
	L 척도(Lie)		L	15문항
	F 척도(Frequency)		F	64문항
	K 척도(Defensiveness)		K	30문항
임상 척도	건강염려증(hypochondriasis)	1	Hs	33문항
	우울증(depression)	2	D	60문항
	히스테리(hysteria)	3	Hy	60문항
	반사회성(Psychopatic Deviate)	4	Pd	50문항
	남성특성/여성특성(Masculinity-Feminity)	5	Mf	60문항
	편집증(Paranois)	6	Pa	40문항
	강박증(Psychasthenia)	7	Pt	48문항
	정신분열증(Schizophrenia)	8	Sc	78문항
	경조증(hypomania)	9	Ma	46문항
	사회적내향성(social introversion)	0	Si	70문항

미네소타 다면적 인성검사(Minnesota Multiphasic Personality Inventory, MMPI)

는 성인의 성격과 정신병리의 표준화된 심리측정 도구이다. 심리학자들 및 정신건강 의료인들은 다양한 버전의 MMPi를 사용하여 치료 계획을 구성한다. 또한, 감별 진단과 함께 사용되거나 법정 심리학에서 다루는 바와 같이 법적인 질문의 답변을 지원하거나 인사 선발 과정 중의 직업 후보 검사, 치료 평가 과정의 일부로서 사용되기도 한다. 이 성격검사는 크게 임상 척도와 타당성 척도로 구성되어 있다. 임상 척도에는 심기증, 우울증, 히스테리, 정신병질, 남여향성, 편집증, 정신쇠약증, 조현증(정신분열증), 경조증, 사회적 내향성이라는 열 개의 하위검사가 있고 타당성 척도에는 허구점수, 신뢰점수·수검태도 점수를 측정할 수 있는 세 개의 하위검사가 있다.

◎ 건강염려증 척도 1

척도 1은 원래 건강염려증과 관련된 증상 패턴을 보이는 환자들을 가려내기 위해 개발되었다고 알려져 있다. 건강에 대해 집착하면서 질병에 대해 공포를 느끼는 임상적 상태를 의미한다고 할 수 있다. 극단적으로 높은 점수에서 극적이고 기이한 신체적 염려를 지니고 있을 수 있고 전환 장애와 신체관련 망상의 가능성을 고려해야 한다. 다소 높은 점수의 경우에는 일반적으로 모호하고 불특정적인 신체적 불편감을 호소한다. 주로 건강 문제에 자주 집착하게 되며 스트레스를 받으면 신체 증상을 나타내는 경향이 있다고 알려져 있다. 상황적 혹은 일시적 문제보다는 장기간 지속되는 문제를 지니고 있을 가능성이 높다.

정리: 자기중심적, 자기도취적, 비관적 세계관, 냉소적 시각, 적개심과 비난, 신체 불편감, 신체화

병원 진료나 심리적 상담을 통해 전문가의 도움을 받을 수 있다. 상담만으로도 신체적 신호에 대한 적절한 반응과 건강 염려증에 대한 올바른 입장과 그 대안적 행동을 취하는 데 효과적이다. 이러한 건강염려증(Hypochondriasis)은 과도하거나 예민한 경우에서 비효율적인 감정의 상황으로의 이행을 야기할 수 있는데 이러한 이유에서 인지적 불균형(disproportionate)과 불안과의 주요한 연관성이 언급된다.

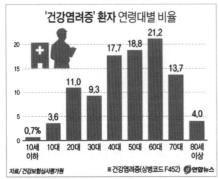
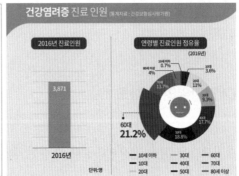

◎ 우울증 D 척도 2

우울증을 평가하기 위해 개발되었으며 사기가 저하되고 미래에 대한 희망을 상실하며 전반적인 불만족감을 느끼게 되는 것을 측정하는 척도이다. 다른 사람과 거리를 두며 조심스럽고 관습적인 방식으로 행동을 한다. 감정을 지나치게 통제하는 모습을 발견할 수 있으며 자신의 충동을 부인하고 불쾌감을 회피하려고 하며 남들과의 대결을 피하기 위해 양보해 버릴 수 있는 성격이다. 이것은 개인적인 고통이 크다는 것을 의미한다.

정리: 우울, 불만족, 무망감, 비관적, 자기비하, 죄책감, 불안정감, 무력감(무능력), 실패감, 위축

우울증(憂鬱症, depression)은 우울감과 활동력 저하를 특징으로 하는 정신적 상태를 가리킨다. 감정을 조절하는 뇌의 기능에 변화가 생겨 '부정적인 감정'이 나타난다. 양상은 다양하나, 주로 우울한 기분, 의욕·관심·정신활동의 저하, 초조(번민), 식욕 저하, 수면의 증가 또는 감소, 불안감 등이 나타난다. 대인관계, 스트레스, 경제적 문제 등으로 인한 일시적인 우울감은 인간 심리에 있어 자연스러운 일이나, 그 정도나 기간 등이 비정상적인 경우 병리적인 상태로 볼 수 있다.[79]

현대 정신의학에서는 심한 우울증 상태가 반복적으로 나타나는 경우 주요 우울장애(반복성 우울장애)로 분류하여 심리적, 약물적 치료를 행하고 있다. 일부가 '마음의 감기'라 부르는 우울증은 누구나 걸릴 수 있지만, 제대로 치료하지 않으면 삶을 위협할 수 있는 위험한 질병이다. 당사자의 의지의 문제로 보거나 종교적 믿음 부족이라고 오해되지만, 한국 복지법에서는 조현병, 양극성 장애와 더불어 호전의 기미가 보이지 않는 우울장애를 정신장애로 인정하고 있다. 세로토닌과 멜라토닌은 우울증의 원인으로 지목되는 대표적인 물질들이고 이들뿐 아니라 도파민, 노르에피네프린 등 신경과 관련된 여러 가지 호르몬이 우울증에 영향을 미친다. 한편 임신우울증, 산후우울증, 주부우울증, 계절우울증 등의 이름에서 알 수 있듯이 우울증의 발병은 내적·외적 영향을 받는다.[80]

---

79) 김기덕(2016년 2월 25일). "정신질환에 대한 오해와 진실". 《이데일리》. 2020년 8월 22일 확인함.
80) GBD 2015 Disease and Injury Incidence and Prevalence Collaborators (October 2016). "Global, regional, and national incidence, prevalence, and years lived with disability for 310 diseases and injuries, 1990-2015: a systematic analysis for the Global Burden of Disease Study 2015"

◎ 히스테리 Hy 척도 3

스트레스 상황에서 히스테리 반응을 보이는 환자들을 가려내기 위해 개발되었으며 히스테리의 주된 특징은 불수의적인 심인성 기능상실 혹은 기능장애로 순진할 정도로 낙관적 태도를 보인다. 심리적 혹은 정서적 문제에 대한 전반적 부인과 사회적 상황의 불편감에 대한 전반적으로 부인을 하며 매우 높은 점수에서 고전적인 히스테리 증상을 특징으로 하는 병리적 상태를 시사한다. 또한, 실재 의학적 문제가 있는 경우 다소 높은 점수가 나타날 수 있다고 한다. 스트레스를 받으면 신체적 증상을 나타내며, 신체적 증상을 이용하여 책임을 회피하는 경향이 있고 자신의 증상을 초래했을 가능성이 있는 기저의 원인에 대한 통찰이 전혀 없으며, 자신의 동기와 감정에 대한 통찰도 매우 부족하다. 또한, 심리적으로 미성숙하며 때로 유아적으로 묘사되고 다른 사람으로부터 지대한 관심과 애정을 기대하며 피상적인 대인관계 유지하고자 하는 경향이 있다.

정리: 문제에 대한 전반적 부인, 순진함, 자기중심, 유아적(미성숙), 압도감, 취약한 느낌, 책임회피, 신체화, 통찰부족

◎ 반사회성 Pd 척도 4

반사회적 혹은 비도덕적인 유형의 반사회성 성격으로 진단되는 환자들을 가려내기 위해 개발되었으며 거짓말, 절도, 성적 방종, 지나친 음주 등 일상생활에서의 일탈 행동이 특징적이다. 또한, 삶에 대한 불만족, 가족 문제, 일탈 행동, 성(性) 문제, 권위와의 갈등을 보인다. 극단적으로 높은 점수에서 사회의 가치와 기준을 자신의 것으로 받아들이는데, 어려움을 겪고 있을 수 있으며 권위적인 인물에 반항하는 경향이 있으며 흔히 소란스럽고 갈등이 많은 가족관계를 영위한다. 또한, 문제와 관련하여 가족구성원들을 비난하는 경향이 있다. 타인의 욕구나 감정에 둔감하고 다른 사람들을 이용하는 데에만 관심이 많으며 전형적으로 외향적이며 사교적이나 삶의 목표가 결여되어 있다. 그리고 자신에게는 깊은 정서 반응이 없다는 것을 경험할 수 있으며 이로 인해 공허함과 권태로움, 우울한 느낌 등을 가질 수 있다.

정리: 권위갈등, 행동화, 사회적 일탈, 반항성, 충동성, 낮은 인내, 낮은 좌절 감내 능력, 적대적, 공격적, 자기중심적, 냉소적

◎ 남성성-여성성 Mf 척도 5

동성애 남성을 가려내는 목적으로 개발되었으나 변별력이 떨어지고 전형적인 남성적 흥미와 여성적 흥미를 나타낸다. 높은 점수에서는 수검자가 자신의 실제 성별로부터 상당히 이탈되어 있음을 의미하거나 양성적인 흥미를 가지고 있음을 의미한다.

◎ 편집증 Pa 척도 6

관계사고, 피해의식, 웅대한 자기개념, 의심성, 지나친 예민성, 경직된 의견 및 태도 등과 같은 편집증상을 지니고 있는 사람들을 가려내기 위해 개발되었다. 매우 높은 경우(70T 초과), 분명한 정신병적 행동을 나타낼 수 있고, 사고장애나 피해망상, 과대망상, 관계사고를 가지고 있을 수 있다. 주된 방어기제는 투사이며 다른 사람의 견해에 지나치게 예민하며, 너무 과도하게 반응한다. 또한, 자신들이 힘겹고 불공평하게 살아가고 있다고 느끼며, 자신의 어려움을 다른 사람의 탓으로 돌리면서 자기를 합리화하는 경향이 있다. 그리고 의심하고 경계하며 적대감과 분노를 드러내고 논쟁적인 태도를 취하며 매우 도덕적이고 경직되어 있으며 합리성을 지나치게 강조한다.

정리: 의심, 경계, 적대감, 분노, 경직, 예민, 망상, 위축

◎ 강박증 Pt 척도 7

강박증(신경쇠약)의 전반적 증상패턴을 측정하기 위해 개발되었으며 지나친 회의, 강박행동, 강박사고, 이치에 맞지 않는 두려움을 느낀다. 통제 불가능한 혹은 강박적인 생각, 두려움, 불안, 자신의 능력에 대한 회의감이 있으며 불행감, 신체적 불평, 주의집중 곤란 등도 반영된다. 높은 점수에서, 상당한 혼란과 동요를 경험하고 지나치게 불안하고, 긴장하고 초조해한다. 또한, 슬프고 불행한 느낌과 비관성을 느끼고 내성 경향이 강하고 통제력을 상실할 것 같은 두려움을 느낀다. 자신감이 부족하고 자신에게 비판적이며 자의식이 강하고 자기 회의를 느끼며 완벽주의적이고 양심적이며 죄책감을 느낀다. 또한, 의존적이고 자기주장을 하지 않으며 미성숙한 사람으로 묘사되곤 한다.

정리: 강박사고, 경직성, 불안, 긴장, 초조, 두려움, 비관적, 무능감, 완벽주의

◎ 정신분열증 Sc 척도 8

정신분열증 환자를 가려내기 위해 개발되었으며 현실에 대한 그릇된 해석, 망상, 환각이 있다. 제한된 정서반응, 위축된 행동, 공격적 행동, 변태적 행동이 있으며 사회적 소외, 빈약한 가족관계, 성에 대한 염려, 충동 통제 곤란, 주의집중 곤란, 두려움, 걱정, 불만족감 등을 포괄한다. 75T 이상의 높은 점수에서, 정신병적 장애를 가지고 있을 가능성이 있고 물질 남용이나 의학적 상태를 반영하고 있을 가능성을 고려해야 한다. 또한 고립되고 소외되고 오해받고 수용받지 못한다고 느끼며 분열성의 생활방식을 의미할 수 있다. 위축되어 있고, 은둔적이고, 자신을 숨기며, 남들이 쉽게 다가가기 어려움을 느끼며 예기 불안 및 일반화된 불안을 상당히 많이 경험하고 있을 수 있으며 주의집중이 곤란하다. 스트레스를 받을 때 보이는 전형적인 반응은 공상에 빠지는 것이다. 현실과 공상을 구분하는 데 어려움이 있을 수 있고 자기에 대한 회의로 괴로워하며 불안정감, 무능감, 불만족감을 느낀다. 추상적이고 모호하며 문제해결에 필요한 기본적인 상식이 부족하며 의미 있는 관계 형성 능력이 부족한 편이다.

정리: 현실지각력 상실, 와해된 사고, 망상, 환각, 소외, 불안, 위축, 은둔, 거리두기, 주의 집중곤란, 자기 회의, 의심, 무능감, 불안정감, 열등감 등

◎ 경조증 Ma 척도 9

경조증 증상을 보이는 정신과 환자들을 가려내기 위해 개발되었으며 고양된 기분, 말과 행동의 속도가 빨라짐, 화를 잘 냄, 사고의 비약, 단기간의 우울증을 느낀다. 활동수준, 흥분성, 신경질, 등이 있으며 심리적 신체적 활력의 측정치로 여겨지며 높은 점수는 지나치게 많은 활력을 의미한다. 90T를 초과하는 극단적인 점수는 조증삽화를 시사하고 과도하고 목적 없는 행동을 보이며 환각이나 과대망상이 있을 수 있고 정서적으로 매우 불안정하다. 심리적인 혼란과 사고의 비약이 나타나며 과잉행동 경향성 및 자기를 비현실적으로 과장되게 평가한다. 폭넓은 흥미를 가지고 있으나 세부적인 것에는 관심을 갖지 않고, 쉽게 지루해하고 안절부절 못하는 경향이 있으며 충동, 분노, 적대감을 폭발시킬 수 있고 웅대한 포부를 지니고 한계를 잘 인식하지 못하며 다른 사람들보다 우위에 서거나 지배하려는 경향성으로 피상적 인간관계를 구축하는 편이다.

정리: 고양감, 사고의 비약, 목적 없는 활동성, 과대 자기, 충동성, 한계 인식 부재

◎ 내향성 Si 척도 0

사회적인 접촉이나 책임으로부터 물러서는 경향을 평가하며 사회적인 상황에서 심한 불안정감과 불편감 경험, 특히 이성과 있을 때 불편함을 호소한다. 자신감이 부족하고 남의 눈에 띄지 않으려 하는 경향도 있다. 타인의 평가에 예민하고 자신의 감정을 통제하며 수동적, 복종적, 순응적이고 처리 속도가 노리고 경직되고 융통성 없는 태도나 의견 고수하며 쉽게 포기한다. 또한 걱정이 많고 과민하며 불안한 경향을 가진다.

정리: 무능감, 불안, 경직성, 긴장, 사회적 불편감, 평가불안, 수동성

4.

불안(Anxiety)검사, 우울(Depression)검사, 분노(Anger, 공격성) 척도

인지왜곡(cognitive distortion)은 우울(depression)이나 불안(anxiety)과 같이 심리사회적 요소(psychological factor)의 영향이 큰 정신병리학적 상태의 발현 및 지속 과정에서 나타나는 과장된 혹은 비이성적인 사고 유형이다. 정신과의사 아론 벡(Aaron T. Beck)은 인지왜곡 연구의 기초를 다졌고, 그의 제자 데이비드 번스(David D. burns)가 연구를 계속 이어나갔다. 번스는 자신의 저서 《Feeling Good: the new Mood Therapy》(한국어판: 데이비드 D. 번스 지음, 차익종·이미옥 옮김, 《필링 굿》, 아름드리미디어, 2011. 3.)에서 인지 왜곡과 그 소멸에 관한 개인적인 일화 및 치료 과정에서 발생한 이야기들을 설명하였다.

인지 왜곡은 현실을 잘못 인식하게 하는 사고를 말한다. 벡의 인지모델(cognitive model)에 의하면, 부정적 도식(negative schema 혹은 schemata)이라고도 하는, 현실에 대한 부정적인 시각은 정서 장애(emotional dysfunction) 관련 증상이나 주관적 행복감의 결여를 가져다주는 요소이다. 특히 부정적 사고 유형은 부정적인 정서와 사고를 강화한다. 힘든 상황을 겪는 과정에서 발생하는 왜곡된 사고는 세상에 대한 부정적 시각을 강화하고 우울하거나 불안한 정신상태를 낳는다. 절망이론(Hopelessness theory)과 벡의 이론에서, 한 개인이 자신의 경험에 부여하는 의미나 해석은 그 사람이 앞으로 우울해질지 여부, 그리고 반복되거나 장기 지속되는 심각한 우울삽화(episodes of depression)를 겪을지 여부를 결정한다. 인지왜곡에 문제를 제기하고 이를 바꾸려는 노력은 인지행동치료(cognitive behavioral therapy, CBT)의 핵심 요소이다.

5.

한국형 ADA(Anxiety, Depression, Anger) Convergence 진단: 마음진단 키트

　불안과 우울 그리고 분노를 검사하는 진단기준을 정하고 불안, 우울, 분노의 존재와 그 정도를 양적으로 측정하고 평가하여 주관적인 정동 상태를 객관화하는 것은 임상심리학 및 정신의학의 영역에서 필요하다. 그러나 이러한 측정 도구는 내용이 불충분하고 검사를 하는 시간이 오래 걸리고 또한 검사자의 주관적인 평가에 따라 좌우되는 경향이 많다. 게다가 객관성이 결여되어 있다는 결점이 있다. 이렇게 불안이나 분노, 공격성, 우울 등의 존재나 정도를 양적으로 측정하고 평가하는 임상적 척도 역시 여러 학자들에 의해 그동안 꾸준히 연구 개발되어 왔다. 그러나 이러한 양적 검사를 통한 진단의 유효성에 대해서는 여전히 많은 의문이 던져지는 것이 현실이다. 그리고 불안과 우울, 분노의 진단 경계선이 애매하고 조사 문항들의 중복이나 모호함이 검사의 실효성에 대한 많은 의문을 가지게 한다. 이에 연구자들의 고민은 불안과 우울 그리고 분노를 하나의 총체적 감정으로 파악하며 그 역동과 상관관계를 규명하는 연구가 필요하다는 상황에 이르렀다. 우울 및 신체화와 분노 표현 방식 간에 유의한 연관성이 있음이 이전 연구들에 의해 보고된 바 있으며, 분노, 억압 이외에 분노 표현이 신체 병리의 발생, 신체화 증상(somatization disorder)과 관련이 있다는 상반된 연구결과도 다양하게 제시되고 있다. 최근에 와서 분노를 생리적, 인지적 및 행동적 변인들로 구성된 중다차원적 구성개념으로 정의하고 있다는 점은 분노, 우울, 불안의 문제는 단순한 몇 개의 상수의 문제가 아니라 다양한 내, 외의 변수들의 다이내믹한 상관과 역동으로 이해되어야 함을 간과해서는 안 된다는 것을 말해 주고 있다.[81]

분노와 우울이 서로 관계가 있다는 이론적 기반과 경험적 연구들이 있다. 정신분석 이론가들은 내부로 향한 분노가 죄책감과 우울을 초래한다고 주장하였으며, 우울한 사람의 자기(self)가 상실된 대상과 동일시되었기 때문에 분노가 자기 내면을 향하는 것이라고 설명한다.[82] 많은 연구들은 비록 우울한 사람들과 우울하지 않은 사람들이 대략적으로 동등한 수준의 분노 표현을 보고하지만, 우울한 사람들이 보다 강한 주관적인 분노 경험을 보고하고 분노 표현을 억압하기 위해서 더욱 많은 노력을 기울인다는 것을 보여 주고 있다.[83] Solomon은 분노의 내적 억제 경향이 심할수록 우울 경향이 높고 분노 통제 경향이 높을수록 방어가 심하다고 하였다.[84] 또한, 평소 분노의 억제 경향이 높은 사람들이 깊은 수준의 자기 노출을 했을 때 분노와 우울을 낮게 경험하고 정화감을 높게 경험했다는 국내 연구도 있다.[85]

이제 이러한 분노와 우울의 상관관계에 기대어 불안의 정량적 지표와 분노, 우울의 상관관계를 분석해 보고자 한다. 사실 인간 실존의 불안은 분노와 우울로 표현

81) CI. Eckhardt, KA Barbour, GL. Stuart. (1997). Anger and hostility in maritally violent men: conceptual distinctions, measurement issues, and literature review. Clin Psychol Rev 17(4): 333-358.

82) FG. Alexander, TM. French. (1948): Studies in Psychosomatic Medicine: An approach to the cause and treatment of vegetative disturbances. New York, Donald.

83) WT. Riley, FA. Treiber, MG. Woods. (1989): Anger and hostility in depression. J Nerv Ment Dis 177: 668-674.

84) EP. Solomon. (1987): An Examination of Personality Characteristics and Coping mechanism identified as putative risk factors(Unpublished master's thesis) University of South Florida, Tempa

85) 김교헌. (1995). 분노 스트레스 상황에서 자기노출이 생리적 각성, 정서 및 인지적 이해에 미치는 효과. 한국심리학회지: 임상 14(1): 237-252.

된다. 일찍이 프로이트는 불안의 기저에는 불만이 자리 잡고 있음을 역설했다. 프로이트는 《문명 속의 불만》이라는 저서에서 자연적 성도덕과 문명적 성도덕의 괴리가 불만을 만들고 질병을 야기한다고 주장했다. 특히 현대사회를 구성하고 있는 대다수는 체질적으로 금욕이라는 과제를 수행하기에 부적합하고 젊은 시절 대부분의 경우 성욕과의 싸움은 당사자가 가지고 있는 모든 에너지를 고갈시켜 버리는데 이 시기 젊은이들은 사회에서 자신의 몫과 지위를 얻기 위해 온 힘을 쏟아야 하는 시기라고 역설한다.

불안, 억압, 분노의 'ADA융합 진단키트'는 바로 이러한 문명 속의 인간의 '불만'에서 출발하여 '실존 불안의 정량적 지표를 기준으로 분노와 억압이 어떠한 상관관계를 가지는가?'라는 문제가 첫 번째 관찰의 지점이고, 둘째로 이러한 상관관계를 근거로 분노와 억압은 어떠한 상호 관련성이 있는가를 밝혀내는 것이 'ADA융합 진단키트'의 유효하고 유의미한 기능과 역할이라 볼 수 있다.

아래의 ADA진단 검사지는 양적 조사와 더불어 상담자의 관찰과 면접을 통한 질적 조사가 병행하는 구조로 설계가 되어 있다. 평가의 정도를 항상(3), 자주(2), 가끔(1), 없음(0)으로 구분하여 내담자가 자신에게 일어나거나 발생하는 신체화 증상, 정서적 문제, 포비아의 강약(强弱)을 표현하여 주관적으로 이해하고 있는 문제의 심각성을 체크할 수 있으며 동시에 상담자 역시 관찰되는 문제들에 대한 양적 지표를 표기함으로써 내담자의 문제 회피와 저항 등을 고려하며 진단을 보다 효과적으로 진행할 수 있도록 진단 검사지를 설계하였다.

ADA 진단검사지

한국영성심리분석상담학회

불안(Anxiety), 우울(Depression), 분노(Anger, 공격성) 진단 척도 검사

* 평가: 항상(3), 자주(2), 가끔(1), 없음(0)

내담자	영역	불안(Anxiety)	연락처/e-MAIL	
	성 명		검사일자	20 년 월 일
상담자	소속/학회		직급	분석 _____ 급
	성 명		평가일자	20 년 월 일

항 목	평 가 항 목	내담자 3	2	1	0	상담자 3	2	1	0
불안 (신체화)	01. 가끔씩 몸이 저리고 쑤시며 감각이 마비된 느낌을 받는다.								
	02. 가끔씩 심장이 두근거리고 빨리 뛴다.								
	03. 가끔씩 숨쉬기 곤란할 때가 있다.								
	04. 자주 손이 떨리거나, 가끔씩 다리가 떨리곤 한다.								
	05. 어지러움(현기증)을 느끼고 몽롱, 균형을 상실한 느낌이 든다.								
	06. 가끔 숨이 막혀 질식할 것 같고 목에 무엇이 걸린 느낌이 든다.								
	07. 자주 소화가 잘 안되고 배 속이 불편하다.								
	08. 땀을 많이 흘리거나 얼굴이 붉어지곤 한다.(더위는 아님)								
불안 (정서)	09. 매우 나쁜 일이 일어날 것 같은 두려움을 느낀다.								
	10. 죽을 것 같은(혹은 미칠 것 같은) 두려움을 느낀다.								
	11. 편안하게 쉴 수가 없고, 안절부절못한다.								
	12. 불안한 상태에 있고, 흥분되어 침착하지 못하다.								
	13. 신경이 과민되어 있다고 생각한다.								
	14. 겁을 먹고 무서움을 느낀다.								
불안 (포비아)	15. 신체적 질병이나 심장마비 또는 죽음에 대한 공포								
	16. 비난받거나, 또는 거절당할 것에 대한 두려움								
	17. 고독감 또는 버림받지 않을까 하는 두려움								
	18. 무언가 끔찍한 것이 벌어질 것 같은 두려움								
	19. 절박하게 어떤 운명이 도래한 느낌								
	20. 몸의 일부 또는 전부로부터 분리, 낯설거나 비현실적.								
총 점									
평가 의견	결과분류	21점 이하는 불안 증상이 없다고 판단되며, 22점에서 26점 사이는 초기 미세한 불안상태로 관찰을 요한다. 27-31점 사이는 심한 불안상태, 32점 이상은 극심한 불안상태로 판단된다. 50점 이상은 불안 증상이 상당하며 상담과 주의를 요망하는 상태이다.							
	상 담 자								
	수퍼바이저								

ADA 진단검사지

불안(Anxiety), 우울(Depression), 분노(Anger, 공격성) 진단 척도 검사

* 평가: 항상(3), 자주(2), 가끔(1), 없음(0)

내담자	영역	우울(Depression)	연락처/e-MAIL	
	성 명		검사일자	20 년 월 일
상담자	소속/학회		직급	분석 _____ 급
	성 명		평가일자	20 년 월 일

항 목	평 가 항 목	내담자				상담자			
		3	2	1	0	3	2	1	0
사고	01. 나는 너무나 슬프고 불행하고 헤어나올 수 없다고 생각한다.								
	02. 나는 앞날에 대해 절망적이고 희망이 없다고 생각한다.								
	03. 나는 그동안 살아온 삶에 대해 실패와 좌절뿐이라 생각한다.								
	04. 나는 모든 일에 불만스럽고 만족이나 행복을 느끼지 못한다.								
	05. 나는 항상 죄책감을 느끼며 살아간다.								
	06. 나의 삶이 불행한 이유는 벌을 받고 있기 때문이다.								
	07. 내 주위에서 일어난 안 좋은 일은 모두 내 탓이고 내가 문제다.								
	08. 나는 기회가 있으면 자살하겠다는 생각을 하곤 한다.								
정서	09. 나는 요즈음 울고 싶고 많이 울고 있다.								
	10. 평소에 쉽게 화가 나고 짜증이 난다.								
	11. 나는 평소에 결정을 내리는 것이 어렵고 힘들다.								
	12. 나는 요즈음 다른 사람에 대한 관심이 거의 없다.								
	13. 나는 내 모습이 매우 추하고 비호감이라고 생각한다.								
	14. 나는 어떤 일을 시작하기도 진행하는 것도 너무 힘들다.								
신체화	15. 나는 평소보다 잠을 자기가 무척 어려워졌고 일찍 깨어난다.								
	16. 나는 무슨 일을 하면 쉽게 피곤해져서 일하기가 어렵다.								
	17. 나는 요즈음 식욕이 많이 떨어져 먹기가 싫다.								
	18. 나는 요즈음 몸무게가 많이 줄어들었다.								
	19. 나는 요즈음 건강에 대한 불안으로 일할 생각을 하지 못한다.								
	20. 나는 요즈음 성에 대한 관심을 완전히 잃어버렸다.								
	총 점								

평가 의견	결과분류	우울의 지표를 구하기 위해서 Beck의 우울 척도를 사용한다. 총 20개의 문항
	상 담 자	으로 구성되었으며, 매우 그렇다(3), 중도(2), 경도(1), 전혀 아니다(0)로 구성
		되어 택 1 하여 합산한다. **0-60점 사이에서 움직이며 9점 이하는 정상, 10-15**
	수퍼바이저	**점은 경한 우울증, 16-22점은 중등도 우울증, 23점 이상은 심한 우울증으로 분**
		류된다. 10-15점의 경우 주의가 필요하고, 16점 이상의 경우 치료가 필요하다.

ADA 진단검사지

불안(Anxiety), 우울(Depression), 분노(Anger, 공격성) 진단 척도 검사

* 평가: 항상(3), 자주(2), 가끔(1), 없음(0)

내담자	영역	분노(Anger, 공격성)	연락처/e-MAIL		
	성 명		검사일자	20 년 월 일	
상담자	소속/학회		직급	분석 _____ 급	
	성 명		평가일자	20 년 월 일	

항 목	평 가 항 목	내담자				상담자			
		3	2	1	0	3	2	1	0
사고	01. 나는 때때로 싫어하는 사람 앞에서 그의 험담을 늘어놓는다.								
	02. 나는 때때로 다른 사람을 해치고 싶은 충동을 억제할 수 없다.								
	03. 나는 상대방과 다른 의견이 있다면 나의 입장을 말하고 주장한다.								
	04. 사람들이 나에게 동의하지 않을 때는 논쟁할 수밖에 없다.								
	05. 누가 먼저 나를 때린다면 나도 때리겠다.								
	06. 계속해서 나를 괴롭히는 사람은 한 대 얻어맞기를 원하는 것이다.								
	07. 사람들이 나에게 호통을 칠 때 나도 맞서서 호통을 친다.								
	08. 나는 매우 흥분했을 때 누군가를 때릴 수 있다.								
정서	09. 나는 때때로 논쟁하며 언성을 높이고 시비조로 행동한다.								
	10. 나는 누구하고나 잘 싸운다.								
	11. 나는 거짓 협박을 자주 한다. (죽고 싶냐? 밤 길 조심해라! 등)								
	12. 나는 내가 싫어하는 사람에게는 좀 무례한 행동을 한다.								
	13. 나의 권리를 지키기 위해 폭력을 써야 한다면 쓰겠다.								
	14. 나는 나를 궁지에 빠지게 한 사람을 알면 그 사람과 싸운다.								
신체화	15*. 나는 어떤 일에 반박해 논쟁하기보다는 차라리 상대편의 의견에 따른다.								
	16*. 나는 다른 사람들에 대한 나의 좋지 않은 견해를 보통 내색하지 않는다.								
	17*. 누가 괘씸해 혼내줘야 할 때라도 차마 자존심을 상하게 할 순 없다.								
	18*. 나는 무슨 일이 있든지 다른 사람을 때려서는 안 된다고 생각한다.								
	19*. 누가 나를 때린다고 할지라도 좀처럼 맞서 같이 때리진 않는다.								
	20*. 나는 아무리 화가 나도 결코 물건을 던지지 않는다.								
총 점									

평가 의견	결과분류	분노의 지표를 구하기 위해 Buss & Durkee Hostility Inventory: BDHI)를 사용한다. 총 20 문항으로 구성되었으며 폭행 척도(육체적 폭력행위), 간접적 공격성(악의 있는 험담이나 짓궂은 장난), 언어적 공격성(언어를 사용하여 위협하고 저주)을 주 내용으로 한다. 채점은 확실히 그렇다(3), 꽤 그렇다(2), 약간 그렇다(1), 전혀 그렇지 않다(0) 중 택 1 하도록 구성되었다. 15-20번 문항은 역채점 문항이다. 점수는 0-60점 범위에서 움직이며 **20-30점은 공격적 성향이 약간 있음, 31-40점은 공격적 성향이 상당히 있음, 40점 이상은 공격적 성향이 매우 높은 편으로 구분한다.**
	상 담 자	
	수퍼바이저	

진단 분석평가 면접조사

한국영성심리분석상담학회

작성일자	20 년 월 일	분 석 자	
직 급		수퍼바이저	

No	주 호소 내용	핵심 단어	특정 사건/사고
불 안			
분 노			
우 울			
종 합			

평가사항	양적지표 분석			평가내용
	내담자	분석가	평균	
불 안				
우 울				
분 노				

EGO-STATE DIAGRAM

불안과 분노, 우울의 내적인 역동과 상관관계, 신체화 증상 등이 정서 심리에 미치는 영향을 측정하기 위해 이 연구에서 사용된 평가 검사 도구는 **불안검사 도구로서는 벡과 번즈 박사의 불안검사 도구(Beck & Burns), 분노검사 도구로서는 BDHI, 우울검사 도구로서는 벡의 우울측정 도구를 사용하였다. 개별의 검사 도구로서 불안과 분노, 우울의 측정값의 유효성은 기존의 검사 도구에 대한 평가에 기반하지만 본 연구의 주요한 핵심은 이들 핵심적이고 강력한 불안과 분노, 우울의 상관관계를 다각도에서 이해하고 분석하고 해석하는 것이다.**

우울 이외에 분노 표현과의 관련성을 공유하는 임상 증상 중에서 추가적으로 고려해야 할 것이 신체화 증상이다. "신체화"란 Wilhelm Stekel에 의해서 처음으로 쓰여졌으며, 내재한 무의식적인 신경증적 갈등을 신체 증상으로 표현하는 것으로 해부 생리학적으로 아무런 연관이 없는 다양한 신체 기관에 걸친 복합적인 증상을 나타낸다. 그러나 신체화 증상은 신체화 장애 환자에서만 국한되어 나타나는 것이 아니다. 많은 정신과 환자들이 다양한 신체화 증상을 호소하며, 이런 신체화 증상은 신체형 장애, 우울장애, 불안장애 등 여러 정신장애와 관련되어 나타난다.[86]

벡의 불안 척도는 가장 일반적인 불안의 증상을 모두 포함하고 있으며 불안의 정도를 양적으로 평가할 수 있으므로, 크게는 정동적 증상과 신체적 증상으로 구분되어 있고, 모두 20문항의 3점 척도로 구성되어 있다. 모는 문항에 대한 응답은 항상 느낌(3), 자주 느낌(2), 가끔 느낌(1), 전혀 없음(0) 중 택 1 하도록 되어 있으며, 점수분포는 21점에서 63점에 이르도록 제작되어 있다. 32점 이상은 극심한 불안,

---

86) W. Y. Lowy. (1977): Management of the persistent somatizer. In: Psychosomatic Medicine: Current trends and clinical applications. Ed by Z. J. Lipowski et al., New York, Oxford Univ Press, 510-522. Lipowski. (1988): Somatization and the Social Construction of Illness Experience: Illness behavior a multidisciplinary model. New York, Plenum, 111-113. 박영남(1984): 신체 증상을 주호소로 하는 정신과 외래 환자의 임상적 고찰. 계명의대 논문집 3: 169-174.

27점 이상-31점 이하는 심한 불안상태, 22점 이상-26점은 불안상태로 관찰과 개입을 요하는 상태라고 정의한다. 벡의 불안 척도의 핵심은 '신체화 증상'에 초점이 맞추어져 있다.

반면 번즈 박사의 불안검사는 신체화 증상 외에도 심리적, 정서적 불안에 대한 항목들이 있어 벡의 불안 척도와 번즈박사의 불안검사를 융합하면 외적으로 관찰되는 신체화 증상과 더불어 보다 내적인 정서적 심리적 문제들에 대한 진단과 구체적인 분석을 위한 자료를 수집할 수 있어 내담자에 대한 보다 효과적인 접근을 위한 도구로 활용할 수 있다. 번즈 박사의 불안검사는 총 33문항으로 구성되어졌으며 3점 척도로 구성되어져 있다. 모든 문항에 대한 응답은 아주 많이 있음(3), 상당히 있음(2), 약간 있음(1), 전혀 없음(0) 중 택 1 하도록 구성되어 있으며 **점수분포는 29점 이하 불안증상 없음, 30-69점 약간의 불안 증상 있음, 70점 이상이면 불안 증상이 있고, 상담을 요하는 상태로 볼 수 있다.**

불안의 지표를 구하기 위해 **벡의 불안 척도(A)와 번즈 박사의 불안검사(B)를 공통되는 질문들을 통합하고 문항당 점수의 가중치(A*1.57)를 두어 통합점수(AT: Anxiety Total)를 산출한다. 통합된 점수(AT)의 평균(AT/2)은 0-99점까지 분포한다. 29점 이하는 불안 증상이 없다고 판단되며, 30-40점 사이는 초기 미세한 불안상태로 관찰을 요한다. 40-49점 사이는 심한 불안상태, 50-69점은 극심한 불안상태로 판단된다. 70점 이상은 불안 증상이 상당하며 상담과 주의를 요망하는 상태**이다.

분노의 지표를 구하기 위해 Buss & Durkee Hostility Inventory: BDHI)를 사용한다. 총 20문항으로 구성되어 졌으며 폭행 척도(육체적 폭력행위), 간접적 공격성(악의 있는 험담이나 짓궂은 장난), 언어적 공격성(언어를 사용하여 위협하고 저주)을 주 내용으로 한다. 채점은 확실히 그렇다(3), 꽤 그렇다(2), 약간 그렇다(1), 전혀 그렇지 않다(0) 중 택 1 하도록 구성되어졌다. **1, 4, 6, 13, 17, 21 문항은 역채점 문항이다. 점수는 0-60점 범위에서 움직이며 20-24점은 공격적 성향이 약간 있음, 25-39점은 공격적 성향이 상당히 있음, 40점 이상은 공격적 성향이 매우 높은 편으로 구분**한다.

우울의 지표를 구하기 위해서 Beck의 우울 척도를 사용한다. 총 20개의 문항으로 구성되어 졌으며, 매우 그렇다(3), 중도(2), 경도(1), 전혀 아니다(0)로 구성되어 택 1 하여 합산한다. **0-60점 사이에서 움직이며 9점 이하는 정상, 10-15점은 경한 우울증, 16-22점은 중등도 우울증, 23점 이상은 심한 우울증으로 분류된다. 10-15점의 경우 주의가 필요하고, 16점 이상의 경우 치료가 필요하다.** 우울의 지표 역시 '우울지수'로 변환이 필요하다. 그것은 **불안을 99점 체계의 Y축으로 형성하고 분노와 우울을 50을 기준으로 상향(분노), 하향(우울)의 출발점으로 설정한다. 그리고 X축(시간의 흐름)으로 트라이앵글의 다이어그램을 추출하기 위한 것이다.** 이것은 상담자의 보고서 양식 가운데 **'Ego State Diagram'**으로 기록할 여백을 검사지에 배치하였다. 내담자의 불안과 분노 그리고 우울의 상관성은 향후 데이터의 수집과 활용에 동의하는 내담자들의 자료들을 빅데이터 처리 기술을 통해 서로의 상관관계에 대한 유의미한 경향들을 도출해 낼 수 있을 것으로 기대된다.

6.

진단: 나의 이야기/인생 그래프(Life Cycle CT)

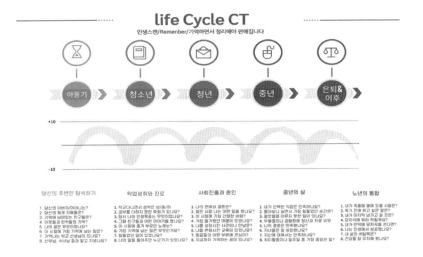

6.1. 분석심리학과 저널링(Journaling)

분석심리학과 문학치료 이론 사이의 비교가 가능한 것은 이 두 이론이 모두 인류의 역사를 통해 남겨진 고전, 신화, 민담, 설화와 같은 문학작품을 치료적 자원으로 사용하고 있다는 데 있다. 많은 세대에 걸쳐 읽혀진 고전과 같은 **문학작품은 인간**

삶에 대한 지혜와 통찰을 담고 있기에 인간 마음에 치료적 기능을 할 것이라 예상할 수 있다.

그렇다면, 구체적으로 그것이 어떤 방식에 의해 그런 치료적 기능으로 작동될 수 있는가? 문학작품의 치료적 효과에 대해 분석심리학과 문학 치료는 비교적 상세하게 설명하고 있는데, 이것은 **상담적 개입이 갖는 치료적 효과와 연결지어 설명할 수 있다.** 상담적 개입이 마음의 문제에 치료와 회복을 가져올 수 있는 이유는 내적 경험세계와 상담에서의 객관화 과정과 입체적 분석을 통해 변화뿐만 아니라 새로운 창조가 발생하기 때문이다.

문학치료 이론과 논리에서는 '삶의 이야기'와 줄거리 사이에 일어나는 '공명' 현상을 치료의 원리라고 보고 있다. 그것은 드라마를 보거나 영화를 보면서 주인공과 심리적인 유대와 연대를 가지며 감정을 몰입해서 동일화하는 것과 같은 맥락으로 볼 수 있다. 지금까지 많은 문학치료 연구자들이 문학치료의 핵심 방법으로 '창작 활동'에 주목해 왔는데, 그것은 창작 활동 중에 **'자기 이야기'와 '작품 속의 이야기'** 사이에 공명 현상이 활발히 일어날 수 있다고 보았기 때문이다. 따라서 **문학치료 방법론의 핵심은 '자기 서사'와 '작품 서사' 간의 공명 현상을 이끌어내는 것이다.**

분석심리학에서 집단 무의식은 인류의 태생적이고 유전적인 인류 보편적 원형으로 이뤄져 있다고 바라보는 반면, 문학치료는 그 심층 세계가 다양한 인간관계의 양식으로 분류될 수 있는 서사로 구조화되어 있다고 본다. 분석심리학과 문학 치료 이론은 문학작품이 바로 이런 인간 내적 세계에 자리 잡고 있는 심층 세계의 단면들을 보여 주고 드러내기 때문이다. 분석심리학에 따르면, **집단무의식의 원형**은 개인 내적 경험과 직접적인 관련성이 없으며 오히려 **인류 고전과 같은 문학**

작품을 통해 간접적으로 경험될 수 있다. **문학작품 속 이야기를 통해 사람은 자신의 내적 세계에서 소외되었던 마음의 영역을 통합시킬 수 있다.** 문학치료는 문학작품 속 작품서사는 읽는 **독자의 자기서사에 강한 영향력을 끼치고 변화와 성숙을 유도할 수 있다.** 이런 현상을 문학치료 영역에서는 '공명'이란 개념으로 이해할 수 있다. 그래서 내담자가 성장기에 접했던 수많은 문학작품들이 그의 삶에 다가와서 무수한 공명과 자기 동일화를 이루며 성장과 성숙, 인격 형성과 변화에 많은 영향을 줄 수 있다.

자기 쓰기(Self Journaling)에서 자기 고백(confession)적 언술을 통해 자신의 문제에 직면할 때 따라오는 핵심 감정을 고백하는 것이 치유의 시작이며, **이때 작동하는 치유의 원리가 '카타르시스'이다.** 현재 문학치료에서 카타르시스의 개념은 능동적인 치료행위의 의미보다 일종의 부수효과인 치료 효과로 이해되고 있지만 시 쓰기에서 이루어지는 카타르시스는 능동적인 성격의 치료행위로 설명된다. 즉, 억압된 채 표출되지 못하고 있던 **부정적 감정을 외부로 표출함으로써 불안을 발산하고 안정을 되찾게 되는 '치유' 효과를 갖는다.** 은유와 이미지를 통해 비유적 언술을 사용하는 경우 시인은 자신과 동일성을 가진 다른 존재를 탐색하면서 공감을 경험하게 된다. 그동안 은유는 독자가 시를 읽으면서 시가 환기하는 인식과 정서에 공감하는 데 유용한 도구로만 알려졌지만, 독자와의 관계 이전에 시인이 먼저 자신과 세계 사이에서 감정이입을 경험할 때만 그 경험을 은유로 형상화할 수 있는 것이다. 따라서 자신과 세계의 동일성을 발견하여 은유를 창조해 낸다는 것은 자신의 내면과 세계 사이에 감정이입이 작용한다는 의미가 된다.

공감이야말로 자아의 발견이라는 개인적 동일화의 문제와 자아와 세계의 통합으로서의 동일성의 문제를 해결할 수 있는 유용한 치유 원리이다. '자기 쓰기(Self

Journaling)'에서 자기 고백적 언술과 비유적 언술이 상호작용하면서 자아에 대한 깊은 성찰에 이르게 하는 원리가 통찰과 통합이다. 고통과 상처, 불만과 슬픔에도 의미를 부여하면 상황을 바꿀 수는 없어도 그 상황의 긍정적인 면을 새롭게 통찰하게 만드는데 이 통찰이 자신을 바라보는 관점을 변화시키게 된다. **기존의 경험을 재해석하게 하는 것은 모든 치료의 핵심이다.** 시를 쓰면서 이루어지는 통찰은 단순히 머리로 이해하는 지적 통찰만이 아니라 정서적인 반응이 따라오는 정서적 통찰이므로 태도 변화를 끌어내는 힘이 더욱 크다. 내적 통찰(self Insighting)을 통해 자신에게 내재 되어 있는 긍정적인 의미를 발견하거나 부정적인 체험이나 상황을 재해석하게 되면 자신을 있는 그대로 인정하는 통합적 자기 수용에 이르게 된다.[87] 저널은 우리말로는 일기라고 번역할 수 있지만, 심리치료에서 말하는 저널 치료는 심리적 치료 또는 개인의 성장을 심화시키기 위한 목적을 갖고, 의도적으로 자신의 생각이나 감정들을 기록한 것이다. 미국 텍사스대학교의 Pennebaker 심리학과 교수는 1997년 '정서적 경험에 관한 글쓰기의 치료 효과' 발표에서, "글을 쓰고 난 후 질병으로 병원을 찾는 횟수가 줄었고, 신체 면역기능이 전반적으로 향상되었으며, 학교나 직장에서의 업무수행 능력과 성적이 올랐다."라고 말했다. 즉 성찰적 글쓰기(저널)는 우리의 생각이나 감정을 새로운 관점에서 바라보게 해 줌으로써 자신에 대해 한층 더 깊게 이해하도록 만든다. 자신과 문제에 대한 명확한 인식은 문제에 대한 이해력, 문제해결 능력, 자신감을 증진시켜 긴장을 완화하고, 개인의 성찰과 성장을 가져와 정신적 육체적 건강을 유지할 수 있게 한다.[88] 자서전 쓰기란 글쓰기 치료의 일환으로 자신의 삶을 연대기 순으로 기술하면서 자신을

---

87) 정순진. (2014). '자화상 쓰기'의 치유성 연구. 문학치료연구, 30, 355-383.
88) 안정효. (2019). 안정효의 자서전을 쓴시다. 민음사: 이남희. (2009). 자기발견을 위한 자서전 쓰기 특강. 연암서 가: 장정인. (2020). 저널치료 프로그램에 참여한 중년기 여성들의 자기 이해 경험에 대한 현상학적 연구. 영남 대학교 대학원 박사학위 논문: 조성일. (2017). 나의 인생 이야기 자서전 쓰기. 시간여행: 주선이. (2020). 뉴실버 세대의 디지털 자서전 쓰기 연구. 제주대학교 사회교육대학원 석사학위 논문. B. Jacobs. (2008). 감정 다스리기를 위한 글쓰기. 김현희, 이영식 역. 학지사. J. W. Pennebaker. 이봉희 역. (2007). 글쓰기 치료. 학지사. Rainer Tristine, 장호정 역. (1991). 창조적인 삶을 위한 명상의 일기 언어. 고려원미디어.

탐색하는 기법이다.

나의 이야기, 인생 그래프(Life Cycle CT)는 그동안 살아온 나의 삶을 돌아보고 성찰하며 새로운 미래를 향한 '지금 여기(here and now)'를 이해하고 수용할 수 있는 길을 열어줄 것이다. 나의 생애주기를 커다랗게 I. 성장기(아동기-청소년기, 10대), II. 청년기(학업/사회진출, 혼인 전까지의 기간), III. 성인기-중년기(결혼 이후부터 은퇴까지) IV. 성인 후기(은퇴 이후부터 지금까지)로 구별하여 각 발달 시기에 겪었을 보편적인 삶의 성취와 굴곡들을 '자기 쓰기(Self Journaling)'한다. 내담자는 자신이 작성한 내면의 성찰을 상담자와 내러티브 함으로써 자신의 문제를 객관화시켜 바라보고, 스스로 변화할 수 있는 기회를 가지게 된다. 쓰기는 떠돌아다니는 생각의 편린들을 묶어 내면의 의식과 무의식을 성찰할 수 있는 좋은 도구가 될 수 있다.

6.2. 라이프 사이클 CT: 성장기(아동기-청소년기)

1) 분석의 관점들

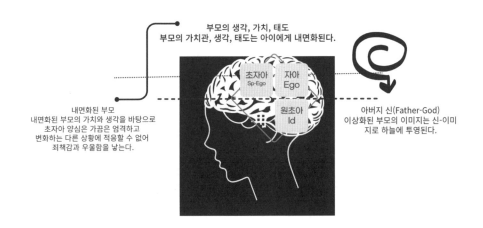

유아기의 경험은 살아가야 할 인생에 지대한 영향을 끼친다. 편안한 돌봄 관계의 형성은 행복한 잠재기억과 어머니에 대한 무한한 유대감 및 삶에 대한 낙천적인 관점을 갖게 한다. 반면 구강 욕구의 불충분함, 불만은 불안하게 하고 어떤 상황에서든 최악의 가능성을 기대하도록 만든다. 아동기의 '빨기구조(sucking schema)'는 단순한 영양공급 이상의 의미를 가진다. 아이가 엄마의 젖을 뗀 후 어머니 가슴을 포기하도록 강요를 당하면 엄지손가락을 빨거나 구강 자극의 대체물을 찾게 된다. 성인기에도 구강의 자극의 형태는 흡연과 껌을 씹는 행동으로 나타날 수 있다. 이 단계에서의 비정상적인 탐닉들은 다른 사람이 언제나 자신을 돌보아 주기를 기대하는 결과를 만들어 의존적인 사람을 만들어 내는 원인이 된다. 구강기의 경험은 이후 성격이나 직업 선택, 병리적 증상에 영향을 준다. 구강의 특징들은 구강의 갈망이나 꽉 다문 입의 안정성, 구강 금욕, 음주, 흡연, 음식에 대한 집착에서 보여진다. 알코올 중독 역시 구강기에서의 방해로 인해 유래된 것으로 해석되기도 한다. 음식에 대한 공포, 비만, 음식에 관련한 다양한 증상들은 구강기의 먹여주는 과정에서의 실패에서 시원했을 가능성이 높다.

항문기는 즐거움의 근원을 형성하는 문제와 관련이 있다. 하복부에 변이 정체되어 있고, 항문 괄약근을 통해 대변을 배출하는 것은 아동에게는 흥미로운 일이다. 또 몸에서 떼어낼 수 있으며 몸에 있던 부분이 배출된다고 생각할 수 있다. 유아의 대소변을 가리는 훈련에 순응하거나 불응, 혹은 불복종하는 아이들은 배변이 기쁨의 원천이 되거나 보호자와의 관계를 표현하는 중요한 의미가 될 수 있다. 프로이트는 강력한 항문에 관련한 성애는 악함, 고집, 질서정연함에서 승화되었다고 말한다.

남근기에는 종교의 형성과 발달과 밀접한 관련을 가진다. 3세 정도의 남아는 어머니의 사랑과 관심을 압도적으로 원하기 시작하고 경쟁자인 아버지에게 질투와 분노를 느끼게 된다(오디푸스 콤플렉스). 아이는 이후 아버지와의 동일시를 통해 자신의 내적 갈등을 해소해 나간다. 아버지의 권위와 힘, 의미와 가치는 아이의 정신세계 중에서 초자아의 기반이 되어 내면화되고 옳고 그름의 지침이 된다. 양심의 목소리는 부모의 목소리이다. 이 시기에 투사 현상에서 생성된 신(神)개념의 창조가 일어난다. 심리적 투사는 자신의 무의식적 감정과 생각, 인상을 외부의 사물이나 사람에게 전이하는 것이다. 예를 들어 자신의 분노를 인식하지 못하는 사람은 다른 사람들이 화가 난 것처럼 경험하는 경향이 있다. 타인의 부정적인 것들은 사실 나의 부정적인, 받아들이지 못하는 모습인 경우가 많다.

아동기 초자아의 '신에 대한 관념(양심)'은 '도덕적 규칙'을 신의 법으로 보게 만드는 경향이 있다. 인간은 당면한 실존의 불안을 극복하기 위해 압도적인 힘을 가지는 초월적인 존재를 구성한다. 초자아는 부모의 생각, 가치, 태도를 통하여 형성된다. 내면화된 부모의 가치와 생각을 바탕으로 형성된 초자아, 양심은 엄격하고, 고정적이어서 변화하는 상황에서 죄책감이나 우울감을 유발하게 된다. 부모에 대한 이상화된 이미지는 신의 이미지를 형성하고 하늘(그의 내면세계 안에서)로 올라간다.

이언 서티(Ian Suttie, 1889-1935)는 동반자에 대한 타고난 욕구와 호기심을 심리적 활동의 원동력으로 생각했다. 서티는 **분노와 화는 근본적으로 거부된 사랑과 인간관계 및 자기고립의 회복에 대한 반응이라고 주장**한다. 유아기에 남겨진 어머니의 사랑을 회복하려는 노력이 예술, 과학 및 종교를 포함한 이후의 모든 사회 활동의 궁극적인 원천이라고 믿는다. 가부장적 시대는 역사 이후이다. 상당히 긴 시간 모계제 사회가 유지되어 왔다. 모계 종교는 프로이트의 오디푸스 콤플렉스 이전의 희망과 두려움, 갈등을 어머니를 둘러싼 초기 경험의 투사로 모계 종교를 이해한다. 유아기에 발생한 정신적인 질병과 정서의 불안을 모계 종교를 통해서 극복하고자 했던 측면을 심리치료 과정에서 고려해야 한다. 사실 종교는 심리치료의 체계와 매우 흡사하다.

생애주기에서 청소년기는 종교와 영성 발달의 결정적인 시기이다. 이 시기의 중요한 발달과업은 영성의 핵심과 자아의 지속적 형성에 놓여 있는 정체성의 창조라는 문제이다. 청소년기의 많은 변화와 압박감은 그들의 정체성과 세계관을 형성하면서 젊은이들은 삶의 가치와 종교에 대한 질문으로 어려움을 겪게 된다. 경험적 연구를 검토해 보면 청소년기에 종교의 역할에 대한 상반되는 측면을 볼 수 있다. 청소년들이 자신의 경험과 문화의 성공적인 기대 사이에서 불일치를 지각할 때 불안, 우울, 낮은 자존감을 경험하는 경향이 있다. 청소년기에는 중요한 삶의 방식을 성취할 때까지 여러 가지 다양한 삶의 방법을 시도해 보는데, 개인의 영구적 정체성이 확립되면, 그러한 것을 그만하게 된다.

정체성의 문제는 "영적인" 문제일 수 있다. 이는 본질적으로 인간 삶의 통합과 목적을 찾기 위한 탐구이다. 인간은 독립적이면서도 잘 어울려야 한다. 자아는 분리됨과 동시에 연결되어야 한다는 압박을 가지게 된다. 우리가 주목하는 청소년기는 아동기의 높은 의존도에서 가족으로부터 부모로부터 독립을 해야 한다는 상황이 교차하는 불안의 시기이다. 청소년기는 '두 번째 개별화' 과정(Peter Blos, 1979)이라고 말한다. 첫 번째 개별화 과정은 어머니와 상징적 관계에서 벗어나 '개별화된 유아'가 되는 것을 포함(3세까지 완성된다)한다. 청소년기의 개별화는 가족에 대한 의존에서 벗어나 더 넓은 사회 일원이 되고, 개별성의 주된 발달이 이루어지며, 경계선에 대한 내부적 균형과 재균형을 유지하는 아직은 불안하지만, 개별적인 주체로 서며 '자아정체성'을 형성해 나가는 시간이다. 사람들의 '자아의식'은 신체와 밀접하게 연결되고 얽혀 있어 '신체의 변화'는 '자아의 변화'처럼 보여진다. 청소년기의 질문은 '나는 누구인가?', '나는 어떤 가치를 갖고 있는가?' '나는 어떤 일을 하고 싶은가?', '내 삶의 의미는 무엇인가?'라는 질문에 대한 자기 나름의 답을 찾아나가는데 있다. 청소년기의 자아 찾기는 의미를 찾기 위해 힘쓰는데 적당하고 적절한 의미를 발견하지 못하면 불안을 경험하게 된다. 세상에서 그들의 의미와 가치는 아직 불안전하기에 상당히 오랜 시간 그들은 학업을 통해서나 사회진출을 위한 준비에 열정과 노력을 경주하며 불안한 질풍노도의 시기를 겪어야 하는 것이다.

에릭슨은 이와 같은 사춘기의 특징을 '혼란'이라는 말로 정의하고 있다. 그리고 그것은 다시 주체성 확산(사회적인 자기 주체성을 확립시키지 못하는 상태)로 이어진다는 것이다. 또한, 요즘 뇌연구학자들은 청소년들의 뇌가 성인의 뇌에 비해 두려움을 적절하게 표현하는 부위가 아직 덜 발달한 상태라는 보고를 내놓고 있다. 따라서 더 감정적이 될 수밖에 없다는 것이다. 게다가 프로이트는 이 시기에 어린 시절의 오디푸스 콤플렉스가 다시 나타나는데, 이때는 성적인 욕구와 충동도 함께 따라온다고 보았다.

이러한 사춘기를 겪어 나가는 아이들은 그 과정에 따라 다음의 세 그룹으로 나누어 분석할 수 있다. 첫 번째는 원만한 그룹(큰 어려움 없이 성장을 지속해 나가는 그룹)이다. 이들은 성장 과정에서 부모나 가족의 죽음이나 질병, 혹은 부모의 별거나 이혼 등을 겪지 않은 경우가 많다. 이들의 부모는 비교적 아이들의 정신적 독립을 격려해 주며, 아이도 원만하고 친밀한 인간관계를 이루어 가려고 애를 쓴다. 두 번째는 '파도처럼 일렁이는 그룹'이라고 할 수 있다. 이들은 첫 번째 그룹보다 성취욕이 덜하고 우울과 불안을 자주 경험한다. 부모와도 갈등이 많은 편이다. 세 번째는 '폭풍 같은 그룹'이라고 할 수 있다. 이들은 가족들과 마찰도 많고 성장 과정에서 부모의 이혼이나 별거, 질병 등 어려운 경험을 겪은 경우가 많다. 대부분 자기 자신에 대한 불만과 의심이 가득 차 있다. 이런 그룹의 아이들은 훗날 예술이나 인간관계에 대한 학문을 선택하는 일이 많다는 보고도 있다.

에릭슨에게 청소년기의 핵심과제는 이전의 어린 시절에 발달한 자아의 '연속성과 동일성'에 대한 감각을 유지하는 것이다. 청소년기의 주된 생리적 변화가 젊은 이들의 정체성에 어떤 영향을 미치는지 주목해야 한다. 호르몬 변화와 함께 사춘기의 1차, 2차 성징발달과 급성장은 아동기 자아의식에서 경험했던 것보다 신체에 더 비중을 두게 된다.

I. 성장기(아동기-청소년기)의 기억을 돌아봅니다(아동기-10대-20대)

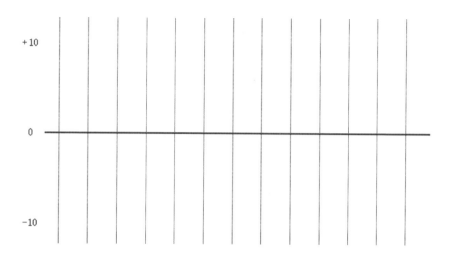

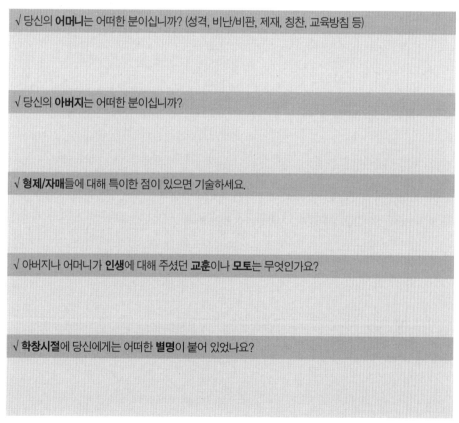

√ 당신의 **어머니**는 어떠한 분이십니까? (성격, 비난/비판, 제재, 칭찬, 교육방침 등)

√ 당신의 **아버지**는 어떠한 분이십니까?

√ **형제/자매**들에 대해 특이한 점이 있으면 기술하세요.

√ 아버지나 어머니가 **인생**에 대해 주셨던 **교훈**이나 **모토**는 무엇인가요?

√ **학창시절**에 당신에게는 어떠한 **별명**이 붙어 있었나요?

☆ 자유롭게 기술하시고 상담 전문가와 이야기를 나누세요 ☆

1. 나의 꿈은 무엇이었나요?

2. 이 시절, 가장 힘들었던 일을 기억하나요? 어떻게 극복했나요? 혹시 당신의 종교?

3. 이 시절 유행했던 노래, 춤, 놀이 등은 무엇이 있었나요?

4. 이 시절 가장 기억에 남는 일화는?

5. 이성 친구에 대한 관심, 짝사랑했던 사연 등을 떠올려보세요.

6. 나의 말을 가장 잘 믿어주었던 사람은 누구였나요? 그때의 감정을 떠올려보세요.

6.3. 라이프 사이클 CT: 청년기(학업/사회진출, 혼인 전까지의 기간)

1) 분석의 관점들

청년기에 대한 시기를 구별하는 것은 학자들 간 차이가 있지만 뷜러는 15세-24세까지를, 자스트로와 커스트 애시먼은 18세-30세, 레빈슨은 17세-40세까지로 구별했다. 대한민국의 경우 고등학교를 졸업해서 대학 재학까지를 성년전환기(18-23세)로 볼 수 있겠다. 특히 남성들은 군대복무라는 사회적 조건으로 그 진입이 여성에 비해 늦어지는 부분이 있겠다. 이때부터 청년들은 부모로부터 독립하여 성인기의 삶을 준비하는 시기를 맞으며 성년진입기(23세-27세)로 들어선다. 결혼과 직업 선택 등을 통해 초보적인 인생 구조를 결정하는 시기에서 30대 전환기(27-33세)는 지난 삶을 돌아보며 가벼운 위기를 경험하고 극복하며 생애 구조가 확립되는 시기로 본다. 성년결정기(33세-40세)는 안정된 생애 구조를 토대로 가족, 직업, 및 사회에서 자신의 삶의 양식을 확립해 나가는 시기로 바라본다. 대한민국에서 청년기의 발달과업은 아래 표를 통해 정리해 보았다.

독립시기(18-23세)	성년진입기(23-27세)	성년전환기(27-33세)	성년결정기(33-40세)
- 성인으로 정서적 독립	- 배우자 선택의 문제	- 배우자 결정, 혼인	- 안정된 토대구축
- 대학진학, 재학	- 직업선택과 종사	- 개인적인 가치추구	- 가족과 직장 안정
- 동료와의 관계정립	- 시민으로서의 권리	- 관계망의 재검토	- 사회 안에서의 역할
- 독립된 삶에 적응	- 소비, 지출의 체감	- 직장에서의 보상	- 직장에서의 승진
- 독립 스트레스	- 사회적인 책임, 역할	- 자녀출산과 양육	- 자신의 삶의 양식
- 직업선택의 문제	- 자율성 여지 넓어짐	- 가정 꾸리기	- 스트레스 관리문제

청년기의 심리적 발달의 양상은 대학진학 및 군입대 또는 취업 등으로 지리적으로나 심리적으로 부모로부터 분리된 생활을 시작하는 시기이다. 부모로부터 진정으로 독립하는 것은 부모와의 분리에 대한 불안을 극복하고, 경제적 능력을 가지

게 되며 자율적인 의사결정 능력을 가지게 되는 자율성의 정도로 파악할 수 있겠다. 청년기의 양가감정은 부모로부터 독립하려는 갈망과 동시에 분리에 대한 불안감이 공존하는 시기이다. 이제 삶의 중심이 가족과 또래 집단에서 친밀한 이성과의 관계로 전이되는 시기에 맞닥뜨리게 되는 불안도 상존한다.

사람들은 생애주기에서 성인기 삶의 주요 도전과 과제를 마주하면서 많은 어려움을 겪는 단계에서 종교와 영성에 대한 새로운 관심을 가지게 되기도 한다. 심리분석치료는 초기 성인기의 세계관과 가치, 정체성을 재평가할 기회를 제공한다. 초기 성인기에 젊은이들이 종교적인 극단으로 이동하는 경우를 많이 보게 되는데, 많은 사람들은 종교적인 입장에서 점점 더 진보적인 입장을 택하는 반면, 일부는 보수적이고 근본적인 종교로 접근한다.

성인초기에는 이러한 직업생활, 부부관계, 자녀출산과 양육 그리고 친척이나 친구 관계와 같은 다양한 생활영역을 고려하여 기본적인 가족생활 시간을 결정하여야 하는 시기이다. 특히 가장이 직업적 요구에 어떻게 반응하는가에 따라 가족의 생활시간이 달라질 수밖에 없다. 성인 초기에는 이와 같이 다양한 역할기대를 재조정해야 하기 때문에 여러 생활영역에서 갈등이 야기될 수 있다. 따라서 성인기 초기에는 직장뿐만 아니라 부부, 자녀, 친족, 친구 등과 같은 다양한 사회적 관계망의 역할기대를 적절히 조화시켜 나갈 수 있는 능력을 갖추어야 한다.

(1) 결혼과 부부관계

결혼은 친밀성과 성숙한 사회적 관계를 확립하는데 매우 중요한 요소이다. 결혼을 하면, 첫 몇 년간은 상호적응과정이다. 서로 다른 가족문화에서 오는 갈등이나 기본적인 일상생활 관련사항, 금전지출, 성생활 및 여가선용, 원가족과의 관계 등에 대해서 서로 의논하고 협의하여 행동 노선에 대한 결정을 내린다. 그러므로 이 시기에는 서로 심리적으로 헌신할 수 있어야 하며, 결혼 관계가 허용하는 한계를 인식하여야 함과 동시에 개인적인 자유를 허용할 수 있는 사랑이 있어야 한다. 결혼한 부부의 상호작용의 질에 대한 결정요인은 사회경제적 지위와 결혼생활 기간, 남편의 심리사회적 성숙도 그리고 부부간의 의사소통 유형이다.

(2) 자녀 양육

자녀의 출산은 부부의 삶의 방식과 가족생활에 많은 변화를 초래한다. 자녀의 출산이 부부간의 사랑을 연결해 주고, 외로움을 감소시키는 반면에 임신, 출산 등이 결혼 생활에 긴장을 야기하고, 결혼 만족도나 행복감을 감소시키기도 한다. 따라서 자녀출산 이후에도 부부간의 적응상태를 적절히 유지하기 위해서는 부모로서의 역할전환에 대한 준비가 되어 있어야 하며, 육아에 대한 지식을 가지고 있어야 한다. 이와 동시에 부부간의 역할과 책임에 대한 재조정을 포함한 전체 가족생활의 재조정이 이루어져야 한다.

(3) 직업생활

성인 초기에 직장생활은 남성과 여성들에게 중요한 의미를 지닌다. 직업역할을 수행하기 위해서는 자신이 수행해야 할 특정 직무와 관련된 전문지식과 기술을 학습해야 하며, 그 직무에 따르는 지위와 의사결정과정 등의 권위관계에 대해서도 학습해야 한다. 그리고 직업적 요구사항과 위험요인을 정확히 인식하여 대처능력을 기르고, 직장동료와의 우애로운 상호관계를 형성할 수 있어야 한다.

II. 청년기(학업/사회진출, 혼인 전까지의 기간) 기억을 돌아봅니다.

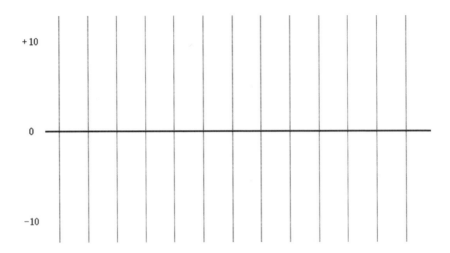

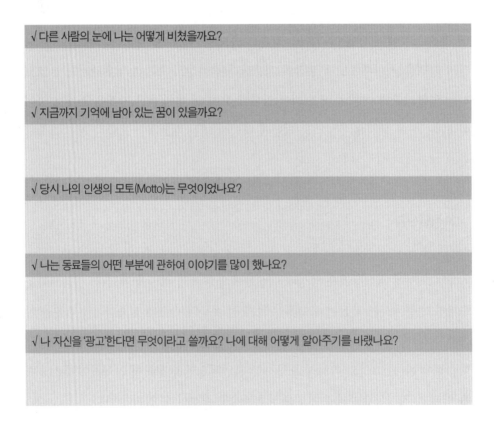

√ 다른 사람의 눈에 나는 어떻게 비쳤을까요?

√ 지금까지 기억에 남아 있는 꿈이 있을까요?

√ 당시 나의 인생의 모토(Motto)는 무엇이었나요?

√ 나는 동료들의 어떤 부분에 관하여 이야기를 많이 했나요?

√ 나 자신을 '광고'한다면 무엇이라고 쓸까요? 나에 대해 어떻게 알아주기를 바랬나요?

☆ 자유롭게 기술하시고 상담 전문가와 이야기를 나누세요 ☆

1. 나의 연애와 결혼 과정에서 가장 기억에 남는 일

2. 젊은 시절, 나는 어떤 일을 했나요?

3. 이 시절, 가장 간절하게 이루고 싶었던 일은 무엇이었나요?

4. 나의 자녀들 이야기. 가장 기억에 남는 일화는?

5. 나에게 가장 즐거웠던 여행을 떠올려보세요.

6. 나를 성장시킨 사람이나 사건, 교육 등이 있나요?

6.4. 라이프 사이클 CT: 성인기-중년기(결혼 이후부터 은퇴까지)

에릭슨은 이 시기를 자신과 타인의 행동 방향을 제시하고 미래를 계획하고 타인의 욕구를 예측할 수 있는 시기라고 규정하고, 이 시기의 위기를 정립하면서 "생산성 대 침체(generativity vs self-stagnation)"라고 정리하였다. 이는 자녀를 양육하고, 능동적으로 직업에 몰두할 수 있으며, 사회의 발전에 관심을 갖는 것 즉, 자신보다는 타인, 현재보다는 미래를 위한 일을 하는 것이라고 하였다. 이에 반해 침체는 직장에서의 승진탈락, 노부모 부양, 부부갈등과 이혼 등으로 인하여 무능력을 경험할 때 형성되며, 새로운 기술의 발달과 생활양식의 변화도 중·장년기의 성인을 침체상태에 이르게 하는 주요 요인이 되고 있다.

1) 분석의 관점들

중·장년기의 연령 구분은 학자에 따라 각기 다르지만, 대체적으로 중·장년기의 시작은 30세에서 40세의 기간 동안의 한 지점으로 잡으며, 끝나는 시기는 60세에서 70세 기간 중의 한 지점을 잡는다. 청소년기와 마찬가지로 중·장년기도 인생의 전환기라고 할 수 있는데 신체적 변화에 대한 적응, 부부간의 애정 재확립과 중년기 위기의 극복, 직업 활동에의 몰두와 여가선용 등이 중·장년기의 주요한 발달과업이라고 할 수 있다.

(1) 신체적 문제

대부분 이 시기부터 신체적 능력과 건강이 감퇴되어 가기 시작한다. 먼저 신체 구조상 신진대사활동이 둔화되고 40세 이후부터 허리둘레와 체중이 늘기 시작하며, 머리는 은백색으로 변하거나 빠지기 시작하며, 얼굴에도 주름이 늘어가고 피부의 탄력도 줄어들게 된다. 신체기능이 감퇴되면서 체력이 떨어지고 자신이 늙어감을 느낀다. 고혈압, 당뇨, 심장병 등 각종 성인병이 생기고 성기능도 저하된다. 여성의 경우 폐경을 겪으면서 불안이나 우울감에 빠지기도 한다. 자신의 건강문제와 죽음을 생각하게 된다. 이처럼 신체적 기능의 쇠퇴를 보이며, 활기를 잃고, 육체적 힘이 약화되기 시작하고, 질병에 대한 저항력이 약해질 뿐만 아니라 질병에서 회복되는 데 소요되는 시간도 늘어나게 된다. 그러므로 이 시기에는 건강유지에 보다 많은 관심과 주의를 기울여야 한다.

(2) 성적 변화

중·장년기에는 성적 능력의 저하가 이루어지는데 이것을 갱년기 장애라고 한다. 여성의 경우에는 완경기를 경험하게 되고, 여성 호르몬이 1/6 정도로 줄어들고, 자궁과 유방의 퇴화가 이루어지기 때문에 신체적 고통을 야기한다. 여성과는 달리 남성들의 갱년기는 정자나 정액 생성의 종결을 의미하지 않으며, 여성에 비해 비교적 늦게 찾아오는 것이 일반적이다. 남성의 경우는 음성이 고음이 되고 머리카락이 줄어드는 등의 변화가 있을 뿐 신체적 어려움이 많이 야기되지는 않는다.

(3) 인지능력의 변화

중·장년기의 인지 변화는 일반적으로 인지적 반응속도가 늦어진다는 점이다. 인지적 반응속도의 원인은 정확하지 않지만 빠른 속도를 요구하는 과제나 문제를 능숙하게 해결하지 못하지만 어휘, 기억력 및 문제해결 능력을 요구하는 과업은 오히려 더욱 적절히 수행할 수 있다는 것은 많은 연구의 결과로 입증되었다.

(4) 안정된 가족생활 환경

중·장년기의 부모는 가족 성원의 지위에 따라 책임과 권리를 공평하게 배분하고 가족생활과 관련된 합리적 의사결정을 할 수 있는 능력을 지니고 있어야 한다. 성공적 가족 관리를 위해서는 가족을 위한 시간계획과 미래목표를 설정하여야 한다. 먼저 가족을 위한 시간 계획은 하루에서부터 향후 10년 정도에 이르는 미래에 대한 시간 계획까지도 수립되어야 한다. 중·장년기에는 친척, 직업 관련 단체, 종교단체 등과의 상호작용을 통하여 원만한 외부관계를 유지하고, 외적 압력이나 요구로부터 자신의 생활과 가족을 보호할 의무를 지닌다. 따라서 중·장년기의 성인들은 외부의 사회적 관계망과 가족생활 간에 역동적 균형성을 유지하기 위한 노력을 아끼지 말아야 한다.

(5) 자녀교육 및 훈육

부모는 아동의 변화에 맞는 적절한 자녀교육 및 훈육방식을 선택적으로 활용할 수 있는 능력이 있어야 한다. 중·장년기 부모가 직면하는 가족발달단계는 자녀 아동기에서부터 자녀들이 모두 독립하는 자녀독립까지 해당한다. 이에 자녀의 발달단계에서 자녀 아동기에는 부모가 규칙을 설정하고, 자녀들이 이에 순응하도록 훈육하고, 자녀들이 해야 할 일을 적절히 수행할 수 있도록 원조하는 교육자 또는 비서로서의 역할을 수행해야 하며, 부부 하위체계 내에 자녀를 위한 공간을 마련해 주어야 한다. 또한 청소년기에는 독립을 인정하는 방향으로 부모-자녀관계를 재조정해야 하고, 그 이후 자녀의 결혼 시기부터는 자녀를 성인으로 인정하고 그의 의사를 존중해 주며, 결혼과 결혼 이후에도 지속적인 관심과 지원을 할 수 있어야 한다.

(6) 직업적 성취와 직업전환

이 시기에 직업 생활은 가족의 생계유지, 사회적 관계의 유지뿐만 아니라 전체 생활에 영향을 미칠 정도로 매우 중요한 요인이다. 중·장년기는 직업적 성취도가 최고조에 이를 가능성과 직업적 전환을 해야 하는 가능성이 공존하는 시기이기 때문에, 직업으로 인하여 야기되는 긴장이 많은 편이다. 중년은 초기 성인기와 노년기 사이에서 새로운 좌표를 설정해야 하는 인생의 전환점이다. '그동안 이루어 놓은 일은 무엇인가?' '무엇을 위해 살아왔는가?' '과연 산다는 게 무엇인가?'라는 질문과 함께, 앞으로 남은 삶을 어떻게 살 것인가를 고민하게 된다. 젊은 시절의 이상과 현실 사이에 차이를 느끼고, 주위 사람들과 비교하면서 열등감이나 좌절감에 빠지기도 한다. 중년기에는 특별히 직업만족도나 직장 동료들과의 대인관계 기술을 습득하는 것이 필요하다. 직업적 성공의 기회이기도 하지만 직업을 바꾸어야 하는 위기상황에 직면하기도 한다. 직업전환은 개인뿐만 아니라 가족생활에도 중대한 위기를 초래할 수 있기 때문이다.

(7) 여가활동

자녀 양육 기간의 축소, 평균수명 연장 그리고 조기 정년제도의 시행 등으로 인하여 여가시간이 큰 폭으로 증가하고 있어 여가 활용의 문제가 매우 중요한 과제로 등장하고 있다. 그러나 이러한 여가선용에 대한 예비사회화가 필요하다. 잘 쉴 수 있고, 잘 놀 수 있는 문화적 역량 강화가 필요한 시기이다.

2) 중년의 위기, 심리적 바닥

　행복에 관한 여러 연구 중에서 특별히 많은 사람들이 주목한 것은 나이와 행복의 관계였다. 연령별 행복도에 대한 연구가 많이 축적된 영국의 사례를 보면, 영국 통계청은 매년 전국 표본조사를 통해 웰빙에 대한 데이터를 축적하고 있다. 조사에 참여한 사람들은 연령·성·교육수준·지역 등 각종 개인적 특성을 나타내는 항목과 함께, '요즈음 전반적으로 당신의 삶에 얼마나 만족하시나요'라는 질문에 0점에서 10점 사이의 값으로 답변을 하게 했다. 미국 다트머스대학과 영국 워릭대학의 경제학자 데이비드 블랜치플라워와 앤드루 오즈월드가 2011-2015년간 총 41만 6천 명을 대상으로 한 이 자료를 분석한 결과가 (그림1-A)에 정리돼 있다.

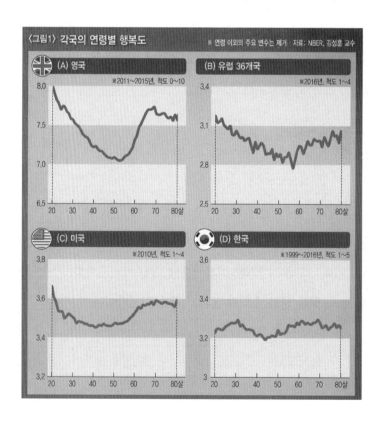

영국의 경우, 삶의 만족도가 가장 낮은 중년기와 만족도가 높은 청년기 및 노년기의 차이는 대략 1포인트(10점 척도 기준)이다. 오즈월드 교수의 계산에 의하면, 이혼과 실업은 삶의 만족도를 각각 0.3포인트, 0.8포인트 하락시킨다고 하니, 중년의 위기 효과는 결코 작은 값은 아니다. 이들은 같은 보고서에서 영국 외의 여러 나라에 대해서도 분석을 했다. (그림1-B)는 2016년 유럽연합(EU) 집행위원회가 28개 회원국을 포함해 유럽의 36개 나라 3만2천 명을 대상으로 삶의 만족도를 조사한 뒤 그 결과를 정리한 것이다. 여기에서도 중년의 위기가 분명히 나타난다. (그림1-C)는 미국 사례이다. 42만 7천 명의 미국인을 대상으로 한 질병통제센터의 조사에 기초한 자료에 의하면, 중년 시기에서 아래로 들어간 부분이 있기는 하지만, 영국이나 유럽에 비해 U자 형태는 조금 덜한 모습이다. 한국의 중년만족도 역시 함께 조사되었다. 한국의 연령별 행복도에 대해서는 유럽과 미국만큼 연구가 본격적으로 이뤄지지는 않았다. 그간 한국개발연구원이나 보건사회연구원 등이 연령별 삶의 만족도를 단순 관찰해 보니 외국과 달리 U자형이 아니라 지속적으로 하락하는 경향이 있다고 지적한 바 있다. 오즈월드 교수와 함께 연구를 수행하고 있는 싱가포르 경영대학 김성훈 교수는 한국노동연구원 노동패널조사 자료를 이용해서 분석한 뒤 그 결과를 (그림1-D)에 정리했다. 그림을 보면 연령 이외의 변수 효과를 제거하더라도 연령에 따른 행복도 하락 경향을 낮추는 정도일 뿐, U자 형태는 매우 미약하다. 사실 중년기는 인생의 다른 시기에 비해 소득과 지위가 상대적으로 높은 시기이니만큼 이 시기에 삶의 만족도가 낮다는 것은 다소 역설적이기도 하다. 앞서 설명한 바 중년기는 보통 40-65세로 인생의 중간 지점에 해당된다. 이 시기는 안정되고 성숙하는 인생의 황금기인 동시에 복잡한 문제로 인해 몸과 마음이 힘든 시기이다. 지나온 길을 되돌아보고 다가올 노년기를 준비하는 기간이기도 하다. 무엇보다 중년기는 어느 때보다 스트레스를 많이 받는 시기이다. **중년기는 가정과 사회로부터의 과도한 책임감으로 인해 부담을 느끼게 된다. 경기침체로 인한**

실직, 진급 실패, 수입감소, 직장문제, 배우자와의 갈등, 이혼, 자녀 양육의 부담, 자녀의 독립 후 느끼는 '빈 둥우리 증후군', 부모봉양에 대한 책임감 등이 중년의 위기를 불러오게 된다.[89]

중년기의 스트레스에 대처하기 위해서는 이 시기에 겪게 되는 신체 변화, 내적인 갈등, 가정과 사회에서의 역할을 이해하고 받아들이는 일이다. 인생의 남은 시간이 제한되었음을 알고, 자신이 정한 꿈과 인생 목표를 다시 평가하고 조정해야 한다. 건강에 대한 관심과 규칙적인 운동으로 체력을 유지해야 한다. 지나친 음주와 흡연은 몸을 상하게 하고 스트레스를 증폭시킬 뿐이다. 복잡한 일들로 인해 자칫 배우자에게 소홀해지기 쉬운데 부부가 적극적인 관심을 가지고 자주 대화의 시간을 갖는 게 중요하다. 자녀에 대한 소유욕과 지나친 기대를 버리고 자녀를 독립된 인격체로 인정하고 부모와 자식 간의 적당한 선을 유지하는 것이 바람직하다. 직장 내에서 자신의 역량을 키우고 상사와 직장 부하 간의 갈등이 있을 때 이를 효과적인 대화로 해결해야 한다. 실직을 하거나 조기퇴직을 한 경우에도 규칙적인 생활습관을 유지하고 어떤 일이든 찾아서 하는 것이 좋다. 일을 하면서 성취감을 느낄 수 있기 때문이다.[90]

---

89) 김성훈. (2017). 인간은 중년에 심리적으로 바닥에 이르는가, NBER 보고서: 신현호. (2018). 흔들리는 중년, 어느 나라나 공통된 현상인가요?(한겨레신문, 2. 25.).
90) 중년기 위기의 주요 특징 중 하나는, 중년기 삶이 주로 부정적인 일이 많이 발생하고 스트레스로 가득할 것이라고 바라보는 것이다. 심리학자 올리버 로빈슨(Oliver Robinson)의 연구는 연령대에 따라 잦은 사고 혹은 상황을 묘사하는 것으로 삶의 10년마다의 특징을 설명한다. 그는 20대 초반부터 위기가 시작될 수 있으며, 자신의 삶 전체 계획을 세우려 한다. 또한 이후 50-60대 사이에 질병에 걸리거나 죽음에 대한 생각이 있을 때이다. 이러한 데드라인은 이들의 삶이 기대한 대로 살아야 한다고 설득하게 된다. 위기를 겪는 사람들은 다음과 같은 감정을 느낀다. 이루지 못한 목적에 대한 깊은 후회, 성공한 동료 사이에 있을 때의 모멸감, 젊음의 감정을 달성하고 싶은 욕구, 혼자 혹은 특별한 친구들과 많은 시간을 보내고자 하는 욕구, 성욕 증강 혹은 상실, 결혼, 직업, 건강, 경제, 사회적 지위에 대한 불만족으로 발생하는 나태, 혼란, 분노, 성질, 삶의 초기에 했던 잘못을 바로잡으려는 마음 등이 그것이다.

Ⅲ. 성인기-중년기(결혼 이후부터 은퇴까지)의 기억을 돌아봅니다.

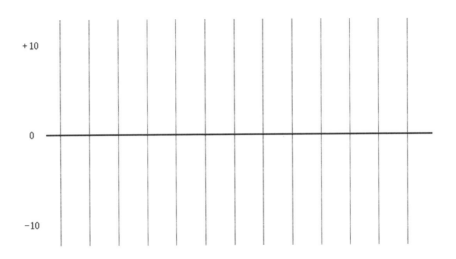

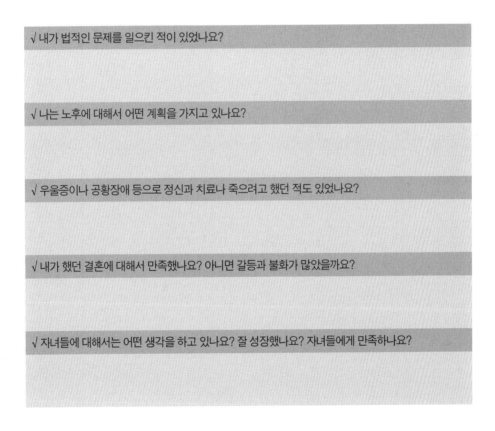

√ 내가 법적인 문제를 일으킨 적이 있었나요?

√ 나는 노후에 대해서 어떤 계획을 가지고 있나요?

√ 우울증이나 공황장애 등으로 정신과 치료나 죽으려고 했던 적도 있었나요?

√ 내가 했던 결혼에 대해서 만족했나요? 아니면 갈등과 불화가 많았을까요?

√ 자녀들에 대해서는 어떤 생각을 하고 있나요? 잘 성장했나요? 자녀들에게 만족하나요?

☆ 자유롭게 기술하시고 상담 전문가와 이야기를 나누세요 ☆

1. 내가 선택한 직업에 대해서는 만족했나요? 보람이 있었나요? 가치 있는 일이었나요?

2. 돌아보니, 살면서 가장 힘들었던 시기와 사건은? 이 시기를 어떻게 극복했나요?

3. 젊은 시절에 이루지 못해서 아쉬운 일이 있나요? 그 일을 지금 다시 시작한다면 어떨까요?

4. 나를 즐겁게 하는 취미활동은 무엇인가요?

5. 나의 일주일 생활 가운데 가장 중요한 일은 무엇인가요?

6.5. 라이프 사이클 CT: 성인 후기(은퇴 이후부터 지금까지)

은퇴를 받아들이는 유형을 대략 다섯 가지로 나누어 관찰해 볼 수 있다. 수용형, 은수자형, 활동형, 분노형, 자학형으로 구분할 수 있다. 1. 가장 이상적인 **수용형**은 큰 어려움 없이 자신의 나이 들어감을 받아들이고 과거에 대한 후회나 원망 미래 에 대한 걱정이나 불안 없이 주어지는 삶을 받아들이는 유형이다. 2. 책임에서 벗어나 고요하고 차분하고 조용하게 살고 싶었던 삶을 살아가려는 **은수자형** 3. 은퇴 이후 소외되는 불안을 제거하기 위해 다른 사회 활동을 추구하는 **활동형** 4. 인생의 목표를 달성하지 못한 것에 대해 분노를 느끼고, 실패나 불행의 탓을 외부의 탓으로 돌리면서 타인과 세계를 수용하지 못하는 **분노형** 5. 인생에서 큰 성공이나 성취를 하지 못해 분노하는 것은 4번 유형과 비슷하지만, 그 원인을 자신에게 돌리고 자학한다는 점에서 차별이 되는 **자학형**이 있다.

건강에 대한 두려움과 불안도 은퇴 이후 시기의 주요한 문제이다. 자신이 질병에 걸렸거나 질병에 걸리게 될 수 있다는 생각에 사로잡혀 큰 괴로움에 빠지고 정상적인 기능을 수행하지 못하게 된다. 그 결과 대인관계와 업무 실적이 악화된다. 질병 불안장애 환자에게 신체 증상이 나타날 수도 있고 나타나지 않을 수도 있다. 신체 증상이 있는 경우, 증상은 경미하며 증상 자체보다는 그 증상의 의미(즉, 자신에게 심각한 질환이 있다는 점)에 대해 더 걱정한다. 질병에 대한 두려움은 이들의 주된 걱정거리이다. (또한, 상당한 신체 증상이 있는 경우, 신체 증상 장애가 있을 수 있다.) 질병 불안장애가 있는 사람에게 신체장애가 있다면, 이들의 걱정은 질환의 심각성에 비해 과도하다. 일부 사람들은 반복적으로 자가 검사를 한다. 예를 들어, 심장 박동이 정상적인지 확인하기 위해 반복적으로 자신의 맥박을 확인하거나 새로운 신체 감각이 나타나면 쉽게 겁을 먹는다. 질병 불안장애가 있는 일부 사람들은 빈번하게 진료를 받을 수 있거나, 또는 너무 걱정하여 진료를 받지 못하는 사람도 있다. 질병이 삶의 중심에 있고 타인과 대화할 때도 오로지 질병에 대한 이야기만 한다. 자신이 걸렸을 수 있다고 생각하는 질병에 대해 방대한 조사를 한다. 질병에 대해 쉽게 놀라며, 타인의 질병에도 예외는 아니다. 질병 불안장애가 있는 사람들은 반복적으로 가족, 친구, 의사를 통해 안심하려고 한다. 담당 의사가 안심시키고자 하면(예를 들어, 검진과 검사 결과 정상이라는 말을 통해), 종종 의사가 자신의 증상을 심각하게 여기지 않는다고 생각한다. 그리고 더 걱정하게 된다. 종종 이들의 끝없는 걱정은 타인을 답답하게 하여 인간관계가 어긋나게 되기도 한다. 이 장애가 있는 사람은 이후 더 큰 스트레스를 받을 수 있는 상황(아픈 가족 방문 등)을 회피할 수 있다. 그리고 자신의 건강이 위험하게 될 수 있다고 두려워하여 활동(운동 등)도 피할 수 있다. 질병 불안장애는 만성인 경향이 있고 증상이 약해졌다가 재발할 수 있다. 회복되는 사람도 있다.

죽음에 대한 태도에도 서로 다른 입장을 가질 수 있다. 개인 특성에 따라 죽음에 대한 태도의 차이가 있다. 죽음에 대한 두려움 요인에서는 일반 성인, 종교가 있는 사람, 기혼자가 긍정적이었고, 죽음에 대한 회피요인에서는 종교가 있는 사람, 여자, 기혼자가 긍정적이었으며, 죽음에 대한 개방성 요인에서는 일반 성인, 종교가 있는 사람, 기혼자의 태도가 더 긍정적이었다. 개인 특성에 따라 죽음 불안에 차이도 있다. 하위 요인별로 살펴보면 인지·정서적 불안 요인에서는 대학생, 종교가 없는 사람, 여성 및 미혼자의 죽음 불안이 더 높았고, 신체 변화에 대한 불안 요인에서는 결혼 유무만 차이가 있어 기혼자보다 미혼자의 불안이 더 높았다. 죽음에 대한 태도와 죽음 불안은 밀접한 상관관계에 놓여 있다.

IV. 성인 후기(은퇴 이후부터 지금까지)

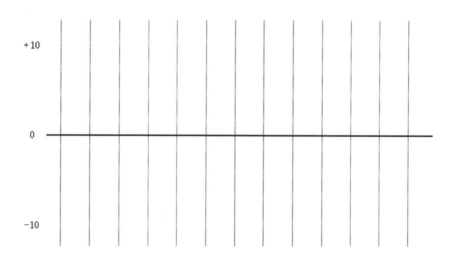

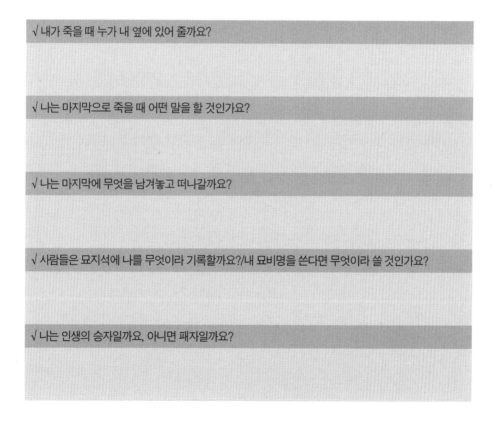

√ 내가 죽을 때 누가 내 옆에 있어 줄까요?

√ 나는 마지막으로 죽을 때 어떤 말을 할 것인가요?

√ 나는 마지막에 무엇을 남겨놓고 떠나갈까요?

√ 사람들은 묘지석에 나를 무엇이라 기록할까요?/내 묘비명을 쓴다면 무엇이라 쓸 것인가요?

√ 나는 인생의 승자일까요, 아니면 패자일까요?

☆ 자유롭게 기술하시고 상담 전문가와 이야기를 나누세요 ☆

1. 새로운 목표와 도전을 세워봅니다.

2. 나와 함께 하는 단체나 사람들을 떠올리며 그들이 나에게 어떤 힘을 주는지 생각해 봅니다.

3. 내 삶의 버팀목은 무엇인가요? (사람, 사물, 글 등 무엇도 좋아요)

4. 건강을 지키기 위해 하고 있는 일이나, 앞으로 하고 싶은 일은?

5. 건강에 바람직하지 않은 나의 습관을 고백해봅니다.

III

분석: 융합심리분석,
PST-Convergence 분석키트

정신분석에서 가장 중요한 단어를 선택하자면 그것은 '해석'이다. '틀'을 부수는 것이다. '해석'은 몸, 건강, 고통과 관련된 정신분석학의 중심 주제어다. 정신분석학은 무의식을 강조하고 무의식의 작동방식을 분석하는 학문이지만, 치유로 나아가는 정신분석학적 해석은 의식에 의해 진행된다. 프로이트는 1900년 이전에 이미 최면과 같은 극적인 도구들보다 '자유연상'이라는 의식과 의지의 산물이 결과적으로는 더욱 극적인 효과를 생산하게 된다는 것을 깨달았다. 이것은 C.G. 융의 '적극적 명상(active meditation)'과도 상통한다. 물론 극적인 효과란 새로운 해석을 의미한다. 고통의 극복을 위해 정신분석학적 해석은 상당히 중요하다. 정신분석학의 기본 전제인 정신-신체(psycho-somatic)라는 개념 자체가 우리에게 알려 주는 것은 몸과 정신이 연동되어 있다는 사실이다. 프로이트가 최면요법을 떠나 자유연상 기법을 선택한 이유 역시, 치유를 위한 가장 중요한 요소가 환자의 능동성과 그러한 능동성이 바탕이 된 '주체적 해석'이라는 사실을 강조하기 위한 것이었다. 해석의 중심에서 의미를 생산하거나, 숨기거나 왜곡하는 모든 과정의 중심에 '표상'이 작용한다. [91] 정신분석은 '이유 없이'라고 명명된 부분에 집중하여 빈 곳에 이야기를 만드는 실천적 치유 학문이다. **왜 정신분석은 항상 과거에 집착하고, 이유를 따져 묻느냐?'라고 비판하는 경우들이 있다. 현재가 중요한 것은 사실이다. 그러나 현재는 과거의 조각들에 의해 구성되고, 프로이트의 말대로 미래는 과거의 닮은꼴로 만들어진다.** [92] 그리하여 다른 미래를 가능하게 만들기 위해서는 현재의 시선이

---

91) 정신분석학의 기원은 요제프 브로이어(Josef Breuer)가 시도하는 언어적 치유방식을 대화 치료(talking cure)라는 개념으로 이름 붙였다. 브로이어와 프로이트는 환자들을 분석하며, 최면의 극적인 효과보다는 의식이 있는 상태의 '이야기' 속에서 환자가 자신의 삶과 고통에 대한 더 많은 정보를 깨닫게 된다는 것을 이해했다. 브로이어와 프로이트가 가장 강조한 단어는 표상(Vorstellung)이었으며 프로이트는 표상이 작동하는 방식을 '압축'과 '전치'로 설명할 수 있게 되며, 그것이 꿈의 언어를 분석하는 방법론으로 자리 잡았다. 표상(Vorstellung)을 '심상' 또는 '관념'으로 번역하고 있기도 하지만, 그보다는 두 개념을 모두 나타낼 수 있는 '표상'이 더욱 적절한 번역이다. 'Vorstellung'이란 마음이 눈앞에 그린 것, 마음으로 빚어낸 상상의 산물을 뜻하는 개념이다. 김서영. (2018). 정신분석학적 해석에 대한 철학적 고찰. 현대정신분석, 20(1), 10-41.

92) S. Freud. (1900a). The Interpretation of Dreams. The Standard Edition of the Complete Psychological Works of Sigmund Freud 4. Trans. J. Strachey. London: The Hogarth Press.

달라져야 하며, 현재를 조망하는 시선이 바뀌기 위해서는 과거에 대한 해석이 달라져야 한다.

해석이란 현재의 태도와 현재에 초래된 결과를 분석함으로써 다시 과거를 불러내는 일이며, 이렇게 소환된 과거에서 새로운 이야기를 창조하는 과정이다. 해석은 찾는 것이 아니라 창조하는 것이다. 정답으로 제시된 과거의 해석을 무너뜨리고 새로운 의미를 창조하기 위해 과거를 바라보는 것이다. 어떻게 과거의 히스테리적 비참한 상황이 현재 속에서 평범한 사건으로 변하게 되는가? 무엇이 과거를 바꾸는가? 물론 그것은 과거에 대한 새로운 '해석'이며 그것을 새롭게 해석할 수 있는 내적인 힘과 능력이다. 그러한 힘과 능력을 수련하고 연구하는 실천적 학문의 새로운 영역이 바로 '융합심리 분석상담 치료' 과정이다.

가다머(Hans Georg Gadamer)는 "고유한 삶에서 무엇보다도 … 신체(유기체)가 지닌 힘들을 강화시키려고 노력"해 왔다는 점을 강조하며, 고통을 통제할 수 있는 시대가 된 것이 과연 진보인지, 그리고 그것에 의해 우리가 과연 행복해졌는지에 대해 질문한다. 그가 제시하는 대안은 전인적 측면에서 고통과 대화하는 것이다. 다른 말로, 고통과의 대화란 고통을 통해 문제를 인식하고 그것을 해결해 나가는 의지를 뜻한다. 그는 이 과정의 중심에 '극복하다(verwinden)'라는 단어를 배치한다. 고통을 해결하려는 자(고통의 크기에 상관없이 용기를 잃지 않는 자)는 '아픔을 이겨 낼 수 있다(verwinden)'. '아픔을 이겨 낸다'라는 말은 고통의 극복을 의미한다. 가다머는 고통이야말로 하나의 '기회'라고 강조한다. 고통은 "우리에게 부과된 그 어떤 것을 해결하기 위한 아주 대단한 기회"이다.[93]

---

93) H. G. Gadamer, (2003). Schmerz: Einschätzungen aus medizinischer, philos-ophischer und therapeutischer Sicht. 공병혜 역. (2005). 고통: 의학적, 철학적, 치유적 관점에서 본 고통, 철학과 현실사, 31-33.

하이데거는 현상학적 기술의 방법론적 의미는 해석(그가 강조한 것이다)에 놓여 있다고 말한다. 해석은 헤르메노이틱스(hermeneutics)[94]로 불리기도 하는데, 하이데거에 의하면 현상학은 '해석을 수행한다는 점'에서 '해석학'이다.[95] 융합심리 분석상담에서 해석학은 내담자가 살아왔으며 또 현재 살고 있는 "텍스트"를 해석하거나 이해하기 위한 공감적인 시도이다. 달리 말하면 그것은 융합심리 분석상담사가 내담자로 하여금 그 자신의 문제와 근심거리를 상호 대화를 통해 이해하고 표현하도록 도움으로써 그 내담자를 이해하려는 시도이다. 특히 내담자의 삶이 삶 일반 가운데에서 가지는, 즉 그 내담자 자신의 특수한 "맥락(con-text)"[96]과 보편적인 맥락 안에서 가지는 정치적·사회적·관계적·개인적 한계의 배경과 더불어 그 내담자를 이해하려는 것이다. 해석의 틀은 연구에 이론적 렌즈를 만들기 위해서 사용되는 사회과학 이론일 수 있다. Denzin, Lincoln은 "우리는 사회과학이 우선 사회

---

94) 해석학을 뜻하는 "헤르메노이틱(Hermeneutik)"의 어원은 원래 그리스어 "헤르메뉴"(ἑρμηνεύω, 해석하다)에서 왔다.: Klein, Ernest, *A complete etymological dictionary of the English language: dealing with the origin of words and their sense development, thus illustrating the history of civilization and culture,* Elsevier, Oxford, 2000, 344. 동사형과 명사형으로 사용된 이 헬라어는 이미 고대 헬라 저술가들의 문헌에서 발견되는데, 플라톤, 아리스토텔레스, 크세노폰, 플루타르크, 에우리피데스, 루크레티우스 같은 이들의 작품이 그것이다. 이 단어는 원래 그리스 신화에 나오는 신의 사자인 "헤르메스"에서 파생되었다. 여기서 중요한 점은 **헤르메스가 "인간의 이해능력을 초월해 있는 것을 인간의 지성이 파악할 수 있도록 전환시켜 주는 기능과 관련**되어 있다"는 점이다. 즉 그리스인들의 생각에 의하면 인간이 어떤 사건을 이해하고 그 의미를 파악해서 다른 사람에게 전달할 수 있게 하는 도구인 언어는 날개 달린 헤르메스의 작용이다: 팔머, 해석학이란 무엇인가, 34.

95) **해석학(解釋學, Hermeneutics)**이란 해석의 이론과 방법론이다. 특별히 성경 텍스트, 지혜문학, 그리고 철학 텍스트를 해석하는 이론이며 방법론이다. 성경 해석학을 포함하여 전통적인 해석학은 기록된 텍스트 특별히 **문학, 종교 그리고 법의 분야에 있는 텍스트를 해석하는 학문을 의미**한다. 그러나 **현대 해석학은 기록된 텍스트와 관련된 문제만을 포함하지 않고, 해석하는 과정에 있는 모든 것들을 포함**한다. 이것은 의사소통의 언어적 혹은 비언어적 형식들을 포함할 뿐만 아니라 전제, 전이해, 언어와 의미를 다루는 철학, 그리고 기호학과 같은 의사소통에 영향을 주는 중요한 관점도 포함한다. 철학적 해석학은 첫째로 진리와 방법에서 발전된 **한스 게오르그 가다머의 지식이론** 그리고 때로는 **폴 리쾨르**와 관련된다.

96) 리쾨르는 "텍스트의 해석은 어떤 주체의 자기해석 가운데 절정에 이르며, 이때 그 주체는 자신을 더 잘 또는 다르게 이해하게 되거나 [경우에 따라서] 비로소 그 자신을 이해하기 시작하게 된다"라고 적고 있다. 과학이 객관에 대한 "객관적" 인식을 위해 인식하는 자의 활동을 중립화하거나 배제하려는 데 비해, 해석학적 이해 혹은 통찰은 자신이 인식하는 자와 인식된 대상의 상호 관여에 의해 주어진 결과임을 알고 또 인정한다. 과학자는 특정한 관점이나 개인적인 편견으로부터 독립해서 대상을 그 자체로 (비록 이것이 오직 현상적이라는 점, 즉 감각에 대한 현상이라는 점을 인정하지만) 알고자 한다. 이와 대조적으로 해석학자는 무엇보다도 경험의 특정한 맥락 안에서 누군가에게 나타나는 대상의 의미를 아는 데에 관심을 가진다.

정의, 공정, 비폭력, 평화, 보편적 인권을 위해 헌신해 주기를 바란다"라고 말했다. 연구자들은 그들 자신의 배경이 자신들의 해석의 틀을 형성하고 있음을 인지해야 한다. 그들이 살아온 개인적, 문화적, 역사적 경험들을 통해 어떻게 세계와 사회를 해석하는 틀을 만들었는가를 아는 것은 해석의 시작이다. 연구자의 의도는 **타인이 세상에 대해 갖는 의미를 이해하거나 해석**하는 것이다.[97]

해석에 참여하는 질적 연구 수행자는 그들 스스로의 삶, 혹은 그들이 살고 있는 세상의 제도적 환경, 그리고 그들 스스로의 삶을 변화시킬 수 있는 개혁을 위한 행동 의제(action agenda)를 포함한다. 세상의 압박, 지배, 억압, 소외, 헤게모니 등은 주요한 연구주제가 될 수 있다. 인간의 자유와 존엄, 가치를 제한하거나 억압하는 비이성적이고 불공정한 구조의 제약으로부터 사람들을 자유롭게 하는 것의 시작은 해석이다. 세상과 인간을 새롭게 이해하고 해석하는 일이 변화의 시작이다. 해석학적 방법론으로 접근하는 방법은 다양하지만 큰 틀에서 논의한다면 특정한 사회적 이슈들(집단이나 조직의 지배, 억압, 불평등)을 연구 질문의 틀로 선택하고, 연구에 참여하는 개인들은 변혁의 틀을 지향하는 연대(solidarity)를 형성해야 한다. 그들은 연대와 협력의 틀 안에서 연구 질문을 설계하고, 자료수집, 자료분석, 최종연구보고서를 작성하여 참여자들에게 도움을 요청할 수 있다. 문화기술지 연구와 내러티브 연구의 변화지형 유형은 해석학적 방법론의 유형일 수 있다.

융합심리분석치료의 시작은 내담자의 방문에서 시작되지 않는다. 과학은 자연에서 벌어지는 현상들을 관찰하고 인과율을 발견하여 이론과 법칙을 구상하며 보편타당한 진리를 추구하지만, 우리가 살아가고 있는 세계 안에서 벌어지는 다양한

---

97) N. K. Denzin & Y. S. Lincoln, (2011). The SAGE Handbook of Qualitative Research. Thousand Oaks, CA: Sage.

사회문화현상은 수많은 부조리와 불의, 분쟁과 갈등을 유발하며 무수한 인간 삶의 지속적인 성장과 발전을 저해하는 일들이 만연하다. 융합심리분석치료는 바로 이러한 인간의 존엄과 성장, 존재의 안정적이고 지속적인 삶의 조건들로부터 위협받는 모든 이들에게 열려 있는 문제해결의 열쇠이자 과정의 하나이다. 세계 안에 존재하는 수많은 자아(ego)들이 당면한 위협과 위기를 바르게 인식하고 분석하고 비판하고 대안을 만들어 나가는 사변을 통해 연대하는 일련의 과정이 융합심리학의 목적이고 그 안에서 정서적-심리적으로 고통받는 내담자들에게 문제의 본질을 알 수 있도록 인지적, 정서적 지원과 지지를 하고 조화로운 삶과 평온한 삶으로, 공동선으로 안내해 주는 것이 융합심리분석치료의 핵심적 목표이고 방향이다.

융합심리분석상담은 인생의 의미와 목적을 새로운 관점에서 바라볼 수 있도록 지나간 시간을 새롭게 해석하게 도와주고 '지금 여기'를 바르게 자각하고 내일을 바라볼 수 있는 힘을 가질 수 있도록 도와준다. 내담자를 병적인 문제를 지니고 있는 존재만이 아니라 스스로 전체성과 완전성을 실현하고자 하는 전인적, 통합적인 인간으로 바라볼 것을 강조한다. 여기에서 영성적 통합의 과정이 시작된다. 이것은 자아실현의 과정을 넘어선 자아초월의 과정이며 자아완성의 과정으로 나아가는 시작이다.

1.

빅데이터의 융합분석

하루가 다르게 변화하는 세계를 이해하기 위해서 정보와 데이터는 필수불가결하다. 그런데 이렇게 넘치는 무수한 정보들에 대한 리터러시, 그리고 필터링이 되지 못한다면 우리는 지구 내 벌어지고 있는 수많은 현상들의 본질로 접근하기 어려울 것이다. 최근 한국언론진흥재단의 '빅카인즈'라는 언론포탈이 주목을 받는다. 융합상담자들이 가져야 하는 기본적인 역량은 우리를 둘러싼 세상에 대한 이해, 곧 넘치는 정보에 대한 균형 있는 이해와 리터러시 그리고 분석능력과 비판능력, 사변능력이 수련되어야 한다. 내담자에 대한 깊이 있는 이해는 그를 둘러싼 세상과 사회에 대한 바른 이해에서 출발해야 하기에 그러하다. 그래서 빅데이터와 정보를 이해하고 분석하고 비판할 수 있는 도구가 필요하다. 디지털 세계의 차고 넘치는 정보와 지식들은 정보의 활용목적과 의도에 맞게 사용 되어져야 한다. 빅데이터(Big Data)란 방대한 데이터를 분석해서 의미 있는 정보를 찾아내는 작업이다.

최근 빅데이터를 활용하여 심리상담 및 심리상담사에 대한 사회적 인식을 연구한 논문이 발표되었다. 분석된 데이터는 웹페이지 수를 기준으로 '심리상담'은 15,769건, '심리상담사'는 5,966건이었다. 연구결과, 심리상담 관련 검색자료에서는 '심리', '자격증', '센터', '치료' 등의 단어가 높은 빈도를 보였고, '후기', '의심', '의학' 등의 단어와 높은 연관성을 나타내었다. 심리상담사의 경우는 '심리', '자격증', '취득', '미술' 등의 단어들이 높은 빈도를 보였고, '인간', '소질', '생활' 등과 높은 연관성을 보였다. 토픽 모델링을 실시한 결과, '심리상담'은 심리상담의 접근방법에 대한 관심, 상담전문가 자격취득에 대한 관심, 심리상담의 치료양식에 대한 관심, 심리상담의 전문성에 대한 관심, 상담전문가 훈련 및 교육과정에 대한 관심의 5가지 주제가 인터넷상의 자료를 구성하는 대표적인 주제들로 구분되었다. 또한, '심리상담사'는 심리상담사 자격증 취득에 대한 정보, 미술치료에 대한 관심, 심리상담사의 전문영역 및 대상, 심리상담사 직업에 대한 관심, 심리상담사 자격요건 및 교육과정, 비밀보장과 상담과정에 대한 관심의 6가지 주제가 도출되었다. 연구결과의 시사점과 한계점은 유의미하다. 최근 사회에서는 예기치 못한 여러 재난들과 우울, 불안, 자살, 폭력 등의 복잡하고 다양한 문제들이 지속적으로 증가하고 있다. 이러한 사회적 현상들은 심리상담 서비스의 필요성을 증가시키고, 정신건강에 대한 인식을 변화시킨다. 이에 따라 다양한 종류의 정신건강 문제에 대한 도움체계로서 심리상담 및 치료에 대한 인식은 점차 확대되고 있다(이상민, 김은하, 김지연, 선혜연, 2018). 심리상담 전공으로 학부 혹은 대학원에 재학 중인 학생은 현재 수만 명에 이르고(이상민 등, 2018), 상담과 관련된 민간등록 자격증은 해마다 늘어나 2021년 기준 5,000개가 넘는다(한국직업능력개발원 민간자격정보서비스, 2021).[98]

1.1. 빅카인즈의 활용

빅카인즈 사이트(https://www.bigkinds.or.kr/)에 접속한 후 Step1. 뉴스 검색창

---

98) 이아라, 이은설, 박수원. (2021). 온라인 플랫폼의 빅데이터를 활용한 심리상담 및 심리상담사에 대한 사회적 인식. 한국심리학회지: 상담 및 심리치료, 33(2), 607-630.

에서 연구주제어를 입력하면 아래와 같이 국내 발행된 언론사의 관련기사가 검색된다. 종축에는 기간과 언론사, 통합분류 항목 등이 있어 검색시 필터링을 할 수 있는 가능성이 다양하게 제시되어 있다. 아래의 번호에 대한 구분과 설명이 표에 기술되어 있다.[99]

99)   한국언론진흥재단, 빅카인즈 사용자매뉴얼, 22.

번호	구분	설명
1	주 메뉴	빅카인즈에서 제공하는 서비스 목록입니다. 각각의 메뉴로 이동할 수 있습니다.
2	검색 메뉴	키워드를 검색할 수 있습니다.
3	수집 정보량	빅카인즈에서 수집한 정보의 양이 표시됩니다.
4	오늘의 이슈	이슈별 / 언론사별 / 나의 관심뉴스 탭으로 정보 확인이 가능하며, 이슈별 뉴스는 매일 수집된 뉴스 중 뉴스클러스터 상위 10개의 이슈를 자동으로 분석하여 보여줍니다. 언론사별 뉴스는 매일 수집된 뉴스를 언론사별로 최신순으로 보여줍니다.
5	분석 기준 일시	오늘의 이슈, 오늘의 키워드 등의 뉴스를 수집하고 분석한 시간이 표시됩니다.
6	빅카인즈 소개	오늘의 뉴스현황, 뉴스 분석 법 안내, 연도별 수록 뉴스 현황, 사용자 매뉴얼 다운로드 바로가기를 제공합니다.
7	오늘의 키워드	오늘 수집된 뉴스에 등장하는 주요 키워드를 인물, 장소, 기관으로 분류하여 제공합니다. 각 키워드는 분류에 따라 다른 색으로 표시됩니다.
8	바로가기	공공데이터포털 뉴스빅데이터 분석 정보, '빅카인즈 활용 사례 바로가기 페이지로 이동할 수 있습니다.
9	빅카인즈 특별기획	뉴스로 보는 코로나 19, 지역별 미세먼지, 남북관계 뉴스, 국회의원 뉴스 바로가기 페이지로 이동할 수 있습니다.

빅카인즈(Big Kinds: Korean Integrated News Database System)는 1990년대 중반 시작되었다. 검색전문가들이 뉴스 정보의 분류체계를 구축해야 할 국가적 필요가 요구되어 2016년 4월 19일 정부의 강력한 지원을 축으로 론칭한다. 텍스트로 이루어진 뉴스 콘텐츠를 분석이 가능한 정제된 데이터로 바꾸어 사회현상을 분석할 수 있는 기초자료를 제공하는 시스템으로 구축된 것이다. 1990년대를 시작으로 현재 필자가 집필하는 2023년 9월 1일 현재 전체 뉴스 수집은 80,453,393건이다. 빅카인즈 서비스는 뉴스수집 시스템, 뉴스분석 시스템, 저장시스템으로 구성되어 있다. 뉴스수집 시스템을 통해 매일 54개 언론사의 뉴스 콘텐츠가 자동으로 수집되고 분류된다. 분류된 콘텐츠는 뉴스 분석시스템에서 분석된 후 사용자에게 제공된다. 국내 발간되는 54개 매체의 8천만 건의 뉴스 콘텐츠를 가치 있는 정보로 재구성할 수 있도록 구성되었다.

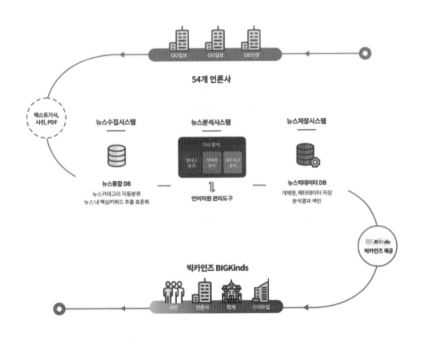

언론사별 전체 목록 팝업에서 언론사를 선택할 수도 있다. 언론사별 뉴스에서는 최근 2일치의 수집된 뉴스를 최신순으로 확인할 수 있고, 언론사의 나열순서는 무작위다. 특정한 언론이 유리하게 구성하지 않은 것도 나름 운영주체인 한국언론진흥재단의 노력이라 볼 수 있다.

STEP 03 · 분석 결과 및 시각화   —

| 데이터 다운로드 | 관계도 분석 | 키워드 트렌드 | 연관어 분석 | 정보 추출 |

검색한 뉴스의 메타데이터(언론사, 기고자, 제목 등)와 개체명(인물, 기관, 장소 등) 분석 데이터를 엑셀파일로 제공하는 서비스입니다.
데이터 다운로드는 최대 20,000건의 데이터가 다운로드 됩니다. 미리보기는 최대 20개까지 보여집니다.
'키워드' 항목은 본문 내에서 추출된 키워드 중 단순 숫자(1, 2, 2018, 2019 등), 이메일 주소, 시간을 뜻하는 단어(밤, 낮, 새벽 등)를 제외한 결과가 표시됩니다.

개체명 분석은 BERT(Bidirectional Encoder Representations from Transformers)[100] 알고리즘과 SSVM(Structural Support Vector Machine)[101] 알고리즘을 사용하여 뉴스 텍스트 내에서 인물, 기관, 장소 키워드를 추출한다. BERT는 현재, 기계학습 기반의 자연어처리 분야에서 가장 최신이며, 최고의 성능을 보여 주는 알고리즘이며, SSVM은 기존의 SVM5(Support Vector Machine)[102]을 확장한 기계 학습 알고리즘이다. 이렇게 분석된 데이터들은 시각화 서비스로 한층 더 선명한 정보의 활용방안을 보여 준다. 가령 '코로나 블루'라는 뉴스를 검색하면 900건이 넘는 국내 신문

---

100) 2018년 11월, 구글(Google)이 공개한 BERT는 기계학습 기반의 자연어처리 분야에서 가장 최신이며, 최고의 성능을 발휘하는 언어 모델이다. BERT는 한 단어가 아닌 전체 텍스트와 관련하여 단어를 분석하며, 언어 표현의 뉘앙스와 미묘함 등 실질적인 의미를 파악함으로써 자연어를 한층 더 잘 이해한 결과를 제공한다. 한국언론진흥재단, 빅카인즈사용자매뉴얼, 8.

101) 기존의 SVM (Support Vector Machine)을 확장한 기계학습 알고리즘으로서 기존의 SVM이 바이너리 분류, 멀티클래스 분류 등을 지원하는 반면에 SSVM은 더욱 일반적인 구조의 문제(예를 들어, 시퀀스 라벨링, 구문 분석 등)를 지원한다(같은 곳).

102) 기계학습의 한 분야로 두 카테고리 중 한쪽에 속한 데이터의 집합이 주어졌을 때, 주어진 데이터 집합을 바탕으로 새로운 데이터가 어느 카테고리에 속할지 판단하는 비확률적 이진 선형 분류 모델을 만든다. 만들어진 분류 모델은 데이터가 사상된 공간에서 경계로 표현되는데 SVM 알고리즘은 그중 가장 큰 폭을 가진 경계를 찾는 알고리즘이다. (같은 곳)

기사들이 차례대로 화면에 노출된다. 이 방대한 데이터와 텍스트들을 다 읽어 내거나 분석하는 데는 많은 시간과 노력들이 소요된다. 이때 빅카인즈는 다양한 시각화 도구를 제공한다.

검색한 주제어와 관련된 뉴스의 메타데이터와 개체명 분석데이터를 아래와 같이 엑셀파일로 제공한다. 이러한 자료의 제공은 추후 선행연구에 대한 전문적인 분석작업이 필요하게 된 경우에 유효한 자료와 정보로 활용되기에 충분한 자료가 될 수 있다.

	뉴스 식별자	일자	언론사	기고자	제목
1	02100101.20210722122907002	20210722	매일경제	조성신	롯데건설, 코로나로 지친 임직원 마음까지 보듬는다...심리상담 지원 '마음'
2	07101201.20210722105209001	20210722	디지털타임스	박상길	롯데건설, 심리상담 지원하는 `마음I 프로그램` 운영
3	01100501.20210722103005010	20210722	문화일보	황혜진	롯데건설, 임직원 대상 심리상담 서비스 운영
4	02100311.20210722101940001	20210722	서울경제	진동영 기자	롯데건설, 임직원 대상 심리상담 프로그램 운영
5	02100701.20210722100134001	20210722	헤럴드경제	이민경 기자	롯데건설, 심리상담 지원하는 '마음I 프로그램' 운영
6	02100601.20210722095754001	20210722	한국경제	장현주(blacksea@hankyung.com);	"코로나19와 무더위로 고생하는 임직원 배우자·자녀까지 심리 상담
7	02100201.20210722093445002	20210722	머니투데이	방윤영 기자|	롯데건설, 임직원 심리상담 '마음I 프로그램' 운영
8	01100611.20210722051353001	20210722	서울신문	손원천	공자형도 되구 찬또배기도 되구... 다~ 어울린 '대구'
9	01100101.20210722030315001	20210722	경향신문	최성용 청년연구자	[직설] 코로나 4차 유행의 '숨구멍'
10	01600301.20210722020032002	20210722	광주일보		코로나 우울과 정신 건강-추일환 조선대병원 정신건강의학과
11	08100301.20210722015116001	20210722	SBS	김종원 기자	우주 비행 성공한 베이조스, 부적절한 소감에 '역풍'
12	01400351.20210721220421002	20210721	중도일보	한상일 기자	소상공인 응원 걷기대회 후원금 전달하다
13	01100501.20210721215635001	20210721	경향신문	가시마	윤온용 기자 plaimstone@kyunghang.com	[Tokyo 2020] 김학범 감독 '축구팬들에게 꼭 좋은 소식 알릴
14	08100301.20210721205116001	20210721	SBS	김종원 기자	"아마존 고객 돈 덕분"...우주여행 소감에 역풍
15	01100701.20210721202127001	20210721	세계일보	김청종	올림픽은 열리는데 ... '8월 도쿄 코로나 감염자 사상 최대'
16	01400501.20210721183537001	20210721	중부일보	신창균·이상문	화성시 장안면 장명초등학교, '2021 찾아가는 문화예술 온라인 공
17	02100201.20210721170030001	20210721	머니투데이	임홍조 기자|	호서대, '2021 대학혁신 우수사례 핫템 TOP3' 선정
18	01100901.20210721141001001	20210721	중앙일보	정종훈·백희연·편광현·박건(sakehoon@joongang.co.kr)	"페미니즘에 경주마처럼 달려든다" 2030이 말하는 여험 남
19	01100501.20210721113004004	20210721	문화일보	정유정	위협받는 '집합금지'...식당관리인에 칼 휘두르고 단속경찰 ▣
20	01100501.20210721101005003	20210721	문화일보		<정성진의 브레인 스토리>뇌는 남녀간 '구조적 차이' 없어... 성별 아닌 '기능

이렇게 구성된 빅데이터는 관계도 분석과 키워드 트랜드, 연관어 분석 등으로 정보를 구분하여 활용할 수 있도록 구성 되어졌다. 그래서 '코로나 블루'와 함께 검색되는 단어들, 우울감, 우울증, 근무환경, 심리적 환경 등의 연관어를 보여 준다. 이러한 분석결과의 시각화는 이후에 진행될 연구의 중요한 데이터가 될 뿐만 아니라 사회현상의 인과관계나 분석에 유용한 정보를 제공한다.

1.2. 분석적 사고역량(Analytical Thinking):
세분하여 이해하고, 원인과 결과, 이유와 행동을 파악

　분석적 사고역량(Analytical Thinking)은 상황을 세분하여 이해하고 상황이 함축하고 있는 의미를 단계적, 인과론적으로 파악하는 능력을 말한다. 어떤 문제나 상황, 현상의 부분적 요소들을 체계적으로 정리하는 능력, 서로 다른 측면들의 특성들을 비교 분석하는 능력, 정보에 대한 선택과 집중의 순위를 정하는 능력, 사건과 현상의 시간적, 인과적 순서를 파악하는 능력 등을 포함하는 복합적이고 융합적인 분석의 과정이 요구된다. 분석적 사고역량은 결국 문제를 해결해 나가는 능력과도 연결된다. 문제의 지점이 어디인지, 왜인지를 잘 분석할 수 있다면 문제를 해결할 수 있는 방법에 대해서도 효과적인 사변을 제공할 수 있는 능력을 가지고 있다는 것을 의미한다고 할 수 있다. 분석적 사고는 비판적 사고의 전제이자 시작이다. 비판적 사고는 분석적 사고를 비롯해 추론적 사고, 종합적 사고, 대안적 사고 등 네 범주로 구분되어진다.

사고	비판적 사고			
	분석적 사고	추론적 사고	종합적 사고	대안적 사고
	분석	논증	변증	
9요소	문제, 개념, 정보	주장, 근거, 함축	목적, 관점, 맥락	
9기준	정확성, 명료성, 분명함	중요성, 논리성, 적절성	심층성, 다각성, 충분함	

　분석적 사고는 복잡한 상황이나 현상을 세분화하여 이해하고, 숨어 있는 의미를 파악하는 능력이다. 이를 위해 첫 번째로 해야 할 일이 주어진 정보들을 중요한 정보와 그렇지 않은 정보로 구분하는 것이 필요하다. 선택과 집중은 바로 여기서 일어나는 것이다. 무수한 정보의 홍수 안에서 의미 있고 가치 있는 정보를 선택하고 집중하는 것은 이후 사고의 전개를 위해 매우 중요한 전제가 될 수 있다. 그리고 이어 의미 있는 정보들을 분류하고 분석하는데 익숙해 져야 한다. 구분(區分)은 '어떤 기준으로 가르는 것'을 의미한다. 큰 단위를 작은 단위 여럿으로 갈라 나누는 것이다. 분류(分類)는 구분과 반대로 '같은 종류끼리 묶는 것'을 의미한다. 분석은 '구성 요소로 쪼개어 보는 것'을 의미한다. 하나의 대상을 각 구성 요소로 나눈다는 의미를 갖는다. 분석적 사고의 가장 기초적인 형태는 이항(二項)대립의 분석이다. 크다/작다, 맞다/틀리다, 높다/낮다, 등의 대립 되는 두 개의 개념으로 구분하거나 분류하는 것이다. 그리고 육하원칙의 분석이다. '어떤 정보를, 무엇이, 누가, 언제, 어디서, 무엇을, 어떻게, 왜?'라는 질문에 맞추어 구성해 보면 기초적인 분석의 틀이 이루어진다.

융합심리분석 상담에서 '분석'은 인간의 마음에서 일어나는 현상, 비정상적인 행동(Abnormal Behavior), 해결되지 않은 감정(Unresolved Emotion)의 역동들을 이해하고 숨어 있는 의미들을 찾아내는 것이다. "증상"과 "행동"에서 의미 있고 가치 있는 정보들을 분류하고 분석한다. 증상과 행동이 "왜? 어떻게?" 일어나는 것이며, "언제? 어디에서?" 일어났던 일이며, "누가? 무엇을? 어떻게?" 작용했는가를 구성하면 분석의 기본적인 틀이 형성된다.

1.3. 비판적 사고능력(critical thinking) 키우기

21세기 지식-정보화 사회, 특히나 빅데이터를 활용한 4차 디지털 산업화 시대 들어서면서 지식을 소유하고 확보하는 것의 중요성보다는 지식을 분석, 평가하고 가공하는 능력이 더욱 요구되는 커다란 변화가 일어났다. 이러한 지식 정보의 흐름과 함께, "비판적 사고(critical thinking)" 능력은 인간의 심리를 분석하고 이해하는 중요한 능력의 하나가 되고 있다. 이는 기본적으로 복합적이고 다차원적인 사고능력의 향상을 요구한다. 무수한 정보의 홍수 가운데서 살아가고 있는 내담자를 분석하기 위해 필요한 정보를 선택하고 집중한다는 것은 상당히 많은 시간과 노력을 소비하게 된다.[103]

교육과학기술부와 한국직업능력개발원은 2006년부터 한국 대학생들의 직업기초능력을 진단하여 객관화할 수 있는 평가도구의 개발을 추진해 왔다. K-CESA(대학생 직업기초능력 진단평가)가 평가하려는 여섯 개 항목의 핵심 영역은 1) 자원/정보/기술의 처리 및 활용, 2) 종합적 사고력, 3) 의사소통 능력, 4) 대인관계 능력,

---

103) 참고: 홍경남·서민규. (2010). 대학 비판적 사고 평가시스템 개발에 관한 연구, 《교양교육연구》 제4권 1호, 한국교양교육학회. 서민규(2010), 비판적 사고 교육, 무엇을 어떻게 할 것인가, Korean Journal of General Education 2010, Vol. 4, No. 2, 129-139.

5) 글로벌 역량, 6) 자기관리역량 등인데, 이 가운데 고등교육의 수준에서 가장 요구되는 것으로 '종합적 사고력'을 들 수 있다. K-CESA가 정의하는 종합적 사고력이란 비판적 사고, 문제해결력 혹은 탐구력, 창의적 사고, 메타 인지력 등을 포괄하는 것으로, '고차적 사고 혹은 고급 사고력(higher order thinking)'이라고 일컫는 영역과 관련된 것이라 할 수 있다.[104] K-CESA 종합적 사고력의 하위 영역 및 평가 요소는 다음 표와 같다.[105]

하위 영역	평가 요소
분석적 능력 (analytical competence)	진술 또는 자료의 해석, 진술 또는 자료의 관계 파악, 해결해야 할 과제 이해, 과제 해결을 위하여 필요 정보 파악
추론적 능력 (inferential competence)	진술 혹은 주장에 표명되지 않는 가정 인지, 주어진 진술 혹은 내용에 포함된 정보로부터 타당한 결론 도출(귀납), 진술이나 주장이 어떤 특정한 원리를 따르고 있는지 인식(연역)
평가적 능력 (evaluational competence)	과제 해결의 목적에 타당한 최선의 대안 선정, 타당한 준거나 기준에 근거한 각 진술, 가설, 대안 등의 아이디어를 검증, 계획된 대안을 예상되는 긍정적/부정적 결과의 견지에서 판단
대안적 능력 (alternative competence)	과제 해결을 위한 가설, 대안 등의 아이디어 생성의 유창성, 융통성, 독창성, 정교성

　　지금까지 비판적 사고 관련 교육들이 논리/논술 위주의 교육, 각종 시험대비 목적의 교육에 그치고 있다는 한계를 뛰어넘기 위해서는 대학 교양으로서의 비판적 사고 교육이 할 수 있는 본연의 역할에 대해 되짚어 보아야 할 것 같다. 비판적 사고의 내용들을 잘 학습하여 각종 시험들을 잘 치러내는 것도 물론 교육의 일부이겠지만, 학습한 내용을 삶에 실현할 수 있도록 기초를 제공해야 하는 것이 교육의

---

104)　진미석 외. (2010). 2009년도 대학생 직업기초능력 진단평가 체제 구축, 교육과학기술부, 191-192.

105)　이러한 평가항목을 설정하기 위해 K-CESA는 미국의 CLA(Collegiate Learning Assessment), TCT(Tasks in Critical Thinking), GRE Writing, LSAT(Law School Admission Test), MCAT(Medical College Admission Test), 그리고 국내의 삼성직무적성검사(SSAT), 공직적성검사(PSAT) 등을 분석해 활용했다. 위의 책, 192-193.

역할이다. 이것은 미국의 비판적 사고 재단(Foundation for Critical Thinking)이 제시하는 비판적 사고 교육의 핵심 문제이기도 하다. 리처드 폴(Richard Paul)에 따르면 기존의 '비판적 사고' 관련 평가들이 추론, 귀납, 연역, 해석, 분석, 종합, 신빙성, 생략된 전제 찾기, 논증 분석하기, 애매한 언어 사용 피하기, 무관성, 순환성, 허수아비 논증, 성급한 일반화, 과도한 회의주의 등을 단순히 '테스트'하는 데 그치고 있다고 보고, 적절한 비판적 사고 교육은 이러한 한계를 극복해야 한다고 주장한다.[106] 이러한 비판적 사고 교육과 훈련은 개별 학생들의 소속 전공 위주의 협소한 교육과 닫힌 교육으로는 불가능하다. 학제 간의 활발한 교류와 통섭, 융합과 통합이 이루어지는 다양한 학제 간 융합의 과정을 통해 인문학과 자연과학 그리고 사회과학적 사고가 함께 아우러져 보다 균형 있고 효율적인 능력의 향상을 기대할 수 있을 것으로 사료된다.

'융합심리분석상담' 치료에서는 내담자가 살아가고 있는 생태환경에 대해서 비판적 사고를 견지한다. 곧 내담자의 자아(ego)의 문제에 대한 탐색에 있어서 자아(ego)를 둘러싸고 있는 미시세계, 중간체계, 외부체계, 거시체계를 비판적으로 분석할 수 있어야 한다. 특별히 '융합심리분석상담'에 있어서 사변적 기능은 내담자에게서 얻은 정보와 데이터들의 상호 관련성을 찾아내고, 내담자의 과거와 현재, 현재와 미래의 관련성을 사변하고, 증상이나 현상으로 드러나는 내담자의 문제를 어떻게 해결해 나갈 수 있는지 분석과 처방, 상담치료 전략을 구사함에 있어 종합적 사고와 통찰이 필요한 과정으로 설계되었다.

---

106)   R. Paul & L. Elder, White Paper, Consequential Validity: Using assessment to drive instruction. 참고. www.criticalthinking.org.

1.4. 사변적 기능(Speculative function):
   문제해결을 위한 아이디어, 개념을 찾아냄

철학하는 사람은 인간의 여러 문제, 우주의 질서에 관해 사변적인 추론을 한다. 사변적인 추론을 하는 행위를 우리는 사변적 기능(Speculative function)이라 한다. 이런 뜻에서 사변적 기능은 우주의 본질과 우주 안에서의 사람의 위치를 찾아내려는 기능이다. 사색이나 사변을 통하여 철학자는 인간 문제를 포함한 여러 사회문제에 대하여 새로운 가설이나 제언을 한다. 이러한 인간 고유의 정신적 기능을 우리는 '사변적 기능'이라 한다. 새로운 방향이나 가치를 제언한다는 것은 단편적이고 비논리적이며 비체계적인 것이 아니라 분석적 기능과 비판적 기능, 평가적 기능을 기초로 하여 사회현상이나 당면한 문제의 내용을 하나의 통합적인 지식의 체계로 재구성하고 종합하는 총체적 행위를 말한다. 사변철학이라는 학문 자체가 "부분적인 사실이나 경험보다는 모든 지식이나 경험에 적용되는 전체성이나 체계성에 대한 탐구, 즉 사고나 경험의 전 영역에서의 통일성을 발견"하는 데 있기 때문에 사변적 기능의 의의는 명확해진다. 사변적 기능은 사실 "통합적 능력"으로 이해하면 오히려 명쾌해진다.

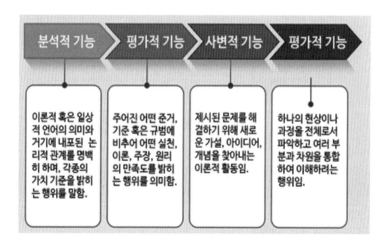

2.

심리학적 분석(Psychological Analysis): MBTI 분석

C.G. Jung의 분석심리는 내담자의 에너지의 방향(E-I), 인식기능(정보수집, S-N), 판단기능(판단, 결정: T-F), 행동양식(생활양식: J-P) 선호 경향 항목을 선택하게 한다. 인간이 출생 이후 청년기에 이르기까지 자신의 선호하는 기능을 주로 사용하며 살아가지만, 중년기 이후 그동안 사용하지 못했던, 하지 못했던 기능을 적절하게 발달시켜 사용하는 것이 일반적인 경향이다.

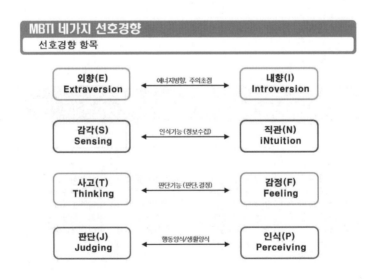

대표적인 표현들은 아래의 도표를 참고하면 선명하게 이해할 수 있을 것이다.

외향성 - 내향성

외향성(Extraversion)	내향성(Introversion)
·주의 집중 - 자기외부	·주의 집중 - 자기내부
·외부활동과 적극성	·내부활동과 집중력
·폭넓은 대인관계(다수)	·깊이 있는 인간관계(소수)
·말로 표현	·글로 표현
·소모에 의한 에너지 충전	·비축에 의한 에너지 충전
·사교성, 인사	·자기 공간
·여러 사람과 동시에 대화	·1:1의 대화
·정열적, 활동적	·조용하고 신중
·경험한 다음에 이해	·이해한 다음 경험
·쉽게 알려짐	·서서히 알려짐

감각형 - 직관형

감각형(Sensing)	직관형(iNtuition)
·오감(五感)	·육감
·주의초점 - 지금,현재	·주의초점 - 미래,가능성
·실제의 경험	·아이디어
·사실적이고 구체적	·상상적이고 영감적
·실태 파악	·가능성과 의미추구
·현실 수용	·미래 지향
·정확 철저(일 처리)	·신속 비약(일 처리)
·일관성과 일상성	·변화와 다양성
·사실적 사건묘사	·비유적, 암시적 묘사
·관례에 따르는 경향	·새로운 시도경향
·가꾸고 따르는 경향	·씨 뿌림
·나무를 보려는 경향	·숲을 보려는 경향

사고형 - 감정형

사고형(Thinkimg)	감정형(Feeling)
·관심의 주제 - 사실, 진실	·관심의 주제 - 사람, 관계
·객관적 진실	·보편적인 선
·원리와 원칙	·의미와 영향
·논리적	·상황적
·분석적	·포괄적
·간단명료한 설명	·정상을 참작한 설명
·지적논평을 선호	·우호적 협조
·객관적 판단	·주관적 판단
·원인과 결과가 중요	·좋다, 나쁘다가 중요
·규범과 기준을 중시	·너에게 주는 의미

판단형 - 인식형

판단형(Judgement)	인식형(Perception)
·체계적	·자율적
·정리정돈과 계획	·상황에 맞추는 개방성
·의지적 추진	·이해로 수용
·신속한 결론	·유유자적한 과정과, 융통과 적용
·통제와 조정	·목적과 방향의 변화
·분명한 목적의식	·환경에 따른 변화
·분명한 방향감각	·결론보다는 과정을 즐김
·뚜렷한 기준과 자기의사	

우리는 구체적으로 심리학적 분석으로 들어가기 전에 유형 개발의 단서들을 각 특성별로 고찰해 볼 필요가 있다. 각 유형별 적응적 태도와 일방적 태도에 대한 일상에서의 대표되는 행동 양상들을 이해하면 보다 효과적인 심리학적 분석이 가능할 것이다.

유형개발의 단서 외향 – 내향

	적응적 태도	일방적 태도
외향 (E)	사교적이다 (Sociable) 정열적이다 (Enthusiastic) 매력적이다 (Charming)	허풍이 심하다 (Boastful) 침범이 심하다 (Intrusive) 목소리가 크다 (Loud)
내향 (I)	깊이 있다(Deep) 사례 깊다(Discreet) 평온하다(Tranquil)	서먹서먹하다(Aloof) 억제가 심하다(Inhibited) 회피적이다(Withdrawn)

유형개발의 단서 감각 – 직관

	적응적 태도	일방적 태도
감각 (S)	실용적이다 (Pragmatic) 정확하다 (Precise) 세부적이다 (Detailed)	단조롭다 (Dull) 너무 까다롭다 (Fussy) 강박적이다 (Obsessive)
직관 (N)	상상적이다 (Imaginative) 재간이 있다 (Ingenious) 통찰력이 있다 (Insightful)	기행적이다 (Eccentric) 엉뚱하고 별나다 (Erratic) 비현실적이다 (Unrealistic)

유형개발의 단서 사고 – 감정

	적응적 태도	일방적 태도
사고 (T)	명백하다 (Lucid) 객관적이다 (Objective) 명료하다 (Succinct)	논쟁적이다 (Argumentative) 완고하다(Intolerant) 거칠다(Coarse)
감정 (F)	감사할 줄 안다 (Appreciative) 이해심이 많다 (Considerate) 기지가 있다 (Tactful)	회피하다 (Evasive) 과민하다 (Hypersensitive) 모호하다 (Vague)

유형개발의 단서 판단 – 인식

	적응적 태도	일방적 태도
판단 (J)	효율적이다 (Efficient) 계획적이다 (Planful) 책임감 있다 (Responsible)	강압적이다 (Compulsive) 조급하다 (Impatient) 경직되다 (Rigid)
인식 (P)	적응적이다 (Acceptable) 느긋하다 (Easygoing) 유연하다 (Flexible)	질질 끈다 (Procrastinating) 일관성 부족 (Unreliable) 산만하다 (Scattered)

3.

영성적 분석(Spiritual Analysis): Enneagram 분석

3.1. 에니어그램을 통한 분석:
먼저 빠른 에니어그램 유형을 찾아볼 수 있도록 도움을 준다

1) 리소-허드슨 Quest를 진행한다. 준비된 종이를 나누어 줄 수도 있고 상담자가
내담자와 천천히 질문하며 체크하여 유형을 찾아나가는 데 도움을 줄 수도 있다.
방법은 상담자가 내담자의 상황을 파악하여 결정하도록 한다.

2) 힘의 중심과 유형을 파악하고 내담자가 어떠한 유형인지를 안내해준다. 동의
한다면 다음으로 진행하지만 동의하지 않는다면 왜 동의하지 못하는지에 대한 이
야기를 충분히 들어주고 스스로가 의사결정과 행동의 패턴에 있어 어떠한 유형을
따르는지 인지하게 도와준다.

리소 · 허드슨 QUEST 해설

조합	유형	특징	조합	유형	특징
AX	7	열정적인 사람	BZ	5	탐구자
AY	8	도전하는 사람	CX	2	돕고자하는 사람
AZ	3	성취하는 사람	CY	6	충실한 사람
BX	9	평화주의자	CZ	1	개혁가
BY	4	개인주의자			

3) 자기역동 이해: 핵심적인 자신의 욕구가 무엇인지 알게 도와준다. 힘의 중심과
자아를 특정하는 단어에 대해 어떻게 받아들이는지 확인한다. 자기역동을 수용하
면 다음 단계로 넘어갈 수 있지만 그렇지 않다면 내담자의 이유를 충분히 들어준다.

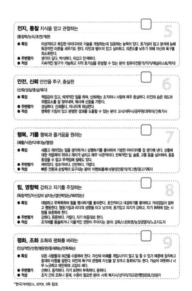

4) 에너지의 중심이 어디에 있는지 알게 해준다. 에니어그램은 장/심장/머리 중심의 에너지의 시원을 알게 해 준다. 자신의 역동이 시작되는 지점을 알게 된다는 것은 내담자의 문제해결 방식에 대한 커다란 흐름을 상담자가 알아낼 수 있는 기회가 된다.

이후 전개되는 해당 검사는 필자가 개발한 심리·영성·교류적 융합 분석 표준화 검사로 총 159개의 문항으로 구성되어 있다. 이 검사의 목적은 개인 내면의 '자아'를 탐색하고 내면 깊은 곳의 '자기'를 발견하기 위한 것이다. 이 검사를 통해 내담자는 자신의 에너지 방향과 판단, 인식, 생활, 행동 등의 유형을 파악하고 타인과의 교류 양상 등을 확인함으로써 건강한 자신의 모습을 찾아 나갈 수 있도록 도움을 줄 것이다. 인생의 중요한 전환점에서 자신을 발견하고 자아를 통합해 나가는 길잡이가 될 것임에 틀림없다.

4.

교류분석(Transaction Analysis):
에릭 번(Eric bern)의 교류분석 이론

    교류분석(Transactional Analysis: TA)은 1957년 미국의 정신과 의사인 에릭 번 (Eric Bern)[107]에 의해 창안된 인간의 교류나 행동에 관한 이론체계다. 상호 반응하고 있는 인간 사이에서 이루어지고 있는 교류(交流)를 분석한다. 여기서 교류라고 말할 때, 단순히 언어적(verbal) 교환뿐만 아니라 내면에서 흐르는 비언어적(non-verbal) 함의와 의미, 섬세한 의도, 가려진 느낌 등, 여러 측면을 포함한 깊은 수준의 의사소통을 의미하는 것이다.[108] TA는 자신을 발견하는 하나의 방법으로서, 또한 대인관계를 원활하게 하기 위한 교류의 기법이다. 알기 쉽고, 배운 것을 즉시 사용할 수 있다는 이점을 가지며 인간관계를 과학과 논리로 이해하는 심리학적 체

---

107) Eric Bern은 1910년 5월 10일 캐나다 몬트리올에서 태어났다. 1943년에서 1946년 2차 세계대전에 군의관으로 참가하여 그룹테라피의 경험을 쌓게 되었다. 1947년에는 성장이론의 기초를 놓은 Eric Erickson의 밑에서 정신분석훈련을 받으면서 정신분석의 취약점을 비판하였다. 1949년의 논문 〈The Nature of Intuition〉에서는 직관은 조건에 따라 촉진될 수 있으며 훈련에 따라서 직관적 분위기가 개선될 수 있다고 보았다. 1952년의 〈Concerning The Nature of Diagnosis〉에서는 자극과 반응관계를 조사하여 교류분석의 핵심과 자아상태(ego-state)의 체계확립에 결정적인 역할을 했다. 1957년 최초의 이론체계 발표 〈Ego state in Psychotherapy〉와 〈Transactional Analysis-A New and Effective Method of Group Therapy〉를 발표했다. 1961년에는 최초의 교류분석 저서인《TA in Psychotherapy》를 발간했다. 1970년에는 《Sex in Human Loving》를 출판하고 동년 7월 15일 심장마비(60세)로 생애를 마감하였다. 비록 Bern이 1970년에 세상을 떠났다. 참고: 코넬윌리엄 F., 그라프앤 드, 뉴턴트루디, 썬니센모니크, 송희자, 이성구, 이은주 & 이진동. (2018). 최신 교류분석. 시그마프레스.

108) 우재현. (2010). 교류분석(TA) 입문 (2판 ed.). 정암서원.

계, 시스템이다.

교류분석의 철학적 가정은, '모든 사람은 긍정적이다', '모든 사람은 사고능력을 갖는다', '사람들은 그들 자신의 운명을 결단하며 이들 결단은 변화를 가능하게 한다'라는 것이다. 에릭 번(Eric Bern)은 정신분석에 대한 비판적인 견해를 가지고 있었다. 프로이트는 스스로가 유대인이었기에 유대인에게 특히 강한 것을 크게 확대 해석한 측면이 있었다는 점, 그리고 정신분석에서는 인간을 움직이는 힘은 '성' 에너지라고 바라보는 프로이트에 대한 다른 견해를 가지고 있었다. 정신분석학에서 관찰한 것은 합리적이거나 옳기는 하나 그 해석 방법이 너무 생물학적이기도 하고, 치료를 진행하며 가지는 한계는 치료시간이 길고 치료비가 많이 들며 한 사람의 정신과 의사가 이러한 방식으로 분석하다가는 수십 명의 환자를 위해 평생을 보내야 한다는 점에 있어 치료 운영에 어려움이 있었다. 더구나 이후 약물치료의 눈부신 발달로 초창기와 같은 정신분석치료의 수요가 그렇게 많지는 않게 되었다. 이에 반해 에릭 번은 단기치료를 목표로 하면서도 개별 치료뿐만 아니라 그룹 치료의 기법으로 누구나 용이하게 접근할 수 있는 방법으로서의 교류분석 이론을 창안하게 된 것이다. 에릭 번은 인간은 **자율적인 존재, 자유로운 존재, 선택할 수 있는 존재, 책임질 수 있는 존재라는 관점을 가지며 인간에 대한 결정론을 배제하는 철학적 인간학적 시각을 유지한다.**

4.1. 자아상태(ego state) 진단

(1) 모든 사람은 세 가지 자아상태(ego state)로 그 인격을 이루고 이 세 개의 인격은 어버이 자아(Parent ego), 성인 자아(Adult ego), 아동 자아(Child ego)로 각각 분리되어 특이한 행동의 원천이 된다고 보았다.

		NP	양육적 부모 자아(어머니) (nurturing parent: NP)
어버이 자아(Parent ego)	ⓟ	CP	비판적 부모 자아(아버지) (critical parent: CP)
성인 자아(Adult ego)	ⓐ	-	
아동 자아(Child ego)	ⓒ	FC	자연스런 아동 자아 (free child ego: FC)
		LP	작은 교수 자아 (little professor ego: LP)
		AC	적응된 아동 자아 (adapted child ego: AC)

어버이 자아는 5세 이전 부모를 포함한 의미 있는 연장들의 말이나 행동을 무비판적으로 받아들여 내면화시킨 것으로 독선적, 비현실적, 무조건적, 금지적인 것들이 많다. 특히 양육적 어버이(nurturing parent: NP)는 부모가 자녀를 사랑하고 돌보는 등 자녀를 양육하는 말이나 행동이 그대로 내면화된 자아(어머니로부터 얻는다)로서 구원적, 보호적, 위안적, 배려적, 동정적이어서 온화하고 부드러운 말투와 수용적이고 보호적인 자세가 강하다. 또한, 남의 고통을 자신의 고통으로 여기는 측면이 있다. 이에 반해 비판적-통제적 어버이(critical parent: CP)는 부모의 윤리, 도덕, 가치판단의 기준이 그대로 내면화된 자아(아버지로부터 얻는다)로 다른 사람의 권리를 고려치 않고 편견적, 봉건적, 비난적, 징벌적, 배타적인 말을 단정적, 조소적, 강압적, 교훈적인 말투로 나타내는 경향이 강하다.

성인 자아는 현실적인 것을 위해 필요한 지식을 축적하고 그것을 합리적으로 이용하는 부분, 즉 진행되고 있는 정보를 수집하는 인간의 객관적인 부분을 말한다. 감정이 아닌 사실에 입각해서 행동하기를 좋아하며(감정과 윤리 도덕적인 면은 배제), 외부와 개체 내부의 모든 원천으로부터 정보를 수집, 정리, 분석하고 객관적,

합리적, 분석적, 지성적, 논리적, 사실 평가적 경향이 강하다.

　아동 자아는 인간 내에서 생득적으로 일어나는 모든 충동과 감정, 그리고 5세 이전에 경험한 외적 사태, 특히 부모와의 관계에서 경험한 감정과 그에 대한 반응양식이 내면화된 것으로 기능적인 면에서 자연스런 아동 자아(FC), 작은 교수 자아(LP), 적응된 아동 자아(AC)로 나누어진다. 자연스런 아동(free child ego: FC)은 부모나 어른들의 반응에 영향 없이 내면에서 자연스레 일어나는 그대로 자신을 나타내며 천진난만, 순진성, 창조성, 자유분방, 멋대로 사는 경향이 강하다. 작은 교수 자아(little professor ego: LP)는 인간의 내부에 있는 재치 있는 작은 어린이의 모습을 나타내는 자아로 창의적, 직관적, 탐구적, 조정적 기능을 가진 선천적 지혜를 갖고 있다. 따라서 성인 자아의 축소판이라 불리기도 하며 천재적 착상, 순발력, 조정력 등의 면이 강하다. 적응된 아동(adapted child ego: AC)은 부모나 권위의 관심을 얻기 위해 이들의 요청에 부응하려는 자연적 충동의 적응기능, 어른들에게 칭찬 받으려고 하는 행동들을 나타내며, 순응적·소극적·의존적·반항적 특징을 가지며, 순종, 우등생 기질, 착한 모범생, 규범 준수형, 권위 복종형 등의 경향이 있다. 또한 고분고분한 순응적 자아와 반항적인 어린이 자아로 나눌 수 있으며 고분고분한 순응적 자아는 타인을 지나치게 의식하여 죄의식, 두려움, 부끄러움 등으로 특정 지워지며 반항적인 어린이 자아는 타인에 대해 화를 내는 것과 같은 행동을 보인다.

　(2) 인간이 심리적 자각이 생길 때 개인의 입장이 생기고 욕구와 만족이 불일치될 때 소외를 경험하며 성격이 형성된다. 그 각각의 특성을 보면 다음의 표와 같다.

생활 양식		행동성향
자기부정-타인긍정 I'm not O.K., You're OK.	헌신 패턴 (나이팅게일)	출생했을 때 관련. 타인과 친밀한 관계를 맺기 어려움, 열등감, 죄의식, 우울, 타인불신
자기부정-타인부정 I'm not O.K., You're not OK.	갈등 패턴 (햄릿)	생후 1년 전후. 인생에 대해 무가치함, 허무감, 정신분열 증세, 자살이나 타살의 충동을 느낌, 일생 동안 정신병원이나 교도소 출입
자기긍정-타인부정 I'm O.K., You're not OK.	자기주장 패턴 (도날드 덕)	2~3세경에 경험. 지배감, 우월감, 양심부재, 타인에 대한 불신, 독재자, 비행자, 범죄자에게 흔히 볼 수 있다. 자신의 잘못을 타인이나 사회에 돌려 자신을 희생당하고 박해받는 사람으로 여긴다.
자기긍정-타인긍정 I'm O.K., You're OK.	원만 패턴 (보통)	가장 건강한 생활 자세로 정신적, 신체적으로 건전, 사물을 건설적으로 대함. 타존재(他存在)의 의미를 충분히 인정하는 건설적인 인생관을 지닌 사람이 된다.

　개인이 자신의 삶에 대해 책임지고 스스로 지도할 수 있는 자율성(autonomy)을 갖도록 하는 것이 TA 상담의 목표다. 자율성을 갖기 위해서는 각성, 자발성, 친밀성이 중요하다고 본다. **각성**(awareness)은 자기 자신의 양식으로 보고, 듣고, 접촉하고, 맛보고, 평가할 능력을 말한다. **자발성**(spontaneity)은 감정을 선택하고 표현할 수 있는 자유, 강박관념으로부터의 해방되는 것이다. **친밀성**(intimacy)을 가지게 하는 것은 순수한 직관적 지각을 지니고 여기 지금 살고 있는, 오염되지 않는 아동 자아의 자유, 숨김없이 남과 사랑을 나누고, 친숙한 관계를 맺을 수 있는 수용 능력을 가지게 한다.

ego state		태도
양육적 부모 (NP)	긍정적 NP	다른 사람이 원하거나 필요로 할 때 애정을 쏟으며 관심을 가져 줌
	부정적 NP	과보호적으로, 다른 사람이 필요하거나 요청한 일이 아니어도 대신해 줌
비판적 부모 (CP)	긍정적 CP	그 과정 중에 다른 사람을 무시하지 않고 자기 자신과 타인의 권리를 위해 엄격하고 강하게 자기주장을 함
	부정적 CP	타인의 가치를 떨어뜨림-당신은 나쁜 사람입니다.

순응적인 어린이 (AC)	긍정적 AC	규칙에 따르고 타인이 원하는 것을 받아들이는 데 자연스럽고 습관적임
	부정적 AC	타인의 관심을 얻기 위해 자멸적인 행동을 함-불평, 무력한 척 함, 잘 잊어버림
자유로운 어린이 (FC)	긍정적 FC	자신이 원하는 것을 정확하게 표현하며 즐거워함 또한, 과정 중 어떤 사람도 다치게 하지 않음
	부정적 FC	자신의 즐거운 의사를 나타낼 때 나 표현하는 과정에서 다른 사람의 감정을 다치게 할 수도 있음-더 빨리 가자, 우리 좀 더 높은 데로 올라가자.

(3) 이러한 인간에 대한 이해를 전제로 진행되는 TA 상담의 목적과 목표는 다음과 같다.

이러한 목적, 즉 각성, 자발성, 친밀성을 유지하여 결국은 자율적인 각본을 갖도록 하는 TA의 목적을 달성하기 위한 구체적인 목표는 혼합이 없이 성인 자아가 정상적으로 기능할 수 있도록 하며 배타가 없이 상황에 따라 P, A, C가 적절히 기능할 수 있도록 돕는다. 금지령, 회색경품권, Racket[109]을 각성시켜 게임에서 벗어나게 도와주고, 초기결단 및 이에 근거한 생활각본을 새로운 결단에 근거한 자기긍정-타인긍정의 인생각본[110]으로 바꾼다.

---

109) Racket(만성부정감정, 위장된 기분, 가짜 기분) 게임의 결말에는 부정적인 감정을 경험하는데 이러한 부정적 감정은 일시적인 것이 아니고 만성인 것인데 이를 Racket이라고 한다. 그 Racket의 특성을 보면 인간이 만든 만성적인 불쾌한 감정으로 인간의 생각이나 행동을 구속하며, 타인을 바꾸려는 의도가 있고 Racket에 지배되면 '여기 지금'에 맞지 않는 감정을 보인다. 또한 Racket은 친밀한 의사거래를 방해하며 조금씩 쌓여서 다음의 한풀이 행동에 대한 정당한 근거로 사용된다.

110) 연극에서 말하는 각본과 비슷하다. 이 세상을 무대로 본다면 인간의 삶도 어떤 각본에 따라 절정과 종말에 이른다는 것이 교류분석의 입장이다. 각본은 어린 시절의 결단에 기초한 삶의 계획(이기춘, 1986)이며 유아기에 형성된 무의식 또는 전의식적 생활계획(이성태, 1991)이다. 생활각본의 형성은 자극의 욕구를 충족시키기 위한 각종 활동과 부모의 허용, 금지령, 초기결단, 생활 자세와 같은 자세의 욕구에 의해 결정된다. 자신에 대한 타인의 '태도'에서 얻은 자신의 해석은, 주로 비언어적(긍정적 각본, 부정적 각본)으로 표현된다. 자신에 대해 타인이 전해 주는 말(message)에 대한 해석은 주로 언어로 이루어진다.

4.2. 교류분석의 목표

교류분석이란?

▶ **교류분석(Transactional Analysis : TA)은, 1957년 미국 정신과의사인 에릭 번 (Eric bern)에 의해 창안된 인간의 교류나 행동에 관한 이론체계이자 치료요법.**

- 정신분석이 무의식을 강조하는 반면 **교류분석**은 **의식**을 강조하며
  말, 태도, 행동, 표정, 제스츄어 등 드러난 것을 분석
- 인간관계를 분석하는 것으로, 관계가 존재하는 모든 장면에 적용가능
  사람의 성격이나 행동을 명확히 이해함으로써 일상적인 행동이나 태도를
  바꾸어 사회생활을 풍성하게 하기 위한 다양한 방법을 제공

※ 에릭 번의 **교류**에 대한 정의
: 인간이 **생존하기 위해 반드시 필요한 접촉을 주고받는 것**
  즉, 인정받고 싶은 욕구를 총족하기 위해 서로 반응(stroking)을 주고받는 것.

한국영성심리분석상담학회

교류분석의 주요개념

▶ 자아상태 모델 (PAC모델)

- 특정 순간에 우리 성격의 일부를 드러내는 방법
- 자아상태 모델을 이용하여 성격의 다양한 측면을 이해하는 것이 '구조분석'
- 에릭 번(Eric Berne)은 세 가지 자아상태 구조에서
  다섯 가지 기능적 행동유형으로 나누어 마음의 존재양식을 분석

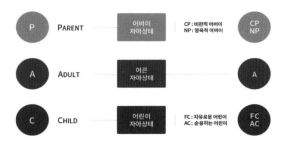

한국영성심리분석상담학회

교류분석의 주요개념

▶ 교류 / 스트로크 / 시간구조화

- 세가지 자아상태 가운데 한 상태로 서로 정보를 주고 받는 것을 '교류(transaction)' 라고 하며, 이것이 사회적 담화의 기본 단위를 이룬다.
- 타인과 교류할 때 서로를 인정한다는 신호를 주고 받는데 이러한 행위를 교류분석 언어로 스트로크(stroke)라고 한다.
- 두 사람이나 집단 내에서 교류를 할 때 시간 보내는 방법을 분석할 수 있는데 이것을 시간구조화 분석이라고 한다.

▶ 인생각본

- 인간은 어릴 때 누구나 일생 동안 살아갈 인생 이야기(life-story)를 쓴다. 자신이 의식하지 못하지만, 유아기에 결정한 마지막 장면을 향해 삶을 꾸려나가게 되는데 이러한 인생 이야기를 교류분석에서는 인생각본(life-script)이라고 부른다. 각본분석(script analysis)을 할 때, 인생각본 개념을 사용하여 사람들이 왜 자신도 모르게 문제를 유발하게 되는지 또는 어떻게 해결하려고 하는지 이해하게 된다.

교류분석의 주요개념

▶ 라켓감정(racket feeling)과 스템프(stamp)

- 인생각본에 따라 어떤 감정은 숨기고, 어릴 때 허용되었던 감정만을 표현하는데 이와 같이 대치된 감정을 라켓감정 이라고 한다.
- 라켓감정을 느낄 때, 이를 드러내지 않고 저장하는 것을 스템프라고 한다.

▶ 게임, 게임분석

- 게임이란, 두 사람 모두 라켓 감정으로 끝을 맺는 반복적 교류를 말한다.
- 이면교류가 정형화된 일련의 교류, 숨겨진 동기를 가진 암시적 의사교류. 인정받고자 하는 무의식적 욕구가 게임을 만든다.
- 남 몰래 위안이나 만족을 얻기 위해 사회적 소란을 일으키는 것
- 박해자(persecutor : P), 희생자(victim : V), 구원자(rescuer : R) 구도 형성

교류분석의 철학

▶ 교류분석의 기본 철학
- 인간은 누구나 가치 있고, 소중하고, 존엄한 존재다.
- 인간은 누구나 생각하는 능력을 갖는다.
- 인간은 자신의 운명을 자신이 결정하고 그 결정은 얼마든지 스스로 바꿀 수 있다.

"과거와 타인은 바뀌지 않는다. 바꿀 수 있는 것은 오직 자신뿐이다" – Here and Now 원칙

▶ 실천을 위한 기본 원리
- 상담자와 내담자는 내담자의 변화를 위한 '공동책임'을 가진다.
변화를 위한 각자의 역할을 분명히 인식하고, 최선을 다하겠다는 확신을 보여야 한다.
- 개방적 커뮤니케이션을 한다.

한국영성심리분석상담학회

교류분석과 인간관계 개선

▶ 1단계 : 나 알기
- 성격구조 분석 : 자아상태(P.A.C), 인생각본
- 존재방식 분석 : 교류패턴 분석, 게임분석, 각본분석, 스트로크,
　　　　　　　　시간의 구조화, 인생태도

▶ 2단계 : 행동하기
- A자아 강화 / 재 결단 실행

▶ 3단계 : 나 스스로 변화하기
- 자율성 회복 / 실존적인 삶을 통한 자아실현 도모

: 이 과정을 통해 최종적으로 인간관계를 개선하여,
　사회(가정)생활을 풍성하게 하고 더불어 영적 성장을 이룬다.

한국영성심리분석상담학회

4.3. 자아상태와 커뮤니케이션

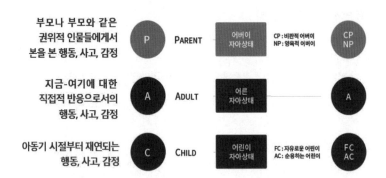

자아상태의 특징 및 기능분석

부모나 부모와 같은 권위적 인물들에게서 본을 본 행동, 사고, 감정
P PARENT 어버이 자아상태 CP : 비판적 어버이 NP : 양육적 어버이 CP NP

지금-여기에 대한 직접적 반응으로서의 행동, 사고, 감정
A ADULT 어른 자아상태 A

아동기 시절부터 재연되는 행동, 사고, 감정
C CHILD 어린이 자아상태 FC : 자유로운 어린이 AC : 순응하는 어린이 FC AC

※ 내가 C자아상태에서의 행동을 나타낼 때, 동시에 아동기의 경험과 감정을 재연하고 있다는
것을 가정할 수 있다. 내가 행동을 바꾸어 A자아상태를 가리키는 신호를 보낼 때,
동시에 나의 경험과 감정은 성장한 사람으로서 지금-여기에 적절한 것이라고 추정할 수 있다.
내가 부모로부터 본받은 행동을 보인다면, 내가 속으로 부모로부터 본받은 감정과 경험을
재연하고 있다는 사실을 예측할 수 있다.
한국영성심리분석상담학회

자아상태의 변화

▶ **김대리가 외근 후 회사로 복귀하는 길. 직장상사와 미팅약속이 잡혀있음.**
  ① 복잡한 도로상황에서 운전
  ② 앞차가 급 차선 변경하여 끼어들기로 급정거

1. 못마땅한 표정으로 고개를 가로 저으면서 "쯧쯧쯧" 혀를 참.
   "저 따위로 운전하는 사람은 도로에 나오지 못하게 해야 해!"
2. 길이 너무 막혀 상사와 약속한 시간을 지킬 수 없게 되자, 당황했고
   가슴이 두근거리고 겁이 남. (잠시 후, '잠깐, 내가 무엇 때문에 두려워하고 있지?)
3. "괜찮아, 과장님은 아주 합리적인 분이니까 상황을 설명하면
   조금 늦어도 이해해 주시겠지"→ 얼굴이 펴지고 입술에 옅은 미소를 띰.

: 자아상태의 특징
① P - A - C 세 자아상태는 관찰 가능한 행동적 단서이다.
② TA의 세 자아상태는 개인마다 다르다.
③ P, C는 과거의 반영이고 A는 지금 현재의 반응이다.
한국영성심리분석상담학회

4.4. 자아상태 진단: Ego-OK그램

Ego-Ok그램 체크리스트 – 자아상태 진단

▶ 에고 그램(Ego-gram)이란,

- 인간의 외부에 드러난 사고, 감정, 행동 등을 보고 그 사람의 자아 상태를 추정하여 인간상, 인격상을 그려보는 자화상 및 타화상.

- 에릭 번의 수제자인 두제이(Jack Dusay)가 고안. 자아상태의 기능적 파악, 세 가지 자아상태 사이에 흐르고 있는 심적 에너지 급부상황을 그래프화.

- 체크할 당시 심리상태, 주변 환경 등 여러 상황에 따라 달라질 수 있으므로, 일정기간 간격을 두고 여러 번 체크해 보는 것을 권함.

- 5가지 모든 모습에는 양면이 있기 때문에 결과에는 좋고 나쁨이 없음.

- TA는 인간의 모습을 개인의 의지와 노력으로 바꿀 수 있다고 전제함.

- 항상성 가설(constancy hypothesis) : 전체 에너지의 양을 일정하게 유지하려 함.

한국영성심리분석상담학회

자아상태 진단

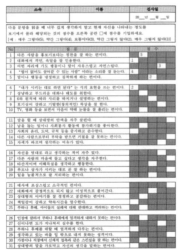

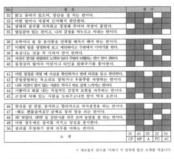

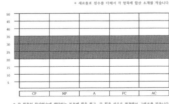

한국영성심리분석상담학회

4.5. 자아상태의 특징 및 기능분석과 변화

자아상태의 특징 및 기능분석

▶ 자아상태 분석
- 구조모델 : 자아상태 안에 '무엇'이 들어 있는가 (구성요소)
- 기능모델 : 자아상태를 '어떻게' 사용하는가 (기술 / 행동)

1. 어버이 자아상태 (Parent : P)
: 부모나 양육자들의 생각, 행동 또는 느낌을 동일시한 부분으로
  아직도 자기에게 영향을 주고 있는 말이나 동작이 내포되어 있다.
  P에는 징벌과 제한을 가하는 부분과 남을 보살 펴주는 양육적인 부분이 있다.

① **비판적 어버이(Critical Parent): CP.** 주로 비판, 비난, 질책과 관련이 있으며,
어린이들에게 규칙을 가르쳐 주는 엄격한 면, 양심과 관련 있다.
예) "어서 자거라" "도로에는 함부로 뛰어들지 마" "코 풀어" "바보같이 왜 그래"
    "버릇없이 굴지마" "아이고 착해" "아주 잘했어"

자아상태의 특징 및 기능분석

② **양육적 어버이(Nurturing Parent): NP.** 어린이의 성장을 도와주는
  어머니와 같은 부분이며 동정적, 보호적, 양육적, 공감적이다.
  그러나 지나치면 상대방의 독립심이나 자신감을 빼앗는 결과를 가져오기도 한다.
  긍정적 NP는 치료자에게 요구되는 가장 기본적인 태도다.

  예) "힘내, 그 정도 다친 것은 매우 다행스러운 일이야. 지금부터는 조심하자"

  긍정적 NP : 상대방을 진지하게 돌보려는 입장에서 보여 주는 배려
           "혹시 내가 도와줄 것은 없어? 필요하면 말해"
  부정적 NP : 우위의 입장에서 상대방을 낮게 보면서 주는 도움
           "자, 그 일은 내가 해줄게"

자아상태의 특징 및 기능분석

2. 어른 자아상태 (Adult : A)

: 사실 중심으로 관찰하여 정보를 수집, 정리, 통합하는 것이다.
성장한 사람으로서의 자원을 총 동원하여 '지금-여기'에서의 상황에 반응하여
문제 해결법을 찾으려고 하며, 이를 위해서 행동에 옮기는 것도 가능하다.
A는 감정에 지배되지 않는 냉정한 부분이지만,
반드시 정신적으로 성숙한 인간이라는 의미는 아니다.

자아상태의 특징 및 기능분석

3. 어린이 자아상태 (Child : C)

: 어린 시절 실제로 느꼈다든지 행동했던 것과 같은 감정이나 행동을 나타내는
상태다. 인생초기에 어버이에 대응하기 위해 습관화된 반응양식도 포함된다.
여기에는 '자유로운 어린이'와 '순응하는 어린이' 두 가지 기능이 있다.

① **자유로운 어린이(Free Child) : FC.** 인격 중에서 가장 선천적인 부분이다.
감정적, 본능적, 자기중심적, 호기심이나 창조성의 원천이다. 일반적으로 자유
로운 어린이 FC가 풍부한 것이 건강한 상태라고 여긴다.
예) "아! 과자가 있네. 제일 맛있는 것을 먹어 보자."

② **순응하는 어린이(Adapted Child) : AC.** 부모에게 순종하려고 노력하는 부분으
로 부모의 영향 하에서 이루어진다. 보통 말이 없고 얌전한 소위, "좋은 아이"이지
만 때로는 반항하거나 격노하기도 한다. 교류분석에서는 AC가 과도한 경우를 특히
주목해야 한다. 이것은 '자유로운 나'를 극도로 억압하며 마치 어른인 것처럼 행동
하여 주위를 놀라게 하는 경우가 있다.

5.

PST CONVERGENCE ANALYSIS KIT(마음분석 키트)

해당 검사는 필자가 개발한 심리·영성·교류적 융합 분석 표준화 검사로 총 159개의 문항으로 구성되어 있다. 이 검사의 목적은 개인 내면의 '자아'를 탐색하고 내면 깊은 곳의 '자기'를 발견하기 위한 것이다. 이 검사를 통해 내담자는 자신의 에너지 방향과 판단, 인식, 생활, 행동 등의 유형을 파악하고 타인과의 교류 양상 등을 확인함으로써 건강한 자신의 모습을 찾아 나갈 수 있게 될 것이다.

> 분석: 1. Psychological Anlaysis: MBTI 분석
> 2. Spiritual Analysis: Enneagram 분석
> 3. Transaction Analysis: 교류분석
> 4. 융합심리분석, PST-Convergence 분석키트

PST CONVERGENCE ANALYSIS KIT

PSYCHOLOGICAL, SPIRITUAL & TRANSACTIONAL CONVERGENCE ANALYSIS KIT

1. Psychological Analysis 매우긍정(5) 약간긍정(4) 보통(3) 약간부정(2) 매우부정(1)

E/I 외향과 내향(에너지의 방향, 주의초점)		E				I
01	다른 사람과 같이 있을 때 활력을 얻는다.	5	4	3	2	1
02	혼자 조용히 있을 때 활력을 얻는다.	1	2	3	4	5
03	관심이 집중되는 것을 추구한다.	5	4	3	2	1
04	관심이 집중되는 것을 될 수 있으면 피한다.	1	2	3	4	5
05	행동하고 나서 생각한다.	5	4	3	2	1
06	먼저 생각해 보고 나서 행동한다.	1	2	3	4	5
07	폭넓은 사람과 친교를 갖는 것을 좋아한다.	5	4	3	2	1
08	마음이 맞는 몇몇과 지내는 것이 편하다.	1	2	3	4	5
09	듣기보다는 말하는 편이다.	5	4	3	2	1
10	말하기보다는 들어주는 편이다.	1	2	3	4	5
11	즉시 빠르게 반응을 한다.	5	4	3	2	1
12	신중하게 천천히 반응한다.	1	2	3	4	5
13	다양한 것에 관심이 많다.	5	4	3	2	1
14	관심이 있는 것은 깊이 파고든다.	1	2	3	4	5
15	한 가지를 선택하고 집중하기가 어렵다.	5	4	3	2	1
16	중요한 것 하나를 선택하고 집중한다.	1	2	3	4	5
우측 블록에 수직으로 총합을 구해 적어 넣습니다.						
S/N 감각과 직관(인식기능, 정보수집)		S				N
17	구체적이고 감각적이고 확실한 사실만 믿는다.	5	4	3	2	1
18	자신의 통찰, 직관, 영적 감수성을 믿는다.	1	2	3	4	5
19	아이디어가 확실성이 있을 때 좋아한다.	5	4	3	2	1
20	아이디어가 실용적이고 효율적이어야 좋다.	1	2	3	4	5
21	현실적이고 보편적인 것에 의미를 둔다.	5	4	3	2	1
22	영감을 주고 혁신적인 것에 의미를 둔다.	1	2	3	4	5
23	확인된 방법을 그대로 유지 사용한다.	5	4	3	2	1

24	혁신적인 방법을 사용하고 변화를 추구한다.	1	2	3	4	5
25	구체적으로 묘사하는 표현을 선호한다.	5	4	3	2	1
26	상징적이고 은유적인 표현을 선호한다.	1	2	3	4	5
27	직접적으로 설명하는 스타일이다.	5	4	3	2	1
28	간접적으로 우회하며 설명하는 스타일이다.	1	2	3	4	5
29	지금 여기, 현실지향성이 강하게 보여진다.	5	4	3	2	1
30	다가오는 희망, 미래를 향해 있다.	1	2	3	4	5
31	확실한 것을 추구한다.	5	4	3	2	1
32	변화와 혁신을 추구한다.	1	2	3	4	5
우측 블록에 수직으로 총합을 구해 적어 넣습니다.						
T/F 사고와 감정(판단기능, 판단과 결정)		T				F
33	물러서서 문제를 객관적으로 분석해 본다.	5	4	3	2	1
34	앞서가며 문제가 가져올 결과를 예측한다.	1	2	3	4	5
35	논리, 정의, 공정을 선호하고 예외는 없다.	5	4	3	2	1
36	공감과 화합이 중요하고 예외도 허용한다.	1	2	3	4	5
37	논리적일 때 느낌도 가치가 있을 뿐이다.	5	4	3	2	1
38	모든 느낌은 논리를 뛰어 넘어 소중하다.	1	2	3	4	5
39	타인에 대해 비판적이고 결점을 많이 본다.	5	4	3	2	1
40	만족하고 감사하며 타인을 기쁘게 한다.	1	2	3	4	5
41	냉정, 무감각, 배려심 없는 것으로 오해된다.	5	4	3	2	1
42	감상적이고 나약하며 논리 없다고 오해된다.	1	2	3	4	5
43	충실하고 무게 있게 움직인다.	5	4	3	2	1
44	센스 있게 상황에 적응한다.	1	2	3	4	5
45	성취동기와 목적의식이 분명하다.	5	4	3	2	1
46	감사나 보상받고자 하는 욕구가 강하다.	1	2	3	4	5
47	보편적인 원칙에 관심이 있다.	5	4	3	2	1
48	개인적인 동기에 중점을 둔다.	1	2	3	4	5
우측 블록에 수직으로 총합을 구해 적어 넣습니다.						

	J/P 판단과 인식(행동양식, 생활양식)	J				P
49	무엇이든 빨리 결정해야 편해진다.	5	4	3	2	1
50	상황을 보면서 천천히 결정하는 게 좋다.	1	2	3	4	5
51	말부터 먼저 꺼내놓고 시작한다.	5	4	3	2	1
52	먼저 놀고 나야 일할 수 있다.	1	2	3	4	5
53	목표를 세워놓고 계획을 달성하려 노력한다.	5	4	3	2	1
54	상황에 따라 목표는 변화될 수 있다.	1	2	3	4	5
55	결과를 중시한다.	5	4	3	2	1
56	과정이 보다 중요하다.	1	2	3	4	5
57	일을 마무리 져야 한다.	5	4	3	2	1
58	새로운 일을 벌이기를 좋아한다.	1	2	3	4	5
59	자기 통제력과 결단성이 있고 자신에게 엄격하다.	5	4	3	2	1
60	참을성이 있고 적응력이 뛰어나다.	1	2	3	4	5
61	모임에서 대화가 옆길로 가면 화가 난다.	5	4	3	2	1
62	모임에서 대화가 옆길로 가도 문제없다.	1	2	3	4	5
63	마감 날짜나 약속시간을 잘 지키는 편이다.	5	4	3	2	1
64	마감 날짜와 약속시간을 종종 넘긴다.	1	2	3	4	5
	우측 블록에 수직으로 총합을 구해 적어 넣습니다.					
	전체의 합을 정산합니다.					

2. Spiritual Analysis

매우긍정(5), 약간긍정(4), 보통(3), 약간부정(2), 매우부정(1)

	A, B, C 항 가운데 점수가 가장 큰 항을 선택하시오					
65	나는 독립적인 편이고 자기주장을 잘하며, 목표를 설정하고 일을 추진한다.	5	4	3	2	1
66	나는 상황에 정면으로 맞설 때 삶이 잘 풀린다고 느낀다.	5	4	3	2	1
67	그리고 추진하는 일이 성취되기를 원한다.	5	4	3	2	1
68	나는 가만히 앉아 있는 것을 좋아하지 않으며, 일도 노는 것도 열심히 한다.	5	4	3	2	1
69	나는 큰 일을 성취하고 영향력을 행사하기를 원한다.	5	4	3	2	1
70	나는 정면 대결을 원하지는 않는다.	5	4	3	2	1
71	사람들이 나를 통제하는 것을 좋아하지 않는다.	5	4	3	2	1
72	대개의 경우 나는 내가 원하는 것을 잘 알고 있다.	5	4	3	2	1
	A항의 총합:					
73	나는 조용하게 혼자 있는 것을 좋아한다.	5	4	3	2	1
74	나는 사회적인 활동에 주의를 쏟지 않는다.	5	4	3	2	1
75	대체로 내 의견을 강하게 주장하지 않는다.	5	4	3	2	1
76	나는 앞에 나서는 것을 그리 좋아하진 않는다.	5	4	3	2	1
77	나는 다른 사람들과 경쟁하는 것을 그리 좋아하지 않는다.	5	4	3	2	1
78	사람들은 나를 이상주의자 몽상가라고 말한다.	5	4	3	2	1
79	내 상상의 세계 안에서는 많은 흥미로운 일들이 벌어진다.	5	4	3	2	1
80	나는 적극적이고 활동적이라기보다는 조용한 성격이다.	5	4	3	2	1
	B항의 총합:					
81	나는 아주 책임감이 강하고 헌신적이다.	5	4	3	2	1
82	나는 내 의무를 다하지 못할 때 아주 기분이 나쁘다.	5	4	3	2	1
83	나는 사람들이 필요할 때 내가 있다는 것을 알아주면 좋겠다.	5	4	3	2	1
84	나는 그들을 위해 최선을 다할 것이다.	5	4	3	2	1
85	가끔 나는 사람들이 알든 말든 그들을 위해 큰 희생을 한다.	5	4	3	2	1
86	나는 내 자신을 제대로 돌보지 않는다.	5	4	3	2	1
87	나는 해야 할 일을 한 다음 휴식을 취하거나 원하는 일을 한다.	5	4	3	2	1
88	나는 선과 악, 빛과 어둠, 호불호가 명확하다.	5	4	3	2	1
	C항의 총합:					

	X, Y, Z 항 가운데 점수가 가장 큰 항을 선택하시오					
89	나는 대개 긍정적인 자세로 생활한다.	5	4	3	2	1
90	모든 일이 나에게 유리한 쪽으로 풀린다.	5	4	3	2	1
91	열정을 쓰는 여러 가지 방법들을 찾는다.	5	4	3	2	1
92	사람들과 함께 행복해지는 것을 돕는다.	5	4	3	2	1
93	다른 사람들도 잘 지내기를 바란다.	5	4	3	2	1
94	타인에게 긍정적으로 보이기를 원한다.	5	4	3	2	1
95	내 자신의 문제를 다루는 것을 미루기도 한다.	5	4	3	2	1
	X항의 총합:					
96	나는 어떤 것에 대해 강한 감정을 갖는다.	5	4	3	2	1
97	많은 이들은 내가 불만이 많이 있다고 생각한다.	5	4	3	2	1
98	나는 사람들 앞에서 내 감정을 억제한다.	5	4	3	2	1
99	남들이 생각하는 것보다 더 민감하다.	5	4	3	2	1
100	그들은 어떤 사람인가? 무엇을 원하는가? 궁금하다.	5	4	3	2	1
101	어떤 일에 내가 화가 났을 때 사람들이 그것에 대해 반응하고 그 일을 해결하려고 노력해 주기를 바란다.	5	4	3	2	1
102	나는 규칙을 알고 있다. 하지만 사람들이 내게 무엇을 하라고 지시하는 것을 좋아하지 않는다.	5	4	3	2	1
	Y항의 총합:					
103	나는 스스로를 잘 통제하고 논리적이다.	5	4	3	2	1
104	나는 느낌을 다루는 것을 편안해하지 않는다.	5	4	3	2	1
105	나는 효율적이고, 완벽하게 일을 처리한다.	5	4	3	2	1
106	혼자 일하는 것을 좋아한다.	5	4	3	2	1
107	문제가 개인적인 갈등이 있을 때 나는 그 상황에 감정이 끼어들지 않도록 한다.	5	4	3	2	1
108	어떤 사람들은 내가 너무 차갑고 초연하다고 말하지만 나는 감정 때문에 중요한 일을 그르치고 싶지 않다.	5	4	3	2	1
109	나는 사람들이 나를 화나게 할 때 대부분의 경우 반응을 보이지 않는다.	5	4	3	2	1
	Z항의 총합:					

3. Transactional Analysis

매우긍정(5), 약간긍정(4), 보통(3), 약간부정(2), 매우부정(1)

		CP	NP	A	FC	AC
110	상냥하고 부드러우며 애정이 깃들어 있는 대화나 태도를 취한다.					
111	사회의 윤리, 도덕, 규칙 규범 등을 중시하고 준수한다.					
112	부모나 상사 등 윗사람이 시키는 대로 한다.					
113	행동이나 말이 자연스럽고 자유롭다.					
114	말이나 행동이 냉정하고 침착하며 안정적인 분위기를 느끼게 한다.					
115	다른 사람들에게 '내가 말하는 대로 된다'라는 말을 자주 한다.					
116	다른 사람을 험담하고 뒷담화 하는 것보다 칭찬을 잘하는 편이다.					
117	자신을 '제멋대로, 자유롭다!'라고 생각한다.					
118	사람들은 나를 계산적이며 이해득실을 생각하고 행동한다고 한다.					
119	호기심이 강하고 기발하고 창의적인 생각을 잘한다.					
120	말을 하면서 상대방의 안색을 잘 살피면서 내용을 조절한다.					
121	직장 내에서 사회봉사 활동에 참가하기를 좋아한다.					
122	대화에서 격언이나 속담을 잘 인용한다.					
123	다른 사람으로부터 부탁을 받으면 거절하지 못한다.					
124	6하원칙에 따라 사리를 따지거나 설명하는 편이다.					
125	TV, 영화 등을 보면서 마음이 약해 눈물을 잘 흘리는 편이다.					
126	다른 사람의 마음에 들고 싶다고 생각하며 좋은 평판을 유지한다.					
127	'법이 없어도 살아갈 수 있는 사람'이라는 소리를 잘 듣는다.					
128	일상에서 '자세가 바르며 여유가 있다'라는 말을 자주 듣는다.					
129	나에게 주어진 일을 효율적이고 능률적으로 처리한다.					
130	일터에서나 사람들과 매사에 조심스럽고 소극적인 편이다.					
131	대화에서 감정적으로 되지 않고 이성적으로 풀어가려 한다.					
132	아랫사람이나 아이들의 실패에 대해 관대하고 격려한다.					
133	사람들과의 관계에서 책임감이 강하고 약속시간을 잘 지킨다.					
134	나를 찾는 상대방의 이야기를 잘 경청하고 공감하는 편이다.					

		CP	NP	A	FC	AC
135	의리나 인정에 끌려 아이나 아랫사람, 동료 등 누군가를 마음에 걸려 한다.					
136	친구나 동료, 아랫사람이나 약자들에게 신체적 접촉이나 스킨십이 많다.					
137	아이들이나 아랫사람을 엄격하게 다루며 지배하고자 하는 생각이 있다.					
138	남과 비교하며 열등감이 강한 편이고 자신의 감정을 잘 억누르는 편이다.					
139	동정심이나 배려심이 강하고 어린이나 타인을 돌봐주기를 좋아한다.					
140	대화 시에 상대방의 말을 가로막고 자신의 생각을 말하려고 한다.					
141	일상에서 기쁨이나 슬픔, 분노나 사랑을 직접적으로 잘 표현한다.					
142	사람이나 상황을 판단할 때 어떤 일이나 사실에 근거해서 판단한다.					
143	시선이 밖으로 향하는 편이며 상대의 실수를 지적하고 정정하려고 한다.					
144	사람들 앞에서 생각하고 있는 바를 입 밖으로 내지 못하는 성질이다.					
145	여유가 없는데도 오락이나 술, 도박 등을 만족할 때까지 지속한다.					
146	미래의 일을 냉정하고 예리하게 예측하고 행동한다.					
147	가만히 생각해 보면 나는 욕심나는 것을 가지지 않고는 못 배긴다.					
148	자신의 생각을 관철하기 보다는 타협하는 경우가 많다.					
149	신이 나면 도가 지나쳐서 실수를 하게 되는 경우가 종종 있다.					
150	일어난 현상을 잘 관찰하고 분석하여 합리적으로 의사를 결정한다.					
151	중얼중얼 하는 목소리로 말하거나 웅얼거리며 우물쭈물하며 거절한다.					
152	때로는 상대를 바보 취급하거나 멸시한다.					
153	사람들 가운데에서 밝고 유머가 있으며 장난을 잘 치는 편이다.					
154	곤경에 처해 있는 사람을 위로하거나 힘을 주기를 즐겨 한다.					
155	어떤 결정을 내릴 때 사실을 확인하거나 반대의견을 듣는다.					
156	'~해도 괜찮을까요? ~할 생각입니다. 이젠 괜찮습니다.'라는 말을 쓴다.					
157	굉장하다. 와! 멋있다. 아하 등의 감탄사를 많이 사용한다.					
158	권리를 주장하기 전에 의무를 다한다.					
159	당연히 - 해야 한다. -하지 않으면 안 된다는 말투를 많이 쓴다.					
√ 오른쪽 빈칸에 각각 수직으로 더한 총합을 적으시오.						

IV
해석: 내담자의 프로파일 형성

1.

MBTI 심리학적 해석 16가지의 유형별 특성

ISTJ

특 징

- 완벽주의자 (필름이 끊기도 걸으로 흐트러짐이 없다)
- 백조형 (얼굴은 웃고 있지만, 물밑에서는 늘 바쁘게 뭔가를 한다)
- 우리가 말을 안해도 그렇지 멍석 깔아 놓으면 잘한다.
- 세상의 소금형, 성실, 근면, 책임감, 일명 '완벽한 걸어다니는 율법질서'
- 할 일을 다하고, 따진다고 흔난다.
- 인정을 받는다. 최선을 다한다. 약속을 잘 지킨다.
- 한번 친해지면 다 퍼주지만, 쉽게 접근하기 어렵다.
- 표현력 : 차분하다. 조용하다. 액션을 취한다.
- 대체로 밑과 관련된 이야기만 한다.
- 태도적으로 진지한 편
- 무표정인 경우가 많다
- 정서적인 표현을 많지 않음
- 노는 것에 인색하다, 분위기는 깨지 않지만 책임감 뛰어나다

실제 사실에 대하여 정확하고 체계적으로 기억하며 일 처리에 있어서도 신중하며 책임감이 강하다. 집중력이 높으며 강한 현실감각으로 실질적이고 조직적으로 일을 처리하며 직무가 요구하는 그 이상으로 일을 생각한다. 어지간한 위기 상태에서도 침착하게 보이며 충동적으로 일을 처리하지 않으며 일관성 있고 관례적이고 보수적인 입장을 취하는 경향이다. 개인적인 반응을 얼굴에 잘 드러내지 않는다. 그러나 상황을 대단히 개인적으로 받아들인다. 현재의 문제점을 해결하는데 있어 과거의 경험을 잘 적용하며, 반복되는 일상적인 일에 대한 인내력이 강하다. 때로 일의 세부사항에 집착 고집하는 경향이 있으나 업무수행이나 세상일에 대처할 때 행동이 매우 확고하고 분별력이 있다.

ISTP

특 징

- 알아가는데 시간이 걸림
- 처음엔 저가운 인상이지만 알고 나면 따뜻한 사람들이다.
- 자유를 추구한다 (구속 No) 구속되기 싫어하면서 안주한다
- 외로워 한다, 혼자서 운다
- 성격이 급하다
- 조용한 것을 좋아한다.
- 계획을 세우나 결과물
- 잠이 많다. 그러나 게으름 그 자체 별로며, 무책임 하지도 않다.
- 완벽주의자 (필름이 끊기도 걸으로 흐트러짐이 없다)

조용하고 말이 없으며 논리적이고 분석적이고 객관적으로 인생을 관찰하는 형이다. 사실적인 정보를 조직하기 좋아하는 반면 일과 관계 되지 않는 이상 자신을 개방하지 않으며, 가까운 친구들 외에는 대체로 사람들과 사귀지 않는다. 일상 생활에 있어 매우 적응력이 강하며, 과학분야, 기계계통, 엔지니어링 분야에 관심이 많다. 기계나 기술 분야에 흥미 없는 ISTP형이라면 그 대신 비조직화된 사실들을 조직화하는 재능이 많으므로 법률, 경제, 마케팅, 판매, 통계분야에 관심이 많다.

ESTP

특 징

- 가능하면 말을 자제하고 싶다. (말이 너무 많아서 반어적으로 표현하는 이들)
- 전반적인 면에서 남과 다르게 표현한다.
- 다양한 분야에 관심을 가지고 있고 알고 싶어한다.
- 모임이나 회의를 할 때 주도한다.
- 자신의 틀에 의한 정리정돈을 즐긴다.
- 구속되기 싫어하고 스스로 자유롭게 하는 것을 좋아한다.
- 모든 일을 메모하는 것을 좋아한다.
- 항상 책을 가지고 다닌다.
- 큰일에는 대범하고 작은 일에 예민하다.
- 미래 지향적이다.
- 매사에 밝고 긍정적이다. 표정이 밝다
- 감성이 풍부하다 (삶의 환희) 아침마다 즐겁다.
- 눈물이 많다
- 열정적이다.

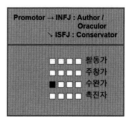

관대하고 느긋하고 어떤 사람이나 사건에 대해서 별로 선입관을 갖지 않으며 개방적이다. 자신에게나 타인에게 있어 관용적이며, 일을 있는 그대로 보고 받아들인다. 그래서 갈등이나 긴장이 일어나는 상황을 잘 무마하는 능력이 있다. 꼭 이렇게 되어야 하고 저렇게 되어야 된다는 규범을 적용하기 보다 누구나 만족할 수 있는 해결책을 모색하고 타협하고 적응하는 힘이 있다. 주의집중을 현재 상황에 맞추고 현실을 있는 그대로 보는 그들의 자연스러운 경향으로 인해 현실적으로 야기되는 문제 해결에 뛰어난 능력을 발휘하기도 한다.

ESTJ

특 징

- 모든 일에서 행정, 재무, 총무, 회계 업무를 맡는다.
- 분위기 메이커, 시끄럽다라는 소리도 듣는다. 조용한 것이 싫다.
- 주변 사람들에게 잔소리 (사실은 바른 소리) 많이 한다.
- 항상 바쁘다.
- 아침에 일찍 일어난다. (게으름 No)
- 오지랍이 넓다. 대인관계가 넓다.
- 메모습관을 가지고 있다. (철저함)
- 일을 만든다 (없으면 할 일을 찾는다)
- 계획 후 실행한다.
- 비밀이 없다
- 치밀하다. 관심사가 많다. 냉정하다. 정확하다. 무시한다.
- 싸웠을 경우 빨리 화해한다. 규칙적이다. 기본적인 규칙.
- 챙겨주고 보살펴준다. 관심이 외부세계에 있다.
- 결단력 있다. 처음과 끝이 정리된다.

일을 조직하고 프로젝트를 계획하고 출범시키는 능력이 있다. 현실적이고 사실적이며 체계적, 논리적으로 사업이나 조직체를 이끌어가는 타고난 재능을 가졌다. 혼돈스러운 상태나 불분명한 상태 또는 실용성이 없는 분야에는 큰 흥미가 없으나 필요시에는 언제나 응용하는 힘이 있다. 분명한 규칙을 중요시하고 그에 따라 행동하고 일을 추진하고 완성한다. 어떤 계획이나 결정을 내릴 때 확고한 사실에 바탕을 두고 이행한다. 대체로 결과를 현재 볼 수 있는 일을 즐기는 편이다. 예를 들면 사업이나 기업체, 조직체를 이끌어 행정관리 및 생산건축 분야의 일이다.

ISFJ

특 징

- 상대에게 상처주지 않으므로 대인관계 원만
- 신중하고 생각이 많다
- 배려 & 겸손, 예의를 중요시한다.
- 보수적이고 유행 따르지 않는다. (로또X)
- 성실하고 끈기 있다. (참을성, 이해심 多)뒷심이 강하다
- 싫은 소리 못한다. 술에 술탄듯 문에 물탄 듯 보이지만 자기 주관은 뚜렷하다
- 결정은 잘 못하지만 한번하면 잘한다.

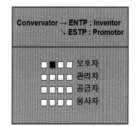

책임감이 강하고 온정적이며 헌신적이다, 세부적이고 치밀성과 반복을 요하는 일을 끝까지 해 나가는 인내력이 높다. 이들이 가진 침착성과 인내력은 가정이나 집단에 안정성을 가져다 준다. 다른 사람의 사정을 고려하며 자신과 타인의 감정의 흐름에 민감하다. 일처리에 있어 현실감각을 가지고 실제적이고 조직적으로 이행한다. 경험을 통해서 자신이 틀렸다고 인정하기까지 어떠한 난관이 있어도 꾸준히 밀고 나가는 형이다.

ISFP

특 징

- 부정적인 반응을 하기 어렵다 (기분 나쁜 일에 대한 표현을 못한다)
- 감수성 예민하다
- 고민거리나 힘든 일을 혼자 해결하려고 한다
- 다른 사람이 나에 대해 어떻게 생각하는지 항상 신경 쓰인다
- 스스로에 대한 결정을 확실히 하나 여러 명이 함께 있을 때는 결정이 어렵다
  (뭘 먹는지, 어디에 갈지, 약하고 놓지, 걱정 어려움)
- 어렵고 힘든 사람들을 도와주고 싶어한다.
- 여유가 있고 느긋하다 말이 많지 않다
- 너무 오랫동안 밖에 있지 못하고 시끄러운 곳을 싫어한다.
- 고집이 세다. 내가 생각하는 부분과 다르다 느끼면 절대 수긍하지 않는다.
- 정말 내 속을 다 보여주지 않는다., 굳이 보여줄 필요가 없다.
- 상대에게 상처주지 않으므로 대인관계 원만

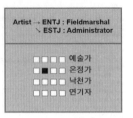

친구 → ENTJ : Fieldmarshal
↘ ESTJ : Administrator

예술가
온정가
낙천가
연기자

말보다는 행동으로 따뜻함을 나타내며, 마음이 따뜻하고 동정적이다. Myers-Briggs의 표현을 빌리자면 ISFP형은 마치 양털안감을 넣은 오버코트처럼 속마음이 따뜻한 사람들이다. 그러나 상대방을 잘 알게 될 때까지 이 따뜻함을 잘 드러내지 않는다.

사람이나 일을 대하는데 있어 ISFP형은 자신들의 내적인 이상향과 개인적인 가치에 준하여 대하며, 말로써 잘 표현하지 않는다. 또한 자신의 주관이나 가치를 타인에게 요구하지 않으며 자기능력에 대해서 모든 성격유형 중 가장 겸손하다. 적응력과 관용성이 많으며, 삶의 현재를 즐기는 형이다. 자연에 대한 사랑과 미적 감각과 균형(비례)감각이 뛰어나다. 일의 목표도달에 안달하지 않으며 여유를 가진다.

ESFP

특 징

- 분위기가 다운 되는걸 용서하지 못한다
- 낙천가
- 삶 자체가 즐겁고 행복하다
- 즐기자, 마시자,
- 작은 일에도 감동한다.
- 다른 사람을 잘 도와준다.
- 너 밖에 없어

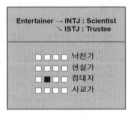

Entertainer → INTJ : Scientist
↘ ISTJ : Trustee

낙천가
현실가
접대자
사교가

친절하고 수용적이며 현실적이고 실제적이다. 어떤 상황에도 잘 적응 하며 타협적이다. 선입견이 별로 없으며 개방적, 관용적이고 대체로 사람들을 잘 받아 들인다. 주위에서 진행되고 있는 일들을 알고자 하고 또한 열심히 참견하고 끼어든다. 다른 사람의 일이나 활동에 관심이 많으며 새로운 사건 혹은 물건에도 관심과 호기심이 많다. 이론이나 책을 통해 배우기보다 실생활을 통해 배우는 것을 선호한다.

ESFP 선호형은 추상적 관념이나 이론보다는 구체적 사실들을 잘 기억하는 편이다. 논리적 분석 보다는 인간중심의 가치에 따라 어떤 결정을 내린다. 그러므로 동정적이고 사람들에게 관심이 많고 때로 재치가 있고 꾀가 빠르다. 특히 사람들을 접하는 음에 능숙하다. 사람과 사물을 다루는 사실적인 상식이 풍부하다.

ESFJ

특 징

- 이야기하는 것을 좋아한다.
  간혹 상대방이 말하기 전에 껴어 들어 말하다가 무안 당하는 경우가 있다.
  이때 상처 받는다.
- 성격이 급하고, 활발하고, 계획을 잘 세운다.
- 계획을 실천에 맞게 잘 세우고 좋아하지만 그 계획이 맞추어서 실천하는 것을 싫어한다. (실제로는 계획 되로 실천하는 것을 좋아할 수 있음)
- 친구관계는 다양하고 원만하지만 속마음을 진실하게 털어놓는 것을 극소수이다.
- 남의 이야기를 끝까지 잘 들어준다.
- 남에게 속마음을 쉽게 털어놓지 않는다.
- 상대방에게 실망해도 냉정하게 뒤로 돌아와도 상대방이 잘못했다고 말하면 바로 풀린다.
- 주변환경에 영향을 많이 받는다.
- 우유부단 하지만 결정적인 순간에는 시간이 오래 걸리지 않는 학고한 모습을 보여준다.
- 자신감이 넘치고, 내 문제나 일에 있어서 스스로 해결하려 한다.
- 칭찬을 받는 것도 중요하다. 나를 안정해주는 사람에게 충성
- 남을 헌신적으로 돕는 일에 사명감
- 현대판 현모양처의, 모임 같은데 갔으면 전체분위기를 주도한다.
- 사회진행을 조리 있게 잘한다. 사람들에 사심 없이 도와준다.
- 남을 돕는 것을 기뻐한다.
- 남에게 부담을 줄 수도 있다. 성격이 급하다, 내 기준에 맞도록 재촉, 독촉한다

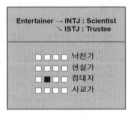

Seller → INTP : Architect
↘ ISTP : Artisan

사교가
봉사자
친선도모자
협조자

동정심과 동료애가 많다. 친절하고 재치가 있으며 다른 사람들에게 관심을 쏟고 인화를 도모하는 일을 중요하게 여긴다. 양심적이고 정리정돈을 잘하며 참을성이 많고 다른 사람들을 잘 돕는다. 또한 다른 사람들의 지지를 받으면 일에 열중하고 다른 사람들의 무관심한 태도에 민감하다.

INFJ

특 징

- 자기 안에 갈등이 많고 복잡하다.
- 다른 사람의 감정에 많이 내면의 반응을 보이지 않는다
- 모든 성격유형 그룹 중에서 가장 복잡한 유형
- 사람의 실존에 대해서 고민하고,
  때론 현실감각이 부족하고 늘 이상을 추구한다.

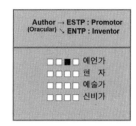

창의력과 통찰력이 뛰어나다. 강한 직관력으로 의미와 진실된 관계를 추구한다. 뛰어난 영감으로 말 없이 타인에게 영향력을 가진다. 독창성과 사적인 독립심이 강하며, 확고한 신념과 뚜렷한 원리원칙을 생활 속에 가지고 있으면서 공동의 이익을 가져오는 일에 심혈을 기울이고 인화와 동료애를 중시하는 경향으로 존경을 받고 사람들이 따른다. 열정과 신념으로 자신들이 믿는 영감을 구현 시켜 나갈 때 위대한 정신적 지도자들이 INFJ형에 많다. 남에게 강요하기 보다 행동과 권유로 사람들의 마음을 움직여 따르게 만드는 지도력이 있다.

INFP

특 징

- 조화로운 관계를 중요시한다. (분쟁회피)
- 공상가, 이상주의자, 비현실적, 낭만적 (여행 좋아한다)
- 내면세계에 관심이 많다. 말보다는 늘 명상, 자신의 세계
- 싸(분쟁)을 잘 참는 편이다. (나중에 얘기함)
- 지루한 건 싫어하고, 예술방면에 관심 많다.
- 개성 있다. 특이하다. 벼락치기에 능하다
- 정에 얽매어 거절하지 않는다.
- 계획을 앞만에서는 세우지 않는다.(세위도 일정대로 잘못한다) 조직생리에 잘 맞지 않는 경우도 있다.
- 하고 싶은 일에는 목숨 건다 또한 창의적이고 독창적이다.
- 반복되는 일에는 쉽게 지루함을 느낀다.
- 일방적으로 지시 받는 건 싫어 한다.
- 칭찬, 지지에 약하다 (인정)
- 현실감각이 없다.
- 자기만의 이상향, 모든 사람들에게 이상향 적용은 어려워
- 자기 안에 갈등이 많고 복잡하다.

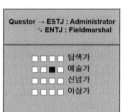

마음이 따뜻하나 상대방을 잘 알기 전에는 표현을 잘하지 않는다. 조용하며, 자신이 관계하는 사람이나 일에 대하여 강하고 성실하다. 또한 자신이 지향하는 이상에 대하여는 정열적인 신념을 지니고 있다.
INFP형은 자신이 지닌 내적 성실성과 이상, 그리고 깊은 감정과 부드러운 마음을 좀처럼 표현하지 않으나 조용하게 생활속에서 배어 나온다. 이해심과 적응력이 많고 대체로 관대하고 개방적이다. 그런 내적인 신의가 위협을 당하면 한치의 양보가 없다. 남을 지배하거나 좋은 인상을 주고자 하는 경향이 거의 없다.

ENFP

특 징

- 멀티태스킹 – 동시에 두개의 일을 수행한다
- 창의력 있다.
- ISTJ상사(보수적이고 좀 꼼꼼한 스타일) 싫어한다.
- 계획을 세우기보다 내 style대로 하게 된다
- 말을 하면서도 정리가 잘 안된다.
- 같은 상황 하고도 잘 섞이지 못함
- 기획회의 때 창의적 기발한 아이디어를 잘 낸다.
- 돌발상황에 대처하는 능력이 강하다 (임기응변)
- 어떤 위기상황에서도 문제를 해결하고 있다.
- 남에 상처 받는 걸 못 견뎌 한다. 할말을 다 하지 못한다.
- 공식적인 석상에서는 해야 할 말을 하는 편이나, 뒤돌아서서 후회하는 경우가 많다, 상처받은 사람을 위로한다.
- 해야 할 일 많고, 급박하게 돌아가는 상황을 즐긴다
- 감정의 변화이나 좋고 나쁨이 얼굴에 드러난다
- 감정이입이나 동감을 무지 잘한다.
- 목소리 크고 말이 없고 빠르다
- 느긋하게 기다려 주기보다, 먼저 말을 하거나 주도돼 나가는 편이다.

열성적이고 창의적이다. 풍부한 상상력과 영감을 가지고 새로운 프로젝트를 잘 시작한다. 풍부한 충동적 에너지를 가지고 즉흥적으로 일을 재빠르게 해결하는 솔선수범력과 상상력이 있다. 관심이 있는 일이면 무엇이든 척척 해내는 열성파이다. 뛰어난 통찰력으로 그 사람안에 있는 성장 발전할 가능성을 들여다 보며, 자신의 열성으로 다른 사람들도 어떤 프로젝트에 흥미를 가지게 하고 다른 사람을 잘 도와준다.

ENFJ

특 징

- 언변능숙형
- 사람을 좋아한다
- 비전을 가진 사람
- 주변사람도 행복하자
- 영향력이 매우 큰 사람이다
- 현실적인 부분에 약하다
- 제안은 많으나 실천은 적다

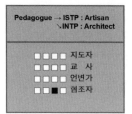

동정심과 동료애가 많으며 친절하고 재치 있고 인화를 아주 중요하게 여긴다. 민첩하고 참을성이 많고 성실하다. 다른 사람들의 의견을 존중하고 그 가치를 본다. 공동선을 위하여서는 대체로 상대방 의견에 동의하고, 새로운 아이디어에 대한 호기심이 많다. 쓰기 보다는 말로써 생각을 잘 표현한다. 편안하고 능란하게 계획을 제시하거나 조직을 이끌어 가는 능력이 있다.

INTJ

특 징

- 범생이라는 평가가 늘 따라 다닌다 (사고치지 않는다)
- 타인으로부터 늘 신뢰 받는 편이다. (특히 윗사람들로부터)
- 책임감이 강하다
- 헌신적이다.
- 늘 중재자 (해결사) 입장에 서 있다 (상담가)
- 말이 많지 않아도 분위기에 따라서 할 때는 한다
- 흔들림이 없다. 신뢰 받는 편
- 혼자서도 식당에 갈 수 있다. (혼자서도 외롭지 않다.)
- 본래 의도와는 다르게 오해 받을 때가 있다
- 분위기 좋아하고 따르지만 망가지지는 않는다.

행동과 사고에 있어 독창적이다. 내적인 신념과 비전은 산이라도 움직일 만큼 강하다. 16가지 유형 중에서 가장 독립적이고 단호하며, 때때로 문제에 대하여 고집에 세다. 자신이 가진 영감과 목적을 실현시키려는 의지와 결단력과 인내심을 가지고 있다. 자신과 타인의 능력을 중요시하며, 목적 달성을 위하여 결단력과 인내심을 가지고 있다. 자신과 타인의 능력을 중요시하며, 목적달성을 위하여 온 시간과 노력을 바쳐 일한다. 직관력과 통찰력이 활용되는 분야에서 능력을 발휘한다. 예를 들면 과학, 엔지니어링, 발명, 정치, 철학분야 등이다.

INTP

특 징

- 관조형
- 큰일에 잘 개입하지 않는다
- 설득하는 일은 거의 없다
- 독립적이다
- 혼자 있기를 좋아한다.
- 거시적인 분야에 관심이 있다.
- 분석적인 사람
- 사람들이 '서로 연락 좀 하고 지내자'라고 한다.
- 냉정해 보인다, 잘난척해 보인다' 라는 소리를 듣곤 한다.
- 사람과의 관계에서도 논리를 두고 맺는다.
- 이론 자체에 관심이 있다

조용하고 과묵하나 관심이 있는 분야에 대해서는 말을 잘한다. 사람들 중심으로 한 가치보다는 아이디어에 관심이 많으며 매우 분석적이고 논리적이며 객관적 비평을 잘한다. 일의 원리와 아이디어에 관심이 많으며 실체보다는 실체가 안고 있는 가능성에 관심이 많다. 이해가 빠르고 높은 직관력으로 통찰하는 재능과 지적 관심이 많다. 개인적인 인간관계나 파티 혹은 잡담에는 흥미가 별로 없다. 사람을 사귀는 데 있어서 그들은 보통 아이디어를 토론하고 나누는 소수의 가까운 사람들을 주위에 두고 있다. 때로 어떤 아이디어에 몰입하여 주위에서 돌아가고 있는 일을 모를 때가 많다.

ENTP

특 징

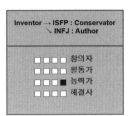

Inventor → ISFP : Conservator
↘ INFJ : Author

창의자
활동가
능력가
해결사

- 감정에 솔직하고 표현을 잘한다.
- 돔소여의 모험, 빨강머리앤
- 지적인, 에너지가 넘침, 활동범위 넓다.
- 직장을 많이 이직함, 기존의 것들을 바꾸려는 경향
- 전공도 복수전공, 요즘 너 뭐 배우니?

조용하고 과묵하나 관심이 있는 분야에 대해서는 말을 잘한다. 사람들 중심으로 한 가치보다는 아이디어에 관심이 많으며 매우 분석적이고 논리적이며 객관적 비평을 잘한다. 일의 원리와 아이디어에 관심이 많으며 실체보다는 실체가 안고 있는 가능성에 관심이 많다. 이해가 빠르고 높은 직관력으로 통찰하는 재능과 지적 관심이 많다. 개인적인 인간관계나 파티 혹은 잡담에는 흥미가 별로 없다. 사람을 사귀는 데 있어서 그들은 보통 아이디어를 토론하고 나누는 소수의 가까운 사람들을 주위에 두고 있다. 때로 어떤 아이디어에 몰입하여 주위에서 돌아가고 있는 일을 모를 때가 많다.

ENTJ

특 징

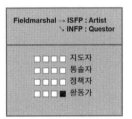

Fieldmarshal → ISFP : Artist
↘ INFP : Questor

지도자
통솔자
정책자
활동가

- 장기간의 계획을 세우지 않으면 일을 추진하기 어렵다 세부적인 단계를 거쳐 성취하는 것 중요
- 폭 넓은 교제와 그룹의 리더 역할을 한다.
- 유보적이기 보다는 단정적 어투 사용
- 사실적 묘사보다 전체적 맥락 이야기
- 객관적 사실 중심으로 대안 제시
- 남의 의견을 존중하는 듯 하지만 결국 내 의견대로 일을 진행 시킨다 강요도 한다
- 열정적이나 성격이 급하고,
- 상식에 어긋날 때는 내 일이 아니라면 대항한다.
- 갈등해소 시 논리적 이해가 중시, 뒤에서 뭐라고 하는 것 싫어하지만 논리적으로 이야기하면 풀린다. 모 아니면 도, 성격이 강해서 자신을 억누른다.

활동적이며 행정적인 일과 장기계획을 선호하며 논리적이고 분석적이다. 사전 준비를 철저히 하며 계획하고 조직하고 체계적으로 목적달성을 추진시키는 지도자들이 많다. 비능률적이거나 확실치 않는 상황에 대해서는 별로 인내심이 없다. 그러나 상황이 필요로 할 때는 강하게 대처한다. 솔직하고 결정력과 통솔력이 있으며 거시적 안목으로 밀고 나간다. 관념자체에 집중하는 경향이 있으며 관념이면의 사람에는 관심이 별로 없다.

2.

Enneagram 영성적 해석: 9가지 에니어그램 유형

날개성향 자기 성격유형의 양 옆에 위치한 유형을 말하며 성격을 균형있게 발전하도록 돕는 역할을 한다. 잠재력을 개발할 수 있는 가능성의 영역이기도 하다.

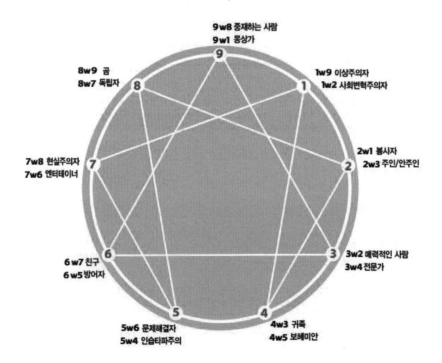

9w8 중재하는 사람
9w1 몽상가

8w9 곰
8w7 독립자

1w9 이상주의자
1w2 사회변혁주의자

2w1 봉사자
2w3 주인/안주인

7w8 현실주의자
7w6 엔터테이너

3w2 매력적인 사람
3w4 전문가

6w7 친구
6w5 방어자

5w6 문제해결자
5w4 인습타파주의

4w3 귀족
4w5 보헤미안

성격유형 성격역동의 2단계로 에너지의 바탕을 두고 기질적 욕구가 가장 강하게 나타나는 핵심적인 자신의 욕구, 타고난 자신의 기질적 욕구를 의미합니다.

완전, 무결 완전을 추구하는   1

(객관/원칙/분별/직관/민감)

- **특징**   정확한 기준과 원칙을 가지고 열심히 일한다. 조그만 실수에도 민감하며, 상황개선을 위해 노력한다. 높은 윤리의식을 가지고 있고 정직하며 비판, 사리분별, 현실직시가 뛰어나다.
- **주변평가**   정직, 확실, 지나치게 비판적이다.
- **적성**   가르치거나 분석, 정확성이 요구되는 분야: 교사/의사/성직자/품질관리/반도체

사랑, 도움 타인에게 도움을 주려는   2

(친절/이타/따뜻/보살피는)

- **특징**   사람과의 정서적인 교류를 잘하고 자기를 희생할 줄 안다. 공감을 잘하고 모성적인 성향이 강하여 타인의 기분을 맞추려고 노력한다. 베푼만큼 그것에 상응하는 감사를 받고싶어한다.
- **주변평가**   따뜻하다. 기대고 싶다. 지나치게 도움을 주려한다.
- **적성**   공감도움, 정서적인 지지가 요구되는 분야: 간호사/사회복지사/상담가/가이드

성공, 유능 성공을 추구하는   3

(효율/모범/유능/목표)

- **특징**   카리스마가 있고 문제를 쉽게 해결하며 훌륭한 동기유발자이다. 열정적이고 유능하며 경쟁에 강한 모습을 보인다. 목표를 가지고 성취하는 것을 좋아하며 효율성을 강조하는 경향이 있다.
- **주변평가**   유능하다. 자기 관리를 잘한다. 지나치게 기회주의자이다.
- **적성**   달성목표와 성고가 구체적으로 드러나는 분야: 배우/홈쇼핑/영업분야/대중강연

독특, 특별 독특하고 싶은   4

(부드러운/자의식/심미/직관)

- **특징**   순수, 아르다움, 진실, 평범하지 않은 것을 추구한다. 겉으로 드러난 것보다는 그 속에 숨어있는 의미를 탐색하여 관심분야에 지극히 몰두하는 경향이 있다.
- **주변평가**   미적감각이 있다. 지나치게 감정적이다.
- **적성**   예술적이거나 직관력을 필요로 하는 분야: 배우/디자이너/비평가/심리학자/상담사

전지, 통찰 지식을 얻고 관찰하는 5

(통찰력/논리/초연/개관)

- **특징** 이성적이고 복잡한 아이디어와 기술을 개발하는데 집중하는 능력이 있다. 호기심이 많고 분석에 능해 독창적인 이론을 세우기도 한다. 타인과 떨어져 있고 싶어하고, 의존도를 낮추기 위해 자신의 욕구를 최소화한다.
- **주변평가** 생각이 깊다. 박식하다. 차갑고 인색하다.
- **적성** 지속적인 탐구가 가능하고 지적 호기심을 유발할 수 있는 분야: 컴퓨터전문가/작가/애널리스트/학자)

안전, 신뢰 안전을 추구, 충실한 6

(신뢰/성실/충실/예지)

- **특징** 책임감이 있고, 체계적인 일을 하며, 신뢰하는 조직이나 사람에 매우 충실하다. 타인의 숨은 의도와 위험요소를 잘 찾아내며, 매사에 신중을 기한다.
- **주변평가** 성실하다. 신뢰롭다. 지나치게 의심한다.
- **적성** 명확한 지침이 있고 분명한 결과를 도출할 수 있는 분야: 교사/세무사/공무원/과학자/건축기사

행복, 기쁨 행복과 즐거움을 원하는 7

(쾌활/낙관/다재다능/열정)

- **특징** 새롭고 재미있는 일을 생각하거나 실행하기를 좋아하며 기발한 아이디어를 잘 생각해 낸다. 상황에 대한 적응력이 뛰어나 재치가 넘치고 매우 낙관적이다. 반복적인 일, 슬픔, 고통 등을 싫어하며, 종종 종잡을 수 없고 무책임해 질때도 있다.
- **주변평가** 재미있다. 창조적이다. 산만하다. 가볍다.
- **적성** 빠른 전환과 순발력이 요구되는 분야: 이벤트플래너/분장전문가/개그맨/광고기획자

힘, 영향력 강하고 자기를 주장하는 8

(독립적인/자신감이 넘치는/결단력있는/의리있는)

- **특징** 대범하고 무뚝뚝하며 힘을 행사하기를 좋아한다. 호전적이고 대결하기를 좋아하고 거리낌없이 말하고 행동한다. 영웅기질과 리더의 성향을 타고 났으며, 용기있고 의지가 강하고, 자기 휘하에 있는 사람을 보호하려 한다.
- **주변평가** 강하다. 튼튼하다. 거칠다. 자기 마음대로 한다.
- **적성** 조직체를 통솔하거나 자율적인 권한이 주어지는 분야: 감독/스턴트맨/농장경영자/노조지도자

평화, 조화 조화와 평화를 바라는 9

(인상적인/선한/평온한/중재하는/만족하는)

- **특징** 모든 사람들의 의견을 수용하려 한다. 자신의 이해를 개입시키지 않고 일 할 수 있기 때문에 침착하고 중재와 타협을 잘한다. 타인의 욕구와 관점에 자신을 잘 맞추고 동화되기도 한다. 가슴이 따뜻하나 너무 느긋하고 태만하며 고집이 세다.
- **주변평가** 선하다. 듬직하다. 자기 표현이 부족하다. 둔하다.
- **적성** 조직 간의 조화나 중재, 수용이 필요한 분야: 사회 복지사/성직자/외교관/행정관료/상담자

*한국가이던스, EPDL, 3쪽 참조

자기역동 이해 : 나는 어떨 때 힘이 나는가?(힘의 중심)

힘의 중심 성격역동의 1단계로 일상생활을 하면서 자신이 에너지, 힘을 얻게되는 중심되는 타고난 기질을 의미합니다.(머리중심/가슴중심/배중심)

특성 / 중심	머리 (5,6,7유형)	가슴 (2,3,4유형)	배 (8,9,1유형)
힘의 원천	사고(THINKING)	감정(EMOTION)	행동(BEHAVIOR)
별명	피하는 사람	위하는 사람	대항하는 사람
	물음표의 사람	느낌표의 사람	마침표의 사람
내부감정	두려움	수치심, 불안	분노
관계양식	일정한 거리감을 유지함	친밀감을 확인, 표현함	당연과 의무, 의리를 중시
관심과 의사결정	논리, 정보, 근거 등에 의한 객관적 의사결정	따뜻하고 정서적으로 관계에 따라 의사결정	규율과 정도에 맞는 도덕적 의사결정
대화스타일	딱딱하고 논리적인 말투	상냥하고 웃음이 있는 정서적인 말투	결론, 단정적인 말투
발달기관	시각	촉각, 미각	청각, 후각
관심갖는 주제	상황파악	사람	의지와 힘
시제	미래지향 (그러면 어쩌지?)	과거지향 (예전에 그랬었는데)	현재지향 (지금 그래)
선호하는 일	연구	봉사, 서비스	지도, 리더

유형	날개영역	대략적 특징	
1유형	9 유형 영역	이상적인 사회를 실현하는 사람	☐
	2 유형 영역	사회변화를 주장하는 사람	☐
2 유형	1 유형 영역	봉사할 줄 아는 사람	☐
	3 유형 영역	안주인 / 주인	☐
3 유형	2 유형 영역	매력적인 사람	☐
	4 유형 영역	전문가	☐
4 유형	3 유형 영역	귀족적인 사람	☐
	5 유형 영역	보헤미안 같은 자유를 꿈꾸는 사람	☐
5 유형	4 유형 영역	안습에 저항하는 사람	☐
	6 유형 영역	문제해결에 능한 사람	☐
6 유형	5 유형 영역	방어 (분석, 준비)하는 사람	☐
	7 유형 영역	친구가 되어주는 사람	☐
7 유형	6 유형 영역	만능 재주군인 사람(에터테이너)	☐
	8 유형 영역	현실적인 감각이 있는 사람	☐
8 유형	7 유형 영역	독립적인 성향이 강한 사람	☐
	9 유형 영역	곰처럼 든든하고 편안한 사람	☐
9 유형	8 유형 영역	중재할 힘이 있는 사람	☐
	1 유형 영역	원대한 이상을 가진 사람	☐

에니어그램 힘의 중심에 대한 해석(장, 심장, 머리 중심)

장 중심

장 중심(유형 8, 9, 1)

08
보호 / 도전 / 복수하는 사람

강하다. 직설적이다. 자신만만하다. 영향력 있다. 에너지가 많다. 대담하다. 아량이 넓다. 의지가 강하다. 정의롭다. 자주적이다. 확신에 차 있다. 유능하다. 선두에 있다.

세련되지 못했다. 보복한다. 허세 부린다. 소유욕이 강하다. 압도한다. 위협적이다. 둔감하다. 통명스럽다. 무정하다. 둔하다. 듣지 않는다. 거칠다. 오만하다. 호전적이다. 독재적이다. 맞선다. 폭군적이다.

09
평화주의자 명상가 / 중도주의자

인내심 있다. 여유가 있다. 겸손하다. 동요하지 않는다. 안정적이다. 편안하다. 수용적이다. 침착하다. 허용적이다. 허세가 없다. 평온하다. 조화를 이룬다. 방임적이다. 느긋하다. 참착한다. 양보한다.

일을 미룬다. 별 기대가 없다. 지루하다. 우유부단하다. 화를 억누른다. 장황하다. 안일하다. 나태하다. 태만하다. 지나치게 순응적이다. 수동 공격형이다. 초연하다. 완고하다.

01
완벽주의자

책임감이 있다. 양심적이다. 신뢰할 만하다. 정확하다. 정직하다. 도덕적이다. 기준이 높다. 이상주의적이다. 철저하다. 공정하다. 윤리적이다. 열심히 한다. 비판적이다. 분노한다.

기대치가 높다. 참을성이 없다. 요구가 많다. 도덕적이다. 지나치게 노력한다. '해야한다'가 많다. 지나치게 진지하다. 간섭한다. 날카롭다. 완벽주의적이다. 초조하다. 비현실적이다. 엄격하다. 청교도적이다.

심장 중심

심장 중심(유형 2, 3, 4)

02
자상한 사람(협력자)

돕는다. 이타적이다. 베푼다. 민감하다. 칭찬한다. 돌본다. 배려한다. 사랑이 많다. 양육된다. 공감한다. 긍정적이다. 수용적이다. 희생적이다. 남을 먼저 생각한다. 함께 아파한다. 귀를 기울인다. 관계 중심적이다. 지지해준다.

불평한다. 요구가 많다. 맞서지 않는다. 과잉 보호한다. 간섭한다. 소유욕이 강하다. 조종한다. 순교적이다. 아부한다.

03
성취주의자

능률적이다. 성공적이다. 동기부여자이다. 실용적이다. 실제적이다. 목표지향적이다. 인기있다. 활동적이다. 다재 다능하다. 자신감 있다. 팀조직자. 능력이 있다. 친화력이 있다. 일을 끝낸다.

관리자 스타일이다. 타산적이다. 편의주의적이다. 앞서 간다. 안달한다. 외모중시. 일 중독. 카멜레온. 자기선전적. 정치적이다. 오도한다. 과대 성취한다. 연기를 잘한다. 감정을 무시한다. 과다 활동한다.

04
비극적으로 낭만적인

민감하다. 독창적이다. 미를 창조한다. 취향이 고상하다. 두드러진다. 느낌이 중요하다. 고급스럽다. 세련되다. 직관적이다. 교양 있다. 표현력이 있다.

특별하다. 오르락내리락. 초연하다. 극적이다. 과장한다. 소유욕이 강하다. 까다롭게 군다. 비탄한다. 엘리트 의식이 있다. 조종한다. 관심을 요구한다. 격렬하다. 즉흥적이다. 감정이 들쑥날쑥하다. 지나치게 예민하다. 오해 받는다. 밀고 당긴다.

머리 중심

머리 중심(유형 5, 6, 7)

05
관찰자

생각한다. 탐구적이다. 관조적이다. 지적이다. 진리를 추구한다. 신중하다. 관찰한다. 합리적이다. 논리적이다. 이해한다. 나서지 않는다. 철학적이다. 지각이 예리하다. 추상적이다. 분석가다.

아는 것이 많다. 혼자서 행동한다. 인색하다. 억제한다. 지나치게 초연하다. 말이 없다. 대리체험을 한다. 비장하다. 경멸한다. 신경 쓰지 않는다. 차갑다. 완고하다. 숨어있다. 탐욕 스럽다.

06
충직한 사람 / 질문자 / 시성 조사 심문관

조심스럽다. 믿을 수 있다. 공손하다. 충성스럽다. 책임감 있다. 신뢰할 만하다. 분별력 있다. 양심적이다. 신중하다. 명예를 존중한다. 권위를 의식한다. 결연하다. 준비되어 있다.

완고하다. 교조주의적이다. 의심한다. 초조하다. 소심하다. 보수적이다. 가이드라인이 있다. 최악의 상황을 가정한다. 우유부단하다. 경계한다. 근심이 많다. 규칙을 따른다. 도전한다. 확신이 없다. 공포/공포 순응에 대항한다.

07
계획자

낙관적이다. 우호적이다. 열광적이다. 창조적이다. 모임을 좋아한다. 상상력이 풍부하다. 기쁨에 차 있다. 명랑하다. 외향적이다. 안목이 있다. 재미있는 것을 좋아한다. 재미있다. 재미있게 해준다.

쾌락주의적이다. 즉흥적이다. 피상적이다. 순진하다. 무르다. 자기 도취적이다. 분산 되어있다. 비현실적이다. 무책임하다. 도피주의적이다. 산만하다. 충동적이다. 일관성이 없다. 백일몽을 꾼다.

9가지 유형별 특성

1유형. 개혁가: 합리적이고 이상적인 사람

1 유형 개혁가 | 합리적이고 이상적인 사람

이제 나는 선언합니다

▶ 삶은 언제나 선하며 신비롭게 펼쳐진다는 것을.
▶ 긴장을 풀고 주어진 삶을 즐길 것을.
▶ 매사에 최선을 다한 것으로 충분하다는 것을.
▶ 타인을 배울 점이 많다는 것에 감사함을.
▶ 타인에게 부드러움과 존경심으로 너그럽게 대할 것을.
▶ 나의 감정은 정당한 것이며, 나도 감정을 가질 권리가 있음을.
▶ 내 실수에 대해 나 자신을 비난하지 않을 것을.
▶ 나 자신에 대해서도 부드럽고 관대해질 것을.

이제 나는 내려놓습니다

▶ 너무 엄격한 기준으로 나와 타인을 구속하는 것을.
▶ 자제심을 잃고 비이성적으로 행동할지도 모른다는 두려움을.
▶ 내 잘못에 대해 비난을 받을지 모른다는 두려움을.
▶ 나 자신의 모순을 보지 않으려는 성격을.
▶ 나 자신의 행동을 합리화하려는 성격을.
▶ 내가 변화시킬 수 없는 것들에 대한 집착을.
▶ 세상에 대한 모든 원망과 실망을.
▶ 내가 다른 사람을 판단할 수 있는 위치에 있다고 믿는 것을.
▶ 나 자신과 다른 사람을 완벽으로 몰고 가려는 행동을.
▶ 나 자신의 정신적, 육체적 고통을 외면하는 것을.
▶ 분노하고, 참을성 없으며, 쉽게 귀찮아하는 성격을.
▶ 내 삶을 지나치게 질서 있고, 효율적으로 통제하려는 나의 욕구를.
▶ 잘못된 부분에 습관적으로 초점을 맞추는 태도를.
▶ 모든 것을 바로 잡는 일이 나에게 달렸다는 생각을.

1번 유형의 개혁가는 합리적이고 이상적인 사람들이다. 그들은 완벽주의자라 불린다. 그들의 특징은 **책임감이 있다. 양심적이다. 신뢰할 만하다. 정확하다. 정직하다. 도덕적이다. 기준이 높다. 이상주의적이다. 철저하다. 공정하다. 윤리적이다. 열심히 한다. 비판적이다. 분노한다. 기대치가 높다. 참을성이 없다. 요구가 많다. 도덕적이다. 지나치게 노력한다. '해야 한다'가 많다. 지나치게 진지하다. 간섭한다. 날카롭다. 완벽주의이다. 초조하다. 비현실적이다. 엄격하다. 청교도적이다.**

그들은 타인들에게 다음과 같은 인격으로 보여진다. 그들은 이상적이고 원칙적이다. 정리정돈을 잘하고 부지런하다. 근면성실하고 일을 정확하게 처리하여 신뢰를 얻는다. 말과 행동에 일관성이 있는 정직한 사람이다. 양심적이고 공정하다. 개인적인 이득 때문에 일하지 않는다. 세상에 대한 개선의 의지가 강하며 윤리 도덕적이다.

이렇게 형성된 페르소나(가면)는 '나는(항상) 옳다', '나는(항상) 좋다', '나는(항상) 공정하다'라는 프레임에 걸려 자기객관화에 실패할 수 있는 가능성이 있다는 것이 1번 유형의 함정이다.

나는 절대 만족하지 못한다. 그리고 어떠한 것도 나에겐 충분하지 않다. 나는 항상 모든 것과 모든 이들을(내 자신을 포함해서) 발전 혹은 변화시키려 하고 습관적으로 결과에 불만족한다. '나'는 완벽함에 대해 비현실적인 기준을 가지고 있으며 이 기준들은 도달하기 불가능한 것들이 대부분이다.

나는 매우 비판적이고, 잘못된 점이나 고칠 점들을 놓치지 않고 재빨리 찾아낸다. 내 관심은 이것들에게 마치 자석처럼 붙어 있으며 다른 것들은 눈에 들어오지 않는다. **내 안에는 강력한 비평가가 있어서 항상 내 머릿속에서 옳고 그름, 좋고 나쁨에 대해 얘기를 나눈다.** 항상 무언가를 감시하고, 머릿속으로 교정하고 발전시키고 있다. 나는 다른 이들도 내가 교정해야 한다고 느끼며 그들에게 어떻게 하라고 잔소리를 하려고 한다.

실수를 한 번 하면 나는 그것을 두고두고 되새기며(주로 속으로) 계속적인 재검토에 들어간다.

"어디서 잘못된 걸까? 왜 나는 이러지 않았을까…?"

나는 남들과 자신을 비교하는 습관이 있으며, 그로 인해 생기는 비판들로부터 나를 보호하려고 한다. **나는 높은(사실상 불가능한) 기준을 지니고 있으며 다른 이들도 나에 대해 똑같이 높은 기준**을 가지고 있다고 믿는다.

나는 내 자신에게 만큼 남들에게도 비판적이지만 그들에 대한 내 의견을 말하는 데에는 어려움을 느낀다. **"그들 스스로가 반성해야 해. 누군가가 말해 주겠지…"**라고 생각한다.

솔직함은 내게 매우 중요하며 나는 항상 내 자신을 분석하고 있다. **나는 직설적으로 이야기하길 좋아하며 옳고 그름, 그리고 행해져야 하는 행동에 대해 명확한 의견을 지니고 있다. 하지만 그에 못 미치는 내 자신을 보며 죄책감에 시달린다.**

나는 일단 무슨 행동을 취해야 할지, 무엇이 옳은 행동인지 깨달으면(혹은 깨달았다고 느끼면) 굉장히 권위적인 사람이 되기도 한다: 분명치 않은 부분에 대해서는 곤란함을 느끼며 무엇이 '옳은지' 결정된 뒤 그에 대해 행해지는 행동의 '과정'에 대해 불만을 가지기도 한다. 하지만 이러한 독단적인 의견들 뒤에는 불확실함이 자리 잡고 있다: 나는 언제나 이것을 느끼며 불만족스러워한다.

나는 개인적 의견을 정하는 데에 있어 어려움을 겪으며 이로 인해 습관적으로 **잔 걱정이 많은 사람**이 되기도 한다. **틀린 결정을 내리거나 잘못된 사람이 되는 것에 대한 두려움** 때문이다.

잘 느껴지지는 않지만 **내 안에는 지속적인 분노의 지류가 있어서 가끔 표면적으로 나타나기도 한다.** 예를 들면, **내 유머들은 보통 날카로운 발톱**을 지니고 있는 경우가 많다. (예를 들면 아이러니, 비꼬기, 풍자…)

내 말들은 주로 사과와 해야 하는 일들로 범벅이 되어 있다. 나는 습관적으로 내 자신을 교정하려고 든다. 내가 방금 한 말을 정정하고 질문하고 제한한다: 나는 항상 그 상황에 가장 적합한 단어를 찾아서 내가 하려는 말을 명확하게 하려고 한다.

나는 다른 이들의 말을 끊으려 하며, 그들이 얘기할 때 끊임없이 속으로 그것에 대해 얘기하고 있다.

완벽함과 옳은 일 성실함에 집착하며 강한 의무감으로 모든 상황을 개선시키는 것이 나의 할 일이라고 생각한다. 또한 **'-하지 않으면 안 된다', '-해야 한다'라는 말을 자주 사용**한다. **지나쳐 버릴 수 있는 것까지 자기변호와 자기비판을 잘한다.** 못 가서 미안하다고 말하면 되는데 '그날 이래저래 못 갔다'고 자기변호를 한다.

1번 유형의 핵심적인 키워드는 '완벽주의'와 '분노'다. **분노는 내게 지속적인 감정이며 항상 숨어 있는 동반자**이며 불만과 **옳지 않은 것들에 대한 혐오의 형태로 나**타나는 감정이다. 나는 **습관적으로 불만에 가득 차 있고 내 자신과 내 주위 상황에 대해 항상 불만족**스러워한다. **나도 모르는 필요성 때문에 분노는 쌓여만 가고 이에 반응해서 나도 모르게 이 분노를 기준선 바깥이라고 생각되는 이들에게 풀어버린다.** 이러한 방법을 사용할 때 나는 개혁 운동가가 될 수도, 광신자가 될 수도, 고집쟁이가 될 수도, 열광자가 될 수도 있다. 분노는 숨겨져 있고, 억제되어 있다. 왜냐면 모순적이게도 나는 항상 모범을 보여야 하기 때문이다 ("좋은 모델이 되어야 하고") 그리고 "착한 아이"는 화를 내면 안 되기에, 내 자신을 무조건 억제해야 한다: 만약 억제할 수 없다면 그 분노를 합리화시켜서 당시 내 자신이 화를 낼 수밖에 없는 상황이었고 그렇게 화낼 권리가 충분했음을 증명해야 한다. 이것은 언제나 자신으로부터 책임을 돌리는 행동이었다.

치료방향(변화와 전환의 방향과 방법)

1. 전환해야 할 부분은 나의 비판적이고 일방적인 습관들이다. 그들을 놓아 버려야 하며 내가 처한 현실을 인정하고 내 자신을 인정해야 한다. 우리가 살아가는 동안 완벽한 것이란 없고 어떤 것도 완벽할 수는 없다.

2. 나는 내 경계를 늦추고 발전을 위한 끊임없는 내 욕망을 쉬게 해 줄 필요가 있으며 삶을 즐기도록 노력하고 자기 자신을 즐기고 내가 하는 일을 즐길 필요가 있다.

3. 나는 무엇보다도 내 자신을 수용해야 하고 **내 죄스러운(혐오스러운) 완벽에 대한 집착을 인정**하고 뉘우치고 자신과 세상의 **완벽함을 위해, 판단하고 비평**하는 것이 아니라 **삶을 창조하고 축복하는 자세**를 배워야 한다. **"하느님께서 보시니 참 좋았다."**

4. **항상 틀린 점에 주목하는 나의 태도**는 어떤 상황에서도 **발전을 꾀할 수 있는 직관적인 본능과 정확하고 예민한 비판력**으로 발전될 수 있다. 그러나 주변에 대한 끊임없는 비판과 지적질은 나의 에너지를 소진하고 타인의 생명력을 파괴할 수 있음을 깨달아야 한다.

2유형. 돕는 자: 돌보고 양육하는 사람

 2 유형 **돕는자** | 돌보고 양육하는 사람

이제 나는 내려놓습니다

▶ 다른 사람을 향한 나의 분노와 원망을.
▶ 내 공격성을 정당화하려는 모든 시도를.
▶ 사랑하는 사람들을 독점하려는 마음을.
▶ 다른 사람이 나를 사랑하게 만들려고 아첨 하는 것을.
▶ 내가 타인을 위해 한 일로 그들의 관심을 불러일으키려는 생각을.
▶ 내 요구에 충분히 응해주지 못한 것에 대해 상대방이 죄책감을 느끼게 만드는 성격을.
▶ 아무도 나를 원하지 않고 사랑하지 않을 것이라는 두려움을.
▶ 아무도 나를 기꺼이 돌보아주지 않을 것이라는 생각을.
▶ 다른 사람도 내가 원하는 방식으로 내 도움에 보답해야 한다는 기대감을.
▶ 나의 모든 신체적인 병, 아픔 그리고 불평을.
▶ 내 자신이 희생되었다는 느낌, 혹사당했다는 느낌에 사로잡히는 것을.
▶ 다른 사람이 나를 필요로 하게 만드는 욕심을.
▶ 나의 부정적인 감정을 인정하지 않으려는 습성을.
▶ 내 외로움을 달래기 위해 음식이나 약을 함부로 먹는 것을.

 이제 나는 선언합니다

▶ 나 자신을 사랑할 것을.
▶ 나 자신의 성장과 발전에 힘쓸 것을.
▶ 내 모든 감정은 나의 것임을 두려워 하지 않고 받아들일 것을.
▶ 나는 내 행동 동기에 대해 분명한 의식을 갖고 있음을.
▶ 나의 행복이 타인을 기쁘게 하는데 있는 것이 아님을.
▶ 사랑하는 사람을 소유하려 하지 않을 것을.
▶ 아무 조건 없이 타인을 사랑할 것을.
▶ 다른 사람이 내게 베풀어 준 모든 것에 대해 감사함을.

2번 유형의 돕는 자는 돌보고 양육하는 사람이다. 그들은 이렇게 보여진다. **돕는다. 이타적이다. 베푼다. 민감하다. 칭찬한다. 돌본다. 배려한다. 사랑이 많다. 양육한다. 공감한다. 긍정적이다. 수용적이다. 희생적이다. 남을 먼저 생각한다. 함께 아파한다. 귀를 기울인다. 관계 중심적이다. 지지해 준다. 불평한다. 요구가 많다. 맞서지 않는다. 과잉보호한다. 간섭한다. 소유욕이 강하다. 조종한다. 순교적이다. 아부한다.** 2번 유형의 사람들은 본능적으로 강하게 신에 대한 **사랑**과 **동정심**을 느끼며 신의 사랑을 남들에게 퍼트려야 한다는 사명감을 지니고 있고, 언제든지 남한테 도움을 줄 준비가 되어 있는 사람들이다. 그들은 '나는 자상하다', '나는 줄 수 있다'는 이미지에 사로잡혀 있다.

나는 본능적으로 **사람들에게 정이 간다**, 그것은 타고난 것이다. 나는 **누군가를 도와야 하고 주고 있어야 하고 칭찬해야 하고 사랑해야 한다.** 나는 그들이 내가 하는 일로 인해 기분이 좋아져야 한다. 나는 **남들을 기분 좋게 할 수 있는 말은 놓치지 않고 다 말하며,** 그와 동시에 그들이 내가 한 행동에 감사하게 느끼게 해야 한다.

나는 내 도움이 필요한 세계에 도움을 주는 사람으로 나를 본다. **나는 필요해야만 하고 내 조언과 도움을 남들이 원하고 그에 의지해야 한다.** 나는 **남들이 필요한 걸 쉽게 감지해야** 하고 그들이 필요할 때 **가장 먼저 찾는 사람**이 되어야 한다. 내가 하는 일의 대부분은 청찬을 얻거나 퇴짜를 피하는 데에 목적이 있다. 나는 **남들이 나를 따뜻하고 사랑스러운 사람으로 인식하게 해야 하고 그것을 위해** 열심히 노력한다.

내가 주는 도움에는 미묘한 "고리"가 걸려 있다. 나는 **나에 대한 고마움, 집중 그리고 긍정을 원한다.** 나는 이것을 얻기 위해 굳이 질문을 던지지 않고 가장 선한 방법으로 남들을 설득한다.

나는 **굉장히 대인적이고 자상한 태도로 남들에게 접근**하며 그들이 자신에 대해 마음을 놓고 말하도록 유도하고 허락한다. 하지만 정작 나는 자신에 대해서 그러한 정보를 교환하는 데에는 매우 느리고 소극적이다.

나는 다른 이들의 만족을 위해 발달시킨 내 안의 다양한 '자아'와 성격들(수많은 페르소나, 가면) 때문에 혼란에 빠지기도 한다.

나는 **다른 이들의 요구에 너무 맞추어서 행동하기 때문에,** 그들의 사랑을 확인하려는/확실히 하려는 노력 가운데에서 자신을 잃어버리기도 한다.

내가 하는 말의 대부분은 **남들을 청찬하고 남들에게 용기를 주고, 조언을 주고,**

그들이 필요할 때에는 언제든지 도움을 주는 것이다, 그들이 필요하든 말든 문제가 되지 않는다.

내가 사용하는 단어들 가운데, '나' 자신이 무엇인가 필요한데 그것을 제공받지 못했을 때의 상태를 가장 잘 표현할 수 있는 단어는 "아픔"이고 내가 쓰는 단어들 가운데에서 중요한 역할을 한다. **나는 내 감정, 특히 분노와 적대심과 혐오감을 억제한다.** 하지만 나 또한 특정 상황에서는 냉소적이고 거짓된 사람이 될 수 있다. **'나의 자녀들아, 내가 너희들한테 해 준 것이 얼마인데 나에게 이럴 수가 있느냐?' 라고 말할 수 있다.**

2번 유형의 방어기제는 억압(depression)이다.

나는 나의 이미지나 **남들이 나에 대해서 가졌으면 하는 이미지, 즉 자상하고 점잖고 사랑스러운 사람이라는 이미지를** 망칠 수 있는 모든 충동이나 반응을 억제한다. 특히 **분노/공격성과 열정/성적 욕망의 위험한 경계**선에서는 특히 더 그렇다. 자신의 부정적인 충동, 욕구, 감정을 억압한다. 자신이 자각하고 싶지 않은 어떤 것을 무의식중에 의식 밖으로 몰아내는 것이다. 자신의 필요가 스스로를 근심하게 만들기 때문에, 그것을 억압하여 자신의 필요를 다른 사람에게 투사한다.

나는 남들이 **나를 필요로 하고 도움이 필요할 때** 찾는다는 것에 대해 자부심을 느낀다. 나는 **인맥관계가 좋음에 대해, 유명하고 중요한 사람들과 친하고 그들의 가치 있는 친구라는 사실**에 자부심을 느낀다. 이러한 나의 남을 위한 모든 걱정 밑에는 그들의 삶의 중심을 차지하고 **중요한 사람이 되고자 하는 욕망**이 자리 잡고 있다.

나는 남들이 필요한 것에 대해서 매우 잘 알고 있지만 '나' **자신을 도와달라고는 말하지 못하고, 거꾸로 도움을 받는 데에 불편함**을 느낀다. 내가 주는 도움, 그리고 내가 보여 주는 사랑은 **철저하게 일방적**이다. 나는 내가 필요한 점을 남들에게 비추면서 남들을 도와줌으로 인해 간접적으로 만족감을 느끼려고 한다. 나는 굳이 내가 말하기 전에 남들의 동정과 걱정을 얻으려고 한다. 나는 일종의 **메시아 콤플렉스**를 가지고 있다. 사람들은 나의 도움이 필요하지만 나는 내가 필요한 것도 있다는 점과 내가 줄 수 있는 도움에는 한계가 있다는 점을 인정하지 못한다. 부탁을 받으면 거절하지 못하고, 부탁하지 않은 일도 앞장서 도와준다.

나는 상대방이 지지하거나 관심을 보여 주지 않을 때 쉽게 상처를 받는다. 나는 또한 '모든 사람들과 똑같이 친해져야 한다'라고 생각한다. 우체부, 경비원, 신부님, 이웃 아이 등에게 똑같이 친절하다. 그리고 자신은 모든 친구들에게 특별히 중요한 사람이 되기를 바라기도 한다. 관계 안에서 소유욕과 독점욕이 강하다. 특별히 애정관계에 있어서는 더욱 그러하다.

치료방향(변화와 전환의 방향과 방법)

1. 2번 유형의 변화의 시작은 **"내가 주는 사랑과 도움이 얼마나 일방적인지"** 그것이 얼마나 잘못돼 있는 것인지 인식하는 데서 시작한다.

2. 나는 **남들의 도움을 거리낌 없이 받아야 하고** 그것에 대해 불편함을 느끼지 말아야 한다. 내가 도움을 주면 나도 도움을 받을 수 있는 것이다. 나의 보상체계를 남들에게 모두 적용할 수는 없다는 것을 깨달아야 한다.

3. 나는 **남에게 도움을 줌으로 인해 느꼈던 자부심에서부터 벗어나야 하고** 나도 도움이 필요한 부분이 있음을 인정하고 그것을 부끄러워해서는 안 된다. 사람은 서로 기대어 살아갈 뿐이고 도움은 서로 주고받는 것이다.

4. '나' 자신의 모습으로 돌아올 수 있는 길들 중 진실(**도움을 줘야 할 뿐만 아니라 받을 필요도 있다는 사실**)을 경험하는 일이 가장 확실한 길이다. 그런 과정을 거친 뒤에야 나는 스스로 존재를 인정할 수 있고 초월적인 사랑이 무엇인지 알게 된다. 나의 사랑은 언제나 조건이 붙은 사랑이었다는 것을 깨닫게 되면 보다 높은 조건 없는 사랑으로 나아가는 길을 발견할 수 있게 된다.

3유형. 동기유발자: 성공 지향적이고 실용적인 사람

이제 나는 선언합니다

▶ 성공과 관계없이 내 자신은 가치 있는 존재임을.
▶ 자신을 받아들이는 것이 진정한 나의 달란트를 발전시키는 일임을.
▶ 내 중심은 나이며 건강한 정서를 가졌음을.
▶ 두려움 없이 나의 참모습을 보여 줄 수 있음을.
▶ 나는 타인을 잘 돌보고, 선한 마음을 가지고 있음을.
▶ 다른 사람들이 내게 주는 사랑 있는 그대로 받아들일 것임을.
▶ 다른 사람의 행복과 복지를 위해 기꺼이 일할 것을.
▶ 나를 존중해주는 사람들에 대해 책임이 있음을.
▶ 다른 사람의 성취와 성공을 내 일처럼 기뻐할 것을.

이제 나는 내려놓습니다

▶ 나는 부적합한 사람이며 타인에게 거절당할 지도 모른다는 두려움을.
▶ 실패와 창피를 당하는 것에 대한 두려움을.
▶ 내 능력을 발휘하기 위해 자신의 감정을 숨기는 것을.
▶ 최고가 되기 위해 가혹하게 자신을 몰고 가는 성격을.
▶ 나 자신과 나의 능력을 과장하려는 욕구를.
▶ 나 자신에 대한 과대한 기대를.
▶ 나를 다른 사람과 비교하려고 하는 성격을.
▶ 다른 사람의 칭찬을 얻기 위해 나 자신의 모습을 저버리는 일을.
▶ 지속적인 타인의 주목과 칭찬에 대한 갈망을.
▶ 불안정한 나 자신을 보상하기 위해 교만해지는 것을.
▶ 나의 실수와 부족함을 감춰야 한다는 생각을.
▶ 나의 연기로 다른 사람을 감동시키려는 욕구를.
▶ 다른 사람을 헐뜯는 것이 자신을 더 낫게 만들 수 있다는 믿음을.
▶ 다른 사람들과 그들의 행운을 시기하는 감정을.
▶ 다른 사람을 미워하는 감정에 사로잡히는 것을.

3번 유형은 동기유발자, 성공 지향적이고 실용적인 사람이다. 그들은 타인들에게 이렇게 보여진다. **능률적이다. 성공적이다. 동기부여자이다. 실용적이다. 실제적이다. 목표지향적이다. 인기 있다. 활동적이다. 다재다능하다. 자신감 있다. 팀 조직자. 능력이 있다. 친화력이 있다. 일을 끝낸다. 관리자 스타일이다. 타산적이다. 편의주의적이다. 앞서간다. 안달한다. 외모중시. 일중독. 카멜레온. 자기선전적. 정치적이다. 오도한다. 과다성취한다. 연기를 잘한다. 감정을 무시한다. 과다활동한다.**

- 자신감이 있고 적응력이 뛰어나다.
- 활발하고 효율적이며 실용적이다.
- 부지런하고 낙관적이며 목표지향적이다.
- 동기부여자이며 누구와도 일할 수 있다.

- 상황에 따라 탄력성이 있으며 유연하다.
- 긍정적이며 어떤 일도 성공적으로 이끈다.

3번 유형의 사람들은 '나는 효율적이다', '나는 무엇이든지 할 수 있다', '나는 성공적이다'라는 프레임에 걸려 있다. **나는 바빠야 하고 나를 도전하게 하는 것과 마주쳤을 때 가장 행복하다. 내가 효율적이고 성공적으로 보이는 것은** 중요하다. 남에게 보여지는 것이 중요하다. 남들의 평판에 쉽게 흔들릴 수 있다는 것이다. 나는 계속 바빠야 하고 계속 일을 해서 계속 성공을 해야 한다. 나는 내면의 문제보다는 밖으로 보여지는 삶의 성공을 위해 포기할 수 있다. 나는 내 감정들과의 교류가 원활하지 않으며 남들이 나를 어떻게 바라보는지에 대해서 지속적으로 검사하며 내가 어떻게 하고 있는지에 대한 타인의 평가가 계속 필요하다.

나는 내가 하는 일과 결과에 의해 정의된다. 나는 내 역할, 나의 페르소나(가면)와 같으며 내 위치와 내 이미지에 대해 예민한 반응을 보인다. 나는 내 스스로에게 내가 무엇을 하는지 말해줌으로서 내가 누구인지 정체성을 표명할 수 있고, 내 사회적인 위치를 밝히기 위해 내 이름 앞의 존칭을 주거나 (신부, 의사, 교수, 박사 등) 특정 힌트를 줄 때도 있다.

나는 내가 속한 팀이나 협회를 통해 쉽게 정의되지만, 그들이 성공적이거나 성공적이 될 잠재력이 있다는 한에서만 그런 조건이 성립한다. 만약에 그들의 미래가 흔들리기 시작한다면(나는 이것을 아주 빨리 감지할 능력이 있다) 나는 바로 떠날 준비가 되어 있다.

나는 본능적으로 상황들을 어떤 식으로 포장하고 발표해야 할지 나의 믿음과 내가 현재 열정적으로 느끼는 것을 어떻게 '팔아야' 할지 알고 있다. 이 모든 과정을 거치며 나는 사실 내 자신을 '팔고' 있는 것이고, 내가 할 수 있는 가장 좋은 이미지로 나를 포장해서 팔고 있는 것이다.

나는 '나' 자신이 아닌 내가 하는 일과 업적, 결과 등으로 인해 사랑받고 인정받는다. 내가 하는 **모든 일들은 결국 남들에게 인정받고 사랑받기 위해서 하는 일이지만** 이를 위해 힘들게 노력해야 한다고 느끼고 결국 이를 위해 나는 내 **업적에 대한 인정**을 얻으려고 한다.

나는 굉장히 효율적이고 정리정돈이 잘되어 있지만, 좀 지나치게 할 때가 있으며 일들은 끝내는 것에 너무 초점을 맞춘 나머지 남들의 감정이나 어려움에 대해 둔감해질 수가 있다. 실패를 인정하지 않는 내 성격은 남들의 실패를 용납할 수 없게 만들고 그것과 마주쳤을 때 나는 인내심이나 이해심을 조금, 혹은 거의 보이지 않을 수도 있다.

내가 말하는 방식이 좀 권위적이거나 뻔뻔하게 느껴질 수도 있다. 하지만 비록 내가 내 자신에 대해 항상 당당하고 무슨 질문이든지 막힘없이 대답하는 것처럼 보일지 몰라도 사실은 애매한 단어들을 이용해서 상황을 모면하려고 하는 행동일 수도 있다.

성공이라고 생각되는 것은 무엇이든 성취하고 싶어 한다. 가치 없는 존재는 질색, 성공을 위해 산다. 목표지향적이고 일에 매진한다. 동료와 비교해서 경쟁적이며 최고가 되고 싶어 한다. 스케줄이 꽉 차 있다. 화술이 좋아 상황에 따라 자신을 연출하며 상대방 위주로 말과 행동을 한다. 실리를 추구하며 잇속에 밝다. 일이 성사된다면 그것이 진실이며 또 좋은 것이다.

치료방향(변화와 전환의 방향과 방법)

1. 나는 내 일과 내 이미지 사이에서 '나' 자신을 잃어버리며 '나' 자신에 대해 정의
   한다:

- 나의 역할/내가 하는 일로:
- 나의 이미지/내가 속한 그룹이나 단체의 이미지로:
- 내가 관계를 맺은 중요하고 성공한 사람들

이러한 것들이 '나'는 아니라는 것을 인지하게 도움을 주어야 한다. 고유한 '나'에 대한 존중 없이 '나'를 둘러싸고 있는 것들에 의해 '나'를 규정한다는 것은 거짓된 자아, 환영이다.

2. 거짓은 3번 유형의 가장 큰 위험이다.

나는 '나' 자신을 내 일과 역할로 너무 많이 정의하기 때문에 '나' 자신과 남들을 그것(일과 역할)이 정말 '나'라고 속이기도 한다. 나는 본능적으로 공공에 비추어진 내 이미지와 내가 연결되어 있는 그룹이나 단체를 진실의 미묘한 왜곡을 통해 보호한다.

나는 본능적으로 비평을 막아낼 것이며 필요하다면 내 일이나 내 이미지 혹은 내

가 속한 그룹이나 단체에 악영향을 끼칠만한 사실을 억압하거나 조작할 것이다.

3. 그들은 유능했기에 실패를 두려워한다.

예상할 수 있듯이 3번 유형들이 가장 피하고 외면하고 싶은 것은 실패이다. 그들은 실패의 경험이 있으면 그것을 숨기고, 변조하고 아니면 간단하게 부인하거나 왜곡할 수 있는 충분한 소양이 있다. 그들에게 실패도 괜찮은 것이라는 사실을 알려주어야 한다. 실패가 때로는 인간을 더욱 성숙하고 성장하게 해 준다는 삶의 진실을 그들에게 알려 주어야 한다.

4유형. 예술가: 예민하고 내향적인 사람

4번 유형은 예술가 유형의 예민하고 내향적인 사람이다. 그들은 민감하다. 독창적이다. 미를 창조한다. 취향이 고상하다. 두드러진다. 느낌이 중요하다. 고급스럽다. 세련되다. 직관적이다. 교양 있다. 표현력 있다. 특별하다. 오르락내리락한다. 초연하다. 극적이다. 과장한다. 소유욕이 강하다. 까다롭게 군다. 비탄한다. 엘리트 의식이 있다. 조종한다. 관심을 요구한다. 매달린다. 격렬하다. 즉흥적이다. 감정이 들쑥날쑥하다. 지나치게 예민하다. 오해받는다. 밀고 당긴다.

이러한 사람들이 가장 예민하게 반응하는 감정은 **독창성, 특별함**이다. 우리는 각자 개성이 있지만 이런 유형의 사람들은 특히 다른 사람들과 다른 특별함을 가지고 예민하게 **살아간다. 그들은 마음 깊은 곳에서 남들과 다르다는 생각을 항상 지니고 다니며, 다른 이들이 절대 '나'처럼 될 수 없다고 느낀다.** 그들은 남들과 달라야 한다고, **특별하다는 느낌을 필요로 한다. 대접받고 인정받고 싶어 하는 욕망**

이 강한 사람들에게 특별함, 남과 다름이 주어지면 심각한 왜곡이 발생한다. 그들은 스스로 말한다. "나는 다르다. 나는 특별하다. 독특하다. 나는 예민하다."

나는 내 자신을 교양 있고, 문화적이고, 심미적인 사람이라고 믿는다. 나는 내 취향과 일들을 비범한 재능으로 처리하는 것에 대해 자부심을 지니고 있다. 나는 아름다움에 민감하고 내 외모와 주위 환경의 질에 대해 많은 중요성을 부과한다. 나는 특히 **세련되지 못하고 평범하고 야비한 사람들로부터** 내 자신을 멀리하려는 생각인데 사람들은 나를 건방지다고 말하기도 한다.

나는 내 자신을 있는 그대로 받아들이거나 주어진 상황을 있는 그대로 받아들이지 못한다. 나는 내 현재에 언제나 만족하지 못한다. 나는 항상 진짜로 존재하고 확실한 존재이길 바란다. 하지만 나는 많은 시간을 내가 살고 있는 이 지루한 세상보다 내가 원하는 세상에 대한 판타지에서 무언가를 구매하는 데에 시간을 소비하고, 내가 맡고 싶은 역할을 준비하는 데 투자하지만-진짜의 내가 되어줄(하고 싶은) 역할-기회는 굉장히 드물게 오고, 오더라도 나는 준비가 안 되어 있을 확률이 높다.

나는 자연스럽고 자발적이길 원한다. 하지만 나는 오직 신중하게 준비된 무심함만을 기를 뿐이다. 나는 내일 자연스럽게 행동하려면 어찌해야 하는지 오늘 준비하며 대화에서 무슨 말을 하고 내일 사용할 대본을 준비하는 데 많은 에너지를 소비한다.

나는 '나' 자신이 특별하다는 것을 확인해야 하며 '나' 자신을 올바르게 보여 주려고 많은 고민을 한다. 이것은 '나' **자신이 사실 평범하고 보통인 사람이라는 것에 대**

한 깊은 두려움을 숨기기 위한 노력일 때가 대부분이다.

나는 굉장히 예민하고 내 감정의 깊이를 과장하려는 경향이 있다, 특히 내가 겪은 고통들에 대해 집착하는 경향을 보인다. 나는 외로움을 느낀다: 나를 이해하거나 내가 어떤 감정을 느끼고 있는 지, 어떤 과정을 겪고 있는지 알거나 알 수 있는 사람은 아무도 없다. 나는 오해를 쉽게 받고 다른 이들이 둔감하다고 느끼는 경우가 많다.

나의 말들은 보통 내가 느끼는 슬픔과 피곤함과 동떨어진 말들이 대부분이고 한숨을 자주 쉰다. 하지만 나라는 동전을 뒤집어보면 서정적이고 로맨틱한 면을 발견할 수도 있다.

미적이고 감각적인 것(스카프, 귀걸이, 보석과 같은 액세서리 등)을 통해서 자신의 감정을 유지한다. 주변에 있는 물, 음악, 향, 조명 등을 살려 분위기에 취하기도 하고, 자신의 환경과 물건(펜, 침실의 조명, 커튼 등)에 대해서도 매우 까다롭다.

주변의 감정과 대조적인 입장을 갖는데, 가령 다른 사람이 행복해지면 왠지 슬프고, 슬프면 왠지 웃음이 나온다. 자존감이 낮아 실제의 자신의 능력을 개발하지 않고 환상 속의 자아를 개발함으로써 보상하려 한다. 자신의 실재 능력이 수치심의 원천이 되기도 한다.

인간의 어두운 부분(상실, 이별, 고통)에 흥미가 있고 특히 죽음과 친화력이 있다. 어두운 감정과 친숙하다. 또한 자신의 인생에는 많은 것이 결핍되어 있다고 느껴 대단치 않은 장벽에도 쉽게 상실감에 빠지고 자존심에 상처를 받는다. 특별히 예민한 감수성 때문에 자신의 섬세하고 민감한 부분을 알아주지 못할 때 상처받고 의기소침해하고 우울해한다.

방어 기제: 예술로의 승화

나는 내 감정들을 패턴들, 상징들 그리고 의식들을 통해 전할 필요성을 느끼고 내 감정들을 판타지스러운, 예술적인 그리고 드라마틱한 자아의 표현을 통해서 더 격렬하게 해야 한다.

나는 **창의적이고, 상상력이 풍부하고, 예술적이어야 하며** 평범한 경험들을 특별한 무언가로 만들 방법을 항상 찾아다니고 있다.

성적, 혹은 공격적 에너지를 사회적으로 인정받고 존경받는 방향으로 돌리는 것이다. 이 유형의 항상적 느낌은 이해받지 못한 것이거나 개인적 이상에 맞지 않은 것에 대한 자신의 수치심이다. 그것이 드러날 것에 대한 두려움이 간접적인 표현으로 나타나는데, 바로 실내장식, 고상한 취미, 우아한 삶, 영성모임 등이다.

열정: 시샘(내가 없는 것 중 남이 가진 것을 바라보며 가지려고 하는 열망)

나는 **다른 사람들과 나를 비교하는 것을 어찌할 수 없으며, 자주 '나' 자신이 너무나도 여유롭고 자발적으로 행동하는 그들의 모습을 시샘하는 모습을 발견**한다. 내가 되고 싶어 하는 모습이 그러하기 때문이고 내가 보기에 그들이 그렇게 자연스럽게 되는 행동을 하기 위해서 나는 더 많은 노력을 기울여야 하기 때문이다.

나는 깊은 피해 의식, 가끔은 포기에 가까운 감정이 있다. 굉장히 중요한 누군가가 혹은 무엇인가가 내 삶에서 없는 느낌이다.

나의 관심들은 내가 가지지 못한 것들로 기울여지고 -멀리 있고 가질 수 없는 것들로-현재 나에게 없는 것들과 내가 가진 것 중 불만족스러운 것들로 옮겨간다.

질투가 가장 큰 근원적 문제이다. 늘 뭔가 부족하다는 느낌으로 인하여 자신에게 없는 것을 다른 사람이 가지고 있으면 부당하다고 느낀다. 그래서 누가 나보다 더 두각을 나타낼지 모른다는 두려움을 종종 상상한다.

나는 만성적인 외로움과 갈망을 가지고 있다. 성공하면 애정을 원하고, 애정을 얻으면 고독을 얻고 싶어 한다. 어떠한 관계도 완전할 수 없다는 비관적 태도에 사로잡혀 모든 관계가 실패하는 것은, 자신에게 어떤 필수적인 요소가 결여되어 있기 때문일 것이라 생각한다.

자신에게 없는 다른 것을 추구하기 때문에 현실에 잘 만족하지 못하고 삶에 주어진 작은 축복들을 알아차리기 힘들다.

회피해야 할 것: 간단한 눈물과 웃음을 주는 평범한 일상

나는 "평범한 감정들의 평탄함"과 평범한 사람들에 대해 불만족스러워한다. 나는 모든 것을 강렬하게 해야 하며 드라마틱하게 하고 과장하고 감정들마다 격렬하게 하려고 한다. 격렬하지 않으면 감정은 현실적이지 못하고 진실 되지 못하기 때문이다.

남들과 똑같아지는 것에 공포를 느낀다. **사회규칙을 무시하기 쉽고, 다른 사람들이 강제로 시키는 일에 저항감을 느낀다. 획일적이고 얽매이는 공동체 생활을 힘들어한다.**

나는 롤러코스터같이 감정의 기복이 심하고 평범한 시련조차 비극적인 상황으로 만들 수 있는 생물로 되어버리는 경향이 있다. **"다른 이들의 슬픔이 내 슬픔만큼 심할 수 있을까?"**

치료방향(변화와 전환의 방향과 방법)

1. 내 자신과 내 주위 세상 안에 있는 **모든 평범함은 인생의 모든 경험만큼이나 현실적이고 중요한 부분이라는 것을 인정함으로써 전환은 시작**된다.

2. 나는 진정한 자아를 찾는 유일한 방법은 **나의 모든 부분들을 포용하는 방법밖에 없다는 것을 배워야 한다.**

3. 나는 특별해지기 위해 **남들과 비교하는 행위를 그만두고, '나' 자신을 있는 그대로 내버려 두면 되는 것이다.**

5유형. 탐구자: 지적이고 분석적인 사람

 5 유형 **탐구자** | 지적이고 분석적인 사람

 이제 나는 선언합니다

▶ 불확실하고 모호한 것들도 수용할 것을.
▶ 나는 안전하며, 나의 삶은 현실에 기초하고 있음을.
▶ 나의 삶과 나의 노력은 의미 있고 가치 있는 일임을.
▶ 나의 창조성의 가치를 알며 유머감각을 가지고 있음을.
▶ 내 몸의 강인함과 신비함을.
▶ 나의 미래와 인류에 대한 믿음을.
▶ 대등한 입장에서 자신감을 가지고 다른 사람에게 다가갈 것을.
▶ 타인에게 자비로운 마음을 가질 때 마음의 평정을 찾을 수 있음을.
▶ 전심을 다해 타인을 지지하고 후원할 것을.

이제 나는 내려놓습니다

▶ 나를 둘러싼 세상에 대한 모든 두려움을.
▶ 내 마음의 무력감과 절망감 그리고 불안과 동요를.
▶ 나의 어둡고 파괴적인 환상들을.
▶ 나의 신체적 건강과 외모를 무시하는 일을.
▶ 냉소적이며 다른 사람의 평범함을 경멸하는 것을.
▶ 세상에는 의지할 사람이 아무도 없다는 생각을.
▶ 내가 삶에 적응을 못하는 사람이라는 생각을.
▶ 사람들에게서 숨어버리고 싶고, 숨기고 싶은 마음을.
▶ 정신세계로 도피함으로써 현실을 회피하려는 마음을.
▶ 타인을 파괴하고 그들의 평화가 깨지기를 바라는 생각을.
▶ 타인이 나를 부당하게 이용할지도 모른다는 두려움을.
▶ 무엇을 하기 전에 항상 좀 더 알아야 한다는 생각을.

5번 유형의 탐구자는 지적이고 분석적인 사람이다. 그들은 관찰자이다. 그들은 **생각한다. 탐구적이다. 관조적이다. 지적이다. 진리를 추구한다. 신중하다. 관찰한다. 합리적이다. 논리적이다. 이해한다. 나서지 않는다. 철학적이다. 지각이 예리하다. 추상적이다. 분석가다. 아는 것이 많다. 혼자서 행동한다. 인색하다. 억제한다. 지나치게 초연하다. 말이 없다. 대리체험을 한다. 저장한다. 경멸한다. 신경쓰지 않는다. 차갑다. 완고하다. 숨어 있다. 탐욕스럽다.**

5번 유형의 사람들이 가장 높게 평가하는 가치는 **지혜로운 '나'**이다. **모든 것을 알고 모든 것을 이해**하는 것이다. 이것은 전지전능하시고 모든 것을 바라보는 신의 모습을 본뜬 것과 같은 모습이다. 이런 유형의 사람들은 **지식에 대해 탐욕에 가까운 욕심**을 가지고 있다. 이런 축복은 이것만이 인생 유일의 목적이 될 때 **왜곡**될 수 있는데 그들은 이러한 부분과 관련하여 다음과 같이 생각한다: 나는 분석적이며 지각이 있다. 나는 생각이 많으며 깊고 관찰적이다. 나는 자제력이 있고 현명하다. 나는 초연하고 객관적이다. 나는 정보를 많이 소지하고 있다. 나는 나서지 않으며 예의 바르다. 그들이 바라는 그리고 남들로부터 인정받고 싶은 이상화된 이미지는 '나는 지혜롭다', '나는 통찰력이 있다'라는 평가이다.

그들의 어둠, 결함, 자아의 강박은 다음과 같다: 나는 **내 사생활을 소중히 하고 혼자 있기를 좋아한다.** 나는 무슨 일이 일어나는지 생각해 볼 시간이 필요하고 되도록 그 과정을 혼자 하고 싶다. 나는 또한 해결방안 또한 혼자 생각하는 걸 좋아한다. **나는 보고 듣는 것, 관찰하고 생각하는 것, 정보를 모아서 기억하는 일을 좋아한다.** 나는 바깥세상에서 무슨 일이 벌어지든 간에 나랑은 다른 세계라고 느끼며 어떻게 연결되어야 하는지 알지 못한다. **나는 사교적인 자리에서 불편함을 느끼고 내가 사라졌으면 하고 자주 바란다. 나는 내가 잘 아는 소수의 사람들과 있거나 혼자 있는 것을 좋아한다.** 나는 나의 부족한 사교성을 관찰과 생각하는 일에 지나칠 정도로 매달려서 만회한다. **나는 내 관점을 통해 살아간다:** 내 감정들마저도 생각해서 느낄지 말지를 결정한다: **나한테 무엇을 느끼고 있냐고 물으면 나는 내가 무엇을 생각하고 있는지 말해 줄 것이다.**

나는 인생은 '내가 이해해야 하는 것'이라 생각하며, 그것을 이해할 수 있다면 모든 일은 순탄하게 돌아가리라 믿는다. 그래서 나는 **삶에 대해 주의 깊고 생각을 많이 하는 태도를 지니며 '나' 자신에게 만족한다.** 나는 보통 **조용조용하게 얘기하기 때문에 내 거리를 유지하는 사람으로 보이기 쉽다.** 나는 **초연하고 냉정하다는 인상을 주며 감정이 메말랐다는 인상** 또한 준다. **나는 이론들과 시스템들, 지도와 계획들에 많은 흥미를 느끼며 많은 일들은 최소한의 단어로 요약하는 일을 즐겨** 한다. 나는 그 단어들이 남들에게 주는 정보가 얼마나 적은지 생각해 보지 않고 말하는 경우가 종종 있으며 더 많은 정보와 예와 자료를 주도록 설득당해야 하는 경우도 있다. **비록 말하는 속도는 그렇게 빠르지 않지만 나는 설명하는 것을 즐겨 하기 때문에 가끔 당신은 당신이 작은 논문을 듣는 것 같은 착각에 빠질 수도 있다.** 나는 굉장히 **인내심이 강하고, 근면하며, 내가 하는 모든 일에 있어 철저**하다. 현명하기 위해 모든 것을 '알고 이해하고 싶다'는 것에 집착한다. 끊임없이 지식을 끌어모으고 세미나 등에 쫓아다닌다. 항상 미래를 예측하고 대비하고자 한다. 현실에서 얻은 정보를 처리하기 위해 혼자만의 시간과 공간이 필요하며, 시간과 에너지 자원에 대해서는 탐욕적이다. 지적 활동에 대해서는 시간과 노력을 아끼지 않으나 타인을 위해 몸으로 직접 봉사하기는 꺼려 한다. 수집욕이 강하고 신문, 잡지 관심 분야에 대한 노트나 책, 레코드 선물 등 수십 년 된 것들이 책상 서랍 가득하다.

방어기제: 고립

나는 '나'의 **감정을 표현하는 데 어려움**을 느끼며, 그들이 어떠한 감정을 가지는지 무엇인지조차 모르는 경우가 허다하다. 고립되어 있는 감정선과 무감각이 있다. 나는 내 경험들을 종류별로 정리하며 감정적이었던 사건이나 기억들로부터 자신을 멀리한다. 감정의 표현을 좋지 않게 생각하는 자동 스키마가 작동한다. 나는 나의 변덕이 낳은 감정들과 자발적인 이벤트에서의 반응들까지 조절하고 통제해야만 한다. 나는 삶을 제3자의 관점에서(관찰자, 방관자, 중립자 등의 태도) 바라보기를 원하며 이로 인해 '나' 자신의 삶에서 일어나는 사건들로부터 고립되는 현상을 초래한다(이것은 내가 공포나 욕망에서부터 자유로운 관점을 유지할 수 있는 능력과 문제 대한 책임에서 자유로워지는 것을 주기 때문에 좋은 점도 있다).

퇴행이 부차적인 방어기제인데 과도한 긴장이나 부적절한 행동으로 되돌아감으로써 자신이 느끼는 두려움에 대처하려고 한다. 감정이 얽힌 것을 해소하기 위해 퇴행한다. 지나치게 의존하거나, 숨거나, 권위자에게 지나치게 매달리거나 한다. 삶의 실재적 부분을 연관시켜 생각하기보다는 부분으로 단편화시켜 분할하는가 하면 그것을 지적으로 추상화시켜 논쟁하려 한다.

열정: 탐욕

나는 보통 내가 모을 수 있는 모든 지식과 이해한 물질들과 내가 살아가는 데 필요할지 모른다고 느끼는 모든 것들을 독점하고 놓지 않으려고 한다. 나는 수용하는 행위를 내가 무언가를 내놓는 행위보다 훨씬 더 편안하게 여기며 내가 무슨 말을 해야 할 때는 말을 많이 아끼는 경향이 있다. 나는 인색하다. 나누면 마음이 텅 빈 것 같다. 그래서 자신의 감정을 드러내는 것도 인색하다. 지식, 정보를 단지 저장하는 일에 여념이 없다. 사생활 공개 등의 사적인 노출을 거의 하지 않는다. 나는 자신의 욕구에도 인색하다. 자신의 필요를 최소한으로 줄인다(먹을 것, 입을 것).

회피해야 할 것: 공허함

내가 가장 두려워하고 벌레들만큼이나 피하고 싶어 하는 것은 공허함이다. 인생은 나에게 이해가 되어야 하는데 나는 가끔 그러지 못할까 두려움을 느낀다. 이것이 바로 내가 내 자신을 항상 새로운 지식과 통찰력으로 채워 넣으려는 이유이고 이미 가지고 있는 지식을 놓아주지 않는 이유이다.

변화의 방향(전환 방법)

1. 전환할 수 있는 방법은 일단 무엇보다도 '나' 자신의 내면 안에 있는 공허함을

경험하고 그것을 없애려고 하는 나의 행위들은 무의미하고 오히려 내게 해가 됨을 경험하는 일이다.

2. 나의 두려움을 직시하는 것은 내가 느끼는 공허함이 지식으로 채워질 수 있는 것이 아니라 오직 삶과의 활발한 교류를 통해 채워질 수 있는 것임을 깨닫게 해준다.

3. 내가 갈망하는 지혜는 타인들과의 공존을 위해 필요한 것이고, 그것이 구체화된 것이 지혜이며 지혜의 추구인 셈이다.

6유형. 충성자: 책임감 강하고 헌신적이며 전통적인 사람

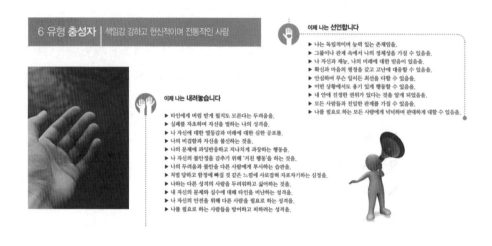

6 유형 충성자 | 책임감 강하고 헌신적이며 전통적인 사람

이제 나는 내려놓습니다
- ▶ 타인에게 버림 받게 될지도 모른다는 두려움을.
- ▶ 실패를 자초하며 자신을 벌하는 나의 성격을.
- ▶ 나 자신에 대한 열등감과 미래에 대한 심한 공포를.
- ▶ 나의 비겁함과 자신을 불신하는 것을.
- ▶ 나의 문제에 과잉반응하고 지나치게 과장하는 행동을.
- ▶ 나 자신의 불안정을 감추기 위해 '거친 행동'을 하는 것을.
- ▶ 나의 두려움과 불안을 다른 사람에게 투사하는 습관을.
- ▶ 처벌 당하고 함정에 빠질 것 같은 느낌에 사로잡혀 자포자기하는 심정을.
- ▶ 나와는 다른 성격의 사람을 두려워하고 싫어하는 것을.
- ▶ 내 자신의 문제와 실수에 대해 타인을 비난하는 성격을.
- ▶ 나 자신의 안전을 위해 다른 사람을 필요로 하는 성격을.
- ▶ 나를 필요로 하는 사람들을 방어하고 피하려는 성격을.

이제 나는 선언합니다
- ▶ 나는 독립적이며 능력 있는 존재임을.
- ▶ 그룹이나 관계 속에서 나의 정체성을 가질 수 있음을.
- ▶ 나 자신과 재능, 나의 미래에 대한 믿음이 있음을.
- ▶ 확신과 마음의 평정을 갖고 고난에 대응할 수 있음을.
- ▶ 안심하며 무슨 일이든 최선을 다할 수 있음을.
- ▶ 어떤 상황에서도 용기 있게 행동할 수 있음을.
- ▶ 내 안에 진정한 권위가 있다는 것을 알게 되었음을.
- ▶ 모든 사람들과 친밀한 관계를 가질 수 있음을.
- ▶ 나를 필요로 하는 모든 사람에게 넉넉하며 관대하게 대할 수 있음을.

6번 유형은 책임감이 강하고 헌신적이며 전통적이며 보수적인 사람이다. 그들은 충성스러운 사람들이고 질문자이며 마치 심문관 혹은 검찰 수사관 같은 사람들이다. 그들은 조심스럽다. 믿을 수 있다. 공손하다. 충성스럽다. 책임감 있다. 신뢰할 만하다. 분별력 있다. 양심적이다. 신중하다. 명예를 존중한다. 권위를 의식한다. 결연하다. 준비되어 있다. 완고하다. 교조주의적이다. 의심한다. 초조하다. 소심하다. 보수적이다. 가이드라인이 있다. 최악의 상황을 가정한다. 우유부단하다. 경계한다. 근심이 많다. 규칙을 따른다. 도전한다. 확신이 없다. 공포/공포순응에 대항한다.

그들에게 알게 해 주어야 할 것과 확인할 것은 자신들이 가진 **믿음과 충성심**이 그들의 성향이라는 '팩트'이다. 믿음을 잃지 않고, 믿음직스럽고, 신뢰가 가는 사람이라는 이미지가 있다. 이 세상은 기본적으로 믿음과 충성심을 필요로 한다. **다양한 형태의** 불안전하고 믿음직스럽지 못한 결과들과 진실의 왜곡을 바라보고 있으면 믿음과 충성심은 상당히 중요한 덕목임에 틀림없다. 이러한 경험에서 경계되는 부분은 공포이며, 이것은 두 가지 특수한 방법으로 자신을 명백하게 한다. 노골적으로 혹은 비밀스럽게 (나는) 충성적이고 간호적이다. 책임감이 강하고 믿을 수 있다. 꾸준하게 성실하게 노력한다. 남을 존중하고 배려한다. 항상 준비되어 있다. 용감하다. **그들에게 이상화된 자아 이미지, 곧 자신이 바라고 원하는 '나'의 모습은 "나는 성실하고, 충성스럽고 순종적이다."라는 이미지다.**

자아의 결합/강박증: Ego Cowardice

공포는 내게 있어 중요한 이슈이며 항상 그 감정 때문에 곤란을 겪는다. 나는 **언제나 긴장한 상태**이며 도전이나 위협을 예상하고 있으며 나는 이것들로 인해 움츠러들거나 [phobic six] 이들을 상대로 내가 두려워하지 않는 다는 것[counter-phobic six]을 증명하기 위해서 그들을 상대할 것이다. 이러한 두려움은 아프지만 그와 동시에 익숙하고 안전하기도 하다. 이것이 없으면 나는 갑작스러운 공격들에 너무 노출되어 있을 것이다.

공포(Phobic)는 우리에게 있어 우리를 위협하고 약화시키는 경험이다. 나는 **항상 조심하고 신중하며 '나' 자신을 보호할 준비**가 되어 있다. 나는 일들이 잘못될 것이라 예상하고 있으며, 나의 이러한 공포가 일들을 실패로 이끄는 이유가 되기도 한다. [머피의 법칙]

나는 삶이 내게 던져주는 도전들에 위협감을 느끼며 외적 틀을 이용해서 내 자신을 안전하게 하려고 한다: 강한 권력이나 법치집단. 나는 '나' 자신에 대한 믿음이 부족하며 외부의 힘이나 질서에 많은 의존을 한다.

나는 내 공포를 힘을 가진 자에게 호소함으로서 해소한다: **"찾아봐… 사전에, 문서에, 전례법규에, 그리고 법에 찾는 것이 있는지"** 나는 **법에 따라, 상식에 따라, 규칙에 따라 살아간다:** 이것은 돌발 상황을 용납하지 않으므로 안전하다. 난 법이 잘 제정된 집단을 선호하며 그들을 통해 내가 속한 사회/단체의 규칙과 전통/가치를 지지하려 한다.

나는 **'나' 자신에 대해 굉장히 자신이 없어 하며, 내가 의지할 수 있는 강한 집단이나 강한 집단내의 사람이 있으면 더 안정감을 느낀다.** 나는 의심과 질문들을 감당해낼 자신이 없으며 전통이나 가르쳐 주는 역할의 집단이 제시하는 정답들을 있는 그대로 받아들이는 것이 더 행복하다.

Counter-Phobic: 공포는 오히려 내가 나의 공포에 반기를 들게 해주는, 그래서 내가 두려워하고 있지 않음을 증명해주는, 원동력이 되어 주기도 한다. "우리는 공포 그 자체 외에는 아무것도 두려워할 것이 없다(F.D. Roosevelt)." **나는 내 두려움을 지속적으로 모든 부분에서 도전함으로 인해 없앨 것이다: 무모하게, 남들이 피하는 도전도 하며, 내 자신과 남들에게 내가 겁쟁이가 아니란 것을 증명할 것이다.** 나는 권력에 있는 자들에 대해 굉장히 의심을 많이 지니고 있다.

일반적인 특성들:

나는 **습관적으로 긴장하고 두려워하고 의심스러워하고 억제**되어 있다. 나는 **성공에 대해 의심스러워**하며 맡은 **임무를 마무리하는데 있어 어려움**을 겪는다. 나는 **본능적으로 약자를 응원**한다. 나는 **의무에 충실하며 다른 이들도 충실하게** 그들의 의무를 다하기를 예상한다. 나는 내 **자신에 대한 믿음이 부족**하다. 무슨 일이 벌어

질지도 모른다는 상상은 나의 공포 중에서도 가장 심한 공포이다: 실제 상황이 닥치면 나는 오히려 잘 헤쳐나갈지도 모른다.

나는 경계선, "내 편과 네 편"에 굉장히 민감하다: 굉장히 충성심이 높으며 **내 편인 사람들에 대해 보호적이지만 그렇지 않은 사람들에 대해서는 조심스러워하고 의심스러워한다. 내 안에서 느끼는 불확실함, 머뭇거림 그리고 불안함은 내가 모든 상황에 대비해 준비하는 셀 수 없는 예방 조치에서 확실히 드러나며** 다른 이들에게도 항상 조심하라고 얘기한다. 이러한 태도는 내 언변에서도 나타나며 내 말들은 내가 느끼는 불안감이나 두려움의 정도를 숨기려고 하는 편이다-확실해? 만약에 이렇게 저렇게 돼서 이러한 상황이 생기면? 나는 또 다른 극단적인 태도인 **굉장히 강경하고 완고한 태도로 내 의심과 두려움을 감추려고** 하기도 한다.

방어기제: 전달(험담, 뒷담화)

나는 **내 두려움과 의심을 다른 이들에게도 전달한다. [편집증세] 나는 다른 이들의 의도가 무엇인지 의심스럽고 그것을 시험해봐야 한다. 내가 남들에게 투영하는 힘으로부터 그리고 나의 권력으로부터 동떨어져** 있다. 또한, 나는 내 안에서 일어나는 어떠한 반항심이나 권력에 대한 의심으로부터 동떨어져 있으며, 그것과 만나면 그것에 대해 두려움을 느낀다. 어느 것을 택하든 **나는 남들에게 그것을 전달**한다. 내가 내 안의 반항심과 접촉이 드물수록 나는 '나' 자신과 다른 이들의 권력, 규칙을 지키는 것 등에 대해서 더 엄격해진다. 나는 스스로를 국정원 직원으로 만들고 국가와 전통의 수호자로 만든다. 나는 집단 내에서 권력을 행사할 때는 권위적이고 완고하고 주도적인 사람이 되기도 하지만 약자에게는 한없이 비정하기도 하다. 나는 **투사적 성향이 강하다.** 자신이 수용하기 싫은 소망이나 충동을 다른 사람의 탓으로 돌리는 것을 말한다. 혐오감이나 공격성 혹은 수용하기 싫은 충동을 '그 사람 때문이지, 내 탓은 아니야' 라는 식으로 받아들인다. 이리하여 타인을 믿지 못하는 자신의 마음을 적의, 혐오, 부정적 생각으로 투사한다. 최악을 생각하는 부정적 상상력도 투사에서 비롯한다.

열정: 두려움과 의심, 집착

나는 **언제나 방어적인 태도**를 취하고 있으며 **신중하고 조심스럽고 긴장되어 있으며 자신을 억제하고 있으며 상황을 두려워**하고 있다. **나는 선택을 한 뒤 그것을 실행하는 데에 어려움을 느낀다.** 나는 우유부단하며 항상 준비는 하지만 속으로는 항상 준비되어 있지 않다. 나는 계속되는 의심과 자신에 대한 믿음 부족에 시달리고 있다. **내 깊은 곳에서는 나도 '나' 자신의 문제들이 깊은 곳에 숨어 있는 두려움과 의심에서 비롯된다는 것을 알고 있기에 그것들을 감추려고 많은 고생과 노력을** 하며 시간과 정력을 허비한다. 나는 이러한 나의 진실을 감추기 위해 때로는 무모하고 용기 있는 행동을 함으로써 불편한 내면의 진실에서 도피(Counter-Phobic)[111] 하거나 아니면 권력과 지배적인 종교 그리고 법과 규칙들과 한 편이 되어서 모든 이들이 경계선을 넘지 못하게 확인함으로써 자신의 수치를 방어한다(Phobic).[112]

안전하고 확실해야 한다. 삶은 위험과 불확실함으로 가득 차 있다(안전제일주의). 나는 자신감이 없어 자기 의지대로 행동하는 것을 두려워한다. 그래서 외적인

---

111) 나는 나의 두려움을 없애기 위해, 내가 속 깊은 곳에서 느끼는 불안감을 없애거나 가장하기 위해 무슨 일이든 할 것이다. 불확실성, 특별함, 단체에서의 일탈(불순종)을 피한다. 조직, 틀, 사람, 사상에 있을 때 안정감을 느낀다. 상황변화에도 불구하고 약속은 지켜야 한다. 한밤중에도 횡단보도의 신호등을 지킨다. 갑작스러운 변화와 모험, 도전을 좋아하지 않는다. 부동산 투자의 사행을 혐오한다.

112) 나는 내가 외부에서 해답을 찾을 수 없는 의심과 질문들 그리고 두려움에 노출되거나 그들과 연결되는 것으로부터 피하기 위해 무슨 행동이든 할 것이다. 내가 피하면 피할수록, 혹은 이들을 상대로 고생할수록, 내 "충성심"은 더 깊어져 갈 것이며 나는 더 완고한 사람이 되어갈 것이다.

권위(조직, 법, 자기편, 신념)에 의존한다. 나는 소속되어 있는 공동체에는 충실하나 외부인에게는 경계심이 많다. (우리 편, 우리 교인, 집단 이기주의의 가능성이 농후하다.) 특히 권위가 있을 때는 복종하나 그렇지 않을 때는 반대로 한다. '나'는 두려움과 공포가 많아 내적 권위가 없다. 그래서 남의 권위에 의존하기 때문에 최악의 상태까지 상상하기도 한다. 미래에 대한 걱정이 많다. 안정을 보장해 줄 확실한 것을 찾는다. 보험도 믿을 수 없어 은행을 선호한다. 전망은 있으나 위험부담이 있는 곳에서는 일하기 꺼려한다. 그래서 공무원 같은 안정적 직장을 선호한다. 사소한 근심과 불필요한 의심으로 두려움에 시달린다. 이러한 전반적인 안정지향은 일상과 사람에 대한 집착으로 움직인다. 사람과 안정적인 조직에 대한 과도한 집착이 나의 약한 고리이다.

변화의 방향: 전환 방법

내가 전환하는 방법은 **나의 의심과 공포를 직시**하고, '나' 자신에게 한 발자국 더 다가가서 내 자신에 귀를 기울이고 믿음을 가지는 것이다. 나는 나를 믿어야 한다. 더 이상 나의 주권을 타인에게 양도해서는 안 된다. 나는 항상 **외부의 지원과 타인의 정의에 의존하기보다는, '나' 스스로 결정하고 책임을 지기 시작할 필요**가 있다. 내가 나의 **의심과 공포들을 인정하기 시작할 때** 나는 '나' 자신을 더 믿을 수 있게 되며 내 안의 고유한 능력을 인지할 수 있다. 내가 **내 두려움을 조사하고 의심스러운 부분들을 소리 내어 얘기할 수 있게 된다면, 나는 '나' 자신의 위치에 대해서 더 확실한 믿음을 가질 수 있게 되며 내가 속해 있는 어떠한 집단이나 팀의 기둥 역할을 할 수 있게** 될 것이다.

7유형. 팔방미인: 재주가 많고 지나치게 활동적인 사람

　　7번 유형의 사람의 일반적인 특징은 재주가 많고 지나치게 활동적인 사람들이다. 그들은 **낙관적이다. 우호적이다. 열광적이다. 열망적이다. 창조적이다. 모임을 좋아한다. 상상력이 풍부하다. 기쁨에 차 있다. 명랑하다. 외향적이다. 안목이 있다. 재미있는 것을 좋아한다. 재미있다. 재미있게 해 준다. 활기 있다. 쾌락주의적이다. 즉흥적이다. 피상적이다. 순진하다. 무르다. 자기도취적이다. 분산되어 있다. 비현실적이다. 도피주의적이다. 산만하다. 충동적이다. 무책임하다. 일관성이 없다. 백일몽을 꾼다.**

　　이러한 유형의 사람들에게 **인생이란 즐기는 것**이다. **기쁨과 행복함만이 인생을 살아가는 방법**인 것이다. 신은 유쾌하신 분이며 모든 이들이 즐겁기를 바란다. 그는 그의 창조물을 보고 그것이 좋음을 알았다. 이러한 축복이 어떻게 왜곡될 수 있을까? 쉽다. 항상 즐거워야 하는 필요성을 느끼는 나머지 일상생활에서 **필연적인 권태와 문제들을 모두 무시하고 매일매일 새롭고 즐거운 경험만을 찾아서 헤매는 것**이다. 7번 유형의 이상화된 자아 이미지는 "나는 괜찮다, 행복하다, 친절하다, 착하다"로 요약될 수 있다. **자아의 결함 혹은 강박은 "나는 항상 행복하려고 하며 내 주위 사람들도 항상 행복하길 바란다.** 나는 **슬픔과 우울함을 배척**하기 위해 무슨 행동이든 할 것이다. 나는 **확실히 낙관주의자이며 언제나 좋은 면만 보려고 한다." 라고 말한다.** 나는 많은 경우 **행복한 추억들을 음미**하고 가끔은 그것에 매달리기도 하며 미래가 어떻게 하면 밝아질 것인지 항상 궁리한다. 곧 무지개 나라의 사람들 가운데 하나이며, 약속의 땅에 있는 금으로 가득 차 있는 통을 찾기 위해서, 혹은 태풍 너머에 있는 차분함을 찾아서 살아간다. 그래서 '지금 여기'는 사라져 버린다. 늘 '다음 저기', '어제 거기'를 말한다.

나는 **강한 자극을 필요**로 한다. 다양한 활동들과 재미있는 일들이 항상 가득 있어야 한다. 그리고 **나는 억압받기 싫어한다.** 나는 무엇인가 한 가지에, 한 프로젝트에 아니면 한 가지 행동에 깊이 헌신하는 것에 불편함을 느낀다. **일생을 바쳐야 하는 서약은 위협적**이기까지 하다. 나는 항상 다양한 옵션을 가지고 있어야 하며 새로운 것이 생기면 옮길 수 있는 자유가 있어야 한다. 나는 **로맨틱하고 이상주의자**이다, 일상생활들보다 **내 상상 속의 세계에서 더 편안함**을 느낀다. 동화들은 내게 있어 특별하다. 나는 가끔 내 실제 모습보다 더 유약하고 어려 보일 때도 있다. 나는 언제나 활발하고 삶을 즐기고 있다는 인상을 주며, 나는 내 자신이 그렇게 해야 한다고 느낀다: 슬퍼 보이거나 우울해 보이는 것은 내게 괜찮지 않다.

나는 꿈을 꾸고 계획을 세우는 일을 즐기며, 다른 이들이 이 계획에 참여하도록 고무하는 걸 좋아하고 그것을 하면서 굉장히 열광적인 태도를 보인다. 하지만 세세한 부분들과 세부적인 내용을 정할 때에는 금방 흥미를 잃고 안절부절못한다. '그건 내가 잘하는 일이 아니야!' 내적으로 말하며 다른 이들에게 맡긴다. 그리고 나는 마치 꽃 하나에 앉아 있던 나비가 다른 꽃으로 날아가듯이 언제나 새로운, 즐거운, 흥미로운 일을 찾아 이리저리 옮겨 다닌다. **나는 해야 할 일이나 휴가, 여행,** **파티, 만남, 시간표, 여행 스케줄, 조사 계획 등을 하면서 해야 할 것에 대한 목록을** **작성하는 걸 좋아한다.** 나는 계획과 현실의 차이점에 대해서 잘 생각해 보지 않으며 굳이 선택을 해야 한다면 오히려 현실보다는 계획 쪽에 더 관심이 있으며, 더 힘을 얻으며, 더 선호한다. 나는 내 경험들을 '지성적으로 처리'하기를 좋아하며 항상 그것에 대해 생각하고 그것을 '문서화'하는 일을 좋아한다. 나는 실제 경험보다도 일이 어떻게 될지 생각하면서 더 힘을 얻는다.

나는 사람들과 함께 있는 것을 즐거워한다. 나는 얘기하는 것을 좋아하고, 사람들에게 농담을 말하거나 화제를 이끌고, 사람들을 즐겁게 하고 쾌활한 분위기를 만들어 낼 수 있는 능력이 있다. 타인들의 마음을 편하게 해주고 나만큼 그들도 삶을 즐기게 해 주고 싶어 한다.

방어기제: 순화(합리화, 회피, 전치 등으로 이해될 수 있다)

나는 내 속 깊이 있는 아픈 감정들을 행복한 생각들로 대처한다. 얘기하고, 계획을 세우고 지성적으로 처리한다. 나의 경험이나 다른 이의 경험에서 그러한 감정을 피할 수 없게 되었을 때, 나는 그것을 이해하기보다 순화시키거나, 철학적으로 이해하거나, 이론화시키거나 영화로 만든다. 지금 벌어진 일은 앞으로 일어날 더 큰 계획의 일부분으로 만들어, 마음을 편하게 만든다. **'이것은 모두 결국 좋은 일** **이 될 거야. 그것은 신의 계획이야. 이 모든 것은 신의 섭리야.'** 합리화란 실패나 상실 등 상처받은 자아를 그럴듯한 이유로 변명하는 것을 말한다. 높아서 따먹지 못한 포도를 신포도라고 말해 버리는 것이다. 먹지 못해서 드는 불편한 감정을 어차피 먹어 봐야 신포도라는 생각으로 불편한 마음을 지워 버리는 것이다. 남에게 상처를 입을 가능성이 있는 것은 어떻게든 피하거나 부정하기 위해 이렇게 피해 나가는 자기방어 메카니즘을 만들어 놓은 것이다. 나는 타인에 대한 나의 태도에 대해 항상 변명한다.

열정: 폭식(과도한 소유나 점유욕)

나는 내가 즐기는 것들을 정말로 좋아하며 계속 더 많이 원하기 때문에 무엇인가가 좋으면 무조건 더 많이 느낄수록 더 좋을 것이라고 생각한다. 재미, 기쁨, 쾌락에 탐닉(폭식, 방종, 무절제)한다. 내면의 두려움과 공허감 때문에 외부의 것으로 자신을 채우려 한다. 흥분과 도취감을 유지하기 위해 기쁘게 해 주는 것을 더 많이 요구한다. 더 많이 먹고, 마시고, 일하고, 표창을 받고, 아름다운 집에 살고, 더 많이 소유하려 한다. 금전에 대한 감각이 없어 충동 구매하기 쉽다. 모든 것을 과장해서 떠벌린다.

회피: 고통과 시련을 마주하지 않는다.

나는 즐길 수 없는 것과는 아무런 관계도 없기를 바라며 **고통과 시련을 주는 것에 대해서는 특히** 그렇다. 나는 그러한 점들을 내 삶에서 없애기 위해서 무슨 일이든지 할 것이며 그들에 대해 알고 싶지도 않고 내 세계에는 그들의 자리가 없다. **나는 언제나 유쾌하게 지내고 다른 이들도 행복하게 해주려고 노력한다.** 나는 다른 이들이 슬프거나 우울해할 때 불편한 감정을 느낀다. 나는 타인의 불편함을 마주하기를 회피하고 농담을 터트리거나 이야기를 풀어놓음으로써 분위기를 가볍게 만들려고 노력한다.

어떠한 애매한 상황이라도 내가 자신을 방어할 때 애용하는 단어는 '매력'이란 단어이다. 나는 내 두려움에 그것과 관련된 사람들과의 관계를 발전시키면서 맞선다. 나는 농담을 던지면서 직접적으로 맞서는 상황을 피한다. 나는 어떤 상황이라도 말을 잘하면 빠져나올 수 있다고 믿는다. 나는 모든 **부정적인 감정, 특히 분노를 배척하려고 하지만** 비꼬는 표현이나 아이러니한 표현들을 통해 나의 감정이나 내면이 표현될 때도 있다.

변화전략: 전환 방법

이들의 치료방향은 **내가 내 자신, 그리고 다른 이들의 아픔을 피하지 않는 것에서부터 시작**된다. **나는 고통과 시련을 삶의 한 부분으로 인정하게 된다.** 고통이나 아픔, 상처나 시련을 누그러뜨리거나 웃어넘기거나 어영부영 넘어갈 감정이나 일이 아닌, 있는 그대로 중요한 부분으로 나에게 일어난 역동을 인정해야 한다.

인생은 좋다, 하지만 항상 웃음으로 가득 차 있는 것은 아니다. 인생은 축복으로서 받아져야 할 것이며 하루하루마다 있는 그대로 받아 들여져야 하는 것이다. 인생은 우리가 좋아하는 부분만을 찾아다니면서 '선택할 수 있는' 것이 아니다.

8유형. 지도자: 강력하고 지배적인 사람

 8 유형 **지도자** | 강력하고 지배적인 사람

 이제 나는 선언합니다

▶ 나는 훌륭하며, 존경 받을 자격이 있는 존재임을.
▶ 내 안에 부드러운 감정과 선한 충동이 존재함을.
▶ 나는 타인에게 두려운 사람이 아닌 온화한 사람이 될 수 있음을.
▶ 나는 내 자신을 잘 다스리고 내 욕망을 길들일 수 있음을.
▶ 타인을 믿으며 그들의 행복과 평안을 진심으로 바랄 것을.
▶ 넓은 마음으로 내가 얻은 영광을 다른 이들과 나눌 것을.
▶ 나보다 더 훌륭한 권위자가 존재함을.
▶ 타인을 옹호함으로써 내게 만족함을.
▶ 나는 타인을 사랑하며 그 사랑을 돌려달라고 말할 수 있음을.

이제 나는 내려놓습니다

▶ 패배하는 것에 대한 두려움을.
▶ 결코 모든 일에 두려워하지 말아야 한다는 생각을.
▶ 내 자신이 연약해지거나 나약해지는 것에 대한 두려움을.
▶ 고통과 싸우기 위해 더 무정해지는 성격을.
▶ 복수를 통해 나 자신의 고통에서 벗어날 수 있다는 믿음을.
▶ 타인이 나를 지배하게 될 것이라는 두려움을.
▶ 내가 내 삶의 모든 일들을 통제해야만 한다는 생각을.
▶ 타인을 모욕함으로써 나 자신을 비인간화하는 일을.
▶ 타인을 위협해서라도 그들이 나의 길을 따라와야 한다는 믿음을.
▶ 내 삶에서 다른 사람은 필요 없다는 믿음을.
▶ 건강과 대인관계를 파괴시키더라도 나의 자만과 자존심을 지키려는 것을.
▶ 나에게 동의하지 않은 사람은 나를 적대하는 사람이라고 생각하는 것을.

8번 유형의 사람은 보호자, 도전자, 복수하는 사람이다. 그들은 강하다. 직설적이다. 자신만만하다. 영향력 있다. 에너지가 많다. 대담하다. 아량이 넓다. 의지가 강하다. 정의롭다. 자주적이다. 확신에 차 있다. 유능하다. 선두에 있다. 세련되지 못했다. 보복한다. 허세 부린다. 소유욕이 강하다. 압도한다. 위협적이다. 둔감하다. 퉁명스럽다. 무정하다. 둔하다. 듣지를 않는다. 거칠다. 오만하다. 호전적이다. 독재적이다. 맞선다. 폭군적이다.

8번을 대표하는 키워드는 **'힘'**과 **'강함'**이다. 신의 힘과 절대적인 모습을 바탕으로 만들어진 그들은 살아 있다는 것은 '강한 것'임을 느낀다. 이러한 축복이 전투와 시련으로 국한되었을 때, 공격이나 방어를 위한 무기로써 사용되고 환영받을 때, 그들의 힘은 **왜곡**될 것이다. 그들은 자신감이 넘치고 정직하며 솔직하다. 단호하며 공정하고 관대하다. 겁이 없으며 놀라운 의지력과 활동력이 있다. 강하고 용감하며 리더십이 있다. 정열적이고 현실적이다. 결단력이 있고 약자를 끝까지 보살핀다. 그들은 '나는 강하다. 나는 자신과 필요하다면 내 주위 사람들도 돌 볼 수 있다'는 자아에 대한 이상적인 이미지를 가지고 있다.

자아의 결함: 강박증

내게 제일 중요한 것은 힘이다. 나는 그것을 이해하고 그것을 향해 나아가며 그것을 사용하는 것을 즐긴다. 나는 그 누구도 두려워하지 않는다. 나는 지위나 직무에 압도당하지 않는다. 오히려 그것들은 '나' 자신이 힘 있는 자들과 연결하게 해주는 것들이기 때문에 좋아한다. 나는 힘을 악용하는 사람들을 처리해야 할 의무 비슷한 욕구를 느낀다.

나에게 삶은 모든 사람들이 자신을 보호해야 하는 시련의 과정으로 바라본다. 우리는 불평등한 세계에서 살며, 이는 생존을 위한 첫 번째 규칙이다. 힘은 이러한 까닭에 무기로 사용된다. 나의 힘은 방어나 공격을 위해 사용되지만 언제나 시련의 관점에서 사용된다. 시련이 바로 삶이기 때문이다. **나는 보통 남들이 나를 이용할까 항상 경계하고 있다.** 나는 '나' 자신의 약함과 남들의 순수함을 부정한다.

나는 의협심이 강하며 잘못된 점을 바로잡으려고 무력도 마다하지 않고, 그 위에 군림하려는 '나' 자신을 종종 발견하고 한다. **나는 억압받는 이들과 약자 그리고 소외되는 계층들에 대해 강한 동정심**을 지니고 있으며 항상 그들의 편을 들게 된다. 그들의 이익을 위해 싸우고, 그 억압의 주모자들을 공개하고 그들이 자신의 행동에 책임을 지게 만든다.

나는 "전부가 아니면 포기하는" 형태의 관심을 주는 사람이고 상황의 극한을 보려고 하는 경향이 있다. 다른 이들은 내게 강하거나 약하거나, 공정하거나 공정치 못하며 중간이란 없다.

내가 일을 처리하는 방법은 사람들의 거짓을 밝혀내고, 가식적이거나 진실되지 못하거나 옳지 않은 것들에 반대하고 비판하는 방법이다. 나는 강한 '나' 자신을 자랑스럽게 생각하며 사람들은 나를 진지하게 받아들인다. 나는 망설이고 있을 시간이 없다. 내게 타협이란 겁쟁이들이 상황을 빠져나갈 때 쓰는 방법일 뿐이다.

나는 현실을 적대적으로 바라본다. 나는 '나' 자신과 다른 이들을 몰아세우고 처벌한다. 나는 인생을 싸움터로 생각하기 때문에 항상 다른 사람과 대결하는 자세이며, 나의 일은 '타인의 위선이나 부정을 폭로하는 것이라' 생각한다. 다른 사람의 힘을 재빠르게 알아차리고 약점을 발견하며 도전받으면 그것을 공격하여 자신이 강하다는 것을 과시한다. 강한 사람을 존경하기도 하지만 황소고집을 부리며 그 태도가 오만하다.

나의 관심은 자연스럽게 어디에 권력이 있는지에 맞춰진다. 그리고 나는 그들의 장점과 약점을 바탕으로 사람들을 평가한다. 나는 다른 이들의 약점을 빨리 간파하며 이러한 이유로 내가 필요하다고 느낄 때면 [스포츠경기, 비즈니스 계약, 말싸움 등] 주저하지 않고 약점을 이용할 것이다. **분쟁을 피하기보다는 조그만 조짐이라도 보이면 나는 바로 달려든다.** 만약에 내가 보기에 현실이 너무 평화로우면 나는 무슨 일을 일으켜서 나 자신을 살아나게 하고픈 충동을 느낀다. 나는 재미로 말싸움을 시작하기도 한다, "계속 움직이게 하기 위해서" **나는 내가 잘못되었다고 생각하는 사람이면 주저하지 않고 대항하거나 몰아세우며 그 사람이 권력을 가진 자일 때 특히 더 그렇다. 나는 내 분노를 바로바로 표현**한다.

나는 '예'라고 대답하는 데에는 곤란을 느끼지만, '아니오'라는 대답은 쉽게 한다. **나는 "가짜"들과 지낼 시간이 없다. 나는 직설적이고 솔직한 답변을 원한다.** 직접적이고 직시하고 있으며 바로 용건으로 들어가는 답변을 원한다. 나는 또한 무언가를 처벌하고 있으며 **강한 언어를 즐겨 사용**한다(비속어들을 사용하면서 자제하지 않는다!). 위협적이거나 스트레스가 많을수록 거칠어지고 공격적이 된다. 그것은 마치 "나에게 덤벼 봐!"라고 말하는 것과 같다. 나는 다른 이들도 이런 삶을 살고 있을 거라고 가정한다. 만약에 그러고 있지 않다면 그들은 이러한 '나'의 태도를 배워야 한다고 생각한다.

방어 기제: 부정

만약에 내게 반갑지 않은 자료를 가지고 들이댄다면, 나는 간단히 그것을 무시하고 보지 않을 것이다. **이런 현상은 내가 소중히 여기는 계획이나 프로젝트가 제대로 돌아가지 않을 때, 아니면 내가 어떻게 할 수 없는 돌발사태가 일어났을 때 누군가가 그것을 내게 알리려고 할 때 나타난다.** 나는 그런 일들을 알고 싶지 않다. 그래서 나는 내 귀를 막아 버린다. 나는 그럴 리가 없다고 말한다. 그것은 거짓말이 아니다. 나는 그 진실이 나를 너무 불편하게 하기 때문에 '나' 자신이 그걸 직시하도록 허용하지 않는다. 곧 현실을 부정하거나 자기가 한 행동에 대해서 인정하기를 거부한다. 인정한다는 것은 위협적인 현실을 수긍하는 것이다. 부정은 급격한 변화와 불안을 가중시키기 때문에 거부하며 이는 극단적인 자기보호를 의미한다.

열정(집착): 열망

이건 굳이 육체적 열망만을 말하는 것이 아니라 인생을 제대로 살고자 하는 강력한 열망을 말하는 것이다. 이는 사람들이 나를 "과장되었다"고 평가하게 하는 내 안의 어떤 힘과 관련이 있다. **나는 미지근한 관계를 유지하느니 차라리 그 관계에서 발을 빼버린다. 나는 열심히 일하고 열심히 논다.** 나는 안절부절못하며, 무미건조함을 느끼며 지루한 감정을 없애려고 고생한다. 나는 에너지가 넘치며 뭐든지 열심히 한다. 너무 크게, 너무 시끄럽게, 너무 많이. 나는 일단 무언가를 즐기기 시작하면 언제 멈춰야 할지를 모른다.

회피: 나약함의 징조

나는 남들이 '나를 이용할까?' 언제나 주변을 경계하고 있다. 나는 나의 나약함과 남들의 순수함을 부정한다. 힘이 없고 나약한 사람들을 경멸하고 무시한다(자기 투사, 나의 나약함을 원하지 않기 때문에). 그리고 틀에 박힌 일정이나 권태로움을 좀처럼 참기 힘들어하기 때문에 언제나 새롭고 자극적인 체험을 찾는다. 남과 친밀한 관계를 맺어 사랑을 나누지 못한다(친교와 사교의 방법이 다소 거칠다). 이러한 나의 태도가 왜곡되었다는 건 쉽게 알아볼 수 있다. 내게는 나약함이나 점잖음, 자비나 동정심이 자리 잡을 곳이 없다. 그러한 감정들은 나를 불편하게 하는 감정들이며 나는 되도록 그런 감정들을 야기할 수 있는 상황들을 어떻게든 피하고 싶어 한다. 이러한 이유로 나는 부드러운 감정들과 그에 의존해야 하는 필요성을 인지한다. 남들에게 다가가는 것이나, 따뜻함, 호감 혹은 친절함을 베푸는데, 어려움을 느낀다. 이러한 태도는 나약함을 보여 준다고 믿기 때문이다.

변화의 방향: 전환 방법

어쩌면 당연하게도, 전환은 이런 방법으로 시작해야 한다. **내 안에서, 남들에게서, 내가 가장 두려워하는, 혐오할 수도 있는, 감정들을 인식하고 받아들이는 행동. 나는 의식적으로 '나' 자신과 남들에게 더 친절한 태도를 보이고 익힘으로써 내 진짜 힘을 찾아가며, 진짜 우리에게 주어진 힘은 자비, 친절함 그리고 동정심에 있다는 사실을 알아야 한다.** "절대자(내가 믿는 신)의 사랑과 친절함"을 배워야 한다. **가난한 자와 억압받는 자들을 도우면서 나는 그들과 그들의 가치를 존중해야 한다.** 나는 단순히 "그들을 위해 싸우는" 것이 아니라 그들과 인간적으로 더 가까운 관계로 발전해야 하며 내가 가난한 사람이 되어야 더욱 깊은 인간관계의 선물을 받아들일 수 있게 된다. **솔직함을 추구하는 내 의지는 그대로 간직한 채로 남들과 교류할 때 그들의 입장과 내가 어떻게 교류하고 있는지를 더욱 자세하게 생각해야 한다.**

9유형. 중재자: 평화로운 사람

9 유형 **중재자** | 평화로운 사람

이제 나는 선언합니다

▶ 나는 이제 확신이 있으며 강하고 독립적인 존재임을.
▶ 나의 생각을 발전시키고, 이를 통해 사고할 수 있음을.
▶ 내 자신과 나의 능력에 대해 자랑스럽게 여길 것을.
▶ 나는 어려울 때도 충실하며 믿음직한 사람임을.
▶ 깨어나 기민한 눈으로 주변 세계를 볼 것을.
▶ 두려움 없이 나 자신을 깊이 성찰할 수 있음을.
▶ 나의 미래에 대해 흥미와 열정을 가지고 있음을.
▶ 삶이 내게 주는 모든 것을 적극적으로 수용할 것을.
▶ 내 안에 강력한 치유의 힘이 있음을.

이제 나는 내려놓습니다

▶ 나의 모든 태만함과 건망증 그리고 일을 쉽게 포기하는 성격을.
▶ 나 자신의 삶에 대해 적극적으로 관심 갖지 않으려는 생각을.
▶ 유쾌하지 않거나 어려운 일들은 무엇이든 피하려는 생각을.
▶ 나 자신의 삶을 발전시킬 수 있는 것은 아무 것도 없다는 생각을.
▶ 문제가 압도적으로 커질 때까지 그것을 무시하려는 습관을.
▶ 나 자신을 바라보는 것에 대한 두려움을.
▶ 타인으로부터 모든 것을 바라는 의존적인 생각을.
▶ 감각을 잃고 정서적으로 무감각한 상태에 빠지려는 성격을.
▶ 몸에 밴 습관이나 정해진 일상 속에서 자신을 잃어버리는 것을.
▶ 나의 공격성을 직시하지 않으려는 것을.
▶ 평화를 유지하기 위해 어떤 사람과도 잘 지내려는 습관을.
▶ 자신의 발전을 위해 노력하기보다 타인의 도움으로 살려는 생각을.

9번 유형은 평화로운 사람이다. 그들은 명상가이며 중도주의자다. 그들은 **인내심 있다. 여유가 있다. 겸손하다. 동요하지 않는다. 안정적이다. 편안하다. 수용적이다. 침착하다. 허용적이다. 허세가 없다. 평온하다. 조화를 이룬다. 방임적이다. 느긋하다. 참작한다. 양보한다. 일을 미룬다. 별 기대가 없다. 지루하다. 우유부단하다. 화를 억누른다. 장황하다. 안일하다. 나태하다. 태만하다. 지나치게 순응적이다. 수동-공격형이다. 초연하다. 완고하다.**

여기서 9번 유형의 **축복**은 신이 주신 **평화**이다. 그들에게 평화는 '완전함, 조화, 고결함'이다. 이는 높은 가치만을 위한 것이 아니라 삶을 이루는 것들이다. 모든 존재하는 것들은 평화롭고, 모든 것이 평화를 이루기 위해서 조화와 균형을 이룬다. 만약에 여기에서 **평화로워야만 하는 필요성을 느끼기 시작하고, 평화에서 벗어나는 것을 거부하고, 어떠한 것도 나를 방해하거나 혼란스럽게 하지 못하게 하려는 결심으로 발전한다면 그것은 이미 축복이 왜곡된 것을 의미**한다. 나는 그러한 경우에 내 삶에 정착하고 되도록 문제가 없게 만들고 그렇게 유지하려고 하는데 그것은 그들의 고유한 힘을 잃어버리게 한다. 그들은 평화적이고 공정한 중재자이다. 그들은 침착하고 편안하며 겸손하다. 그들은 넓게 받아들이는 수용성을 가지고 있다. 누구에게나 위안을 주고, 어떤 상황에서도 좋은 점을 찾아내어 화합하고 일치시킨다. 그들은 인내심이 강하고 온순하며 스스로 만족한다. 그들은 스스로에게 말한다. '나는 안정되어 있다', '나는 내 감정이나 그 어떠한 것이라도 나를 혼란스럽게 하거나 평화에서 멀어지게 하지 않는다.'라며 스스로 이상적인 이미지를 구축한다.

자아의 결함/강박증

내 마음의 평화를 방해할 수 있는 모든 것에 대해 난 관심이 별로 없다. 나는 나를 불안정하게 할 수 있는 것이라면 그것이 무엇이든 알고 싶지 않다. **나는 '나' 자신이 어떤 일을 너무 열심히 하지 않게 하며, '나' 자신과 내 주위 모든 것을 평화롭고 차분하게 유지**하려고 한다. 내가 자주하는 말은 **"중요하지 않아(…), 그럴 필요 없어(…)"**

나는 나를 돌봐주는 사람이 없다는 것을 당연하게 여기고, 때로는 **가상의 조화로운 세상**으로 빠져든다. **'그래 나는 버림받았어. 뭐, 인생이 다 그런 거지'**라고 말한다. **'나'** 자신이 존재한다는 것을 인지하지 못 할 때도 있으며 자신에 대한 사랑이 부족하며 내가 중요하다는 사실을 인식하지 못한다. 나는 언제나 일들을 사소하게 생각하고 중요하지 않게 만들고 '산을 가지고 두꺼비 집을 만드는' 경향이 있다. 나는 흐름에 맡긴 채 흘러가며 슬픔이나 기쁨도 내게 영향을 미치지 못한다. **'침착해, 어렵게 생각하지마'라고 끊임없이 되뇌인다.**

나는 언제나 쉽게 빠져나가려고 하며 조금이라도 어렵거나, 불쾌하거나, 노력을 요구하는 일을 할 때면 늑장을 부리는 습관이 있다. 그런 것들이 이미 편하기엔 늦은 만큼 가까이 다가오면(굉장히 심각하고, 급박하고, 관심을 요하면)나는 다른 사소한 일들에 갑자기 미친 듯이 집중하기도 한다. **나는 동요하지 않는다. 남들이 다 해야 하더라도, 나는 안 한다.** 내게는 긴장감과 목표의식이 부족하다. 나는 구조나 시스템을 구축한 다음 알아서 돌아가게 하는 것을 선호한다. 나는 습관에 의해 일을 하며 비슷한 결과를 계속 만들어낸다. '의식주의'적인 경향. 에너지는 내게 중요하다. 힘의 총량을 조절해야 한다. **'앉을 수 있는데 왜 서서 있어야 해? 누워 있을 수 있는데 왜 앉아 있어야 해?'라고 말한다.** 하지만 나는 취미나, 게임, 스포츠 등과 같이 잡다한 활동을 할 때면 놀랄 만큼 활발해지기도 한다. 나는 외부에서 나를 긴장하게 해 줄, 흥미진진하게 해 줄 요소를 찾는다. 나는 얘기할 때 단조롭게, 별다른 억양 없이 메마르고 내 말이 당연하다는 말투로 중얼거린다.

방어 기제: 마취

많은 에너지가 중요한 과제(개인적인 성장, 대인관계)들에 사용되지 않고 내 평화를 방해하는 요소들을 막는 데에 사용된다. 나는 굉장히 성능이 좋은 쇼크를 흡수하는 시스템을 지니고 있다.

열정: 게으름, 특히 자신과 자기 인식에 관련해서

'나는 어떠한 일들이 나에게 벌어지게 하지 않는다. 어떤 일이라도 화낼 만큼 가치는 없다.' 이것의 중심을 이루어서 뒷받침해주는 믿음은 "**나는 중요하지 않다, 나는 상관이 없다.**" **나는 '나' 자신을 잃어버리는 경향이 있다.** 남의 아이디어와 관심사 그리고 선호도 속에서, 그리고 나는 선택을 하거나 결정을 내리거나, 내 자신이 해야 할 일을 정리하는 데에 거부감을 느낀다. **나는 개인적인 결정을 내려야 할 때 중립적인 입장을 선호한다. '내가 찬성하고 있을까 반대하고 있을까?'** 나는 질문의 모든 면들을 볼 수 있다. 내 개인의 입장이 중요하지 않을 때 결정은 더 내리기 쉽다. 가령 긴급한 상황에서의 선택이나 개인적이지 않은 정치적 의견들에 대해 그러하다. **나는 항상 내 외부에서 해결책을 찾고자 하며 나의 '정신적인 일들'은 남들이 해 주기를 바란다.** 나는 내게 가장 중요한 것이 무엇인지 잘 인식하지 못하며 중요하지 않은 것으로 대신하면서 중요한 것을 찾아내기를 거부할 때도 있다.

회피해야 할 것: 분쟁, 외부와 내부 모두

나는 문제가 생길 것 같으면 재빨리 눈치를 챈다. 분쟁, 논쟁, 불쾌함을 줄 수 있는 모든 경우를 말한다. 만약에 내가 미리 방지하지 못하면(그것에서부터 관심을 돌리는 것), 나는 **내 자신이 그 일과 연관이 없도록 확실히 행동**한다. 나는 심지어 그 일이 벌어지지 않고 있고 다른 일에 심취한 듯 행동하기도 한다(이런 상황에서는 주로 사소한 일들이 내겐 굉장히 중요한 듯이 다가온다). **내 감정들은 절제되고, 거부되고 억제당하고 있다.** 나는, 쇼크를 방지해야 하니, 침착하다, 혹은 침착해지려고 한다. **나는 분쟁, 소동, 혼란들로부터 '나' 자신을 마취시켜 둔감하게 하**며 그런 일이 생기더라도 **침착하게 행동**한다. 나는 '나' 자신만의 세계로 **빠져들며** 상황이 급박해지면 급박해 질수록 더 침착해지는 경향이 있다. 잠은 믿음직스러운 탈출 경로이다. 나는 완고함과 수동적인 침략 행위를 통해 '나' 자신을 보호하고 상황을 조정하고자 한다.

변화의 방향: 전환 방법

전환은 내게 주어진 축복을 어떤 방법으로 왜곡하였는지 구체적으로 보는 것으로 시작한다. 특히 내가 현재의 습관들을 어떻게 얻게 되었는지 내 평화를 지키기 위해 내 생활방식이 (나에 의해서) 나와 다른 이들이 치러야 할 대가에 대한 고려 없이 어떤 방식으로 설계되었는지 알아본다. 평화는 신이 내린 축복이 아니라 내가 내 생각을 가지고 있고, **'평화'가 대상화되어 내가 계속 가지고 있으려는 물건이 되어 버렸다는 것**을 알아차려야 한다.

다툼을 피하려만 하지 말고 그러한 상황일수록 내가 받은 축복을 사용해야 하는 것임을 인식해야 한다. **평화롭게 살려는 내 욕망은 평화를 만드는 원동력**이 될 수 있다: 명상을 하게 해 주는, 화해를 위해 노력하게 해 주는 것은 분쟁에서 평화를 위해 할 수 있는 공헌이다. 다른 사람들의 입장에 대한 나의 민감함은 서로 다른 의견들을 냉정하게 바라보고 필요한 만큼의 긴장감을 유지할 수 있게 해 준다. 나는 각기 다른 입장들끼리 서로의 의견을 듣게 해 줘야 하기 때문에 잠재적인 인내심 (과 완고함)을 끌어낼 수 있고 유용하게 활용할 수 있다.

3.

Transaction Analysis: 교류분석을 통한 해석

3.1 자아상태의 진단과 기능분석

자아상태의 기능분석

평균적인 CP : 이상을 추구하고 양심적이다. 책임감이 있고 권위적인 특징이 강하다.
상대방이 안정감을 느낀다.

CP가 높을 때 : 자신이나 타인에게 엄격한 주장을 강요하거나 비판적이다.
타인의 의견을 잘 듣지 않는다.

CP가 낮을 때 : 느슨하거나 무절제하다는 말을 많이 듣는다.

평균적인 NP : 모성적이고 온화하며 헌신적인 면이 있다.
타인이 도움을 요청하면 거절하지 못한다.

NP가 높을 때 : 과보호하거나 과하게 개입하는 모습을 보인다.
상대방의 자주성과 자립성을 약하게 하며 의존적으로 만들 수 있다.

NP가 낮을 때 : 냉정하고 인정미가 없으며 때로는 방임적이다.
그런데 이들은 자기 자신에 대해서도 그렇다.

자아상태의 기능분석

평균적인 A : 이성적이고 합리적이며 냉정하고 솔직하다.
업무를 계획적으로 추진하며 사태를 객관적으로 바라본다.

A가 높을 때 : 물질만능주의에 빠지기 쉽고, 기계적이며 차갑다는 이미지를 풍긴다.

A가 낮을 때 : 일관성이 없고, 정확한 판단이나 이해력이 부족하며 무계획적이다.

평균적인 FC : 자발적이며 적극적이고 창조적이다. 직감적으로 즐기는 특징이 강하고
주위사람들을 즐겁게 해주는 경향이 있다.

FC가 높을 때 : 충동적이고 자기중심적이다. 무책임한 모습을 보인다.

FC가 낮을 때 : 놀이나 여행 등에서 적극적으로 즐기려 하지 않는다.

평균적인 AC : 순응적이고 타협적이며, 협조적으로 상대방의 기대에 맞추려고 자신의
감정을 억압하고 자기희생도 감수한다.

AC가 높을 때 : 죄의식이나 자기속박이 강하고 열등감으로 인해 적개심을 마음속에
깊이 묻어둔다. (신데렐라 콤플렉스, 피터팬 증후군)

AC가 낮을 때 : 자기중심적인 면이 많다. (급진주의적 사회혁명가)

자아상태 파악 – 행동적 진단

√ 각 자아상태에 따르는 행동적 단서들을 적어본다.
이때 중요한 것은, 자신이 사용하는 목록을 만드는 것이다.

	말	어조	제스처	자세	얼굴표정
CP					
NP					
A					
FC					
AC					

★ 목록을 작성할 때는 반드시 사람들이 보고 들을 수 있는 것만 적어야 한다.

자아상태 파악 – 행동적 진단 (응용)

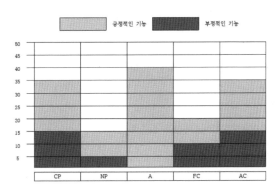

√ 막대의 정확한 높이에는 크게 신경 쓰지 않아도 된다. 중요한 것은,
각 기능적 자아상태를 상대적으로 비교하여 어느 것이 더 높은가를 보는 것이다.

3.2 자아상태의 구조분석

구조분석 – 에고 그램 유형

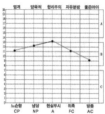

1) ∧형 – 원만대인관계형 (보통)

NP를 정점으로 하는 [∧]형의 에고그램을 나타낸다.
일반적으로 대인관계에 있어서 문제가 적고
자타를 모두 긍정하는 사람이라고 할 수 있다.
자신의 성격을 바꿔 보고자 하는 사람은 이 형태를 목표로 한다.

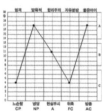

2) N형 – 헌신형 (나이팅게일)

NP를 정점으로 하고 FC를 낮은 점으로 하는 [N]형은
자기부정적이고 타인에게 의존적이다. 이 형태의 사람은
NP가 높고 타인에 대한 배려나 온정이 있지만, 동시에
AC가 높으므로 하고 싶은 말을 하지 못하고 마음속으로 삭이는
것이 특징이다. 기분전환도 잘 줄 모르기 때문에 싫은 감정을
쉽게 잊어버리지 못하고 스트레스성 질병을 얻기 쉬운 사람이라고
할 수 있다.

구조분석 – 에고 그램 유형

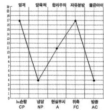

3) 역 N형 - 자기주장 패턴(도날드 덕)

CP, FC가 높고 NP, AC가 낮은 [역N]형은
적극적이고 자기중심적인 사람으로 '자기 주장형'
결국, 책임의 소재는 타인에게 있고 자신은 항상 옳다고 하며
자기반성이 부족한 사람.
그러나 이 패턴의 사람이 가진 야망이나 욕망이 예술이나 예능
방면으로 향했을 때는 능력을 발휘할 수 있다.
좋게 말하면 예술가 타입이다.

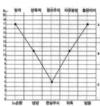

4) V형 - 갈등 패턴(햄릿)

양끝의 CP, AC가 높고 전체가 V형태.
CP가 높으므로 "이렇게 해야 돼!" "이렇게 해서는 안 돼!"라고
자신이나 타인에게 완전함을 요구하지만 마음속으로 갈등을
반복하고 후회를 많이 하는 사람.
결국 책임감이나 사명감에 사로잡혀 있는 엄격한 자신과
타인으로부터의 평가에 신경을 쓰는 자신이 끊임없이 갈등을 반복
하고 있는 것이 특징이다.

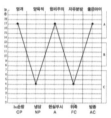

5) W형 - 고뇌 패턴(베르테르형)

앞의 V형의 아류형태로
양쪽의 CP, AC가 높은데다 A도 높은 점이 특징.
CP, AC의 갈등상황은 V형과 같지만 A가 높아 현실을 음미하거나
분석하려고 하는 만큼 심각하게 고민하느라 자포자기나 침울한
상태가 되기 쉽다.

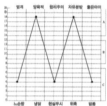

6) M형 - 명랑 패턴(우상형)

NP, FC 양쪽이 높고 다른 것은 그보다는 낮은 것이 특징.
타인에 대한 배려가 있고 호기심이 왕성하며
즐거운 것을 아주 좋아하는 사람,
분위기를 주도하는 밝고 유쾌한 사람이다.

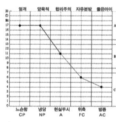

7) 우경사형 - 완고 패턴(보스)

CP와 NP를 정점으로 우측으로 내려가는 우경사형은
한마디로 완고하다. 책임감과 다정함을 겸비한 어른스러운
성격으로 신념이 확고하여 사람들을 이끌 수 있는 성격.
그러나 AC가 가장 낮아 타협을 모르기 때문에 스스로도
피곤하고, 주변 사람들에게도 구시대적이라는 말을 듣는다.

8) 좌경사형

CP, NP가 둘 다 낮고 FC, AC가 둘 다 높은 유형.
명랑 쾌활한 성격으로, 적극적이면서도 융통성 있고
사회의 상식에 구애 받지 않는 순수함이 드러나는 성격.
하지만 감정기복이 심하고 응석을 부리면서도 배려나
책임감이 부족해서, 변덕스럽고 철없는 성격이라는 악평을
들을 수도 있다.

3.3 의사교류분석의 이해

의사교류분석

▶ **교류**
- 교류를 시작할 때 주어지는 커뮤니케이션을 '자극(stimulus)'이라 하고,
  그 대답을 '반응(response)'이라 한다.
- 따라서, 교류의 공식적 정의는 자극과 교류적 반응을 주고받는 것.
- 화살표는 커뮤니케이션의 방향을 가리키는 것으로서 '벡터(vector)'라고 한다.
  S는 '자극', R은 '반응'을 나타낸다.

1-1. 상보 교류 (A-A 상보 교류)
: 교류 벡터가 평행을 이루고, 자극을 보낼 때 상대방에게서 기대했던
  자아상태로부터 반응이 오는 교류.

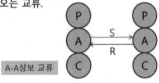

A-A상보 교류

의사교류분석

1-2. 상보 교류 (P->C, C->P 간의 상보 교류)
: 교류 벡터가 평행을 이루고,
  자극을 보낼 때 상대방에게서 기대했던 자아상태로부터 반응이 오는 교류.

P->C, C->P 간의 상보 교류

예) 가게 주인이 10분 늦게 온 점원을 쳐다본다.

주인 : "또 늦었군! 제때 오라고 했잖아!"
점원 : "죄송합니다. 다시는 이런 일이 없도록 하겠습니다"

주인 : 미안하다면 다야? 이번 주만 해도 세 번째 지각이야!
점원 : (우는 소리로) 죄송합니다. 길이 너무 막혀서요.
주인 : 뭐라고? 핑계대지 마, 좀 더 일찍 나왔으면 되지.

★커뮤니케이션의 첫째 규칙!
'교류가 상호 보완적으로 이루어지는 한, 커뮤니케이션이 계속 이어질 수 있다.'
교류가 상보적일 때 자극과 반응을 주고받는 흐름을 막을 수 없다.

2. 교차 교류 (P->C, A->A 간의 상보 교류)

: 벡터가 교차를 이룬다. 교류적 벡터들이 평행을 이루지 못하거나
자극을 보낸 자아상태와 반응을 한 자아상태가 일치하지 못하는 것.

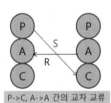

P->C, A->A 간의 교차 교류

만약, 점원이 움츠리거나 사과하지 않고 차분한 어조로

주인 : "또 늦었군! 제때 오라고 했잖아!"
점원 : "화가 나신 모양이군요. 왜 그렇게 느끼시는지 충분히
이해합니다. 제가 어떻게 하면 좋을지 말씀해 주세요"

라고 한다면,
자극을 보낸 사람이 기대한 커뮤니케이션의 흐름을 교차시킨다.

★커뮤니케이션의 두번 째 규칙!
'교류가 교차될 때 커뮤니케이션이 단절되고, 다시 회복하기 위해서는
한 사람, 또는 두 사람 모두 자아상태를 바꾸어야 한다.

의사교류분석

3-1. 이면 교류 (이중 이면 교류)

: 두 가지 종류의 메시지가 동시에 전달된다.
하나는 겉으로 드러난 '사회적 수준'(social level)의 메시지이고,
나머지 하나는 속에 깔려 있는 '심리적 수준'(psychological level)의 메시지다.

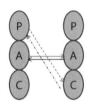

이중 이면 교류
* 사회적 수준
A->A, A->A
* 심리적 수준
P->C, C->P

예시) 아내 : "손톱깎이 어디다 두었어요?"
남편 : "안방 쓰레기통 옆에 있을거야."

단순히 주고 받는 말을 보면 A-A간의 상보 교류로 보인다.

아내 : (얼굴이 굳어지고 눈썹을 치켜뜨며 매몰차게) 손톱깎이 어디다 두었어요?
남편 : (목소리에 떨리고 눈동자를 좌우로 굴리며) 안방 쓰레기통 옆에 있을거야.

그러나 **목소리나 표정을 보면**, P-C, C-P 의 평행 교류가 이어지고 있다.
심리적 수준에서 전달되는 메시지를 말로 바꾸면 다음과 같이 표현할 수 있다.

아내 : 물건을 쓰면 항상 제 자리에 두지를 않아!
남편 : 당신은 맨날 흠잡을 일만 찾고 있어.

의사교류분석

3-2. 이면 교류 (각진 이면 교류)
: 두 가지 종류의 메시지가 동시에 전달된다.
A에서 A로 가는 '사회적 수준'의 메시지를 보내면서 동시에
나의 A에서 상대방의 C로 가는 '비밀 메시지'를 보낼 때가 있다.

각진 이면 교류

점원 : "네, 손님. 이 카메라는 최고급입니다. 그런데 생각했던 것보다 비싸지요."
손님 : (무시당한 듯한 기분으로) "포장해주세요."

충동구매를 유도했던 점원의 작전이 성공했다.
그러나 교류가 다르게 진행될 가능성도 얼마든지 있다.

점원 : 네, 손님. 이 카메라는 최고급입니다. 그런데 생각했던 것보다 비싸지요.
손님 : (한동안 생각하다가) "그렇군요. 당신 말이 맞군요.
생각보다 너무 비싸서... 고마워요, 다음에 들를게요."

★커뮤니케이션의 세번 째 규칙!
이면교류에 의한 행동 결과는 사회적 수준이 아니라 <u>심리적 수준에서 결정된다.</u>

의사교류 선택

▶ 선택
- 타인과 늘 해 오던 불편했던 교류에서 벗어나기 위해서는 새로운 교류 방법을 선택할 수 있다.

이 부장 : "좀 더 큰 사이즈로 출력해야지, 작아서 어떻게 읽을 수 있겠어!"
김 대리 : "죄송합니다..."
이 부장 : "도대체 일 처리를 어떻게 하는 건지 원..."
김 대리 : "앞으로는 주의하겠습니다. 그런데 솔직히 요즘 너무 일이 많아서요..."

√ 김대리가 이 교류에서 벗어나려면 어떤 선택을 할 수 있을까?

- 한 사람 또는 두 사람 모두 자아상태를 바꾸어야 한다.
- 교차 교류를 해야 한다.
- 주제를 바꾸어야 한다.
- 앞의 주제를 잊어야 한다.

V

상담의 전개와 융합

1.

상담치료기법 일반(수련)

1.1. 상담의 시작 단계: 상담자의 자세(Hill & O'Brien, 1999)

상담자의 자세에 대해 말할 때 보편적으로 "ENCOURAGES" 룰을 상기한다. 내용을 개략하면 **E**(Eye): 적당한 정도로 눈을 마주친다(다른 곳을 보거나 뚫어지게 보기 피하기), **N**(Nod): 가끔 고개를 끄덕인다, **C**(Cultural differences): 문화적 차이를 인식하고 존중한다, **O**(Open mind): 내담자 쪽으로 열린 자세를 유지한다.(팔짱을 끼지 말고, 내담자 쪽으로 기울인 자세를 유지한다.), **U**(Unhmn): '음' 등의 인정하는 언어를 사용하며 격려한다, **R**(Relaxed): 편안하고 자연스럽게 대한다, **A**(Avoid): 산만한 행동을 피한다, **G**(Grammatical): 내담자의 언어 스타일에 맞추어 표현한다(자신의 언어 스타일 범위 내에서 내담자의 언어스타일을 사용), **E**(Ear): 제3의 귀로 경청한다(언어적 메시지와 비언어적 메시지를 주의하여 들을 것), **S**(Space): 공간적인 거리를 적절하게 유지한다(너무 가깝거나 멀지 않도록 할 것). 상담자는 내담자의 언어적, 비언어적, 메시지를 파악할 수 있도록 적극적 경청의 자세가 요구된다.

1.2. 적극적 경청의 기술 훈련

1) 제대로 참가하지 않는 그룹을 경험해 보기(15분)

(i) 큰 그룹에게 대화를 할 수 있는 소재를 준다.

(ii) 그중 두 명의 사람들이 대화를 하면서 **ENCOURAGES**을 지키지 않는다.

(iii) 이 경험이 활발히 참여한 자들과 그러지 않은 자들에게 각각 어떻게 받아들여졌는지 알아본다. 예를 들면, 활발히 참여는 했지만, 동작이 없었던 사람들에 대해 어떤 반응을 보였는지.

2) 칵테일파티(10분)

들으면서 얘기를 동시에 한다는 건 어려운 일이다. 파트너와 그러한 느낌이 어떠했는지 서로 얘기해 보도록 하자. 이 운동의 목적은 들으면서 동시에 얘기하는 행동이 얼마나 힘든 행동인지 알아보는 것이며, 사람들은 자신이 남의 말을 들으려면 일단 자신이 하는 말을 멈춰야 함을 깨달을 것이다.

이것은 분위기를 가볍게, 혹은 점심을 먹고 난 뒤에 가지는 대화에서 사용될 수 있는 쉬운 연습문제이다. 일단 실험자들을 모두 두 사람씩 서로 마주 보게 한다. 그들은 서로에게 무언가에 대해서 최대한 자세하게 그들이 아침에 일어나서 그때까지 한 일에 대해 얘기해 보게 한다. 그들은 상대방의 말을 들으면서 자신의 얘기도 해야 한다(3분). 서로가 대화를 하면서 느낀 점을 솔직하게 나누어 본다(7분).

3) 수동적 경청(30분)

상대방이 안 들어줄 때의 기분이 어떠한가? 다른 사람은 얘기는 하고 있지 않지만 아무런 관심 또한 보이지 않고 있다. 조그만 그룹으로 나뉘어서 결과를 보고하자. 역할을 바꿔서 해 보자.

참가자들에게 3명씩 그룹을 만들어서 한 사람이 화자가 되고 한 사람이 청취자 그리고 나머지 한 사람이 관찰자의 역할을 하게 한다. 화자와 청취자가 마주보고 관찰자는 양쪽을 모두 관찰하고 양쪽의 말을 모두 들을 수 있게끔 자리를 배치한다. 화자에게 재미있는 얘기, 예를 들면 그의 취미나 주말계획 혹은 자신이 기대를 걸고 있는 것에 대해서, 말을 하라고 지시한다.

여기서 주제는 어느 정도 감정이입이 되어서 화자가 어느 정도는 감정적으로 얘기할 수 있게 해야 한다. 청취자는 반면에 어떤 얘기가 나오든 간에 무관심으로 일관해야 하며 항상 자신이 무관심하다는 신호를 보내야 한다. 관찰자는 이 둘을 관찰한 뒤 필요하면 노트에 필기를 한다. 시간은 5분이다.

화자들이 청취자들이 반응을 안 보였을 때 어떤 기분이었는지 알아보며 관찰자들은 그들의 '내담자'에 관하여 관찰한 점… 그리고 '도우미', 어떤 몸짓들이 사용되었는지, 화자에겐 청취자에게 하고 싶었던 행동이 무엇이었는지, 포기하고 싶지는 않았는지? 5분 동안 이 그룹에 대한 보고를 한 다음 역할을 바꾸어서 다시 해 본다. 각 참가자가 화자의 역할을 끝낼 때마다 다시 보고를 한다. 이 문제에서 시간을 30분 이상 사용하지 말도록 하자.

4) 적극적 경청(15분)

주위의 소리를 적극적으로 경청한다. 질문을 해서 충고를 유도하라.

대화의 주제를 소개한 다음, 그룹에 있는 사람들에게 눈을 감고 편히 있으라고 한다. 그리고 그들 주위와 그들 내부의 소리에 귀를 기울이라고 한다. 그들에게 소리들을 분석하거나 그에 대해 설명할 필요는 없으며 그저 들리는 대로 다 들어달라고 한다. 5분이 지난 뒤 참가자들에게 눈을 뜨고 다시 그룹의 대화에 참여하게 한다. 참가자들끼리 자신의 경험에 대해 대화해 보도록 한다. 그들은 어떤 소리를 들었나? 그들이 듣는데 방해가 되는 요소는 무엇이었나? 보면서 듣는 것과 들리는 데로 듣는 것에 차이는 무엇인가? (5-10분)

대화가 진행되면 그 내용을 준비된 차트에 적는다. 아마 그 내용에는 다음 항목들이 포함되어 있을 것이다. 내부에서 들려오는 소리, 배에서 나는 소리부터 개인적인 생각들까지, 외부에서 들려오는 소리, 방 바깥에서 나는 소리라든지, 그 안에서 의자를 움직이는 소리, 들리지만 보이지 않는 기분은 어떠한가? 눈으로 보이는 행동이 내가 사람의 말을 이해하는데 얼마나 많은 영향을 미치는가? 들리는 소리들 중 우리는 얼마만큼이나 그저 있는 그대로 받아들이지 못하고 우리 자신의 가치관으로 재해석해서 받아들이는가?

우리가 수동적으로 들을 때 이렇게 많은 일들이 벌어진다면 우리가 적극적으로 들을 때는 어떠할까?

이 연습 문제는 참가자들에게 듣는다는 행동의 복잡함에 대해서 되새겨 보게 해

준다. 적극적 경청은 청취 기술과 말하는 기술을 모두 포함하는 상호적인 과정이다. 효율적인 청취는 듣는 이에 의해서만 평가될 수 있다. 즉 내가 청취자로서 그러한 청취를 하지 못했다고 느낀다면 의사소통은 이루어지지 못한 것이다. **큰 그룹에서는 충고를 받는 데 시간이 걸릴 수 있다. 주의 깊게 경청하는 것이 필요하다.**

5) 청취 기술(30분)

(a) 둘로 나누어서 5분 동안 자기소개를 한다. 예를 들면 당신 옆에 있는 사람에게 남들이 자신에 대해 알았으면 하는 점과 공유하는 데 거리낌이 없는 정보들을 제공한다. 당신은 파트너의 얘기를 청취하고 그걸 기억한다. (10분)

(b) 그룹에게, 당신의 파트너를 당신을 기억나는 대로 소개한다. 당신이 제대로 듣고 있었는지 보여 주는 좋은 실험이 될 것이다. (20분)

여기서 우리는 상담의 정의를 다시 한번 정돈하고 지나가야 한다.

(a) 이 문제의 목적에 대해 설명하고 그룹이 이런 과정에 대해 제대로 인식하도록 한다.
　　예: 그들은 청취하고 교류하고 같이 일할 때 어떤 기분이 드는지. (5분)
(b) 상담이 무엇인지 그룹별로 브레인스토밍을 해보자. 무슨 단어들과 이미지가 떠오르는지. 촉진자들은 그 단어들과 이미지를 칠판이나 종이에 적은 뒤 그룹에게 다시 읽어 준다. (10분)
(c) 그룹 원들을 두 개의 그룹으로 나누고 그들 나름대로 상담에 대해서 단어로 혹은 그림으로 혹은 두 가지 모두를 이용해서 큰 종이에 그 정의를 내리도록

한다. (15분)

(d) 다시 모여서 상담의 정의에 대해 논의해 보고 하나의 정의를 결정한다. (15분)

(e) Robert Carkoff의 정의를 들려준다. 시간이 남는다면 이 과정을 통해 느낀 점을 공유해 본다.

"상담은 그 사람이 자신의 생각과 느낌 그리고 행동들을 더 잘 알 수 있도록 한 사람이 그 사람과 관계를 맺고 반응을 해 주는 행위이다. 더 명확하게 자신을 이해하기 위해서, 그리고 그들의 장점을 확실히 찾을 수 있게 도와주고 그들이 살아가는 동안, 더 정확한 판단과, 더 좋은 결정, 그에 따른 행동을 통해 삶을 더 효과적으로 살아가게 해 준다. 결과적으로, 상담이란 한 사람이 다른 사람을 도우려는 목적을 가지고 맺는 관계이다." (Robert Carkhuff)

인간은 자기 자신과의 관계를 통해 자기조절능력을, 타인과의 관계를 통해 대인관계 능력을, 세상일과의 관계를 통해 의미와 가치를 발견하는 의미부여 능력을 조화롭게 운용할 수 있어야 균형 있는 삶을 살아갈 수 있다.

1.3. 상담 시작하기

1) 자유롭게 이야기하도록 유도하기

어떤 내담자는 상담자가 묻기도 전에 자신이 상담을 신청한 이유를 자발적으로 이야기하기도 하나, 대부분의 내담자들은 상담자가 질문할 때까지, 이야기를 하지 않고 기다린다. 이때 상담자가 질문을 통하여 내담자의 대답을 이끌어내는 것이 일반적이다. 그러나 상담자의 질문에 내담자가 대답을 하게 하는 것보다는 내담자로 하여금 자유롭게 이야기를 하도록 유도할 때, 내담자는 자신의 문제를 훨씬 더 잘 표현한다. 내담자가 자신의 문제에 대해 이야기를 하도록 유도하기 위해서는 내담자를 대하는 자세, 태도, 제스처, 목소리의 톤 등에 세심한 배려를 해야 한다. 예를 들면, 상담자는 다음과 같은 말로써 이야기를 유도할 수 있을 것이다.

"상담을 받고 싶은 점에 대해서 말해주시겠어요?"
"걱정이 되는 것이 무엇인지요?"

2) 문제 분류하기

문제 분류하기 기술이란 상담자가 내담자의 이야기에 대해 적극적으로 관심을 갖고 열심히 듣고 있으며, 또 내담자가 힘들어하는 문제에 대해 초점을 맞추고자 한다는 점을 내담자에게 잘 전달해 준다. 내담자가 언급한 걱정거리들을 일단 듣고 나서, 내담자가 생각하기에 먼저 다루어져야 할 걱정거리가 무엇인지 선택하도록 하는 것이다.

내담자: 학교에 가기 싫어요. 공부가 너무 어렵고, 영어가 어렵고 영어 선생님은 나를 괴롭혀요. 엄마 아빠는 숙제를 열심히 안 한다고 잔소리가 심하고, 가장 친한 친구 두 명이 요즘 계속해서 나를 무시하고 있어요.
상담자: 너는 여러 가지를 이야기 하였구나. 공부의 어려움, 너를 대하는 영어 선생님의 태도, 숙제를 하지 않는 것에 대한 부모님의 잔소리, 그리고 두 친구와의 문제 등에 대해 말했어. 그런데 이것들 중에서 어떤 것에 대해 가장 먼저 이야기해 보고 싶니?

3) 개방형 질문을 적절히 사용

상담의 시작 단계에서 내담자의 이야기를 충분히 이끌어내기 위해서는 개방형 질문을 적절히 사용하는 것이 좋다. 개방형 질문이란 폐쇄형 질문과 반대되는 것으로, 내담자가 질문받은 주제에 대해 자유롭게 여러 가지의 내용을 좀 더 상세하게 대답할 수 있도록 묻는 질문을 말한다.

> "당신을 그렇게도 실망시키는 어머니에 대해서 어떻게 생각하세요?" (개방형 질문)
> "시험이 끝났는데 기분이 어떠니?" (개방형 질문)
> "시험이 끝나니까 기분이 홀가분하지?" (폐쇄형 질문)
>
> "어제 집에서 무슨 일이 있었니?" (개방형 질문)
> "어제 부모님께 야단맞았니?" (폐쇄형 질문)

이러한 개방형 질문은 상담의 초기 단계에서 특히 중요하다. '무엇을? 언제? 어떻게? 어디서? 왜?'로 시작되는 질문을 하는 것은 개방형 질문을 만드는 좋은 방법이다. 다만 **'왜'로 시작되는 질문을 너무 자주 하는 것은 내담자에게 심문받고 있는 느낌**을 주기 때문에 적절히 자제할 필요가 있다. 개방형 질문이나 진술을 사용함으로써 상담자는 탐색할 만한 단서나 자유로운 정보를 얻을 수 있다. 또한 내담자에게 그가 원하는 화제에서 자유롭게 이야기할 수 있다는 것을 의미한다.

4) 주제 이야기 계속하기

이 방법은 따뜻한 관심을 가지고 간단한 진술이나 질문을 하면서 상담자가 내담자의 이야기를 진지하게 듣고 있음을 알게 하는 것이다. 그리하여 내담자가 그 주제를 계속 탐색하도록 도와주는 것이다. 이것은 새로운 방향이나 의미를 더하는 화제를 다루기보다 내담자가 실제로 말한 내용에 초점을 맞춘다는 것을 의미한다.

> "당신이 방금 말한 내용에 대해 좀 더 자세히 말해 주시겠어요?"
> "당신이 의미하는 바를 알겠어요."

5) 간단한 촉진자극

간단한 촉진자극이란 상담자가 내담자의 말에 관심을 갖고 듣고 있음을 나타내는 제스처, 고개 끄덕임, 간단한 말이나 소리, 몸의 자세, 핵심 단어 반복 등을 말한다. 그러나 이러한 자극들이 내담자가 이야기를 어느 방향으로 끌고 갈 것인지 결정하는 데 방해가 되어서는 안 된다. 이러한 자극들은 상담면접의 초기 단계에서 자연스럽게 대화를 주고받을 때 사용되어야 한다. **'음', '아하', '그래서?', '당신 어머니가?' 등은 이러한 자극들**의 좋은 예이다.

6) 적극적이고 정확한 경청

상담자는 경청할 때 대부분의 시간을 조용히 침묵하면서 그의 모든 감각을 이용해서 전체적인 메시지를 파악해야 한다. 경청할 때 상담자는 귀로는 내담자가 한 말과 목소리의 톤을 듣고, 마음으로는 내담자의 말속에 숨은 이면의 메시지를 듣고, 눈으로는 **내담자의 자세나 표정과 제스처에 나타난 신체언어**를 들어야 한다. (Munro et al., 1983)

7) 즉시성

즉시성이란 어떤 특정한 시점에서 상담자와 내담자 사이에 진행되고 있는 무언가를 깨닫고 이를 건설적으로 전달해 주는 것을 말한다. 이 방법은 보통 감정이나 느낌과 관계되는 것이기 때문에 매우 강력할 수 있다. 따라서 친밀하고 정직한 의사전달에 익숙하지 않은 내담자에게는 위협적인 것이 될 수 있다. 그러므로 이것은 일종의 가정이나 하나의 의견으로 표현되어야 한다. 이 방법은 상담자가 내담자를 충분히 수용하게 되어 그들 사이의 내적 교류가 완전히 개방적이 될 수 있음을 보여 준다. 예를 들면, **"어쩐지 당신은 지금 나와 함께 있는 것에 짜증을 내고 있는 것처럼 느껴지네요."** 또는 **"당신이 여기 있기를 꺼려 하는 것처럼 느껴지네요."** 등이 그것이다. 즉시성이 유효하지 않거나 시기가 적절하지 않으면 내담자는 상처를 받았다고 느낄 수 있으며, 어떤 내담자는 침묵하거나 경계하기도 할 것이다. 그래서 상담자를 비난하기도 하고 상담에 참여하지 않을 수도 있다. 그러나 즉시성이 매우 유용하다면 내담자는 상호작용에 참여할 것이다. 내담자는 무엇이 자신을 이러한 방식으로 행동하게 이끌었는지에 관심을 갖게 되어 자신의 행동에 대한 통찰을 얻을 것이다.

8) 침묵의 사용

상담 중 내담자의 침묵은 어떤 의미를 갖는 것일까?

첫째, 내담자가 문제 또는 문제의 해결방안에 대해 생각하고 있는 시간일 수도 있다.

둘째, 내담자가 감정에 빠져 있거나 감정을 추스르는 시간일 수도 있다.

셋째, 상담자의 다음 반응을 기다리고 있는 중일 수도 있다.

넷째, 상담 또는 상담자에 대한 저항일 수도 있다.

이 중에서 처음 두 가지의 의미라면 상담자는 침묵을 깨뜨리기보다는 내담자가 다음 반응을 할 때까지 충분히 기다리는 것이 좋다. 세 번째의 경우라며 상담자가 적절한 반응을 해야 할 것이다. 그러나 만약 침묵이 상담에 대한 저항이나 내담자의 분노의 표현이라면, 특히 비자발적인 내담자의 경우라면 내담자와 함께 침묵의 의미에 대해 이야기를 해서 저항을 다루어야 한다. 그리고 이때 내담자가 원한다며 상담을 받지 않고 그냥 가도 된다는 점을 말해 주는 것이 도움이 될 것이다.

1.4. 상담구조화(상담 전 오리엔테이션)

상담 구조화란 상담 초기에 상담자가 내담자에게 실시하는 상담에 대한 교육을 의미한다. 즉 상담의 의미, 다룰 수 있는 문제, 얻을 수 있는 성과, 상담과정, 역할 및 규범 시간, 장소 등에 대해 상담자가 내담자에게 설명하여 이해시키는 상담에 대한 오리엔테이션 과정을 말한다. 상담 초기 과정에 상담의 구조적 형태를 명확히 설명해줄 필요가 있다. 구조화 과정을 통해 내담자가 상담 초기에 가지는 애매모호함과 불안감을 경감시킬 수 있고, 상담관계가 현실에 기반을 두고 합의된 목표를 추구해 나가는 실제적인 관계로 발전해 갈 수 있다.

1) 상담관계 및 시간에 대한 구조화

"상담센터를 찾아올 때 어떤 도움을 받을 거라 생각했니? (선생님이 가 보라고 했어요.) 선생님이 가 보라고 하셨지만 난 네가 상담하고 싶어 하는 것에 더 관심이 있어. 여기서 너를 꾸중하거나 잘못을 캐내거나 하지 않을 거야. 너와 이야기를 나누면서 네가 하고 싶었던 말, 어려운 일들을 풀어보기 위해 대화를 해 나갈 거야. 너와 내가 솔직하고 적극적으로 상담에 집중하면 좋은 결과를 얻을 수 있기 때문에 각자 노력하도록 해. 보통 상담은 일주일에 한 번 정도 하게 되고, 한 번에 50분 정도 할 거야. 만약 약속을 못 지키게 되는 경우에는 상담실로 전화나 문자로 미리 알려 주면 좋겠어. 우리 서로 연락처를 알고 있으면 좋을 거야. 상담은 한두 번으로 끝내지 않고 여러 번 만나서 상담을 하게 되는데 이곳 상담실에서는 대체로 10회 정도로 하게 되는데, 더 필요하다고 생각되면 그때 가서 같이 의논해 보도록 하자. 이제 상담이 어떻게 진행되는지 알게 되었니? 혹시 상담에 대해 더 알고 싶은 것이 있니?"

2) 상담자 역할의 구조화

"○○기관에서 너를 상담실에 가야 한다고 말했을 때, 상담실에 가면 어떤 사람과 만나야 할지 불안하면서 궁금하기도 했을 거야. 혹시 거기 가면 다른 어른들처럼 네가 잘못한 것이 무엇인지 밝히려 들지나 않을까 하는 마음이 들었을 수도 있을 거야. 나는 네가 말하고 싶은 것은 무엇이든지 자유롭게 이야기할 수 있으며, 나는 거기에 대해 아무런 비판도 가하지 않을 것이고, 네가 지금 처한 어려움을 풀어나갈 수 있도록 너를 돕기 위해 함께 노력하는 일을 할 거야."

3) 내담자 역할의 구조화

"상담실에 올 때 넌 상담에서 무엇을 해야 하는 건지 궁금했을 것 같아. (선생님이 내 고민을 해결해 준다고 했어요.) 물론 선생님도 네 고민에 대해 네가 생각하고 있는 것이나 감정을 이해하기 위해 노력을 하지만, 적극적으로 자신의 상황에 대해 솔직히 이야기하고, 해결을 위한 방안을 찾아보고, 실행하는 모험을 통해서 네 상황을 극복해 낼 수 있어. 네가 겪은 것이나 생각을 자유롭게 말하고 표현할 수 있지만, 물건을 부수거나 폭력적인 행동을 해서는 안 돼. 네가 너의 상황을 극복하기 위해서 상담에 집중해 주기를 바란다."

4) 비밀보장에 관한 구조화

"네가 상담실에 오게 된 것은 엄마로 인한 것이지만, 앞으로 너랑 상담한 내용은 선생님과 너 사이의 비밀과 같은 것이기 때문에 너의 허락 없이 아무에게도 이야기하지 않을 거야. 상담에서 말한 내용만 아니라 네가 상담받고 있다는 사실도 알려 주지 않을 거야. 그런데 선생님이 부득이하게 너의 비밀을 보장해 주지 못하게 되는 경우가 있는데, 예를 들면, 선생님이 보기에 자신을 해칠 위험이 있다거나, 혹은 다른 사람을 해칠 위험이 있는 경우에는 네가 아직 미성년자이기 때문에 일차적으로 부모님께 연락을 드리고 어떻게 조치를 하는 것이 좋을지 의논드리게 될 거야."

1.5. 몸짓이 보내는 신호 알아채기 훈련

느낌에 대해 생각하라. 말은 하지 말고 몸짓으로 당신이 느끼는 바를 표현하라. 자세, 제스처 그리고 표정을 사용하라. 가끔 소리도 사용할 수 있다. 다른 이들도 어떠한 느낌을 주려고 해볼 것이다. 끝난 뒤 느낀 바에 대해 서로 대화해 보자.

연습 문제 A: "내담자들의 감정 들어보기"

몸짓과 억양을 이용한 연극: 2개의 질문으로 이어지는.

제안: 조장이 먼저 질문을 준비하고 시범을 보인다.

(A) 각 조원들은 한 가지 역할을 맡는다. 짝을 지어서 과제를 수행하며 한 사람이 연극을 하고 한 사람이 질문에 답을 한다. 파트너들끼리 상의한 뒤 답을 적어도 된다. (15분)

(B) 서로 역할을 바꾼다. 그리고 같은 과정을 반복한다. (15분)

연습 문제 B: 내담자들의 감정을 들어보기

당신의 삶에 대한 감정과 느낌에 대해 알아봤으므로 당신은 이제 다른 사람들이 내비치거나 말할 때 드러나는 감정을 알아볼 수 있는 능력을 연습해 볼 수 있습니다.

다음 문장을 읽어 보고 분석해 봅시다.

1) "나는 내가 왜 그랬는지 모르겠어요! 그 사람은 언제나 그렇듯이 왜 더 자주 방문하지 않느냐고 불평을 합니다. 그녀가 계속 그럴수록 나는 계속 화가 나기 시작해요. (그는 상담사를 보지 못하고 고개를 숙인다.) 난 결국 소리를 지르기 시작했습니다. 난 그에게 내 일에 관여하지 말라고 소리 질렀어요. (그는 그의 손안에 머리를 파묻는다.) 난 내가 그랬다는 사실이 믿겨지지가 않아요! 나는 그녀를 '짐승 같은 인간'이라고 불렀어요. (머리를 흔든다.) 나는 그를 '짐승 같은 인간'이라고 10번 정도 부르고 그녀 눈앞에서 문을 쾅 닫으며 나가 버렸어요."

이 사람은 어떤 감정들을 느꼈습니까?

후회, 창피함, 죄책감, 수치심, 심란함, 놀람, 자신에 대한 실망감

주의할 점: 이 사람은 지금 자신의 분노에 대해 얘기하고 있지만, 현재 그가 느끼는 감정과 표현하는 감정들은 위에 있는 그대로입니다. 그럼 이젠 당신이 직접 문제를 풀어보세요.

2) 40세의 기혼 여성: "상담을 받고나서 저의 상태가 많이 좋아졌어요!! 저는 이젠 제 일을 더 즐겁게 해요. 그리고 심지어 새로운 사람들을 만나는 걸 좋아해요. 제 남편과 저는 서로에게 더 솔직하고 진지하게 얘기를 해요. 내 삶이 더 자유로워졌어요!!"

이 사람이 느끼는 감정들은 무엇인가요? _____
그 감정들은 얼마나 심각한가요? 그리고 당신은 그것을 어떻게 알 수 있습니까?

_____

3) 53세의 이혼을 앞둔 여성: "내 남편과 저는 그냥 갈라서기로 했어요(그녀의 목소리는 부드러우며 느릿하게 머뭇거리면서 얘기하고 있다). 저는 법적인 절차들은 정말 싫어요--(침묵)--솔직히 말하면 어떤 절차든지 마찬가지에요. 전 도대체 일이 어떻게 진행될지 모르겠어요. (힘겹게 한숨을 쉰다) 저는 이젠 중년의 나이에요. 또 한 번의 결혼은 가능할 것 같지가 않아요. 도대체 뭘 해야 할지 모르겠어요."

이 사람이 느끼는 감정들은 무엇인가요? _____

그 감정들은 얼마나 심각한가요? 그리고 당신은 그것을 어떻게 알 수 있습니까?

_____

4) 방금 차에 치인 14세 소녀의 아버지인 45세의 남자: "나는 내 딸을 영화관에 절대 혼자 보내면 안 되었어요. (그는 계속 손을 비비꼰다.) 나는 내 아내가 일에서 돌아와서 내게 무슨 말을 할지 짐작조차 안 가요. (그는 인상을 쓴다.) 그녀는 내가 경솔하다고 하겠죠. 하지만 애들을 다루면서 경솔한 거라면, 그건 다른 문제예요! (그는 일어나서 걸어 다니기 시작한다.) 나는 마치 내 딸의 팔을 부러뜨린 것이 운전자가 아니라 제 자신인 것처럼 느껴져요 (그는 앉아서 바닥을 노려보며 계속 책상을 두드린다) 모르겠어요."

이 사람이 느끼는 감정들은 무엇인가요? _____

그 감정들은 얼마나 심각한가요? 그리고 당신은 그것을 어떻게 알 수 있습니까?

_____

5) 38세의 기혼 여성이 친구를 잃어버린 경험에 대해 얘기하고 있다: "내 가장 친한 친구가 갑자기 나를 외면해요. 근데 저는 그 이유도 몰라요! (굉장히 강하게 얘기하였다) 그녀가 하는 행동으로 볼 때, 아마 그녀는 제가 뒤에서 그녀를 욕하고 있다고 생각하는 것 같아요. 나는 절대 그러지 않아요! (굉장히 강하게 얘기하였다) 젠장! 이 동네는 악의적인 뒷담화로 가득 차 있어요. 그녀도 그걸 알 텐데 말이죠. 만약 그녀가 그저 문제를 일으키려고 하는 상스런 사람들 말을 듣고 있는 거라면(…) 최소한 나에게 무슨 일이 있는 건지 얘기해 줄 수는 있는 거 아닌가요."

이 사람이 느끼는 감정들은 무엇인가요? _____

그 감정들은 얼마나 심각한가요? 그리고 당신은 그것을 어떻게 알 수 있습니까?

_____

6) 17세의 고등학생이 그의 여자 친구에게 얘기하고 있다: "내 선생님이 오늘 내가 상상 이상으로 좋은 성과를 보여 줬다고 얘기했어. 나는 언제나 노력만 하면 되리라 믿고 있었어. (그는 웃는다) 이번 학기에는 노력을 좀 해봤고 결과가 잘 나왔어."

이 사람이 느끼는 감정들은 무엇인가요? _____
그 감정들은 얼마나 심각한가요? 그리고 당신은 그것을 어떻게 알 수 있습니까?

_____

2.

상담의 발전 단계

2.1. 반응기술

상담자가 내담자에게 관심을 갖고 있으며, 내담자가 경험한 것을 있는 그대로 이해하려고 노력하고 있다는 점을 보여 줄 수 있다.

1) 감정의 확인

감정에 반응하기는 그 자체가 매우 친숙한 느낌을 주면서 또한 동시에 상담자의 다른 어떤 행동보다 내담자에게 더 많은 수용과 공감을 전해 줄 수 있기 때문에, 매우 강력한 기법이다.

> 내담자: 아휴, 죽겠어요. 그 친구는 나에게 항상 그런 식으로 대해요. 그게 싫어요.
> 상담자 1: 너도 어느 정도는 책임이 있지 않을까?
> 상담자 2: 그것 때문에 화가 났구나.

상담자 1은 단지 내담자가 말한 내용만을 다루고 있으며 화가 난 사람에게 상황을 이성적으로 볼 것을 요구하고 있다. 상담자 2는 내담자의 감정 상태를 알고서 그러한 감정이 수용될 수 있고 이해된다는 점을 포함하고 있다. 상담에서 감정을 다룰 때 첫 번째 조건은 감정이 전해올 때 그것을 알아차릴 수 있는 능력이 있어야 하고 또한 그것을 구체적으로 확인해 보도록 격려해야 한다.

2) 상담자의 자기감정 표현하기

상담자가 자신의 감정을 내담자와 개방적으로 공유할 때 바람직한 행동을 모델링할 수 있고 서로 신뢰하고 솔직한 분위기를 높일 수 있다. 상담자는 계속해서 자신의 감정을 알아차리고 있어야 하며 또 이러한 감정이 왜 일어나는지를 알아야 한다. 내담자 역시 계속해서 자신의 감정을 표현하고 탐색하도록 상담자가 격려해야 한다.

"당신이 그렇게 말하니 기분이 좋습니다. 내가 도움이 되었다는 말을 해 주어서 고맙습니다." ⇒ 상담자는 자기에 대한 칭찬을 있는 그대로 단순하게 받아들이는 법을 보여 주고 있다. "맞아요. 당신과 이야기하는 것이 별로 즐겁지 않습니다. 하지만 우리는 지금 여기에 함께 있고, 무언가를 하려고 하잖아요?" ⇒ 상담자는 내담자와의 관계에서 가식적이지 않고 솔직하게, 자신의 부정적인 감정을 개방적으로 표현하고 있다.

3) 반영

반영하기란 내담자의 메시지에 담겨있는 정서를 내담자에게 되돌려 주는 기술이다. 상담자는 마치 내담자를 거울로 비추어 주는 것처럼 내담자의 이야기에 새로운 의미를 담지 않고 있는 그대로 간단하게 요약해서 반응하는 것을 말한다. 내용의 반영은 내담자가 말한 정보를 일종의 새로운 방식으로 간략하게 요약하는 것이다. 상담자는 감정, 즉 내담자가 자신의 정서적 메시지를 표현하는 진술도 반영할 수 있다. 감정의 반영은 이면에 있거나 말로 표현하지 않은 메시지에 초점을 둔다.

> 내담자: 내가 그것을 할 수 있을 것 같지 않아요. 난 실패투성이예요. 나는… 글쎄… 음… 이전에도 그런 성적을 결코 받아 본 적이 없고… 그래서 지금도 절대 해낼 수 없을 거예요.
>
> 상담자: (내용반영) 당신은 과거의 경험 때문에 지금도 그것이 불가능하다고 확인하고 있군요. (감정반영) 당신은 노력하는 것에 대해서조차 좀 두려워하고 있군요.

실습 1	반영하기
며칠 전 수미와 말다툼을 해서 서로 말도 안하고 지내요. 저도 그때는 화가 났지만, 그 후로 미안한 마음이 들어서 먼저 말을 걸려고 생각하는데도 막상 그 친구를 보면 잘 안돼요.	
1. 위의 내담자의 감정을 반영해 보자.	

4) 정확한 이해

정확하게 이해하기 위해서는 내담자가 전달하고 있는 모든 **언어적, 비언어적 측면들을 주의 깊게 경청하고 인식하는 것이 포함**되어야 한다. 예를 들면, 상담자는 내담자의 말을 정확하게 이해했는지를 알아보기 위해 다음과 같은 반응들을 사용할 수 있다.

당신이 말하고 있는 것이 …입니까?

당신은 …라고 말하고 있는 것 같습니다.

당신은 …을 느끼고 있군요.

내가 정확히 이해했는지 봐 주세요. 당신은 …라고 말했어요. 그게 맞나요?

당신이 …한 것으로 생각하면 맞나요?

2.2. 유도기술

상담자가 내담자의 상황과 욕구를 충분히 이해하고 있을 때만 사용하는 것이 좋다.

1) 정보 주기

많은 경우에 내담자에게 필요한 정보를 제공해 주는 것만으로도 유용한 일이 될 수 있다. 만약 내담자가 그의 문제와 직접 관련된 실질적인 정보를 원한다면, 그러한 정보를 즉시, 분명하고도 간결하게 제공해 주어야 한다.

2) 충고하기

문제에 관련된 다양한 요인들을 충분히 논의한 후에도 내담자가 여전히 결정을 내리지 못하고 있다면 상담자는 내담자의 결정을 도와주기 위해 충고하기를 사용하기도 한다. 충고할 때는 어떤 특정한 선택을 할 때 **내담자 쪽에서 이미 제시한 이유들에 근거를 두고 하려는 노력이 필요**하다. 때로 중·고등학생 정도의 청소년들에게는 적절한 조언과 암시가 효과적일 때가 많다. 예를 들면, 다음과 같다.

> 내담자: 우리가 이야기를 다한 것 같은데도, 아직도 나는 생물과 미술 중에서 어느 것을 선택해야 할지 결정할 수가 없어요.
>
> 상담자: 음, 미술이 어떤가요? 당신은 올해 이미 과학 과목을 두 과목이나 수강했어요. 그리고 당신은 다른 분야를 알고 싶다고 했고, 또 미술 선생님을 좋아한다고 했지요.

3) 직접질문

직접적인 질문하기는 어떤 구체적인 사항에 논의의 초점을 맞추는 기술이다. 이 기술은 상담자가 좀 더 탐색해 볼 만한 가치가 있는 문제를 명료화하기 위해 사용된다. 이 기술은 내담자가 자신의 상황을 자신의 페이스와 방식으로 검토할 기회를 충분히 가지기까지는 가능한 한 사용을 삼가야 한다. 이 기술을 사용할 때 직접적인 질문이나 탐색하는 질문은 폐쇄형보다 개방형 질문으로 해야 한다. 그래야 내담자가 최대한 자유롭게 반응할 수 있으며, 또 상담자가 심문하는 사람으로 보이지 않게 된다.

> 내담자: 어머니를 좋아해요. 우리는 서로 잘 지내요. 어머니는 나를 이해해 주셔요. 아버지 역시 그럴 것 같아요.
>
> 상담자: 아버지와는 괜찮아요? 아버지와는 어떻게 지내요?

4) 설득하기

상담자는 내담자의 생각이나 태도 또는 행동을 변화시키려고 할 때 이러한 반응들을 사용한다. 내담자는 어떤 결정을 내리거나 새로운 행동을 시작할 때 상담자가 밀어붙여 주도록 원하는 경우가 있다. 그러나 설득을 너무 자주 사용하거나 내담자가 처한 상황을 충분히 이해하지 못하고 사용하면 성공적이지 못할 것이다.

5) 지지와 격려

설득하기의 한 형태로서 다소 강도가 약한 지지하기와 격려하기가 있다. 이 기술을 잘 사용하여 내담자가 인정받을 만하고 대처능력이 있는 사람이라고 지지하고 격려함으로써, 내담자는 아주 힘차고 에너지 넘치는 사람이 될 수 있다. 지지와 격려의 감정은 대부분 시선접촉, 얼굴 표정, 미소, 자세, 신체접촉, 어조 등을 통해 비언어적으로 전달될 수 있다.

6) 사적 경험과 일화 이용하기

때때로 상담자가 내담자와 비슷한 경험을 한 적이 있을 때 어떻게 대처했는지를 말해 주면 내담자에게 힘이 되고 확신을 갖게 하기도 한다. 그러나 이 기술을 사용할 때도 역시 주의해야 한다. 사적인 일화를 사용하고 나서 후회하는 경우가 아주 많기 때문이다.

> 내담자: 나는 여러 사람 앞에서 설 수가 없어요. 흥분이 되고 내가 말하려고 했던 것을 잊어버려요.
> 상담자: 그래요. 난 그런 느낌을 잘 알고 있어요. 나도 여러 사람 앞에 서는 것이 너무 끔찍했고, 그것 때문에 교사가 되기 어려웠어요. 그러나 우리가 그 문제를 다뤄 본다면 당신이 그러한 공포를 이겨 낼 수 있을 거라고 확신해요.

상담자가 매우 유용한 자기 개방을 했을 시에는, 내담자는 자신과 상담자의 유사성을 인식하고, 누군가가 같은 것을 느끼거나 같은 것을 하고 있다는 안도감을 느끼며, 자신에 대한 새로운 통찰을 얻는다. 내담자는 전에 느끼지 못했던 자각과 통찰을 인정한다. 내담자는 통찰을 증가시키고 자신의 감정이 상담자의 시각과 어떻게 다른지 명확하게 표현할 것이다.

실습 2	자기개방
제가 친구에게 너무 급하고 직설적으로 이야기했나 봐요. 전 정말 문제가 있어요. 이제 아무도 제게 친구가 되려고 하지 않을 것 같아 걱정이에요.	
1. 상담자가 할 사적 경험의 개방을 해 보자.	

7) 해석

내담자가 자신의 경험을 새롭게 생각하고 설명할 수 있도록 상담자가 전문가의 관점에서 새로운 이해의 틀을 제시하는 기법이다.

상담자는 해석을 통해:

1) 서로 무관해 보이는 진술이나 사건들을 연관 짓거나

2) 내담자의 행동이나 생각, 감정의 주제나 패턴을 드러내거나

3) 내담자의 방어기제나 저항 혹은 전이 반응을 설명하거나

4) 내담자가 자신의 행동이나 사고, 감정 혹은 문제를 더 잘 이해할 수 있도록 새로운 이해의 틀을 제공한다.

내담자를 냉정하고 객관적으로 해석해 주는 작업은 상담자의 중요한 능력일 수 있고, 그러기에 더욱 신중해야 한다. 해석을 할 때는 내담자가 준비되어 있는 정도에 따라서 내담자가 받아들일 수 있는 시점에 하는 것이 중요하다.

실습 3	해석하기
저는 아빠가 매일 술 드시고 그러면서 저에게 공부 안 한다고 그렇게 화를 낼 수는 없다고 생각해요. 그날 아빠가 저에게 혼내시는데 전 아빠에게 화는 안 냈어요. 그냥 방에 들어와서 제 교과서를 다 찢어버렸어요.	
1. 내담자의 문제를 해석해 보자.	
2. 다음의 사례를 바탕으로 '해석'기법을 활용해 보자.	

8) 직면

직면하기란 내담자가 의식하지 못하고 있거나 인정하기를 거부하는 생각과 느낌에 대해서 내담자가 자각할 수 있도록 돕기 위해서 반응하는 것이다. 내담자가 의식하고 있지 않은 과거와 현재의 연관성, 행동과 감정의 유사성 및 차이점 등을 표현해 줌으로써 내담자가 인식하도록 한다. 직면은 내담자의 변화와 성장을 증진시킬 수도 있다는 점에서는 긍정적이지만, 때로는 내담자에게 위협과 상처를 줄 수도 있다. 따라서 **직면 반응을 할 때는 시기적으로 적절한가, 내담자가 그것을 받**

아들일 준비가 되었는지를 고려해야 한다. 또한, 직면하기는 내담자의 부정적인 측면에 초점을 맞추는 것뿐 아니라, 내담자의 능력과 자원을 일깨워 주는 것도 필요하다.

실습 4	직면하기
내담자가 집안의 어려운 일을 이야기하면서 괜찮다고 말을 하는데 약간 울먹이고 눈시울이 젖어 있었다.	
1. 내담자의 반응에서 불일치를 찾아보고 직면을 시도해 보자.	

9) 문제의 명료화

다음은 내담자의 문제와 문제해결 방안을 명확히 하기 위해 거쳐야 할 단계의 한 예이다.

(1) 1단계: 첫 단계의 목표는 문제를 규정하는 것이다.

일반적인 문제를 구체적이고 행동지향적인 문제들로 바꾼다.

◆ 상담자의 과제

ⅰ) 내담자가 말한 일반적인 용어들의 의미를 명료화하라.

"당신이 ……라고 말할 때 그 의미가 무엇인지를 말해 주겠어요?"

ⅱ) 내담자에게 상황에 대한 구체적인 예와 설명을 요청하라.

"구체적인 예를 들어 주시겠습니까?"

(2) 2단계: 이 단계는 구체적인 대안을 찾는 것이다.

내담자가 어떻게 하면 더 나아질 수 있는지 구체적으로 확인한다.

◆ 상담자의 과제

ⅰ) 내담자가 어떻게 좀 더 구체적으로 행동해야 하는지 질문하라.

"당신이 좀 더 ……게 해야 하는지(구체적으로) 말해 보시겠어요?"

ⅱ) 문제에 대처하기 위해서 내담자가 무엇을 하려 하는지 질문하라.

"당신은 그 문제에 어떻게 대처하려고 합니까?"

(3) 3단계: 내담자에게 대안들이 가져올 결과나 효과에 대해 생각해 본다.

그중에서 가장 최선의 대안을 선택하도록 격려하는 것이다.

◆ 상담자의 과제

ⅰ) 내담자가 각 대안의 장단점을 이해하도록 돕는다.

"……의 장점(단점)이 무엇이라고 생각합니까?"

ⅱ) 내담자가 신체적, 정서적, 사회적 요인들을 고려하여 현실적인 선택을 하도록 돕는다.

"어떤 이유에서 ……을 선택하려 하나요?"

"어떤 것이 가장 좋은 것 같아요? 그리고 왜 그런 것 같아요?"

(4) 4단계: 마지막으로 내담자가 선택된 대안을 달성하는 데 필요한 변화나 새로운 기술을 찾아내도록 도와주는 것이다.

◆ 상담자의 과제

ⅰ) 내담자의 부족한 점을 인식하도록 돕는다.

"당신은 어떤 것을 해야/배워야/구입해야 ……할까요?

ⅱ) 내담자가 부족한 점을 차근차근 극복해 낼 수 있도록 단계별로 돕는다.

"……부터 한번 시작해 볼까요?"

10) 요약하기

상담 중에 내담자가 자신의 이야기를 하다보면 이야기가 너무 길어질 때가 있다. 이때 상담자는 내담자의 이야기를 요약해 주어야 한다. 요약하기를 하는 이유는 내담자가 한 말을 상담자가 어느 정도 이해하고 있는지를 내담자에게 알려 주기 위해서이다.

상담자가 요약을 해주면 내담자도 자신이 한 말을 객관적으로 다시 한번 이해하게 된다.

상담자가 요약하기를 할 때는:

1) 내담자의 이야기가 길게 진행되었을 때와

2) 상담이 끝나는 시점에 할 수 있다.

내담자는 자신이 의식하지 않고 했던 말들을 상담자가 의미 있게 정리하고 요약해 줄 때 자신의 생각과 느낌을 다시 한번 이해해 보는 시간을 갖게 되며, 다음 회기 상담의 과정에 연결하여 생각할 수 있다.

다음은 요약을 할 때 주의사항이다.

1) 내담자의 말 중에서 중요한 내용과 감정을 정리한다.

2) 내용과 감정을 통합해서 정리하되 상담자 자신의 새로운 견해를 추가하지 않는다.

3) 때로, 상담자가 요약하는 것이 좋을지 내담자가 좋을지를 의논하고 결정한다.

실습 5	요약하기
그 친구하고 항상 학교를 같이 가니까, 이 친구가 ○○동에 살아요. 그래서 제가 집에서 출발을 해서 ○○역에 도착을 해서 그 친구를 만나서 학교를 가요. 근데 지하철 타려고 지하철역을 내려가고 있으면, 전철이 오는 부분이 이렇게 있으면 타는 부분이 이렇게 딱딱 하잖아요. 그러면 어디로 가야 할지 나 혼자 고민하는 거 있잖아요. 그냥 자연스럽게 이야기하면서 걸어가면서 멈추면 되는데 '아, 이 친구가 여기 설수도 있고 저기 설 수도 있는 건데 나 어떻게 해야 되지? 이 친구가 일로 갈 수도 있고 절로 갈 수도 있는데 나는 어디로 가야 되지?' 그러다가 친구하고 방향이 엇갈려가지고 부딪치면 또 혼자 무안해하고. 친구가 속으로 '이게 왜 이러지' 생각할까 봐 그렇기도 하고.	
1. 내담자 말의 핵심개념을 이해하고 요약해 보자.	

2.3. 경험과 행동들에 대하여 들어보기

이 부분에서 당신들은 느낌과 감정만 찾는 것이 아니라 중심 부분이나 그 감정을 고조시키는, 그와 관련된 경험 그리고 그와 관련된 행동들 또한 찾아야 한다. 어떤 경험과 행동들이 이 내담자가 느끼고 있는 감정들을 보조하고 있는가? 어떤 경우에서는 내담자의 경험이 중요한 요인이 될 수도 있고 어떤 경우에서는 내담자들의 행동이, 또 다른 경우에서는 둘 다 중요한 요인이 될 수도 있다. 다음 예를 보자.

1) 6학년 학생이 그가 믿는 선생에게 얘기하고 있다. (이 모든 것을 얘기할 때 그는 머뭇거리며 선생을 똑바로 쳐다보지 않는다): "어제 벌어진 일 때문에 제가 많이 괴로워요. 저는 학교가 끝나고 창밖을 쳐다보고 있었어요. 늦은 시각이었어요. 저는 두 명의 남자들이, 그러니깐 불량배들이, 제 가장 친한 친구들 중 한 명을 구타하는 장면을 보았어요. 저는 너무나 무서워서 내려가지 못했어요… 겁쟁이… 저는 아무한테도 얘기하지 않았고 아무런 행동도 하지 않았어요."

감정들: 수치심, 죄책감, 우울함, 비참함
관련된 경험: 친한 친구가 구타당하는 장면을 목격
관련된 행동: 친구를 도와주지 못함

2) 젊은 여성이 구타당한 여성을 위한 시설에서 상담자에게 얘기하고 있다: "이번이 벌써 세 번째예요. 저는 지금까지 오지 않았는데 왜냐하면 아직도 믿기지가 않기 때문이에요! 우리는 불과 1년 전에 결혼을 했어요. 결혼을 한 뒤, 그는 결혼 전과는 완전 바뀐 모습으로 저에게 명령을 내리기 시작했어요. 만약에 제가 거부하면 그는 굉장히 화를 냈어요. 그리고 그는 자기가 시키는 대로 정확하고 빠르게 행하지 못하면 저를 밀기 시작했어요. 그리고 저는 그를 그냥 내버려뒀어요! (그녀는 감정에 못 이겨 울기 시작한다.) 그리고 이젠 4주 동안 3번이나 구타당했어요. 아아, 어쩌다 이렇게 돼버린 거죠?"

감정들:
관련된 경험:
관련된 행동:

3) 12세의 소녀가 그녀의 부모가 이혼할 당시의 이야기를 상담자에게 해주고 있다: "저는 아직도 무언가 도움을 주고 싶지만, 할 수가 없어요. 어쩔 수가 없어요! 제가 도울 수 있게 허용하지를 않아요. 그들이 서로에게 소리를 지르면서 나쁘게 변해 가며 싸우기 시작할 때면 제가 가운데로 들어가서 말리려고 했어요. 둘 중에 한 명이 저를 그냥 밀쳐 버렸어요. 그들은 제게 아무런 신경도 안 쓰더라고요. 그들은 아직도 저를 밀쳐내요. 그들은 아직도 제가 어떻게 생각하고 느끼는지 관심이 없어요! 우리 엄마는 그저 애들은 이런 일에서 빠져 있어야 한다고만 얘기해요.

감정들:

관련된 경험:

관련된 행동:

4) 25세의 남자가 상담원 훈련 중인 그룹에서 한 조원에게 말하고 있다: "나는 여기서 당신이 철수에게 하는 충고들을 듣고 있었어요. 굉장히 잘하고 계시네요. 하지만 동시에 저는 이런 생각을 했어요. '왜 그는 나한테 똑같은 관심을 보이지 않을까?'라고요. 저는 그런 충고를 당신이 저에게도 해주기를 원해요. 하지만 당신은 저에겐 별 말이 없더군요. 저는 다른 사람들 못지않게 활발히 참여하고 있어요. 자원해서 상담자와 내담자의 역할도 하고요. 왜 당신이 저를 무시하는지 모르겠어요."

감정들:

관련된 경험:

관련된 행동:

5) 네 살짜리와 여섯 살짜리의 아이들이 있으며 남편에게 버림받은 한 여자가 사회복지사와 얘기를 한다: "남편은 저에게 아무런 돈도 안 부쳐주고 있어요. 그가 어디 있는지 조차도 전 몰라요. 제 집주인은 빨리 집세를 내지 않으면 쫓아낸다고 하고 있어요. 전 주민지원센터에 가서 모든 서류들을 작성했지만, 아직 일절 돈이나 뭣을 못 받았어요. 전 어머님이 보내주시는 음식들로 버티고 있지만 사실 저희 어머니도 매우 가난해요. 어떻게 해야 할까요? 전 일을 해야 하지만 두 아이를 양육해야 합니다. 주위를 둘러보았지만 어린이집도 없어요."

감정들:

관련된 경험:

관련된 행동:

6) 53세의 남성이 부인의 갑작스런 죽음 이후 상담사와 이야기를 한다. 그의 두 자식들은 결혼한 후 멀리 떨어져 살고 있다: "전 그녀가 무척이나 보고 싶습니다. 집안은 항상 텅 비어 있는 듯한 기분입니다. 전 혼자서 컴퓨터 프로그래밍을 합니다. 전 직장에서 아무와도 얘기를 하지 않습니다. 집안에 저 혼자 홀로 있을 때 전 그녀와 방안에서 어떤 시간을 보냈는지 생각하며 돌아다닙니다. 밤엔 전 의자에 아무 생각 없이 앉아 있습니다. 우린 친구가 거의 없었기 때문에 전화를 하는 사람들도 없습니다. 그리고 전 두 자식들을 장례식 후 한 번도 못 봤습니다."

감정들:

관련된 경험:

관련된 행동:

7) 암으로 죽어가는 63세의 한 여성이 한 사제와 이야기를 나누고 있다: "전 제
   자식들을 이해할 수 있지만 제 남편은 이해를 못 하겠어요. 전 제가 죽는다는
   것을 알고 있습니다. 하지만 그는 매일 걱정 없다는 웃음을 지으며 절 찾아오
   고 그가 정말 어떻게 느끼는지를 숨기고 있어요. 우린 제 죽음에 대해서는 한
   번도 말을 하지 않습니다. 그는 나를 보호하려고 그러는 것 같지만 사실을 부
   정하는 것 같아요. 난 그의 쾌활함이나 나의 병에 대해서 이야기하는 것을 꺼
   리는 게 저에게 사실은 고통스럽다는 사실을 그에게 말하지 않았어요. (머리
   를 절레절레 흔든다.) 내가 그를 보호하고 있는 기분이에요!"

감정들:

관련된 경험:

관련된 행동:

8) 어떤 대학 신입생이 그의 담임 교수에게 자신의 첫 대학생활 1년이 어땠는지
   를 이야기한다: "어떤 일주일은 공부를 열심히 하고 리포트를 쓰고 외교에 관
   한 이야기를 나누곤 해요. 하지만 그다음 일주일엔 전 폭음을 하고 예쁜 여자
   친구를 찾아다니고 제 친구들과 하루 종일 게임만 해요. 이건 마치 서로 너무
   다른 두 명의 인간 같아요! 전 집에서 떨어져 있고 대학을 다닌다는 것 모두
   만족해요. 하지만 전 여기에 오면 제가 무엇을 원하는지 알 수 없어요!

감정들:

관련된 경험:

관련된 행동:

9) 25년간 일해 왔던 자신의 회사 돈을 횡령한 혐의로 체포된 70세 노인이 자신의 변호사와 이야기를 한다: "진실을 말하자면 제가 붙잡혔다는 게 좋은 일일 수도 있어요. 전 지난 5, 6년간 계속 회사 돈을 횡령했죠. 마치 게임을 하는 것 같았어요. 이런 일은 절 완전히 몰입시켜 제가 늙어간다는 것을 느끼지 못하게 했어요. 전 이제 제 자신에게 이렇게 말하죠: '이 늙은 멍청아, 무엇을 자꾸 피하려고 하니?' 전 제 인생에 대해서 제 자신을 이해시키려고 많이 노력했어요. 당신은 이렇게 생각하죠: '때가 된 거야 이 양반아.' 전 지금 이 시간을 제 인생의 어느 시간과 같이 똑같이 즐기고 있어요."

감정들:

관련된 경험:

관련된 행동:

10) 원하지 않았던 임신으로 인해 결혼한 37세의 여성이다. 그녀는 지금 두 자식이 있고 각각 중학교 1, 2학년이다. 그녀는 자신의 가장 절친한 친구와 이야기를 한다: "영희야, 난 무엇을 어떻게 해야 할지 모르겠어. 난 내 주임 사제와 이야기를 해봤어. 하지만 난 그가 뭐라고 말할지 뻔히 알고 있었어. 그래서 그다지 도움이 되지도 않았지. 세상에, 난 또 자식을 낳고 싶지 않아! 지금은 때가 아니야! 내 주위 사람들은 내가 낙태를 할 것이라고 당연히 여기고 있어. 왜냐하면 그들이 낙태를 하거든. 난 내 인생을 또 다르게 바꾸고 싶지 않아. 난 이미 자식들이 있어!"

감정들:

관련된 경험:

관련된 행동:

11) 자신의 남자 친척에게 성적 학대를 받은 11살짜리 남자아이가 상담사와 이야기를 하고 있다. (그는 흥분되고 떨리는 목소리로): "저는 그를 매우 많이 좋아했어요. 그는 언제나 제게 친절했어요. 그는 저와 운동경기를 보곤 했어요. 그는 언제나 저에게 용돈을 주곤 했어요. 그가 바보 같은 사람이었다는 얘기가 아니에요. 그는 정말 착했어요. 이 일이 일어났을 때 그는 술에 취해 있었어요. 저는 그를 믿었죠. 저는 무슨 일이 일어나는지조차 몰랐어요. 저는 어떻게 생각해야 하는지도 몰랐어요. 제가 아무 말도 하지 말았어야 했나 봐요. 어제 그를 봤을 때 그의 상태는 굉장히 안 좋아 보였어요. 하지만 저는 말을 해야만 했죠? 안 그래요?"

감정들:

관련된 경험:

관련된 행동:

2.4. 테마-공감-공감하며 청취하기

내담자: 전 너무 기분이 나빠요.

상담사: 당신은 기분이 너무 나빠요.

내담자: 전 정말 기분이 너무 나빠요.

상담사: 당신은 정말 기분이 너무 나빠요.

내담자: 저는 저 창문 밖으로 뛰어내릴 의향이 있어요.

상담사: 당신은 저 창문 밖으로 뛰어내릴 의향이 있어요.

내담자: 갑니다.

상담사: 가네요.

내담자: (인도에 쿵 하는 소리와 함께 떨어진다.)

상담사: 쿵!!

정확한 공감 방법: 흐름을 놓치지 않는다.

상담사들은 그들이 교류하고 있는 정보를 정확하게 알기 위해 노력하지만, 누구든지 가끔가다 실수하고 부정확하게 이해할 수 있다. 하지만 그들은 그들의 실수로부터 교훈을 얻는다. 만약에 상담자들의 반응이 정확하다면, 내담자들은 그것의 정확성을 두 가지 방법으로 확인하고자 한다. 첫 번째 방법은 말로 혹은 동작으로 상담자들이 맞았다고 확인해 주는 것이다. 즉, 내담자들은 고개를 끄덕이거나, 다른 행동을 보여 주거나 강조하는 말이나 문장을 쓰는 것이다. (예를 들면 "맞아요!"나 "그렇죠." 같은)

상담자: 그래서 내담자님 말씀에 의하면 동네의 분위기가 내담자님을 골치 아픈 사건들에 쉽게 연루되게 한다는 거네요.

내담자: 정확해요! 예를 들면 모든 사람들이 마약을 거래하고 있어요. 동네 분위기가 마약을 사용하게 될 뿐만 아니라 마약하는 사람들을 지원하려는 생각까지 하게 돼요.

1) 흥미로운 그림을 그리기 (20분)

큰 그룹으로 모여서 조원들끼리 "흥미로운" 그림을 그려보자, 당신에 대한 이야기… 두 명이서 한 조를 이루자. A가 B에게 그림을 보여 준다. B는 그것을 해석한다. 예) A에게 그림의 내용과 무엇에 관한 그림인지… "이것은… 그래서…" "이것의 의미는" A는 아무 말도 하지 않지만 이 모든 상황을 "경험"한다. B는 A에게 그/그녀의 그림 등을 보여 준다. 그리고 그들은 서로의 경험에 대하여 이야기해 본다.

2) 다른 사람의 관점에서 이해하기

1. 세 명씩 그룹을 나눈다. 화자, 청취자 그리고 관찰자.
2. 당신이 중요하다고 믿는 화제에 관한 보고서를 몇 분 동안 준비하라. 간단한 필기도 상관없다. 하지만 그 보고서의 내용은 일 분 내에 모두 전달해야 한다.
3. 화자는 그/그녀의 보고서를 청취자에게 전달하고 관찰자는 그 과정을 관찰한다.
4. 청취자는 귀 기울여 들은 다음 화자를 위해 자신이 느끼는 화자의 입장을 얘기한다. "자, 제가 보기엔 당신의 입장은……"
5. 화자와 관찰자가 각각 청취자의 정확성에 대해 피드백을 제공한다. 역할을 바꾼다.(30분)

그룹이 큰 경우에는 피드백을 할 때 다소 시간이 걸릴 수도 있다.

공감이란 내담자의 주관적인 경험을 최대한 따라가고, 이해해서 마치 자신이 내담자의 입장이 된 듯하게 해 주는 태도와 기술이다. 추가적으로, 이것은 내담자에게 상담원이 그의 곁에 있으며 그녀가/그가 느끼는 감정이나 말하기 꺼려하는 부분들을 이해하려고 민감하게 노력하는 교류 방법이다. 기본적인 공감 방법은 내담자의 경험에 대한 이해와 계속적으로 연락할 수 있는 능력이다. 내담자의 마음을 읽는 기능으로서의 공감이란 다른 이의 개인적이고 감각적인 세계로 들어가는 것을 의미하며 그 안에서 편안함을 찾는 것을 의미한다. 이는 순간순간마다 다른 이들에게 느끼는 감정의 변화에, 공포나 분노나 다정함이나 혼란이나 내담자가 어떤 감정을 느끼고 있던 그에 대한 민감한 반응을 요구한다. 이는 다른 이의 삶에 임시적으로 살아가는 것을 의미하며, 어떠한 판단도 내리지 않고 섬세하게 그 안에서 돌아다니는 것을 의미한다.

2.5. 질문을 사용하는 방법(실재)

1) 질문을 사용하는 방법에 대해 알아보고 실험해 보기

(a) 파트너를 정하여라. **서로 2분간 오로지 질문만을 하며 대화**를 나누어라. 하지만 **질문에 답은 하지 말아라.** 끝난 뒤 느낀 점을 말해 보아라. (6분)

(b) 질문들을 기억한 뒤 **5개나 6개의 질문들을 '나' 중심 문장들로** 만들어라. 예를 들면. "당신은 어디서 그 브로치를 구했나요?"를 "나는 그 브로치가 맘에 드는데 어디서 구했는지 알려줬으면 좋겠어요."로 만든다.
"당신이 찡그리면 제가 불편해지는데 혹시라도 제가 당신 기분을 상하게 하고 있나요?"

질문을 하고 문장을 만든 후 느낀 점을 서로 비교하고 의논해 보아라.

(c) **서로 오직 '유도하는' 질문만으로 대화를 나누어라.** 이 질문들을 '나' 중심의 문장들로 바꾸어라. 예를 들면, "기다리는 게 더 나을 것 같지 않나요?"
"내가 보기엔 당신은 지금 너무 서두르고 있어요."
"나" 중심 문장들의 중요성을 강조하라. (20분)

2) "왜" 유형 질문들의 효과

참가자들은 누가 A이고 누가 B인지 먼저 정해야 한다. A에게는 딱 2분 동안 아무 주제에 대해서 얘기해달라고 부탁한다. B가 맡은 역할은 A의 말을 방해하며 "왜" 유형의 질문을 하는 것이다. 결과 보고 없이, 역할을 바꿔서 수행한다.

양쪽 파트너들이 모두 두 가지 역할을 다 수행한 뒤, 2-3분간 결과를 분석하는 시간을 가진다. 참가자들에게 "왜" 유형의 질문을 받는 기분에 대해서 묻는다: 도우려는 과정을 얼마나 방해하고 곤란하게 했는지: 이러한 기능을 하는 다른 방법들에는 무엇이 있는지?

(a) 이 과제를 다른 파트너와 해 보자.
(b) "왜" 유형 질문들의 효과에 대해서 그룹과 의논해 보자. (20분)

3) 닫힌 질문들의 한계

참가자들에게 그들이 딱딱하고 별 진전도 없는 대화를 나누었던 때의 경험에 대해 대화를 나누게 한다. 그들에게 자유로운 대화를 억압한 요소들에는 무엇이 있었다고 생각하는지 물어본다. 이러한 요소들에는 오직 '예'나 '아니요' 혹은 '잘 모르겠어요.'만을 요구하는 단답형 질문이 포함되어 있었을 것이다. 이러한 질문들을 닫힌 질문들이라고 한다. 예를 들면, '여기 자주 오세요?'나 '영화 좋아하세요?' 같은 질문들이다. 이러한 대화법이 바로 내담자들에게 있어 조사받고 있는 기분을 들게 해 주는 요소이다. 닫힌 질문은 각각의 질문들을 폭넓게 생각해 보거나 창의적인 답변을 할 기회를 닫아 버린다.

다음 단계는 닫힌 질문들을 열린 질문들로 바꾸는 것이다. 참가자들에게 닫힌 질문을 6개 정도 적어 보게 한다(아니면 당신이 플립 차트에 선택할 수 있는 질문들을 적어 놓는다). 그리고 두 명이서 한 조를 이루어서, 참가자들은 열린 질문을 통하여 원하는 정보를 얻는 방법에 대해 알아본다. 그들은 열린 질문들은 주로 "어떻게? 무엇을? 어디서? 언제? 그리고 누구와?"로 시작하는 점을 발견할 수 있다. 예를 들면: "나는 여기에 아는 사람이 별로 없네요, 당신은 어때요?"나 "최근에 나온 봉준호 감독의 영화에 대해 어떻게 생각하세요?" 열린 질문이 앞으로의 대화에 있어 얼마나 많은 가능성을 열어 주는지 구체적으로 알아보자. 이는 다음 문제에서 이어진다.

(a) 닫힌 질문들에 대해 그룹과 대화를 나눠 본다.

(b) 두 명이 한 조가 되어서 A가 B에게 닫힌 질문을 한다. (2-3분)

역할을 바꿔서 다시 해 본다. 느낀 점을 서로 나눠 본다. (15분)

4) 열린 질문의 가치

참가자들은 두 명이서 한 사람은 내담자 한 사람은 상담자 역할을 맡아서 과제를 수행한다. 내담자에게 자신의 감정에 대해서 '나'로 시작해서 막연히 말해보게 한다. 예를 들면: "나는 지금 너무 당황스러워… 우울해… 끔찍해… 혼란스러워…" 상담자에게 이러한 문장들의 의미에 대해 더 깊게 알 수 있게 해 줄 열린 질문들을 하게 한다. 예를 들면: "당황스럽다고요? 무엇이 당신을 당황하게 했나요?" "당신이 혼란스러워하는 부분에 대해서 더 자세히 들어볼 수 있을까요?"

각각 파트너들에게 5분 동안 열린 질문을 연습할 시간을 준 다음 2-3분 동안 총

정리를 할 수 있게 해 준다. 그룹 전체로는 이런 형태의 질문법의 장점과 내담자가 더 편하게 얘기할 수 있게 해주는 다른 형태의 열린 질문에 대해서도 서로 논의해 본다.

(a) 열린 질문에 대해서 그룹과 이야기해 보자.
(b) 열린 질문과 닫힌 질문의 차이점에 대해 느낀 바를 큰 그룹 내에서 공유해 본다. (20분)

큰 그룹에서는 충고를 받기 위해 다소 기다려야 할 것이다.

3.

방어기제들

무의식적으로 일어나는 내면 심리의 방어과정은 본능적이고 보호적이다. 이는 초조함과 본능과 욕심에서부터 나오는 갈등을 내적으로 완화하기 위해 사용된다. 사람을 초조하게 만들 수 있는, 좋지 않은 강한 감정이 나타날 때 보호막의 역할을 한다.

예) 두려움을 표시하느니 차라리 분노를 표현하는 것이 낫다, 왜냐하면 분노는 두려움을 덮어 주기 때문이다. 분노는 방어의 역할을 한다. 이 정의를 그룹 전체와 논의해 보자.

3.1. 실재 연습: 당신이 쓰고 있는 가면은 무엇인가요?

(a) 색연필들을 사용하여 A4용지에 가면 그림을 그리고, 두 개의 고무줄을 연결 한다. 종이의 양면에 하나씩 연결하는 것이다.

(b) 가면을 당신의 얼굴 위에 묶는다. 조원들 사이로 걸어 다니며 각 조원들에게 말을 건넨다.

(c) 당신이 조원들과 얘기를 나눌 때 당신에게 어떤 변화가 생기는지 관찰한다.

(d) 당신의 내적 역동과 경험을 다른 조원들과 나눠본다. (15분)

3.2. 연습 문제: 우리가 표출하기 꺼리는 감정들

목적: 이 연습 문제는 개인들이 표출하기 꺼리는 감정들을 확인해 줄 것이며, 그러한 행동 밑에 깔린 공포를 확인시켜줄 것이다. 각자 개인에 의해 만들어진 non-expression의 '규칙'을 드러내어 새로운 '규칙'이 만들어질 수 있게 한다.

(a) 이 과제를 많은 사람들과 같이 하라.

(b) 각 조원들은 자신이 표출하기 꺼려하는 감정과 꺼려하는 이유에 대해서 생각해 본다.

(c) 모든 조원들은 'pool'에 보태려고 해야 한다.

(d) 한 사람이 큰 종이에 나온 말들을 적어 넣는다.

(e) 조원들은 이러한 '규칙'들이 조원들끼리의 교류에 방해가 되는지 논의해 본다. 이러한 규칙들이 드러나 있기 때문에 더 확인하기가 쉽다.

예:

조원 A "나는 남이 드러내지 않으려는 부분에 대해 궁금증을 나타내서는 안 돼, 왜냐하면 그건 그들의 사적인 부분에 간섭하는 거고 그건 용납이 안 되거든."

조원 B "나는 남들에게 화를 내면 안 돼. 왜냐하면 그들 역시 나에게 화를 낼 것이고 난 그러면 당황스럽거든."

조원 C "좋아하는 감정을 나타내지 않으면 거절당하지도 않지."(25분)

3.3. 방어기제

원동력, 의식의 갈등을 피하려는 무의식적인 노력이다. 방어기제를 바르게 이해하고 분석할 수 있다면 상담의 좋은 효과를 기대할 수 있다.

1) 투사(Projection)

스트레스와 불안을 일으키는 자신의 감정이나 사고를 타인에게 있는 것처럼 전가시킴으로써 자신을 방어하는 방법이다. 투사를 사용하는 경우 다른 사람의 무의식에 지나치게 민감하고 편견, 의심, 경계, 오해, 책임전가 등의 현실왜곡이 나타난다. 망상증후군에서 흔히 사용된다. 스스로 수용할 수 없는 욕망, 생각, 느낌을 주체의 바깥이나 자신에게로 돌리는 방어기제.

예: 내가 이렇게 된 건 다 네 탓~

자신이 누구를 미워할 때 그가 자기를 몹시 미워하기 때문에 자신도 그를 미워한다고 생각하는 것, 남이 나를 흉볼 것 같아 신경 쓰인다. 이 사회는 악으로 가득 차 있다

* 내사의 경우 (내사투사): 다 내 탓이야… 잘못된 것도 내 탓, 그 사람이 죽은 것도 내 탓…

- 우울증으로 가기 쉽다.

* 외사의 경우(외사투사): 다 네 탓이야. 다 저사람 탓이야…

- 편집증, 불안증으로 가기 쉽다.

2) 부정(Denial), 부인

고통스러운 환경이나 위협적 정보를 거부함으로써 자신의 불안으로부터 도피하려는 방법이다. 현실의 고통을 인정하는 것을 회피하고자 사용되며 불안한 현실을 공상을 통해 기분 좋은 현실로 일시적으로 대체시키려는 시도로 나타난다. 강하게 사용되는 경우 현실 도피 경향이 강하고 문제 해결이나 통찰력이 낮은 반면 정서적으로는 안정될 수 있다.

예: 내 자식은 그럴 리 없다~

사랑하는 사람이 죽었으나 잠시 외국에 갔다고 하는 것. 모르는 게 약이다.

3) 억압(Repression)

스트레스나 불안을 일으키는 생각이나 충동을 의식화시키지 않으려는 무의식적인 노력은 뚜렷한 동기 없는 나태한 태도와는 구별된다. 충동적으로 될 수 있다. 많이 사용할 경우 아무 때나 폭발할 수 있다.

예: 싫은 사람과의 약속날짜를 잃어버리는 것, 기억상실증으로 나타날 수도 있고, 아주 많이 사용할 경우 고무풍선처럼 억압이 쌓여 폭발할 수도 있다.

4) 합리화(Rationalization)

불합리한 태도, 생각, 행동을 합리적인 것처럼 정당화시킴으로써 자기만족을 얻으려는 방법이다. 정당화될 동기만을 노출시키며 의식화하므로 개인의 태도가 정당한 것처럼 느끼게 된다. 따라서 통찰력이나 행동 변화가 어렵게 될 수 있다.

예: 먹고 싶은 포도를 '신포도'이므로 안 먹겠다는 이솝우화. 내가 누구에게 싫은 소리를 한 것은 순전히 그를 위해서다. 일이 잘못된 것은 어쩔 수 없는 거였어. 이때까지 내가 한 것은 최선의 것이었어. 내가 약속을 못 지킨 것은 그럴 만한 이유가 충분해

5) 주지화(Intellectualization)

위협적인 감정을 피하려고 위협조건에 관해 지적분석을 함으로써 스트레스를 부정하는 방법. 정서나 충동을 느끼는 대신 사고함으로서 통제하려는 것이다.

6) 승화(Sublimation)

사회적으로 받아들이는 형태로 충동을 변화시키는 것. 원초적이고 용납될 수 없는 충동을 억제하는 데 사용되던 에너지가 사회적으로 용납될 수 있는 방향으로 방출되는 것.

예: 성적 충동의 승화를 예술활동이나 운동 등으로.

7) 반동형성(Reaction formation)

자기가 느끼고 바라는 것과 정반대로 감정을 표현하고 행동하는 방법. 적개심이 겉으로는 지나치게 복종적이거나 정중한 태도로 표현하게 된다. 강박신경증으로

갈 수도….

  예: 미운 놈 떡 하나 더 준다.

　　사랑하는 사람에게 상처받을까 봐 오히려 바람을 피우는 경우, 싫어하는 사람
　　에게 오히려 웃으며 잘해 준다거나 선물을 준다거나, 좋아하는 사람에게 오
　　히려 냉정하게 대한다거나. 가길 바라면서도 괜히 붙잡는 것, 화가 나도 웃는
　　낯으로 대하는 것 등이다.

8) 환치(Displacement) 또는 전치

　　갈등을 풀기 위해 한 대상에서 다른 대상으로 이동하는 것, 충동이나 목적은 같
고 대상만 바뀐다. 원래 상황에서 느꼈던 분노나 슬픔, 두려움, 수치심, 죄의식 등
이 시간이 지연된 다음에야 다른 상황에서 느끼게 되며 정신치료의 전이, 공포증
강박증도 전치의 결과로 나타난다. 높을 경우 어떤 대상에 대한 감정을 표현하지
못하고 대상을 바꾸거나 다른 상황에 표출해서 적절치 못한 감정방출을 하게 되는
경향이 있다. 높을 경우 강박증, 공포증….

  예: 자식을 못 가진 사람이 애완동물에 집착하는 경우, 밖에서 화난 일을 집에 와
　　서 풀이하는 경우, 일이 안 되면 가까운 사람에게 신경질을 부리는 경우, 부
　　모에게 꾸중 듣고 동생에게 화풀이, 사랑하는 이에게 거절당하고 나서 다른
　　이를 바로 사귀는 경우.

9) 퇴행(Regression)

어려움을 피하려고 발달의 초기 단계로 돌아가는 방법. 갈등상황에서 무기력한 방식으로 갈등에 대처하는 경향을 보이나 강한 퇴행이라도 이후의 적응이 중요하므로 퇴행 후 적응 여부를 검토하는 것이 요구된다.

예: 어린아이가 새로 태어난 동생에 쏟아지는 관심을 자신에게로 돌리기 위해 갑자기 오줌을 싸거나 어린아이의 행동을 보이는 경우.

10) 동일시(Identification)

투사와 반대로 자신의 불안이나 부족감을 피하기 위해 타인의 바람직한 점을 끌어들이는 방법. 기본적으로 의존적이고 수동적일 성향이 많다. 높은 경우 의존적 인격장애, 경계선 인격장애를 검토해 볼 필요가 있다. 거의 쓰지 않을 경우는 외부 현실로부터 철수되어 있을 가능성이 높다.

예: 자식이 출세에 성취감을 느끼는 부모의 경우,
　　남의 행동이나 모습 모방, 친구 따라 강남 간다.
　　남들이 좋다는 것 일단 해 보는 것.
　　나를 이끌어주는 강한 사람이 없으면 불안해지는 것.

11) 유머(Humor)

갈등이나 불안 상황에서 유머를 통해 그 상황을 견디는 힘을 얻게 되는 것. 아예

없는 경우는 제한된 성격적 미성숙을 볼 수 있다.

예: 불안한 마음이 들 때 웃음으로 넘기거나, 괜히 콧노래를 부른다.

놀이기구를 탈 때 마음은 불안한데 괜히 웃으면서 불안감을 덜려고 한다.

지하에 주차를 할 때도 괜히 불안하지 않은 듯 콧노래를 부르기도 한다.

12) 회피(Evasion)

억제와 유사하나 억제처럼 인내심 있는 합리적인 판단에 따라서가 아니라 도피하고자 하는 소극적인 동기에 따른다는 점이 특징. 회피방어기제를 많이 사용하는 경우 갈등적 직면과 문제해결에 대한 불안은 줄어들 수 있으나 자신감 상실의 악순환이 일어나게 된다. 높을 경우 회피성 인격장애, 분열성 장애를 검토해 봐야 한다.

13) 이타주의(Altruim)

이 기제는 타인을 돕는 희생적이고 이타적인 긍정적 요소를 담고 있다. 사회적으로 바람직한 행동으로 꾸며져 있기에 때로는 방어적 태도나 모범적으로 보이고자 하는 무의식적인 동기에 의해 이 척도가 높게 나타날 수 있다.

14) 행동화(Acting out)

이후의 부정적인 결과를 고려하지 않고 무의식적인 욕구나 소망을 즉각적인 행동으로 충족시키며 이때 행동은 개인의 통제를 벗어난 충동적인 수준에서 일어난다. 높을 경우 반사회적 인격장애, 비행의 가능성 있을 수 있다.

15) 왜곡(Distortion)

종교적인 신념과 매우 유관성이 있으며 높은 경우 자아 이미지를 과장되게 긍정적으로 지각하는 경향이 있다. 자아도취적이고 현실 왜곡을 초래하는 것으로 인식되지만 긍정적으로 작용할 가능성도 검토되어야 한다. 매우 많이 사용할 경우 정신분열을 검토해야 한다.

예: 지금 내가 하는 일은 역사적으로 대단한 일이다. 나는 이 사회에서 없어서는 안 될 중요한 인물이다. 나는 가끔 신비한 능력을 발휘할 수 있을 것 같은 느낌이 든다. 내게 정치를 맡기기만 한다면 사회문제를 자신 있게 바꿀 수 있다.

16) 허세(Show-off)

허세를 나타나는 속담을 보면 남 앞에서나 겉으로 과시하는 행동이나 태도에 관해서다. 실속보다는 겉치레, 외양을 중히 여기는 것이며 타인지향적 성향일 수 있다.

예: 자기 분수에 안 맞는 소비를 지향하는 것. 분에 안 맞는 혼수감. 집은 서푼짜리인데 겉모양은 그럴싸한 것, 유식한 체하는 것, 명품지향… 등등

17) 수동 공격적 행동(Passive-agreessive behavior)

공격적인 감정을 직접적으로 표현하지 않고 간접적으로 표현함으로써 그 감정을 처리하는 방어기제로, 예를 들면 실수, 꾸물거리는 행동, 묵묵부답 등의 행동의 경우. 어느 시기까지는 상대에게 자극을 주지만 높은 경우 수동공격적 인격장애로

올 수 있다.

예: 누가 나에게 일을 시키면 바쁜 척한다. 화가 날 때 뚱하니 말을 안 한다. 누가 일을 재촉하면 더 꾸물거린다. 화가 나면 상대방을 은근히 골탕 먹인다. 상대방에게 화가 나서 일부러 일을 망친 적 있다.

18) 통제(Controlling)

갈등상황에서 주변의 환경이나 대상이나 사건을 조정하고 이용하려는 과도한 시도를 한다. 높은 경우 대인관계에서 자기주장이 강하거나 간섭이 강하다.

예: 주변에서 일어나는 일을 그냥 넘기지 못한다. 일이 생기면 진두지휘해야 한다. 다른 사람이 하는 일을 바로잡아 주고 싶은 경우가 자주 있다. 모임에선 내가 주도권을 잡아야 한다.

19) 예견(Anticipation)

미래의 내적 불편감에 대해 현실적으로 계획을 세우는 방식으로 높은 경우는 일상에서 신중한 일처리를 하여 실수를 범하지 않는 긍정적 요소도 있으나 소극적으로 현실을 대응하고 회피할 우려가 있다. 강박증.

예: 누울 자리를 보고 발 뻗는다. 지나친 대비. 집에 도둑들 때를 대비하여 대책을 지나치게 철저히 세운다.

20) 해리(Dissociation)

고통을 피하기 위해 개인의 인격이나 자아 정체감에 일시적으로 극적인 의식의 변형이 일어나는 것으로 나타나며, 높은 경우 히스테리성 인격의 경향성, 해리성 장애 여부를 검토해야 한다.

예: 힘든 일에 부딪치면 멍해진다. 내 자신이 어떤 행동을 하는지 모르겠다. 복잡한 일이 생기면 정신이 혼란해져 엉뚱해진다/현실이 꿈을 꾸는 듯하다.

21) 신체화(Somatization)

심리적 갈등이 신체적 증상으로 전환되어 신체반응을 보이는 경우. 갈등장면은 회피하면서 극적인 방법으로 자신을 과시하는 행동을 한다. 심하면 신체화 장애, 전환성 장애, 히스테리성 인격을 검토해 봐야 한다.

예: 아이들이 학교 가기 싫을 때 배 아프다고 하는 것.
기분 안 좋을 때 잘 체한다. 괴로운 일이 생기면 몸부터 아프다.

4.

상담의 행동변화 단계

4.1. 일반적 원리

1) 지시 또는 제안하기

　내담자의 행동 변화를 돕기 위해 상담자는 내담자가 이해할 수 있는 말로 간결하고 분명하게 지시하거나 제안할 수 있어야 한다. 이 원리를 가장 많이 사용하는 경우는 내담자에게 새로운 행동을 해 보도록 하거나 변화를 시도하도록 도와줄 때다. 어떤 내담자는 '눈을 감고 에너지의 흐름에 따르시오.'라는 말을 더 잘 알아들을 수 있는 반면에, 또 다른 내담자들은 '눈을 감고 편안한 상태로 앉아서 머리에 떠오르는 대로 자연스럽게 생각하고 억지로 생각하려고 하지 마시오.'라는 말을 더 쉽게 받아들일 수 있을지 모른다. 지시와 제안이 효과적이려면 우선 간단해야 하고, 내담자가 이해할 수 있어야 하고, 또 대화하고 있는 주제와 관련해서 내담자가 받아들일 수 있는 것이라야 한다.

2) 구체적 목표 설정하기

상담의 행동변화 단계에서 상담자가 해야 할 첫 번째 일은 내담자에게 분명하고 구체적인 목표를 설정하도록 하는 것이다. 이를 위해 상담자는 내담자의 일반적인 목표를 좀 더 작고 다루기 쉬운 것으로 나눌 수 있게 도와준다든지, 목표에 이르는 단계들을 계획하도록 돕는다든지, 여러 개의 바람직한 목표들 중에서 하나의 주요 목표를 선택하도록 도와줄 수 있을 것이다. 효율적인 방법 중 하나는 내담자에게 대안적인 행동방식을 생각해 보도록 격려하는 것이다.

> 상담자: **어떤 것을 예전과는 좀 다른 방식으로 하고 싶습니까?**
> 내담자: 아이들과 좀 더 즐겁게 생활하고 싶어요.
> 상담자: 어떻게 하면 즐겁게 생활하는 것인지 구체적이 예를 들어볼까요?
> 내담자: 하루에 적어도 20분간 아이들과 게임을 하거나, 매일 아침 아이들에게 농담을 건넨다거나 아침 시간에 아이들과 동화책을 읽는다든지 말이에요.
> 상담자: 당신은 아이들이 당신을 대하는 태도 때문에 속을 썩이고 있습니다. **아이들이 어떻게 행동 하면 당신이 더 나아질 것 같아요?**
> 내담자: 아이들이 좀 더 공부를 열심히 하면 좋겠어요.
> 상담자: 아이들이 어떻게 하고 있으면 '아, 공부를 열심히 하고 있구나.'하는 생각이 들 것 같아요?
> 내담자: 음, 아이들이 이틀에 한 번은 한 40분 정도 쉬지 않고 책을 읽는다거나 노트정리를 한다든지 말이지요.

3) 약속하기

내담자와 좋은 상담관계가 형성되었다면, 내담자의 생각을 촉진시켜 주는 한 방법으로서 상담자가 제안해 줄 수 있다. 중요한 것은 내담자가 스스로 자신의 목표를 분명히 약속하고 그에 대한 책임을 수용해야 한다는 점이다. 만약 상담자가 이

점을 소홀히 하게 되면 목표 달성에 실패할 경우 내담자가 상담자를 비난할지도 모른다. 상담자는 내담자가 생각하기에 현실적이고, 바람직하며, 자신의 시간과 노력을 투입할 준비가 되어 있는 목표를, 내담자가 자발적으로 약속할 수 있도록 주의를 기울여야 한다.

약속을 할 때는 내담자의 구두진술에 그치지 않고 일종의 계약처럼 공식화하는 것이 도움이 된다. 만약 내담자가 어떤 상황에서 행동하기를 매우 어려워한다면 내담자에게 간단하고 직접적인 말로 자신의 계획을 적어 보도록 하는 것이 좋다.

이러한 계약에서 강조되어야 할 사항은 1) 내담자가 해야 할 일은 정확하게(구체적으로) 무엇인가? 2) 그것을 얼마나 자주 할 것인가? 3) 그것은 다음 회기에 어떻게 사용할 것인가?이다. 이러한 계약은 상담자와 내담자가 공동으로 함께 작성해야 하나 과제가 문제해결에 적절하고 현실적이고 간단한 것이라면 그 과제를 수행하는 일이 내담자에게 만족스러운 것이 될 것이다.

4) 상황 예견하기

상담자는 내담자가 언제 어느 곳에서 시작할 것인지를 선택하고, 정확하게 무슨 말을 하고 무슨 행동을 할 것인지를 결정하고, 어떻게 보이고 어떻게 느끼기를 원하는지 상상해 보고, 자신과 타인들이 어떤 반응을 보일 것 같은지를 고려해 보고, 또 이러한 다양한 반응들에 대해 스스로 어떻게 반응할 것 같은지 예상해 보도록 도와주어야 한다. 이러한 문제들은 내담자가 실천하려고 계획하고 있는 것에 대해 확실하게 안심할 수 있을 만큼 충분히 논의되어야 한다. 상담자는 내담자가 성공을 예상하도록 격려해야 한다.

5) 결과 평가

내담자가 행동변화 계획을 실천해 본 후 가능한 한 빨리 상담자는 내담자와 함께 그 경험에 대해 이야기해 보아야 한다. 성공을 하게 된 요인들을 탐색해서 그 요인들을 다시 연습하도록 격려해야 한다. 그 실천사례에 이르기까지 일련의 사건들과 실천사례 그 자체의 세부적인 사항들을 다시 점검해 보아야 한다. 또 상담자는 내담자가 어떻게 느끼고 있는가에 대해서 함께 이야기해 보고, 내담자가 성취한 만족감을 상기시켜 주어야 한다. 내담자가 그러한 즐거운 느낌들을 가능한 한 생생하게 다시 경험해 보도록 격려해야 한다. 상담자는 실제 연습을 반복하는 것이 중요하다는 점을 강조하여 내담자에게 필요할 때마다 과제를 반복해서 실습하도록 해야 한다.

6) 기록하기

상담자는 내담자의 행동을 변화시키고자 할 때 자신과 타인의 행동에 대한 적절한 정보를 모으게 해야 하는데 기록하기가 행동의 변화를 촉진시키는 강력한 수단 중의 하나이다. 기록은 문제의 핵심이 되고 셀 수 있는 관찰 가능한 행동들 중에서 한두 가지의 행동에 초점을 맞추어야 한다.

4.2. 구체적 기법

1) 보상의 이용

상담의 초기 단계와 발전 단계에서 사용되는 대부분의 상담기법들은 보상 효과를 포함하고 있다. 시선접촉을 적절하게 한다든지 또 다른 형태로 최소한의 격려를 해 주는 것은 내담자로 하여금 수용되고 있다는 느낌을 갖게 하고 이야기를 계속하도록 유도한다는 점에서 보상이라고 할 수 있다. 내담자가 이야기하고 있는 주제를 잘 이해하고 느낌을 반영해 주는 것도 똑같은 효과를 갖는다. 상담의 초기 단계에서 사용하는 거의 모든 기법은 친근감, 느낌의 공유, 문제 탐색 그리고 문제해결 방법의 탐색에 도움이 된다.

그런데 보상효과에는 상담자가 내담자로 하여금 어떤 특정한 관심사에 좀 더 초점을 두도록 하게 하는 또 다른 측면이 있다. **성공적인 교사나 부모처럼 좋은 상담자는 기법을 선택적으로 사용하여 내담자가 한 말 중에서 어떤 것은 강화하고 어떤 것은 무시한다.** 상담자가 관심을 보인 내담자의 말은 증가하는 경향이 있지만, 그가 무시한 말은 없어지는 경향이 있다. 예를 들면, 내담자가 스스로 통찰한 것과 앞으로의 계획에 대해 말할 때, 상담자가 그 내용에 대해 언급하거나 관심을 보여주고 있다면 이는 문제해결과 긍정적 태도를 보상하고 있는 것이다. 만약 내담자가 오랫동안 계속해서 불평과 괴로움을 토로하고 있는데도 불구하고 상담자가 이러한 내담자의 이야기를 무시하거나 중단시킨다면, 이는 내담자의 무책임성을 좌절시키고 있는 것이다.

또 다른 유용한 보상기법은 내담자가 자신이나 그가 소중하게 여기는 사람을 만족시키는 활동목록을 만들어 보는 것이다. 예를 들어 청소년 내담자는 다음과 같은 목록을 만들어 볼 수 있을 것이다. 운전교습 받기, 컴퓨터 게임하기, 영화 보기, 당구 치기 등 최소한 12개의 항목이 제시되어야 한다. 이러한 활동들은 하기 싫은 과제를 수행하고 난 후에 즐기는 일종의 보상물로 사용되거나 또는 자기패배적 행동을 대신하는 대체행동으로 사용될 수 있다. 보상물로 사용될 경우는, 하기 싫은 일을 하고 난 후 또는 40분간의 공부를 두 번 하고 난 후에 쉬는 시간을 갖는다든지 영화를 보는 것과 같은 만족스러운 활동을 할 수 있을 것이다. 대체행동의 경우에는 내담자가 긴장하거나 따분하거나 우울한 느낌이 들 때마다 이 목록에서 하나의 활동을 선택할 수 있을 것이다. 이렇게 하면 내담자는 유쾌하지 못한 생각과 감정에 더 깊이 빠져드는 대신에, 점심식사에 친구를 초대하거나 쇼핑을 하거나 하면서 우울한 기분이나 따분한 감정에 대처할 수 있게 된다.

2) 모델 제시

모델링은 어떤 상황에서 적절하게 행동할 방법을 알지 못하는 내담자에게 좋은 행동의 예시 패턴을 제시해 주는 것을 의미한다. 모델링을 시작할 때는 내담자의 행동 중에서 단순한 것부터 시작하는 것이 중요하다. 그래야 내담자가 성취감과 행동의 향상을 경험하여, 보다 복잡한 행동을 시연해 보고자 하는 의욕과 자신감을 갖게 된다. 보통 복잡하고 언어적인 기술을 연습하기 전에 단순하고 비언어적인 기술을 숙달하게 하는 것이 더 쉽다.

3) 역할연기

역할연기란 어떤 특정한 직함이나 역할을 지닌 사람들이 일반적으로 행하는 방식대로 행동을 해 보는 것이다. 역할연기에서는 예를 보여 주는 것이 도움이 될 수 있다. 역할을 바꾸어서(가령, 교사는 학생과 역할을 바꿈) 행동을 해 본다면, 각자 파트너의 느낌과 행동을 경험해 볼 수 있을 것이다. 결과적으로 역할 바꾸기는 가정의 파트너가 자신의 상황에서 실제로 무엇을 경험하고 있을지 이해하는 데 보다 도움이 될 것이다.

역할연기와 역할 바꾸기를 직접 시연할 기회를 많이 가짐으로서 상담자는 이 기법을 내담자를 변화시키기 위한 실제적인 기술로 사용할 수 있다. 가령 상담자가 좀 더 어른 티를 내면서 어머니에게 말하고 싶어 하는 여학생을 도와주려는 사례를 들어보자. 상담자는 먼저 여학생이 말한 방식(여학생이 설명한 자신의 어머니 특징)대로 그 부모 역할을 맡고, 여학생은 어머니 역할을 맡은 상담자에게 몇 가지 다른 방식으로 역할연기를 해 본다. 여학생은 자유롭게 몇 가지의 대안 행동을 실험해 볼 수 있다. 그런 다음 상담자와 여학생이 역할 바꾸기를 해 본다면 여학생은 자신의 느낌을 행동으로 나타내 보임으로써, 그녀의 어머니가 다양한 대안적인 행동들에 대해서 어떻게 반응할 것인지를 좀 더 정확하게 예상해 볼 수 있게 된다. 역할이 실감나게 연기될수록 내담자가 학습할 기회와 변화의 가능성은 더욱 많아지게 될 것이다.

4) 신체 자각, 이완, 활동

내담자가 '자신의 내적 반응에 주목'하도록 하고, 신체적인 느낌을 행동으로 표현하도록 하여 신체 자각이 일어나면 자신을 좀 더 잘 통제할 수 있게 된다. 이를 위해서 이완이 유용하게 사용될 수 있는데 이완은 신체 근육 중 어느 부분에도 긴장이 없을 때까지 신체의 모든 근육을 점진적으로 풀어 줌으로써 이루어진다. 상담을 하는 동안 내담자가 말을 하면서 매우 불안해하고 있다는 것을 느끼면 내담자에게 몇 가지의 간단한 연습을 하게 하여 이완이 되도록 도와줄 수 있다. 이러한 방법을 통해 상담 과정에서 내담자에게 자신의 문제에 좀 더 차분하게 대처하도록 도와줄 수 있다.

> '의자에 등을 똑바로 대고 서너 번 심호흡을 하십시오. 이제 천천히 숨을 깊이 들이마시세요. 더 천천히, 이제 팔을 편안하게 하세요.'

5) 사고와 상상

상상을 하는 것은 근육의 긴장을 푸는 데 도움이 된다. 만약 내담자가 조용하고, 안락하고, 편안한 느낌과 관련된 심상을 회상할 수 있다면 내담자의 신체적 긴장은 감소될 수 있다. 상담자는 풍부한 언어와 적절한 목소리 톤을 사용하여 심상을 떠올려 상상해 보도록 격려한다.

"어두운 조명의 방에서 조용하고 느린 음악을 들으면서 부드러운 소파에 앉아 있다고 상상해 보세요." "지금 당신의 호흡이 매우 느리게, 깊게, 그리고 편안하게 진행되고 있다고 상상해 보세요." "마치 따스한 이불 속에 있는 것처럼 모든 긴장이 풀어지고 있음을 느껴 보세요."

실습 6	상담의 실제 연습
세 명이 조를 이루어 상담자, 내담자, 관찰자 역할을 정한다. 내담자는 내가 최근에 겪은 것들 중에 노출하여도 크게 부담이 되지 않는 내용을 떠올려 본다. 상담자는 상담의 태도와 기술에 초점을 두어 상담 대화를 나누고, 관찰자는 상담 대화를 관찰한다. 전체 과정이 끝나면 서로의 경험들을 함께 나누어 본다.	
1. 상담자는 내담자가 말한 것을 이해했고, 상담자가 이해했다는 것을 내담자가 알았는가?	
2. 상담자는 내담자의 문제(이야기하는 내용)를 내담자의 관점에서 보았고, 내담자는 상담자가 수용적으로 대하고 있었음을 아는가?	

3. 상담자는 내담자에게 따뜻하고 관심 있게 대했으며 그것을 행동으로 나타냈는가? 내담자는 상담자가 따뜻한 관심을 나타낸 것을 전달받았는가?

4. 대화하는 동안 상담자로서 솔직했고 내담자를 성실하게 대했다고 볼 수 있는가?

5. 상담자는 적절한 때에 전문적인 태도로 내담자에게 도움을 주었는가? 그리고 자기를 도울 수 있는 전문적인 상담자로서 내담자가 상담자를 받아들였는가?

6. 상담자는 상담 대화를 하면서 어떤 기법들을 사용하였는가? 이들 기법을 구사할 때 내담자의 반응이나 대화 과정에 어떤 변화들이 일어났는가?

5.

상담의 종결 단계

5.1. 의뢰

만약 상담자가 내담자의 욕구를 충족시킬 수 없다고 판단된다면 내담자를 다른 상담자나 기관에 의뢰하는 것을 고려해 보아야 한다.

5.2. 종결

상담관계의 종결은 상담과정 중 어느 때라도 이루어질 수 있으나, 가장 일반적이고 이상적인 경우는 상담관계의 목적이 달성된 때이다.

1) 상담관계의 종결의 방식(Okun, 2002)

① 상담자와 내담자가 설정한 모든 목표가 달성됐다고 느낄 때 종결이 이루어진다. 이것은 내담자가 의미 있는 관계의 상실 때문에 슬픔을 느끼지만 긍정적인 종결 방식이다. 상담자는 내담자가 목표 달성에서 비롯된 성장 및 만족 감정을 느끼

면서 떠날 수 있도록 작별 감정을 탐색하고 공유할 수 있다. 상담자와 내담자는 서로가 마지막 만남을 언제 할 것인가를 알고 작별 감정을 논의할 충분한 시간을 갖는 것이 중요하다.

② 상담목표가 아직 달성되지 않았지만, 상담자가 종결을 주도하여 이루어진다. 이 방식은 학기가 끝날 때 학교에서 혹은 직원이 자주 바뀌는 기관에서 나타난다. 이 경우에 상담자는 다가오는 종결에 대해 내담자에게 알려야 하며 서로가 종결로 야기된 감정을 충분히 탐색하는 것이 중요하다. 내담자는 흔히 분노감과 거절된 기분을 느낀다. 상담자는 자주 죄의식 및 불편함을 느낀다. 이상적으로 상담자는 종결되기 전에 의뢰하는 것이 바람직하다.

③ 조력 과정의 제3자가 종결을 요구하여 결정된다. 예를 들면, 지자체의 사회복지사는 평가를 위해 한 회기 혹은 두 회기를 허락해 준다. 상담자와 내담자는 상담 관계의 본질, 목적, 목표에 동의하고 지역 사회복지사는 몇 회기를 할 것인가는 전략의 선택과 이행에서 적응이 이루어질 수 있도록 전략 단계 이전에 혹은 전략 단계 중에 알려질 수 있다. 이러한 종결은 내담자의 최선의 이익이나 상담자의 전문적 판단에 따라서가 아니라, 예산을 지원하는 지자체의 정신건강보건센터 등의 기관의 예산확보능력에 따라 이루어진다.

④ 내담자가 상담목표 달성 이전에 서둘러 상담관계를 종결시키는 방식이다. 이 경우에 내담자는 위협적 상황으로부터 도피하는 것일 수 있다. 그리고 상담자는 무력감과 부적절한 감정을 느낄 수 있다. 내담자가 성급한 종결을 원해 이루어지면 상담자는 이러한 성급한 종결이 누구의 문제인가를 결정하도록 노력해야 한다. 만약 내담자가 더 이상 상담받기를 거절하고 접근보다 회피를 선택하면 내담자의 문제일 수 있다. 반면에 상담자가 효과적인 조력관계를 발달시키지 못했거나 부적절한 전략을 선택한 경우는 상담자의 문제일 수 있다.

실습 7	종결신호

요즘에는 마음이 편안해요. 이전에는 아이만 생각하면 마음이 답답했고 화가 났어요. 나만 힘들고 지친다고 생각했지 아이는 힘들 거라고 생각하지 못했어요. 아이가 힘들 수 있다는 생각이 드니 아이에게서 여러 가지가 보이기 시작했어요. 아이도 제가 달라졌다는 말을 해요. 예전에는 학교 갔다 오면 자기 방으로 들어가더니 요즘에는 말이 많아지고 저에게 이것저것 털어놓는 거예요. 아이가 하는 말이 요즘은 엄마가 편안해 보인대요. 아이랑 서로 마음을 나눈다는 느낌이 있어요. 어떻게 소통할지 알 것 같아요.

1. 다음 사례는 자녀와의 갈등으로 상담을 시작하여 종결시점에 이른 학부모 사례이다. 아래 내용에서 종결의 시점을 파악하는 단서들을 파악해 보자.

2) 상담을 종결하는 효과적인 주요 세 단계(Hill & O'brien, 1999)

① 과거를 돌아보도록 한다. 상담자는 그동안 배운 것과 변화된 것을 환기시켜 주고 내담자는 상담에서 가장 도움이 되었던 점과 도움이 되지 않았던 점에 대해서 말한다. 상담자는 내담자의 변화를 굳건히 하고 성취감을 느낄 수 있게 해 준다.

② 미래에 대한 이야기를 한다. 상담자와 내담자는 종료 날짜를 정하고 미래 계획을 토론하고 상담 기간이 더 필요한지에 대해 다룬다. 상담자는 내담자의 현재 문제를 명확히 하고, 문제를 어떻게 다루는지 알려 주며 변화를 이루기 위해 어떤 지원을 받을 수 있는지 명확히 해 주는 것이다.

③ 종료에 대한 각자의 느낌을 말하고 작별인사를 한다.

실습 8	종결 감정 다루기

상담자: 오늘은 얼굴이 밝지를 않네. 무슨 문제라도 있니?

내담자: 그건 아니고요. 그냥 오늘 오면서 기분이 이상해요. 전 정이 많아서인지 헤어지는 걸 잘 못해요. 친구들하고 잘 놀다가 헤어질 때도 괜히 뚱해서 인사도 없이 가 버리거든요.

1. 상담자로서 종결 감정을 다루어 보자.

VI

치료

1.

인지행동치료의 전개:
고백(Confession)의 치료적 효과

지킬박사와 하이드, 아벨과 카인, 콩쥐와 팥쥐, 흥부와 놀부, 파우스트와 메피스토텔레스 등의 예시된 각 쌍에서 후자는 전자의 그림자이다. 모든 사람들에게는 그림자가 있다. 그림자는 페르소나(가면) 안에 있는 '나' 그리고 의식에서 눌러 놓은 또 다른 '나'이다. 보여 주기 어려운 '어두움'이다. 그림자는 열등하고 부정적인 것으로 보여진다. 의식이 억압해 둔 것일 수도 있다. 그러나 그림자는 의식화되고 수용하면 창조적으로 변화될 수 있는 지점이다. 그림자를 인정하고 받아들이면 보다 성숙한 곳으로 나아갈 수 있는 길이 열린다. 그래서 억압(depression)은 표현(expression)되어야 한다. 융은 "자기 내면에 존재하는 어둠 속으로, 무의식의 세계로, 어두운 저승의 세계로 내려감으로써 참된 '자기 자신(self)'[113]으로 나아갈 수 있다고 줄곧 말했다. 융은 우리가 자신의 어두운 그림자의 세계, 무의식의 어둠 속으로 내려갈 수 있는 용기를 가질 때, 비로소 우리 자신과 참된 자기 자신을 발견하게 된다는 사실을 이해하였다. 겸손은 자신의 고유한 그림자, 어두운 그림자를 있는 그대로 바라보고 인정하는 용기이다. 자신의 약점을 인정하는 것만이 어두운 부분

---

113) '자기 자신(self)'은 의식과 무의식을 통틀어 언제나 사람으로 하여금 진정한 자기가 되게 해 주는 구심점이다. 다시 말해 인격이 분열되지 않고 전체적인 통일을 이루도록 하는 근원적 가능성이다. 어느 누구도 아닌 '그 사람 전체'를 뜻한다는 면에서 진정한 의미의 개성과 같은 말이다.

을 압박하여 감추는 기계적인 행위로부터 우리를 보호할 수 있다. 성장하는 길은 실존에 대한 많은 체험을 통해서 발견하게 된다. 자기 내면의 어두운 부분, 외로움, 좌절, 슬픔의 감정 아래로 내려갈 용기가 필요하다고 설명한다.

사람이 큰 어려움을 겪을 때, 실존에 대한 진정한 자기 체험을 하게 된다. '카타르시스'로 나아가는 길은 자주 한계와 궁핍에 대한 체험, 힘센 낯선 존재들로부터의 위협과 불안, 절망, 불의, 고독 그리고 슬픔에 대한 체험을 거치면서 마주한다. 치유에 대한 희망과 용기를 가지고 자기를 대면할 때 우리는 '카타르시스'를 통해 자신의 내면에 있는 억압된 감정들을 밖으로 내보낼 수 있으며, 그때 자신의 진정한 모습과 만날 수 있게 된다. 이러한 억압된 감정을 풀어내기 위해서는 먼저 참된 겸손의 의미를 명확히 이해해야 한다.

고백은 가톨릭교회 전통의 고해성사 방식을 적용하여, 억압하며 숨겨 왔던 비밀, 억제된 감정과 정동들을 치료자 앞에서 고백의 형식으로 토로하여 타인, 곧 치료자와 공유함으로써 치료의 과정에 이르게 된다. 내담자에게 정신분열을 일으킬 만한 '완고한 습관과 틀'은 내담자의 통찰만으로는 고쳐지지 못한다. 적절한 인지와 교육이 필요하며 이는 사회적인 적응과 정상화를 목표로 한다. 잘못된 과거의 부정적인 스키마를 제거하고 행동을 수정하고 변경할 수 있는 능력을 가질 수 있도록 인지행동치료는 상당히 중요한 치료적 도구, 과정으로 이해될 수 있다. 이러한 인지행동치료 과정 이후 내담자의 구체적인 변화(transformation)를 도모하는 변증법적 치료, 철학적인 치료, 실존적인 치료가 시작된다. 앞선 세 단계는 작은 치료, 과학적 치료라 명명하며, 후자의 변화와 개성화, 의식화 과정을 통한 자기실현의 과정을 '큰 치료'라고 명명할 수 있겠다. 여기에서 우리는 모든 치료적 과정을 융합하는 '집중적 마음수련(Intensive Mind Care Exercise)'의 구체적인 방법을 정리했다.

인지행동치료(1) 설명과 이해: 부정적 스키마의 발견

인지 왜곡 점검표: 당신 안에 있는 부정적인 신념을 구분하고 분류해 봅니다.

구분	질문	체크	인지왜곡 예시
마음 읽기 (독심술)	다른 사람에 대한 충분한 근거 없이, '저 사람은 이러저러한 생각을 할 것이다'라고 가정한다.		그는 내가 실패자라고 생각한다.
- 자동적 사고			
점치기 (예언)	미래를 예측한다. "미래에 어떤 위험이나 재앙이 있을 것이다"라고 생각한다.		나는 분명 시험에 떨어질 것이다.
- 자동적 사고			
재앙화하기	이미 일어난 일이나 앞으로 일어날 일에 대해 끔찍해서 견딜 수 없다고 생각하거나 가정한다.		내가 실패한다면 끔찍한 일이다.
- 자동적 사고			
낙인찍기	당신이나 타인에 대해 전반적으로 부정적으로 평가하거나 단정 짓는다.		나는 어차피 안 될 놈이다. 그는 썩어빠진 사람이다.
- 자동적 사고			
긍정가치 폄훼	당신이나 타인이 이룬 긍정적인 것들을 사소하다고 주장한다.		그것은 식은 죽 먹기다. 원래 여자들이 하는 거다.
- 자동적 사고			
부정적 필터링	부정적인 것에만 초점을 두어 바라본다.		나를 좋아하지 않는 저 많은 사람들을 보세요.
- 자동적 사고			
과잉일반화	단순한 예를 근거로 하여 모든 것을 부정한다.		정치인들은 모두 썩었어. 전라도 사람들은 못 믿어.
- 자동적 사고			

구분	질문	체크	인지왜곡 예시
이분법적 사고	전부 아니면 전무, 빛과 어둠, 정의-불의로 나누어 생각한다.		나는 모두에게 거부당한다. 공무원들은 부정, 부패하다.
- 자동적 사고			
당위적 사고	'~해야만 한다'라는 관점에서 해석한다.		이겨야만 한다. 가야만 한다.
- 자동적 사고			
개인화	부정적인 사건에 대해 자신을 탓하거나 비난한다.		나 때문에 죽었다. 나 때문에 일이 잘못됐다.
- 자동적 사고			
비난하기	부정적인 느낌으로 타인에게 초점을 맞춘다.		부모 때문에 나는 망가졌다 친구를 잘못 만나서 그랬다.
- 자동적 사고			
후회하는 태도	과거에 '더 잘했어야 했는데'라고 생각한다.		그런 말을 해서는 안 되는 것이었는데. 공부를 좀 더 열심히 했어야 했는데.
- 자동적 사고			

인지행동치료(2) 자동적 사고와 정서 체크/치료(이해)

사건	자동적 사고	정서	치료(이해와 깨달음)
내가 인사를 했는데 교수님이 나를 그냥 지나쳐 버림	나를 무시하는 거야.	분노	교수님 어머님이 응급실에 실려 가셨다는 정보를 확인함(인지) 행동변화 유도
	나는 어차피 늘 무시당하니까.	우울	
	나를 싫어하나 보네. 내가 찍혔나?	불안	

인지행동치료(3) 자기비판 영역 확인 변화

스스로 비난하는(자기비판 영역)	내가 바라는 나는	왜곡된 인지	행동의 변화
예: 모든 사람들이 나를 비난한다.	모두에게 존경받는	모두에게 인정	3-3-4 법칙

인지행동치료(4) 자동적 사고와 정서 체크/치료(이해)

과거에 있었던 부정적 체험	나에게 생겨난 편견과 왜곡	수정/변경	행동 변화
개에게 물렸다.	개들은 무섭고 사나운 동물이다.	세상에 나쁜 개는 없다.	개와 친해진다.

2.

적극적 명상(intensive meditation/imagination)

생각이 변하면 실제로 몸이 변한다. 생각을 바꿀 수 있다면 우리 내면에 잠자는 엄청난 치유능력이 더불어 깨어난다. 명상, 특별히 적극적 명상은 이러한 생각의 변화, 인지행동치료의 구체적인 자가 치료 방법 중 하나이다.

마음의 변화가 몸의 생리 작용을 순식간에 바꾼다는 것을 우리는 종종 체험한다. '의학적으로 치료가 불가능하다!'라는 병을 스스로 치유한 많은 사람들의 공통점이 있다. 바로 희망이다. 끝까지 희망하는 것이다. 단테의 《신곡》 '지옥' 편, 지옥으로 들어가는 문에 적혀 있는 문구, "네가 가진 마지막 희망을 내려놓아라!" 지옥은 절망이고 희망이 없는 상태이다. 그루프먼 교수의 《희망의 힘》이라는 책에서 '진정한 희망이야말로 스스로 치유작용을 촉진하도록 이끄는 강력한 촉매이자 치유의 핵심'이라고 말한다. 어떠한 치료법이 문제가 아니라 환자가 낫는다는 생각을 가지는 것이 치유의 핵심이다. 자연치유에 성공한 이들은 자신이 반드시 낫는다는 확고한 믿음을 가지고 있었다. 과학적으로 입증된 '생각의 물리적 작용'은 현대물리학의 '양자역학'뿐만 아니라 의학적으로 '플라시보 효과(placebo effect)'에서도 확인할 수 있다. 플라시보의 반대개념은 '노세보 효과(nocebo effect)', 이는 해로울 것이라는 부정적인 생각이 실제로 나타나는 현상을 말한다. 중병진단을 받고 병세가 급격히 악화하거나 부정적인 생각에 빠져 병을 더욱 어렵게 만든 경우들은 흔하게 관찰된다. 건강에 대한 지나친 걱정과 건강에 대한 염려로 병을 자처하거나 불치병이라는 진단에 갇혀 스스로 치유력을 무력화시키며 죽음을 자초하는 때도 있다. 스튜어트 울프 교수는 로제토 마을의 건강비결을 연구했다. 1960년 미국인 사망원인 1위인 심장병이 의학적인 과제였던 시절에 펜실베이니아주의 이탈리아 이주민들이 모여 사는 로제토 마을에는 65세 이하 심장질환자가 없고, 65세 이상의 고령자들도 미국 평균의 절반 수준이었다. 유대감이 강한 공동체를 이루고 정을 나누며 사는 주민들의 밝은 마음이 그들의 건강을 발암물질로부터 지켜준 것이다. 육식과 술, 흡연을 하는 주민들의 건강 비결은 바로 '마음'이었던 것이다. 이후부터 울프 교수는 이것을 '로제토 효과(roseto effecrt)'라고 명명하였다.[114]

유해병균이나 바이러스보다 문제가 되는 것은 심리적 스트레스, 즉 '마음'이다. 마음이 평온하면 병원균이나 바이러스조차 무력하다. 척추가 삐뚤어져도 바이러스에 감염되어도 암세포가 말기 수준으로 전이되어도 건강하게 살 수 있다. 아프다는 생각과 어두운 마음을 모두 비울 수 있다면 말이다. 의사의 말이 상당히 중요하다. 심장의 말기상태를 뜻하는 '갤럽(gallop)'은 의학용어 이지만 일반적인 뜻은 말이 질주하는 모습이다. 수술을 앞둔 의사가 인턴들에게 '완전히 서드 사운드 갤럽을 보인다'라고 말한 것을 들은 환자가 죽음 직전에서 자신의 심장이 말이 질주하듯이 달리는 것으로 받아들여 빠르게 호전되어 완치되었다는 보고가 있다. 이것역시 희망이었다. 모든 환자의 내면에는 더없이 훌륭한 의사가 있고, 더없이 좋은 시설의 제약 공장과, 더없이 훌륭한 종합병원이 있다. 환자에게 낫는다는 믿음을 주고 병으로 생긴 불안한 마음을 편안하게 해 주는 것이 최고의 치료다. 생각을 바

---

114) C. Stout, J. Morrow, EN, Brandt, S. Wolf, (1964). Unusually low incidence of death from myocardial infarction: Study of an italian american community in pennsylvania. JAMA 188: 845-849.

꾸면 몸이 변하고 삶이 변한다. 세상에 대한 정의와 사회적인 편견들, 과거의 경험으로 얻은 고정관념들, 자신이 설정한 수많은 한계를 모두 지우고 새로운 생각을 가질 수 있다면 기적 같은 힘이 깨어난다.

상상치료(Imagination Therapy)

편안한 자세를 취하고 나서 눈을 감으십시오.

· 10분 동안 고요하게 계십시오.
· 먼저 전적인 고요함을 가능한 마음과 정신의 고요함을 지니도록 하십시오.
· 그런 후에 고요함이 갖다 주는 계시가 어떤 것이든 그 계시에 자신을 드러내 보이십시오.
· 10분 후에 눈을 뜨고 어떤 계시가 있었는지 생각해 보십시오.
* 10분이 지나면 눈을 뜨겠습니다.
  그리고 10분 동안 자기가 무엇을 했고 무엇을 체험했는지를 모두에게 이야기 하십시오.

* 우리들이 침묵에 전혀 익숙하지 않다!'라는 사실을 깨달아야 합니다. 아무리 애를 써도 끝없는 방황을 멈출 수 없고, 마음속의 혼란한 감정을 잠재울 수도 없습니다. 하지만 여기에서의 중요한 깨우침은 내가 방황하고 있다는 사실을 깨닫고 체험하고 있다는 사실입니다.

* 의식 속에 떠오르는 모든 것을 바라보십시오! 그 일들이 아무리 케케묵고 평범한 것들이라 하더라도… 이제 여러분은 여러분의 움직임을 의식하기 시작했다는 것입니다.

* 나에게 걱정되는 병이 있습니다. 그것은 암일 수도 있고, 심장질환일 수 있고, 면역력의 문제일 수도 있습니다. 그 질병을 나무로 상상합니다. 그리고 천천히 거슬러 내려갑니다. 줄기에서 뿌리로, 어디에서 그 질병이 시작된 것인지 천천히 거슬러 올라가는 상상을 진행합니다.

* 나의 인간관계, 나의 감정, 정신적인 스트레스, 식사, 생활습관 등 많은 것들이, 뿌리에 있었다는 것을 상상이 도와줄 것입니다.

* 천천히 뿌리로 내려가 그 원인들을 잘라내는 상상을 합니다. 그런 질병이 올라왔던 뿌리를 잘라내고 좋은 땅, 좋은 물, 좋은 기운이 있는 땅으로 스며들어가 생명을 끌어당기는 상상을 진행합니다.

* 숨을 고르며 천천히 마무리하고 상담자와 함께 나의 경험을 이야기합니다.

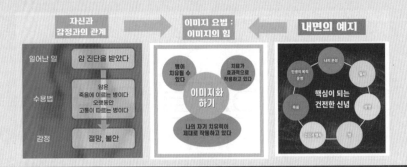

적극적 명상(Active meditation)

1. 홀로 고요히 있음
- 어떤 방해도 받지 않고 조용히 머물러 있을 수 있는 시간과 공간을 찾아야 한다.

2. 떠오르는 이미지를 붙잡아야 한다.
- 자연스럽게 떠오르는 이미지를 잡아야 한다.
- 보고 들리는 시청각적 이미지를 표현할 수 있도록 한다. 그림이나 움직임 등으로 무의식이 스스로를 표현할 수 있도록 길을 열어 준다.
- 무의식의 표현을 어려워할 수 있는 사람들도 있다. 이럴 때는 저널링 기법으로 생각나는 것들을 적는 것이다. 그러한 메모 가운데 무의식이 포착될 수 있다.
- 첫 번째 떠오르는 이미지를 잡아내는 것이 중요하다. 처음의 이미지는 그대로 두면 사라지거나 여러 가지 다른 모습으로 변화하며 혼란을 가져온다.
- 처음에 다가온 이미지를 붙잡고, 왜 이런 이미지가 왔는지에 대한 의미를 궁구해보고, 무엇을 알고 싶은지 등에 대해 무의식이 말하는 것을 들어보아야 한다.
- 그렇게 하면서 그 장면에 들어가 참여하는 것도 가능해진다.

3. 이미지를 의인화시켜 대화를 나눌 수도 있다.
- 적극적 명상에 익숙해지면, 분석가(상담자)의 도움을 통해서 의인화된 무의식의 형상과 대화를 나눈다. 내담자는 대화의 당사자를 번갈아가며 대화를 진행한다.

4. 피드백
- 대화의 내용이 다음 대화에 돌아와서 연결될 수 있도록 이를 여러 방식으로 표현하고 이를 정리한다. 가장 일반적인 것을 글로 정돈하는 것이다. 혹은 그림이나 움직임, 음악 등으로도 표현할 수 있고 다양한 표현 매체를 통해 발산해 보는 것도 좋다.
- 현실 가운데서 무의식의 요청을 수용해야 한다. 무의식의 상상이 윤리적인 책임감을 넘어서서 비윤리적으로 전개되는 것은 상담자가 제한해야 한다. (가령 누군가에 대한 살해나, 범죄를 상상하도록 하는 것은 금지해야 할 것이다)

Barbara Hannah. 이창일 & 차마리. (2020). 융의 적극적 명상: 당신의 영혼을 만나는 방법. 학지사, 16-17 참조.

내면 통찰(Insighting Meditation)

기억하기는 마음을 치료하는 시작입니다. 과거의 후회와 원망, 불운했던 일들이나 해결되지 않은 감정들(무의식)은 의식으로 급작스레 올라와 삶을 불안하게 우울하게 때로는 분노하게 만듭니다. 내 마음 기억의 창고를 정돈하는 작업이 필요한 시간은 인생의 중반기에 우리를 찾아옵니다.

기억된 일들은 바꿀 수 없는 과거의 사건입니다. 결코 바꿀 수 없는 사건을 새롭게 해석함으로써 히스테리적 비참을 평범한 불운으로 바꾸는 치유의 과정이 필요합니다. 그릇된 과거의 믿음에서 벗어나야 합니다. 부모, 사회, 문화, 종교, 과거의 경험 등 우리의 기억 속에 저장된 명령들과 가치들을 새롭게 해석하여 기존의 명령에서 벗어나야 자유로워집니다.

기존의 저장된 명령에서 벗어나면 좌절과 분노, 쓰라림과 우울 그리고 불안이 우리를 괴롭힙니다. 주변의 사물들과 사람들을 마음대로 통제할 수 없고 미래가 불확실해질 때 기존의 틀은 심각한 위기를 느끼게 됩니다. '틀'의 억압에서 벗어나야 자유로워지고 회복될 수 있습니다.

변화의 과정은 치유의 과정입니다. 과거의 고통을 대면하여 그것을 견디어 내는 극복의 과정을 통해 변화 합니다. 변화는 지금 여기, '오늘'의 새로운 의미와 가치를 발견하여 살아간다는 것을 의미합니다. 우리는 멈추게 만드는 모든 사건들과 기억들로부터 우리는 새로운 해석을 통해 회복하고 변화해야 합니다.

변할 수 없는 과거의 사슬로부터 생겨나는 내담자의 신체적 정서적, 사회적, 영성적 불균형과 부조화에 주목하여 '나'의 변화에 집중합니다. '나'는 이제 과거의 사건에 묶이지도 억압되지도 않고 재해석할 수 있는 힘을 가집니다.

통섭명상(Consilience Meditation): 삶의 가치

당신은 몸이 좋지 않아서 며칠 전 병원에서 검진을 받았습니다.
지금 당신은 그 결과를 듣기 위해 병원으로 가고 있다고 상상하십시오.
담당 의사가 오늘 그 결과를 알려 줄 것입니다.
검사 결과를 통해 당신의 병이 중병인지 아닌지를 알게 될 것입니다.

병원을 향해 가고 있는 당신 심정이
어떤지 느껴보십시오.

이제 당신은 대기실에 앉아,
간호사가 당신 이름을 부르기를 기다리고 있습니다.
대기실에 있는 다른 사람들의 모습을 보십시오.
호명되기를 기다리는 심정이 어떻습니까? 다른 사람들은 어때 보이나요?

간호사가 당신 이름을 부릅니다.
들어간 진료실을 둘러보십시오.
가구며 진찰대며 주변을 천천히 둘러보고 의사를 자세히 보십시오.
얼굴 생김새며 말투며 옷차림이며
그는 어떤 사람입니까?

그는 말하기 시작했고,
당신은 그가 무언가 말하기를 머뭇거리고 있다는 생각이 듭니다.

그래서 당신은, 모든 사실을 숨김없이
솔직하게 이야기해 달라고 합니다.

그러자 그는 동정어린 눈으로
당신이 불치의 병에 걸렸다고 합니다.

당신은 앞으로 얼마나 더 살 수 있는지를 묻습니다.

의사는 말합니다. "앞으로 한 달 정도는 활동을 할 수 있겠고,
두 달 가량은 병상에서 지내게 될 겁니다."

당신은 이 소식을 어떻게 받아들였습니까?
어떤 느낌입니까?
잠시 그 느낌 속에 머무르십시오.

이제 병원에서 나와 거리로 나갑시다.
계속 그 기분을 간직하십시오.

거리를 둘러보십시오. 사람이 많습니까?
또는 한산합니까? 날씨는 어떻습니까?
어디로 가고 있습니까?
누군가와 이야기를 하고 싶습니까? 누구와 이야기 나누고 싶습니까?

결국, 당신은 집으로 돌아왔습니다.
엄마가 나를 맞아줍니다. 엄마에게 뭐라고 말씀드리겠습니까?
다른 식구들에게 결과를 알리고 싶습니까?

엄마는, 당신이 남은 두 달 동안
무엇을 하며 지내겠는지 물어보십니다.
원하는 대로 해주시겠다고 합니다.
당신은 무슨 일을 하겠습니까?
어떻게 남은 (활동이 가능한) 두 달을 보내겠습니까?

가족과 저녁을 먹고 있습니다.
이제 텔레비전을 보고 있습니다.
가족이 이 결과를 압니까?
그들과 함께 있는 것이 어떻습니까?

이제 방으로 가서 가장 가까운 사람에게
오늘 일을 알리는 편지를 쓰십시오.
뭐라고 쓰겠습니까?

편지 내용을 지금 마음속으로 작성해 보십시오.

통섭명상(Consilience Meditation): 삶의 가치/유언장 쓰기

통섭명상(Consilience Meditation): 삶의 가치

이제 밤이 깊었습니다. 모두들 잠자리에 들었습니다.
당신은 방에 혼자 있습니다.
예수님이 안에 계신다고 상상하고 잠시 그분을 바라보십시오.
뭐라고 말씀드리겠습니까?
그분께서는 당신에게 뭐라고 말씀하십니까? 당신의 심정이 어떻습니까?

의사가 당신의 눈을 검사하고 그 결과를 알려 주게 되었다고 상상하십시오.
앞의 기도 방법에서처럼 병원 안의 모습을 생생하게 그려 보십시오.
의사의 말이 당신의 시력은 점점 약해져 가고 있고, 어떤 약으로도 구제할 길이 없으며 더구나 서너 달 안에 당신은 앞을 보지 못하게 될 것이라고 합니다.

어떤 느낌입니까?
이제 당신은, 보고 기억해 둘 기간이 두세 달밖에 안 남았다는 것을,
그리고 다시는 보지 못하리라는 것을 알고 있습니다.
눈이 멀기 전에 무엇을 특별히 보고 싶습니까?

충분히 시간을 갖고 당신의 상태와 심정을 느껴 보십시오.
상상 속에서, 앞이 보이지 않는 사람으로서 하루를 지내십시오.

아침에 눈을 뜨고 일어나 세수를 하는 순간부터 밤에 잠자리에 들 때까지.
식사를 하고,
사람들과 이야기를 하고,
산책을 하고,
이 모든 일을 앞이 보이지 않는 상태에서 하게 됩니다.
천천히 그 상황을 상상해 보십시오.

자, 이제 눈을 뜨고서
당신이 볼 수 있다는 사실을
깨달으십시오.
기분이 어떻습니까?
하느님께 뭐라고 말씀드리겠습니까?

통섭명상(Consilience Meditation): 당신의 육체에게 작별인사하기

이제 당신이 숨을 거두기 직전입니다.
당신은 이미 모든 사람에게 마지막 고별인사를 했습니다.
그 모습을 상상해 보세요.

그리고 당신에게는 이제 생의 한두 시간밖에 남아 있지 않습니다.
당신은 이 시간을
자신을 위해서,
그리고 하느님을 위해서
남겨 두었습니다.

그럼 자신에게 말을 하기 시작하십시오.
당신 몸의 각 부분에게 말을 하십시오.
손에게, 발에게, 심장에게, 뇌에게, 머리에게…

이 모든 부분에게 마지막 고별인사를 하십시오.
아마 당신은 평생 처음
이들을 눈여겨보는지도 모르겠습니다.

이제 당신은 죽어 가고 있습니다.
당신의 수족 하나하나를 사랑하십시오.
오른손을 바라보며,
이 손이 이제껏 당신에게 봉사한 것에 감사하십시오.

이 손이 당신에게 얼마나 소중한 것인가를 말하십시오.
당신이 얼마나 그 손을 사랑하는지를 전하십시오.

발에게도, 심장에게도, 뇌에게도, 머리에게도…
당신의 각 부분 부분에 감사한 마음을 전하십시오.

이제 곧 먼지로 돌아갈
당신 신체의 모든 부분들에 감사의 마음을 전하고 난 후

그런 다음에는
당신 몸 전체에게
사랑과 감사의 정을 나타내십시오.

이제 당신은
가까이 계시는 예수님을
보고 있다고 상상하십시오.

그분께서 당신의 각 지체에게
일생 동안 베푼 모든 봉사에 대해서
감사하시는 것을 들으십시오.

그분께서 당신의 온몸을
그분의 사랑과 감사로
채우시는 것을 보십시오.

그리고
이제는 그분께서
당신에게 말씀하시는 것을
들으십시오.

통섭명상(Consilience Meditation): 당신의 장례식

장례식이 거행되는 성당에 있는 관 속에
당신의 몸이 누워 있는 것을
스스로 보고 있다고 상상하십시오.

당신의 몸을 잘 보십시오.
특히 얼굴 표정을 잘 살펴보십시오.

이제 당신의 장례식에 온 사람들의 얼굴을 모두 보십시오.

천천히 한 사람씩 한 사람씩 살펴보십시오.

각 사람 앞에 멈추어서
그가 무엇을 생각하고 있는지,
어떻게 느끼고 있는지를 살펴보십시오.

이제 강론을 들으십시오.
누가 강론을 하고 있습니까?
그 사람이 당신에 대해서 뭐라고 말합니까?

당신은 그 사람이 말하는
당신의 좋은 점을
모두 받아들일 수 있습니까?

그 사람 말에서
어떤 점을 받아들일 수 없는지
유의하십시오.

그가 한 좋은 말 중에서
쉽게 받아들일 수 있는 말들은 어떤 것들입니까?

당신의 장례식에 모여든 친구들의 얼굴을
다시 한번 보십시오.

그들이 장례식을 마치고 집에 돌아가서
당신의 좋은 점들을 이야기하게 될 것을
상상해 보십시오.

지금은 기분이 어떻습니까?

그들이 각각 집으로 돌아가기 전에
그들에게 하고 싶은 말이 있습니까?

그들이 생각하고 느끼고 있는 것에 대한
마지막 답변으로 고별인사를 하십시오.

저런, 이제 당신은 아무 말도 할 수 없고,
아무 말도 들을 수가 없겠군요.

그래도 말을 하십시오.

그리고 이렇게 말하고 나니까
기분이 어떤지 보십시오.

이제 장례식이 모두 끝났습니다.

당신은 당신의 몸이 누워 있는
무덤 위에 서서
친구들이 묘지를 떠나가고 있는 것을 바라보고
있다고 상상하십시오.

지금 기분이 어떻습니까?

여기 이제 이렇게 당신의 무덤 위에
홀로 서서,
이제까지의 당신 일생과 경험들을
되돌아보십시오.

그 모든 것이 가치가 있었습니까?

자,
이제 여기 방 안에 살아 있는
당신의 존재를 의식하십시오.

그리고,
당신은 아직도 살아 있고
마음대로 쓸 수 있는 시간이
아직 남아 있다는 것을 깨달으십시오.

아까 떠올렸던 그 친구들을
현재의 입장에서 다시 생각해 보십시오.

이 기도의 결과로
이들에 대해서
달리 생각하게 되었습니까?

이제 당신 자신에 대해서
생각해 보십시오.

이 명상을 한 결과
당신 자신을 다르게 보게 되었습니까?
그리고 자신에 대해서
다르게 느껴집니까?

통섭명상: 남아 있는 날들, 해야 할 것, 버킷리스트 작성

번호	남아 있는 것, 꼭 해야 할 일, 죽기 전에 이루고자 하는 것 순서대로
1	
2	
3	
4	
5	
6	
7	
8	
9	

3.

'정신신경면역학'의 치료적 효과

　마음 상태에 따라 면역력이 변한다. 뇌과학은 생각하는 대로 뇌와 몸이 변한다는 것을 밝혀냈다. 후성유전학은 마음이 유전자의 활동을 바꾼다는 것을 밝혔다. 생각이 현실을 창조하는 에너지라는 것이 양자물리학의 핵심이다. 우리의 마음가짐, 생각, 감정, 명상의 힘 등은 내 몸 안의 신경화학 물질들을 통해 신경계, 내분비계, 면역계 등을 통해 온몸에 영향을 미친다. 우리가 가지는 희로애락, 사랑, 행복, 희망, 감사, 믿음, 기쁨, 용서, 평화로운 의식이 지배적이라면 도파민, 엔도르핀, 세로토닌 등의 호르몬이 분비되어 백혈구, 특히 암세포와 바이러스에 감염된 세포를 없애는 NK 세포(natural killer cell)를 강화시킨다는 연구결과가 있다.[115]

　그러나 불만, 불안, 우울, 분노, 절망, 슬픔, 걱정, 후회, 의심 등의 부정적인 마음일 때는 노르-아드레날린, 코르티솔 같은 호르몬이 분비되어 스트레스 반응을 일으키고, 혈압, 혈당이 오르고, 소화기능과 면역기능이 현저히 저하된다는 연구결

---

115)　면역기능의 중심인 백혈구에는 림프구, 과립구 등이 있으며 림프구가 면역기능의 중추역할을 한다. 림프구에는 이물질에 대항하는 항체를 생산하는 B세포, 병원체의 감염된 세포를 없애는 T세포, 암세포와 바이러스에 감염된 세포를 직접공격에서 사멸하는 NK세포가 있다. 이렇게 최고의 항생제를 만들어내는 제약이 체내에서 발생하고 있는 것이다. Lee Burke, 미국 로마린다대학 의과대학.

과도 있다.(Redford Williams, 듀크대학교) 부정적인 감정을 가지고 살아간다는 것은 발병과 죽음의 문턱에 와 있는 것이고, 마음은 발병의 근원적인 뿌리이며 동시에 치유가 시작되는 지점이라는 것이, 현대 의과학의 연구성과이다. 최근에 예방의학이 중요해진 이유는 병이 생기기 전에 먼저 건강을 지키는 것이 발병 이후에 병을 치료하는 것보다 더욱 중요하다는 것을 현대인들이 알아차리기 시작했기 때문이다.[116)]

우리 몸은 끊임없이 오래된 세포를 버리고 새로운 세포와 조직으로 매순간 새로워진다. 매일 성인의 경우 300억 개 이상의 세포가 교체된다고 한다. 위 세포는 2-3일, 피부는 2-4주마다, 백혈구는 3-20일마다, 적혈구는 120일마다 완전히 새로 바뀐다. 신체는 놀라운 재생력을 가지고 우리 몸은 스스로 쉼 없이 치유한다.

---

116) Nwanaji-Enwerem, Uzoji, Elijah O. Onsomu, Dionne Roberts, Abanish Singh, Beverly H. Brummett, Redford B. Williams, Jennifer R. Dungan. (2022). 심리사회적 스트레스와 혈압의 관계: The National Heart, Lung, and Blood Institute Family Heart Study. Sage Open Nurs 8.

4.

명상과 뇌과학의 융합

내가 '무엇을 보고, 듣고, 말하고, 생각하느냐, 무엇을 선택하고 집중하느냐'는 내 안의 치유력과 잠재력을 깨우는 핵심이다. 우리 뇌에는 보는 것을 모방하는 신경세포인 '거울뉴런(mirror neurons)'이 있기 때문이다. 우리의 뇌는 현실과 상상을 구별하지 않는다. 뇌는 그저 상상만 해도 그대로 받아들인다는 연구결과가 있다. 상상(imagination)으로 무한한 치유력과 잠재력을 일깨우는 것은 특별한 능력이 아니라, 우리 안의 모든 이가 가진 평범한 능력이다. 그러나 우리는 그것을 개발하고자 노력하지 않았다.

페터 슈포르크(Peter Spork)는 〈인간은 유전자를 어떻게 조정하는가?〉에서 후생 유전학에서 말하는 핵심은 세포 밖에서 어떤 신호가 오는가에 따라 활성화/비활성화되는 유전자 스위치는 어떻게 작동하는가? 곧 유전자에 메틸기와 아세틸기가 붙으면 그 유전자가 활성화/비활성화 된다는 것이다. DNA에 메틸기라는 유기분자가 붙는 DNA 메틸화가 일어나면 스위치가 꺼져 비활성화된다. 반면 DNA를 감싸고 있는 히스톤 단백질에 메틸기나 아세틸기가 붙는 '히스톤변형'이 오면 스위치가 켜져 활성화, 즉 유전자가 발현된다. 똑같은 유전자를 타고난 일란성 쌍둥이라도 후성 유전적 변화로 차이가 난다. 인간은 타고난 유전자에 따라 운명이 결정되는 것이 아니라 '나' 자신이 유전자의 활동을 결정하는 주체라는 것을 깨닫게 되었다.[117]

---

117) Peter Spork. 유영미 역. (2013). 인간은 유전자를 어떻게 조종할 수 있을까: 후성유전학이 바꾸는 우리의 삶 그리고 미래. 갈매나무. 참조.

마음을 평온하게 하는 명상을 통해서 유전자의 활동이 변한다. 초급 명상만으로도 유전자가 새롭게 발현된다. 면역기능, 에너지대사, 인슐린분비 관련 유전자들은 상향 조정되고 염증과 스트레스 관련 유전자들은 하향 조정된다. **결국, 우리의 생각이 유전자의 활동을 바꾸면서 몸의 구조와 기능, 움직임들을 변화시킬 수 있다는 결론에 도달했다.** 곧 명상을 통해 생각을 바꾸면 나의 유전자 스위치도 변화되어 기존의 흐름과는 전혀 다른 변화를 만들어 낼 수 있다. 아픈 사람들은 이상하게도 같은 생각과 감정의 소용돌이에서 벗어나지 못하는 경우를 자주 보게 된다. 똑같은 생각과 똑같은 상처를 반복하면서 내 몸에 부정적인 메시지와 신호를 계속해서 보낸다. 이러한 부정적인 신호는 같은 생각과 같은 감정에 작용하는 호르몬을 유발하고 결과적으로 병적상태는 변하지 않고 그대로 유지되는 것이다. 치유의 출발은 생각의 변화이다. 긍정적이고 밝은 생각, 희망과 새로움을 간직한 말과 행동은 뇌의 화학작용을 변경하고, 신경회로에 새로운 길들을 만들게 하며 유전자 스위치를 변경하여 신체에도 새로운 변화를 일으켜 낸다. 우리가 사용하는 유전자는 1.5%, 잠들어 있는 유전자가 98.5%라 하니 잠자는 유전자를 깨워낼 수만 있다면 우리는 더욱 평온한 삶에 집중할 수 있을 것이다.

5.

양자물리학의 원리: 상상의 힘을 이용한 치료

세상 만물의 근원은 에너지이다. 양자물리학에서 만물의 기본단위는 원자보다 작은 아원자(subatomic particle)가 움직이는 미시세계를 규명한 것이다. 양자(quantum) 란 물질량의 최소단위를 말한다. 원자를 서울시 크기로 확대하면 원자핵은 농구공이고, 전자는 모래알 크기다. 원자핵을 쪼개면 양성자와 중성자로 나눠지고, 다시 쪼개면 쿼크(quark)와 렙톤(lepton)으로 나눠진다. 이러한 아원자들은 끊임없이 분열과 융합을 반복하기 때문에 결코 고정된 물질이 아니다.[118]

세상 만물이 에너지 덩어리이며 모두 연결되어 있다는 사실을 양자물리학은 우리에게 알려 준다. 허공에는 아원자입자들이 채워져 서로 연결되어 있다. 양자물리학은 그 에너지장까지를 '나'로 규정하며, 사람마다 그 형태와 색깔이 다르다. 내가 생각을 바꾸는 순간 에너지장도 변한다. 내 생각이 물질을 형성하는 에너지다.[119]

이중슬릿 실험이 우리에게 알려주는 것은 '관찰자 효과(observer effect)'이다.

---

118) 볼론킨, 알렉산더. (2011). 우주, 인간의 불멸과 미래의 인간 평가. 엘스 비어 피. 25.
119) M. 윌리엄. W. 데이비드 et al. (1987). 양자 불확실성: 최근 및 미래의 실험과 해석. 스프링거 미국. 331-343.

닐스 보어는 "전자는 관찰이 이루어지기 전에는 입자인 동시에 파동이지만 인간의 관찰로 인해 그 가운데 하나로 구체화 된다."라고 말했다. 존재하는 모든 만물은 잠재적 가능태로 존재하면서 관찰자가 바라보는 순간 현실로 나타난다는 말이다. 곧, 실험자가 미립자를 입자라고 생각하고 바라보면 입자의 모습이 나타나고, 바라보지 않으면 물결의 모습이 나타나는 현상을 양자물리학에서는 '관찰자 효과 (observer effect)'라고 부른다.

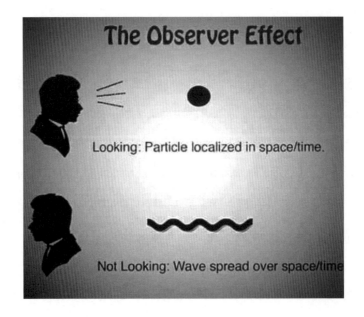

인류는 '우리의 생각이 창조의 에너지'라는 사실을 알아낸 것이다. 타인의 기대로 인해 실재 좋은 결과를 내는 현상을 '피그말리온 효과' 또는 '로젠탈 효과'라고 한다.[120]

---

120) 피그말리온 효과(pygmalion effect)는 교육심리학에서 심리적 행동의 하나로 교사의 기대에 따라 학습자의 성적이 향상되는 것을 말한다. 교사기대 효과, 로젠탈 효과, 실험자 효과라고도 한다. 한편 교사가 기대하지 않는 학습자의 성적이 떨어지는 것은 골렘 효과라고 한다. 피그말리온이라는 명칭은 그리스 신화의 피그말리온에서 유래되었다. 피그말리온은 자신이 조각한 여성상을 진심으로 사랑하게 되었고, 이를 지켜본 미의 여신 아프로디테가 그의 소원을 들어주어 조각상을 인간으로 만들었다. 이 이야기는 그리스 신화를 수록한 고대 로마의 오비디우스의 《변신이야기》 제10권에 수록되어 있다. R. Rosenthal, & L. Jacobson. (1968). Pygmalion in the classroom, Holt, Rinehart & Winston.

양자얽힘(quantum entanglement)은 한 근원에서 나온 두 개의 전자는 은하의 반대쪽에 있더라도 서로 연결되어 동시에 반응한다고 설명한다(Ronald Hanson, 네덜란드 델프트 대학교). 이러한 원리에서 빛보다 빠른 속도로 정보를 전하는 양자전송 기술은 양자컴퓨터를 발전시키는 데 중요한 역할을 했다. 천체물리학계의 '빅뱅이론'은 138억 년 전 한 점이 폭발해 우주가 태어난 후 계속 팽창 중이라는 이론이다. 결국 모든 것의 근원은 같다는 논리다. 그래서 부분의 변화가 전체의 변화를 만들고, 전체의 변화는 부분의 변화를 이끈다. 나의 생각이 세상과 사회의 영향과 지배를 받는다지만, 내 생각과 명상이라는 에너지가 세계와 사회에 영향을 미칠 수도 있다.[121]

허공에는 아원자입자들이 가득하다. 아원자입자는 어떤 생명체도 존재할 수 없는 상황에서도 죽지 않고 사라지지 않는다는 것이 실험을 통해 입증되었다. 우리가 죽어도 우리를 구성했던 아원자입자는 존재한다는 것이다. 아원자입자는 시간과 공간의 제약과 지배를 받지 않는다. 아원자입자는 시공을 초월하고, 동시에 여러 곳에 존재할 수도 있다.

오늘날 과학이 말하는 것은 무엇인가? **양자물리학의 '양자적 가능성', 뇌과학이 말하는 '신경가소성', 유전학이 말하는 '유전자의 잠재력', 심리학이 말하는 '잠재의식' 등은 모두 우리의 존재의 제약과 한계를 넘어선 초월을 말하고 있다. 이제 마음을 통한 상상치유(image therapy), 적극적 명상(active meditation)은 인간의 의식과 무의식을 통해 얼마나 큰 변화가 일어나는지를 말해 주는 구체적인 인간 마음**

---

121)   과거에 서로 상호작용했던 두 입자는 아무리 멀리 떨어져 있어도 즉각적으로 서로의 상태에 영향을 미친다는 양자역학적 현상을 '양자얽힘(quantum entanglement)'이라 한다. 예를 들면 지구에 있는 한 입자의 위치나 운동량, 스핀 같은 특성이 바뀌는 순간 서로 상호작용을 한 적이 있는 안드로메다은하의 입자도 해당 특성이 마치 텔레파시라도 하듯이 즉시 바뀌게 된다는 것이다. 이성규. (2015). 신은 주사위 놀이를 한다? 네덜란드 연구팀 '양자얽힘' 실험 결과 발표, ScienceTimes. (11.03).

의 능력이 구체화되는 지점이다. 상상력은 인간에게만 있는 고유한 사유의 능력이다. 존재의 핵심이다. 인간은 상상력을 통해 문화를 창조하고 과학기술의 진보를 가져왔으며 비약적인 생산력의 증대로 오늘날의 풍요로움을 만들어 낼 수 있었다. 그러나 동시에 인류의 상상력은 전 지구적 위기의 원인이 되기도 했다. 끊임없는 전쟁 가운데서 진화해 온 무기들은 이제 순식간에 인류를 파멸시킬 수 있는 강력한 무기를 만들어 냈고, 가장 강력한 폭력으로 세상은 아슬아슬한 평화를 유지하고 있다.[122]

---

122) 원시 시대의 기도와 주술, 종교의 제례와 내러티브는 모두 상상의 뿌리를 가지고 시작되었다. 아리스토텔레스는 '상상이 병을 치료할 수 있고 반대로 병을 만들 수도 있다'라고 말했다. 1775년 심상최면법(메스머), 1898 심상체험법(자네), 1912 자유연상법(프로이트), 1916 적극적명상(융), 1921 심상조절법(카슬랑), 1922 사고연상심상법(크레치머), 1925 판타지 심상기법(클라), 1932 자율훈련법(슐츠), 1938 공상치료기법(드주와이으), 1954 KB심리치료(로이너), 최근 대중적 유명세를 타고 있는 최면, 바이오피드백(생체자기제어요법), NLP(신경언어프로그래밍), EFT(감정자유기법) 등의 심신요법 모두 상상의 힘을 이용한 치유, Image therapy의 형태이다.

6.

인문의료 융합연구: 통합기능 의학

인간은 생물학적 존재이기만 한 것이 아니라 사회문화적이고 영적인 존재이다. 현대의학은 인간에 대한 총체적인 시각을 상실해 가고 있다. 의학의 휴머니즘을 회복하는 것이 의학의 비인간화를 막을 수 있는 유일한 길이다. 우리들을 살아 움직이게 하고, 우리들을 희망하게 하며, 우리들의 삶을 목적이 있는 삶으로 의미 있게 만드는 것들은 무엇인가? 삶의 의미는 무엇인가? 모든 것이 무슨 의미인가? 더 구체적으로 나의 인생은 무슨 의미를 가지고 있는가? 이러한 질문들은 과학이나 심리학에서 던져지는 질문들이 아니며 그곳에서 답을 구할 수도 없는 문제들이다. 인문의료 융합연구는 인간의 존엄과 가치를 고양하는 휴먼서비스(Human Service)를 추구한다.

1997년 보라매 병원의 사건과 2000년대 의약분업 관련 의사들의 파업은 인문의료 융합연구의 중요함을 말해 주는 사건이었다. 보라매 병원에서 보호자의 요구로 퇴원시킨 의사가 살인죄로 기소, 7년간의 공방을 벌이게 되었다. 이로써, 환자의 자기결정권, 의사의 설명의무, 의료행위는 사회문화적 행위라는 것이 사회문제로 대두되었다. 의사학자 전우택, 양은배[123]는 의사들이 인문사회학적 교육을 받지 못했다는 점, 의사들이 인간과 사회를 바라보는 종합적인 사고능력과 교육이 부재하다는 것, 현대사회에서 의사들의 도덕적 윤리적 혼란이 가중되고, 교육과 수련이 부재하다는 것을 큰 문제로 지적하였다.

환자와 의사 간의 인간적인 대면이 어려워지면서 환자가 돌봄의 대상이 아니라 치료의 대상, 고객이 되어 버린 지 이미 오래전이다. 대중매체의 발달로 의료정보가 무차별적으로 확산되고 의사의 권위가 약화되어 가고, 환자들의 보완 대체의학 요구는 더욱 증가하였다. 이것은 상업화되는 의료현장에 대한 불신이며 의료의 비인간화된 모습에 대한 환자들의 저항이다. 이후 의료계에서는 인간 윤리를 포함한 인문학의 도입요구와 의학의 인간적인 면을 보강하여 의료의 질을 향상하자는 주장이 설득력을 가지며 생명 의료윤리와 의료인문학이 도입된다.

사실 의학은 가장 인간적인 과학이고 가장 경험적인 예술이며, 가장 과학적인 인문학이다(E. D. Pellegrino). 심신상관의학(Body & Mind Concerning Medicine)을 전제로 몸은 마음에, 마음은 몸에 영향을 주고받는다는 것을 이해하고 실천하는 인문 의료융합연구를 진행해 나가야 한다. 비판적 사고와 임상적 실천을 연결하여 임상적 상상력을 키우는 의학과 인문학의 융합 교육의 선도적 역할이 필요한 시대가 되었으며, 의료계는 이제 상담, 간호, 작업치료, 물리치료, 사회사업, 시설관리 등 다양한 영역에서의 협력과 융합을 통해 의료민주화의 시대를 선도해야 하는 시대적 소명을 가져야 하는 사회적 요구에 당면해 있다.

---

123) 양은배. (2019). 의사 양성의 사회적 가치와 비용 분담을 위한 제안, 대한의사협회 의료정책연구원 의료정책 포럼 17(2), 35-40.

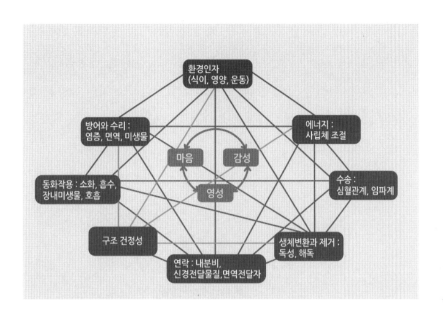

　인간의 전인적 치료를 지향하는 인문의료 융합연구는 신체적 치료뿐만 아니라 정신적, 사회적, 영적 치료를 통한 건강한 상태의 인간을 지향한다. 발병(發病)의 육체적, 심리적, 사회적, 영성적 원인들을 분석하고 해석하며 보완 대체치료를 통한 치료의 효율성을 제고하기 위한 다양한 테라피(therapy)를 연구 적용하여 인간의 건강한 삶을 유지, 증진하며 이를 통한 전인적 치유와 성장을 통해 건강한 사회를 지향함이 인문의료 융합연구의 구체적인 목표이자 비전이다. 20세기에 들어와서 1995년 세계보건기구(WHO)에서 발표한 "21세기에는 모든 인류에게 건강을"이라는 선언문에서는 건강의 개념이 진일보하여 "영적으로 안녕한 상태"라는 개념을 새롭게 추가했다. 곧 "건강이란 질병이 없거나 허약하지 않은 것만 말하는 것이 아니라 신체적, 정신적, 사회적, 영성적으로 완전히 안녕한 상태에 놓여 있는 것"이라고 정의한다. 통합기능의학의 성과는 이제 사람의 몸은 여러 인자가 거미줄처럼 연결되어 있으며 각 인자들이 정상적으로 작용해야 건강한 몸을 유지할 수 있다는 것을 알려 주었다.

통합기능의학은 질병이 생기는 이유는 여러 원인에서 비롯된다고 말한다. 이러한 증상은 완치되지 않아 매번 같은 증상이 반복되고, 심각한 만성질환으로 발전할 가능성이 있다. 이러한 상황에서는 증상의 치료보다 근본적인 원인을 찾아 해결하는 것이 훨씬 바람직할 것이다.

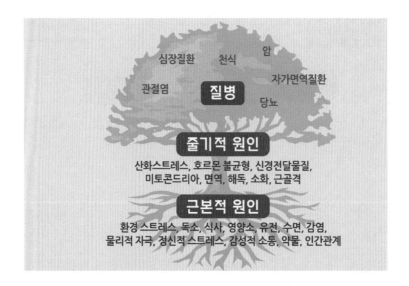

이러한 이유에서 시작한 기능의학은 과학적 검사를 통한 분석으로 증상의 치료보다는 그 원인을 찾아내고 제거하는 데에 문제의 중점을 두고 있다. 또한, 환자의 체질과 라이프 스타일을 파악하여 맞춤 처방을 함으로써 자연치유력을 높여 치료는 물론 예방을 하는 것에 주력한다.

현대의학은 구체적이고 심각한 질병만을 그 대상으로 다루고 있다. 하지만 대부분의 사람들은 만성적으로 크고 작은 신체적인 불편함을 겪고 있는 것이 현실이다. 이것은 신체가 보내는 경고이자, 언제든지 심각한 질병으로 발전할 수 있는 잠재적인 위험요소이기도 하다. 미래 의학에서는 이러한 반건강 상태를 균형과 조화가 있는 건강 상태로 되돌려 놓기 위해 원인을 치유하고 라이프 스타일을 개선하는 데 그 목적을 두고 있다. 통합의학은 환자의 신체 상태와 기능뿐만 아니라 마음과 라이프스타일까지 모두 고려하여 치료하는 의학이다. 반면 기능 의학의 영역은 질병을 일으키는 환경적 원인을 밝혀내고 정상적인 물질대사가 이루어지도록 치료하는 의학의 영역이다. 우리가 언급하는 통합기능의학은 질병을 일으키는 원인이 되는 세포의 대사 이상으로 또는 호르몬의 불균형 등을 바로잡아 인간이 가진 본연의 치유기능을 회복시키는 것을 목표로 하는 의학이다.

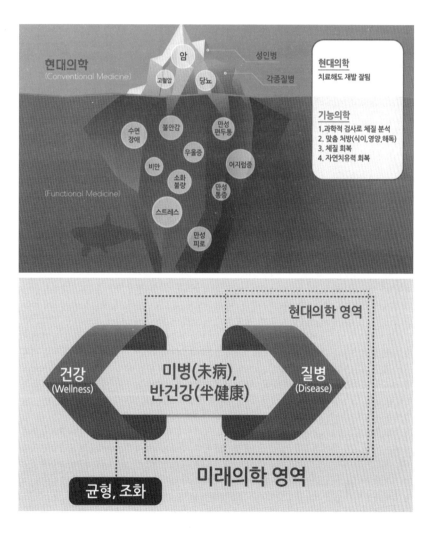

가령 암 발생의 심신상관 모델은 다음 그림과 같다.

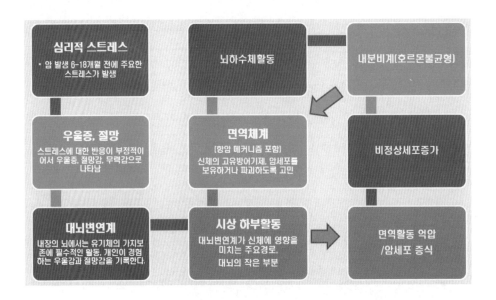

암 발생 전에 주요한 스트레스가 발생하여 우울증이나 절망감에 놓여서 무력감으로 표출되면 대뇌변연계[124]라 불리는 내장의 뇌에서는 유기체의 가치보존에 필수적인 활동, 즉 개인이 경험하는 우울감과 절망감을 기록하게 된다. 우리 몸의 면역체계(항암체계 포함)[125]는 신체의 고유한 방어기제로 암세포를 보유하거나 파괴

---

124) 대뇌변연계(大腦邊緣系, limbic system) 또는 간단히 변연계는 대뇌피질과 뇌량 그리고 시상하부 사이의 경계에 위치한 부위이다. 둘레계통이라고도 한다. 해마, 편도체, 선조체, 시상앞핵, 변연엽, 후각신경구 등으로 이루어져 있어 감정, 행동, 동기부여, 기억, 후각 등의 여러 가지 기능을 담당한다. "limbic"은 경계, 가장자리를 뜻하는 라틴어인 limbus에서 따온 말로, 특히 의학에서는 해부학적인 구조의 경계를 뜻한다. 변연계는 동기부여, 감정, 학습과 기억에 관련된 구조로 피질하 구조와 대뇌피질이 만나는 곳에 위치한다. 내분비와 자율신경의 영향으로 조절되며 측좌핵과 상호연결되어 있어 성적흥분과 파티용 마약(recreational drug)으로 인한 흥분 시 중요한 역할을 한다. 이런 반응은 변연계에서 출발한 도파민성 신경세포에 의해서 조절된다. 변연계와 관련된 질환으로는 뇌전증과 조현병이 있다. 대뇌변연계가 손상되면 알츠하이머병, 기억상실증, 치매 등을 앓게 된다고 알려져 있다. 참조: https://ko.wikipedia.org/wiki/대뇌변연계

125) 면역계(免疫系, immune system)는 생물이 질병으로부터 자신을 보호하기 위해 구축한 다양한 구조와 과정으로 이루어진, 자가 방어 능력을 가지는 기관 및 세포이다. 단세포생물에서 식물이나 동물에 이르기까지 모두 저마다의 면역계를 지니고 있다. 효율적인 기능을 위해 면역계는 반드시 스스로의 건강한 조직과 바이러스부터 기생충에 이르는 광범위하고 다양한 병원체를 구별할 수 있어야 한다. 면역계는 비자신(非自身, non-self)을 확인하면 면역 관련 요소가 활성화되어 병원체에 작용한다. 면역계에 장애가 일어나면 자가면역질환이나

한다. 이는 곧 뇌하수체의 활동으로 이어지고 내분비계로 이어져 비정상세포의 증가를 가져온다. 결국, 면역활동은 억압되고 암세포는 증식한다.

반면 암 회복의 심신상관모델은 그 반대로 생각하면 쉽게 이해할 수 있겠다.

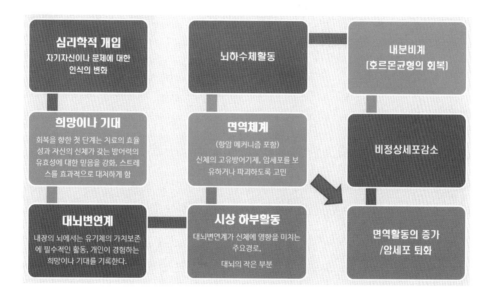

암의 회복을 위해 심리학적 개입에 들어간다. 곧 자기 자신의 문제에 대한 인식의 변화를 가져오게 한다. 회복을 위한 첫 단계는 치료의 효율성과 자신의 신체가 갖는 방어력의 유효성에 대한 믿음을 강화하여 스트레스에 대한 효과적인 대처를 해내는 것이다. 대뇌변연계에서는 가치보존에 대한 필수적인 활동으로 개인이 경험하는 희망이나 기대를 기록한다. 이는 시상하부활동에 연결되어 신체의 고유한 방어기제인 면역체계를 작동시켜 암세포를 파괴하도록 명령한다. 이는 내분비계에서 호르몬균형을 회복하게 하고 비정상적인 세포의 수를 감소시키며 면역활동력을 증가시켜 암세포를 퇴화시키게 한다.

염증, 암과 같은 질병이 발생할 수 있다. 참조: https://ko.wikipedia.org/wiki/면역계

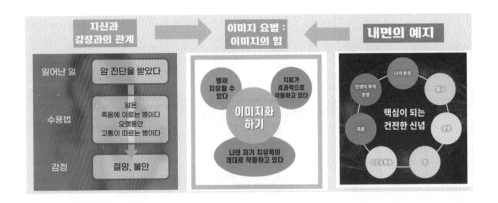

여기에서 치료의 방향은 매우 중요하다. 암진단을 받은 환자가 '암은 죽음에 이르는 끔찍한 병이다. 오랫동안 고통이 따르는 무서운 병이다.'라는 감정의 골에 빠져 절망과 불안에 놓인다면 암 회복 모델은 작동할 수가 없다. 그저 두려움과 불안으로 환자의 치료 효과는 적을 것이다. 그러나 인문의료 융합연구에서 제시하는 Image Therapy/Active Meditation/Cognitive Behavior Therapy/Empowerment 등의 테라피 방향은 '병이 치유될 수 있다. 치료가 효과적으로 작용하고 있다, 나의 자기 치유력이 제대로 작동하고 있다'라는 이미지의 힘으로 치료의 효과를 제고(提高)하고 현대의학 성과 이상의 치료 효과를 체험하게 되는 다양한 사례를 볼 수 있게 한다. 이미지 요법에서 내면의 예지를 고양하는 핵심이 되는 건전한 신념은 인생의 목적과 방향에 대한 인식, 죽음에 대한 건강한 인식, 건강과 행복에 대한 바른 생각, 생명에 대한 소중함, 세상과 사람에 대한 생명의 질서와 병에 대한 긍정적 인식 등을 꼽을 수 있겠다.

우리 삶의 중요한 지점은 나의 기분이 좋아지는 것은 건강에 좋다. 그것은 적극적으로 실천하고 많은 시간을 할애해야 한다. 반면 기분이 나빠지는 것은 내 건강에 해가 되는 것이다. 될 수 있으면 피하고 최소한의 것만 해야 한다. 인간의 삶의 질과 건강한 실존을 위해서 중요한 요소들은 삶의 목적으로 바르게 가지는 것, 식사, 운동, 놀이(recreation), 명상의 시간, 사회적 관계망을 통한 주변의 지지가 건강한 삶의 중요한 요소로 정리된다. 다음 항에서 정리되는 사이먼튼 박사의 '마음의술'은 바로 이러한 이미지를 활용한 치료적 방법의 다양한 임상을 통해 얻어진 소중한 경험자료들을 보고하고 있다.

7.

사이먼튼 박사의 '마음의술'
- Imagination Therapy: 상상현실요법을 이용한
사회적 스트레스 및 불안감 감소 효과

칼 사이먼튼은 1971년 처음으로 심상기법을 의학적으로 치료 불가능한 환자들에게 적용하기 시작한다. 대상은 의학적으로 완치가 불가능한 암환자들이었다. 환자들에게 하루에 세 번 자신의 암을 머릿속에서 상상(imagination)하게 만들고 암을 파괴하고 백혈구가 암세포를 공격해 몸 밖으로 배출시키는 것을 시각화 상상하게 만들었다. 마지막으로 그가 건강을 회복하는 상상을 하게 인간에게 주어진 상상의 능력을 최대한 발휘하게 유도하는 상담을 진행한 것이다. 결과는 환자가 불치의 암을 극복하고 건강하게 살아남는 케이스가 생겨났다는 것이다.[126]

일반인의 사회적 스트레스 및 불안감 감소를 위한 상상현실요법(Imagination Therapy) 프로그램을 체험한 후에 설문을 통하여 85명(남자 27명, 여자 58명) 대상자들의 치유 효과를 조사한 연구가 있다. 사회 심리적 스트레스 평가 테스트에서 남자와 여자의 평균은 체험 전보다 사후에 스트레스가 12.68-2.43% 감소하였고, 연령별로도 10-70대까지 모두 감소하였으며, 모두 유의성이 있었다고 보고한

---

126) 칼 사이먼튼, 이영래. (2009). 칼 사이먼튼의 마음의술: 긍정적 기대는 어떻게 암 환자의 생명을 구하는가?(Getting well again). 살림, 177-178.

다. 남성이 여성보다 더 효과적이었다. 상태-특성 불안에 대한 조사에서 남녀의 평균은 체험 전보다 체험 후에 13.13-16.97%가 감소하였고, 10-60대 연령별에서도 모두 감소하였으며, 모두 유의성이 있었다. 여성이 남성보다 더 효과적이었다. 자아존중감 향상은 체험 전보다 후에 남자와 여자의 평균치는 14.62-17.84% 향상되었으며, 유의성이 있었다. 연령별로는 10-30대와 60대는 유의성 있게 향상되었으나, 40-50대는 유의성은 없었다. 여성이 남성보다 더 효과적이었다. 남자와 여자는 요법 체험 전보다 후에는 대처방식이 5.24-11%가 향상되었으며, 유의성이 있었다. 연령별 차이에서 10-40대는 유의성 있게 향상되었고, 50-60대의 변화는 유의성이 없었다. 여성이 남성보다 더 효과적이었다. 내적 통제성에 대한 변화조사에서는 남자와 여자는 요법체험 전보다 후에 9.33-16%가 향상되었으며, 유의성이 있었다. 연령별로는 20, 30, 50대는 유의성 있게 증가되었다. 여성이 남성보다 더 효과적이었다. 외적 통제성에 대한 변화로 남자와 여자는 체험 전보다 후에는 9.33-17.47%가 유의성이 있게 감소하였다. 연령별로는 20, 30, 50대는 유의성 있게 감소하였다. 전체적으로 사회적 스트레스와 불안감의 감소와 자기존중감의 향상 및 대내외적 대처방식의 향상을 시키는 상상현실요법이 자연치유요법으로서 가치를 지니고 있다고 판단된다는 연구다. [127]

하루 세 번 15분씩의 상상을 통해 암세포가 빛의 탄환을 맞아 하나씩 사라지는 모습을 머릿속에 그렸다. 현대의학으로는 치료가 불가능하다고 진단받은 159명의 암 환자를 대상으로 상상치유를 시작했다. 19%는 종양이 완전히 사라졌고 22%는 병의 고통스런 증상이 사라지는 극적인 치유결과를 얻게 되었다. 상상치유의 핵심은 환자의 긍정적인 감정을 강화해서 몸을 변화시키고 치유력을 높여 건강을 회복

---

127)   변미경, 이형환. (2014). 상상현실요법을 이용한 일반인의 사회적 스트레스 및 불안감 감소 효과: Effects of Reduction of Social Stress and Anxiety of Adults using Reality Imagination Therapy, 한국자연치유학회지 2014년 3권 1호, 53-60.

하게 하는 것이다. 이안 로버트슨(Ian Robertson)의 세일라 이야기는 성지포진 바이러스로 오랜 시간 고통받은 세일라가 상상치유, 고래가 혈관을 타고 다니면서 바이러스를 먹는 모습을 상상하며 치유를 시작한 후 대상포진 바이러스를 제압했다는 치유담이다. 액터 버그 박사(Jeanne Achterberg) 의사에게 시한부 6개월의 판정을 받은 젠은 엑터 버그 박사를 만나 뇌종양 가운데 27%가 10년 이상을 살았으며 완치된 이도 있다는 사실을 알게 되었다. 바로 그 순간부터 젠의 몸은 순식간에 변하기 시작했다. 제대로 말을 하고, 기침이 멎고, 생각이 바뀌자 몸이 변하기 시작했다. 나을 수 있다는 희망이 생겨나면서 심리적인 공포감이 사라지기 시작한 것이다. 그리고 몸은 빠르게 치유되기 시작하였다. 상상은 가장 위대한 치유의 원천이다. 마음의 무한한 힘을 깨달으면 두려움에서 벗어나고 치유에 대한 믿음이 생겨난다. 상상치유의 핵심은 '나을 수 있다'라는 믿음이 자연스럽게 형성되는 것이다. 갤럿는 백혈구의 전투부대가 레이저와 미사일을 발사해 침입자인 종양을 없애는, 마치 게임 같은 상상을 즐겁게 반복했다. 주치의인 노리스 박사는 소년의 상상 대본에 맞게 미사일 발사음, 포탄 투하소리, 종양이 폭발되는 소리 등 적절한 음향효과를 넣어 실감나는 상상치유 효과음 테이프를 만들어 주었다. 1년이 지난 갤럿의 종양은 모두 사라지고 하얀 석회만 남아버렸다. 특별히 잘 낫는 환자가 따로 있는 게 아니다. 치유를 원하는 환자가 나을 수 있다는 마음을 일깨워 주면 치유된다.[128]

살아 있다는 것은 축복이다. 많은 사람들은 자신이 소유하게 된 축복보다 삶의 문제만을 생각한다. 즐거운 상상을 하게 되면 심신에 새로운 활력을 불어넣을 수 있다. 죽음에 대한 두려움이나 걱정보다 치료에 대한 희망과 감사, 그리고 기쁨으로 마음을 다지게 된다면 우리는 놀라운 변화를 체험하게 된다. 즐거운 상상, 하

---

128) 칼 사이먼튼, 이영래. (2009). 칼 사이먼튼의 마음의 술: 긍정적 기대는 어떻게 암 환자의 생명을 구하는 가?(Getting well again). 살림.

늘을 날아다니는, 혹은 내 몸에 살아 움직이는 좋지 않은 세포들을 새들이 쪼아먹는, 여러 가지 이미지들과 그들의 역동을 상상하면서 나의 마음이 내 몸에 좋은 영향을 줄 수 있도록 노력한다면 여러 가지 긍정적인 결과를 기대할 수 있다. 어두운 마음은 모든 병의 시작, 뿌리, 근원이다. 과거의 일에 너무 집착하고, 부정적으로 생각하는 습관이 발병의 원인이다. 현재의 생각이 과거의 어두운 기억들로 왜곡될 때 오류가 발생하고 병과 삶의 모든 문제가 생겨난다. 무의식 속에서 끊임없이 반복되는 기억의 재생으로 인해 질병과 갈등, 불행과 좌절, 절망과 무기력이 생겨난다. 이러한 치유는 내면에 가장 정확하고 명확한 메시지를 전달하면서 시작된다. "내 삶에 고통을 준 모든 이들을 용서한다. 내 삶의 부정적인 체험들을 내려놓는다. 내 마음은 사랑과 평화의 상태이며 몸과 마음은 조화를 이루고 평형을 이룬다." 허파로 좋은 공기가 들어가 폐의 좋지 않은 물질들을 정화하는 상상, 밝은 빛이 머리의 중심을 타고 흘러내려 내 몸 안의 모든 좋지 않은 것들이 녹아내리는 상상, 상상의 마무리는 건강하게 행복한 모습으로 변해있는 '나'를 상상함으로 마무리를 짓는 상상의 치유는 내 몸 안의 병을 치유하는 상상의 과정을 통해 내 삶 전체를 치유하게 되는 여정에 몰입하게 된다. 마음이 몸을 치유하는 것이다.

8.

명상과 관상을 통한 마음훈련

　명상이라는 개념은 마음에서 일어나는 생각, 감정, 감각을 알아차리고 평정 상태를 유지하면서 평화로움을 찾아가는 것이다. 명상은 자신이 가진 치유력으로 편안한 마음을 가지게 하여, 왜곡된 생각을 감소시키거나 변화시킬 수 있다는 측면에서 인지행동치료와 그 맥락을 같이한다. 사람들은 명상을 통해 마음이 움직이는 현상을 알아채고 일시적으로 움직이는 감정으로부터의 영향을 덜 받게 된다. 그로 인해 하루가 다르게 변화되고 움직이는 디지털 문명사회에서 명상은 인간의 정서적 심리적 불안과 두려움, 분노와 우울에서 자가 치료적인 방법으로 접근하고 활용할 수 있다.[129] 이에 명상을 배경으로 하는 국내 · 외 연구들은 주로 그 효과를 과학적으로 밝히려고 시도하는 사례들이 증가하고 있는 추세다.

　현대의 명상은 기존의 특정 종교들을 통해 고유한 형태로 체계화되어 왔다. 예를 들면, 이냐이오의 영신수련(Spiritual Exercises)은 가톨릭교회에서 오랫동안 수도자들의 영신수련과 영적 지도를 위해 자리 잡은 명상의 과정이었다. 또, 힌두교

---

129)　현대에 와서, 명상은 심리치료의 대표적인 방법으로 자리 잡고 있다. 종교적 수행이었던 명상행위가 현대에 와서 건강증진, 심리상태의 이완, 스트레스 대처, 심리치료와 상담, 교육, 스포츠, 예술, 문화 등의 다양한 영역에서 확산 · 응용되고 있다(문정필, 2017, 11).

의 요가(yoga)는 육체, 정신, 영혼을 정화하기 위해 매우 정교한 과정을 규정해 놓았다. 이러한 명상의 과정이 육체와 정신을 회복하는 데 두루 널리 사용되었다.[130] 이로 인해 명상은 삶의 과정을 지속해 긍정적인 자질을 형성, 증진시키는 정서를 통해 올바르게 수련하는 행위로도 이해되었다. 이와 같이 명상의 개념이 갖는 긍정적 정서 추구는 행복을 추구하는 종교의 목적과 유사하기도 하지만, 근본적으로 그 명상의 방향은 종교와는 사뭇 다른 곳을 향하고 있다. 종교는 외부에 있는 신을 향한 경배와 제도로서의 교회나 사원의 유지를 위한 도구로서 명상을 바라보지만, 종교나 제도 밖에 있는 명상은 개인의 내면 안에서 체험되는 초월(trascendent)을 지향하며 진리와 성실한 삶을 추구하며 명상을 발전시켜 왔다. 그것은 해방의 체험이며 자유의 체험으로서 세상 안에서 고통을 치루며 집착하고 매달리는 모든 것들로부터 완전한 자유를 체험하기 위한 길이 되었다.

명상은 원소들로 이루어진 우리 생명체 속에 자리 잡고 있는 우주의 근원을 찾아 나서는 '진아(眞我)'[131]인 것이다. 융은 이냐시오의 관상 기도 방법이 적극적 명상과 마찬가지로 의식과 무의식을 연결하는 유용한 도구라고 본 것이다. 특히 '영성 수련'에 나오는 '오감 관상'의 기도는 왜곡되었던 죄의식의 상태에서 벗어나게 하고 오감의 회복을 가져와 심리치료가 일어날 수 있는 많은 사례들을 보여 주고 있다.

---

130) 요가의 한 측면인 디아나(Dhyana)는 선불교(禪佛敎)의 초점이 되었고, 영신수련은 기도, 묵상, 관상, 영적 독서의 지침을 통해 수련의 일부를 형성한다. 또한, 힌두교와 불교의 '진언', 이슬람교의 '지크르', 기독교의 '예수 기도문' 등은 효과적인 음절, 단어, 본문을 소리 내거나 속으로 반복함으로써 영적인 정화를 얻으려 했다.

131) 진아(眞我, Purusa)란, 외적 사상에 좌우되지 않는 참된 자아를 말하며, 인간의 지식과 지혜도 이에 의해 만들어진다고 볼 수 있다. 명상 즉, meditation은 서양적 어원이다. 동양적 어원인 '수행'과 유사한 '수양', '수련' 등의 어원과 함께 명상의 기조를 이루기 때문이다.

◎ 명상에 대한 선행연구

1960년대부터 인간의 내적인 잠재력이 유용한 것으로 보고, 이를 개발하려는 인본주의 심리학(humanistic psychology)이 대두되고 초월심리학(transpersonal psychology)이 등장 발전하면서 인간의 잠재력을 개발하는 주요한 이론과 방법 체계를 동양 심리학으로부터 수용하게 되었다.[132]

프로이트(Sigmund Freud)의 '정신분석학'에서 영향을 받은 융의 '분석심리학'에서, 집단 무의식에 동양의 사상적 견해를 현실에 적용하는 '심혼관계'를 언급했다는 점은 서구의 초개인심리학, 자아초월 심리학(Transpersonality Psychology)을 형성해 나갔던 시작이라 볼 수 있다. 서구적 개념의 명상(meditation)은 2000년의 역사를 간직한 그리스도교의 묵상(黙想) 또는 관상(觀想)과 관계있는 유의어이다. '묵묵히 마음속으로 생각한다'는 개념으로, 묵상은 마음과 정신을 몰두하여 하느님의 현존 속에서 관계된 모든 일의 생각에 잠기는 것이다. 이는 절대자인 신과의 합일을 목표로 한다. 때문에, 묵상은 '정신의 기도'이며, 지적(知的) 행위와 의지가 결합된다. 묵상법 가운데 성 이냐시오 로욜라(St. Ignatius de Loyola)가 쓴《영신수련(Spiritual Exercises)》[133]을 통해 사람들은 하느님의 뜻과 함께하는 영신적 방법들을 널리 사용하고 있다. 묵상은 신을 직관적으로 인식하고 사랑하는 행위를 하는

---

132) 마음챙김명상(mindfulness meditation)의 임상적 적용이 크게 늘고 있다. 특히 Kabat-Zinn(1990, 1994)의 '마음챙김에 기초한 스트레스 감소(Mindfulness-Based Stress Reduction, MBSR)' 프로그램은 미국 내에서 병원을 포함한 200개가 넘는 건강관련센터에서 제공되고 있으며, 다른 국가에서도 널리 적용되기 시작하였다(Bishop, 2002; Proulx, 2003; Roth & Stanley, 2002). MBSR 프로그램은 통증감소, 부정적 신체상의 감소, 우울증 등 기분장애의 감소, 통증약물치료 사용의 감소와 활동수준의 증가, 자존감의 향상, 불안관련 장애의 호전 등에 효과가 있는 것으로 보고되고 있다(Kabat-Zinn, Lipworth & Bruney, 1985; Kabat-Zinn, Massion, Kristeller, Peterson, Fletcher, Pbert, Lenderking & Santorelli, 1992; Miller, Fletcher & Kabat-Zinn, 1995).
133) 영성수련은 특별한 생활규칙을 따르려는 사람들이 하느님의 뜻과 영혼을 준비하는 데 필요한 기도, 묵상, 관상, 영적 독서 등의 영신적 방법들을 말한다: Ignatius de Loyola. 정한채 역.(2019). 로욜라의 성 이냐시오 영신수련, 이냐시오 영성연구소.

관상과는 구별된다.

명상에 들기 위한 주변 환경의 분위기는 긍정적인 진리나, 가치추구, 통찰, 지혜가 깃들어 있어야 한다. 또한, 명상에 쉽게 들어가기 위해 긍정적인 정서를 일으키는 데 집중하는 환경적 노력이 필요하다. 즉, 명상을 행하는 환경은 긍정적인 정서를 함양하는 공간의 조건이 요구된다. 그러나 도시공간은 산업화된 시청각의 소음으로 인한 자연과의 단절로 실존자체가 부정적이다. 자연환경은 인간에게 긍정적 정서의 전환을 지향하며, 기본적인 자연적, 우주론적 리듬으로 향하므로 인간의 정서에 긍정성의 변화를 꾀한다. 즉, 긍정적 정서를 들게 하려면 인간을 포함한 모든 생물이 자연의 순환질서에 속해 있을 때 자아가 긍정적 존재성을 인식하게 된다. 이같이 자연에서 인식되는 긍정적 정서는 명상행위를 위한 환경이 되며 영원한 자유임을 알게 해 주는 공간성으로 논의할 수 있다.[134]

◎ 기도, 명상, 관상

기도를 통해 마음의 평화를 얻고자 하는 사람들이 많다. 그들은 먼저 몸과 마음과 정신을 정돈하기 원한다. 인간에게는 심리적, 정신적, 의지적 차원만 있는 것이 아니라 영적인 차원이 있다는 것을 계속해서 말하고 있다. 명상과 관상은 인간의 자기중심성을 강화하는 도구가 아니며 인간을 신적인 영역으로, 탈아(脫我)의 영역, 초월의 영역으로 고양시키는 존재의 의미 있는 행위이다. 명상은 몸을 건강하게 한다. 생리학자 카렐(Alexis Carrel, 1873-1944)은 "영육에 미치는 기도의 영향은 림프선 작용과 같이 확인할 수 있는 것이다. 어떠한 약으로도 고칠 수 없던 병을 지

---

134) Osho Rajneesh. (2017). 초월의 명상: 삶과 죽음을 초월하는 오쇼의 명상 강의, 젠토피아(서울), 54. (*주석의 끝이 잘리지 않고 올라갈 수 있도록 해주세요)

닌 사람이, 기도의 평온한 노력으로 그 우울함과 병에서 치유된 사실을 나는 한 사람의 의사로서 보았다"라고 말한다.[135] 심리학자인 파커(William Parker)는 우리 마음이 미움, 두려움, 죄의식, 열등감, 자기 연민 등의 부정적인 기운에 휩싸여 있다고 보았다. 이것들은 우울증, 불안, 신경성 질환을 유발하고 위궤양, 천식, 편두통, 관절염, 두드러기의 원인이 된다고 말한다.[136]

명상이 심화되면 그 안에서 무의식의 세계를 경험하게 된다. 피상적인 자아로 살 때와 달리 명상을 통해서 심층 자아를 접하게 되면 평상시에는 생각할 수 없었던 내면의 자아를 보게 되는 것이다. 내면의 자아에는 긍정적인 기억과 함께 좌절감, 열등감, 배척, 사랑받지 못한 것과 결부된 부정적인 자전적 기억(Autobiographical Memory)들이 함께 들어 있다. 부정적인 자전적 기억은 단지 과거의 흔적에 그치는 것이 아니라, 현재의 삶에서 때때로 모습을 드러내며 영향을 미친다. 이것은 원래의 모습이 아니라 왜곡된 모습으로 자신을 드러내기에 거짓 자아라고 부르는데, 이는 참된 자아를 가리고 왜곡된 자아상을 만들어 가기 때문에 문제가 되는 것이다.[137]

토머스 키팅(Thomas Kitting)은 인간에게 거짓 자아가 형성되는 과정을 다음과 같이 설명한다. 인간에게 내재한 욕구들은 다양하다. **1-3세에는 생존과 안전의 욕구가, 3-5세에는 사랑과 존중의 욕구가, 5-7세에는 힘과 통제의 욕구가 가장 강하다.** 부모들은 이 시기에 아이들의 욕구를 최대한 충족시켜 주려고 노력한다. 그러나 이 욕구들을 모두 충족시키는 것은 불가능에 가깝다. 결국, 충족되지 못한 욕구에 대한 좌절감은 무의식에 잠재해 있다가 자아가 약해졌을 때에 그 모습이 드러

135)   박지현. (2007). 알렉시 카렐(Alexis Carrel)의 인간학, 그 우생학적 의미. 프랑스사 연구, (16), 131-163.
136)   William R. Parker. 김문성 역. (2006). Prayer can change your life: 기도가 인생을 바꾼다. 브레인. 참조.
137)   성미영. (2012). 유아의 정서지식이 자전적 기억에 미치는 영향. 한국생활과학회지, 21(4), 705-714.

난다.[138] 좌절된 생존과 안전의 욕구는 안전을 담보할 만한 재물에 대한 집착으로 표현되고, 충족받지 못한 사랑과 존중의 욕구는 인간관계에 대한 집착으로 자신의 욕구를 드러낸다. 어릴 적에 힘과 통제의 욕구를 충족받지 못한 사람은 훗날 지배적이고 권위적인 성향으로 발전할 가능성이 크다. 참된 자아 혹은 있는 그대로의 자아는 '나는 가난하다, 나는 배고프다, 나를 좀 봐다오'라고 호소해야 할 테지만, 현실의 자아는 지배적이고 권위적인 성향을 드러내거나 외제 자동차와 큰 집, 회사를 보유한 돈 많은 부자 행세를 한다. 거짓 자아는 현실에서 10을 잃은 것이지만, 어릴 적의 욕구 좌절과 만나 100이나 1000을 잃은 것만큼 더 큰 분노로 현실을 왜곡하며 작용한다. 이런 식으로 거짓 자아와 기억의 상처가 현재의 나에게 부정적인 영향을 미치는 것이다.

◎ 향심기도

바실 페닝턴(Basil Pennington), 토머스 머튼(Thomas Merton), 토머스 키팅(Thomas Kitting) 등 베네딕토회 계열에 속하는 미국 신부들이 동양의 수련 방법을 활용하여 '향심기도'를 개발하였다. 이 기도를 '향심기도'라고 명명한 토머스 머튼은 "가장 위대한 기도는 기도하지 않는 것"이라며 '향심기도'가 멈춤과 비움의 기도이며, 자신의 내면적 동일성을 심오하게 인식하는 기도로 이해했다. '향심기도'는 내면에 계시는 하느님께 마음을 정하고 향하는 기도이다.[139] 마음의 내면으로 깊숙이 들어가기 위해서 생각을 한곳에 붙들어 놓아야 한다. 그러기 위해서 하느님, 평화, 사랑 등의 거룩한 단어를 정하여 되풀이하도록 한다. 이때에 기도의 뜻을 생각하지 않아야 한다. 기도의 뜻을 생각하면 그 기도는 묵상기도이지 마음을 향하

---

138) 토머스 키팅. 엄무광. (1999). 관상기도를 통해 하느님께 나아가는 길, 가톨릭출판사, 15-25.
139) M. 바실 페닝턴, 이승구 역. (2006). 향심기도, 기쁜 소식, 265-276; 토머스 키팅, 엄무광 역. (1997). 마음을 열고 가슴을 열고, 가톨릭출판사, 189-202에 '향심기도'의 요령이 잘 정리되어 있다.

는 기도인 '향심기도'는 아니기 때문이다. 기도를 계속하는 동안 마음속에서는 온갖 생각과 내적 반응들이 일어난다. '향심기도'에서는 어떤 생각이든지 모두 분심으로 이해하며 모든 분심들을 흘려보낸다. 마음으로 향하는 기도인 '향심기도'에서는 상념 자체가 본류를 벗어난 것이므로 분심이다. 일상적인 기억과 관련되는 자잘한 분심들은 말할 것도 없고 무의식이 건드려져서 떠오르는 자전적 기억들까지도 무조건 흘려보낸다. 그 생각들에 공감하거나 기억의 내용을 분석하는 어떤 활동도 하지 않고 모두 무관심한 상태로 머문다는 뜻이다. '흘려보낸다'는 것은 강물에 떠내려가도록 놔두는 심적 태도를 비유적으로 표현한 것이다. 마치 홍수의 범람으로 집안의 집기들과 온갖 소중한 물건들이 떠내려가는 것을 보면서도 그것을 건지려고 물에 뛰어들지 않고 그냥 놔두는 것과 같다. 그 이유는 정리와 치유가 필요한 기억들에 대해서 그들 자신은 무기력하며 오직 자비하신 치유자 하느님께서 몸소 치유해 주시리라 믿기 때문이다. 의사가 수술을 시행하는 동안 환자는 수술과정을 알 필요 없이 수술대에 누워 있기만 하면 되는 것처럼 하느님께서 모든 과정을 주관하시도록 맡기는 것이다.

기억을 지워 내기란 불가능하므로 무시, 혹은 억압한다. 인간은 내면에서 심리적인 방어기제가 자동으로 작동하기 때문에 스스로 자신의 과거를, 있는 그대로 보기가 힘들다. 과거와 기억은 망각되어야 할 것이 아니라, 수용과 용서를 통해서 화해하고 통합할 필요가 있는 내 삶의 자산이다. '마음수련'은 심리적 방어기제를 약화시키는 방법을 선택했다. 그것은 떠오르는 기억을 반복해서 내던지는 것이다. 기억들에 실린 감정의 무게가 차츰 덜어지고 기억들이 갖는 중요성이 상대화됨으로써 더 이상 위협적이지 않다는 것을 느끼게 된다. 더 이상 위협적이지 않다고 느끼게 되는 상태를 일컬어 일종의 '치유'라고 보는 것이다. 이 과정을 통하여 기억에 실린 감정을 털어내고 자신의 감정을 정돈하는 조화와 균형의 과정을 갖는다. '향심기도'에서는 기억들을 모두 '흘려보내는' 데 비하여 '마음수련'에서는 '내던지는' 방식을 쓴다. 이는 용어의 차이에 불과하여 대동소이한 방식이라고 할 수 있다. 곧 기억을 직접 대면하고 대화하거나 통합하려는 시도를 하지 않고, 억압 혹은 회피의 방식으로 대응을 한다는 점에서 대동소이하고 심리학적인 문제가 발생할 소지가 있기도 하다.[140]

◎ 만트라

만트라(데바나가리: मन्त्र Mantra, 티베트어: སྔགས་ ngak, 와일리 표기: sngags), 만트람(Mantram) 또는 진언(眞言: 참된 말, 진실한 말, 진리의 말)은 "영적 또는 물리적 변형을 일으킬" 수 있다고 여겨지고 있는 발음, 음절, 낱말 또는 구절을 말한다.[141] 미국의 저명한 위파사나 명상 전문가인 잭 콘필드(Jack Kornfield)에 따르면, "팔라에서 만트라를 사용하거나 특정 어구를 반복하는 것은 테라바다(Theravada) 전통에서 매우 흔한 명상의 형태이다. 단순한 만트라는 부처의 이름인 "Buddho"의 반복을 사용한다(Buddho는 실제로는 이름)을 사용하거나 커뮤니티인 "담마(Dhamma)" 또는 "Sangha(Sangha)"를 만트라 단어로 사용한다. 기타 사용된 만트라는 사랑스런 친절을 키우는 방향으로 마음에 주문을 외우는 것이다. 일부 만트라는 "모든 것을 의미하는" 다른 진언은 "어서 가라"라는 구와 함께 마음속의 평상심을 키우는 데 사용된다.[142]

---

140) '마음수련'과 기억의 치유에 관한 자세한 내용은 정제천. (2007). '마음수련' 체험의 비판적 고찰,《神學展望》 158, 26-47. 특히 "기억의 말소", 39-41 참조.

141) http://www.rigpawiki.org/index.php?title=Mantra%7C Archived 2012년 10월 22일 - 웨이백 머신 Mantra definition from Rigpa wiki: Feuerstein, G. 《The Deeper Dimension of Yoga》. Shambala Publications, Boston, MA. 2003.

142) J. Kornfield. (1999). Modern Buddhist masters, 311.

만트라 연습은 명상 호흡과 결합 되어 평안과 집중력을 키울 수 있도록 호흡과 호흡을 동시에 요구한다. 만트라 명상은 평신도들에게 특히 인기가 있다. 다른 기본적인 집중력 운동과 마찬가지로, 그것은 단순히 마음에 사용되거나, 만트라가 각자의 인생이 어떻게 전개되는지에 대한 관찰의 초점이 되는 통찰력을 현실 속에서 실행을 위한 기초일 수도 있고, 욕심과 욕망에서 벗어나도록 풀어주는 데 도움이 될 수도 있다. **이렇게 동일한 음절이나 구절 등을 반복하여 되뇌이는 만트라는 내담자를 잠심(潛心) 상태에 이르도록 돕는다. 잠심 상태에 이르면 여러 가지 분심들과 함께 무의식에 잠겨 있던 자전적 기억들이 떠오른다.** 떠오르는 생각들 중에서 단순한 분심과 치유를 요구하는 의미 있는 자전적 기억을 분석심리사와 함께 식별한다. 의미심장한 자전적 기억이라고 판단되면 이것을 두고 무의식을 의식화하는 작업을 진행해야 한다.

◎ 상상 안에서 무의식과의 대면

융의 적극적 명상은 분석심리학에서 시도하는 치료기법의 하나이며 '당신의 영혼을 만나는 방법'으로 부제가 달려 있다. 분석심리학에서는 분석적 치료를 크게 일반적인 기법과 특수적인 기법으로 대별한다. 일반적인 분석기법에는 암시분석기법과 변증접적 대화기법이 있다. 암시기법에서는 암시적인 방법을 사용하는데, 이는 다시 개인을 대상으로 하는 개인암시분석과 집단을 대상으로 하는 집단암시분석으로 구분된다. 그 반면에 변증법적 대화분석기법은 내담자가 자기를 발견하려는 과정의 하나로서 치료자와 내담자 간의 순수한 대화다. 이는 서로 간의 순수한 대화를 통하여 입장 평행적인 방법으로 분석해 나간다.[143]

---

143) Barbara Hannah. 이창일 & 차마리. (2020). 융의 적극적 명상: 당신의 영혼을 만나는 방법. 학지사: 김충렬. (2007). 분석심리학 치료기법인 적극적 명상기법. 참조.

분석의 특수기법에는 꿈의 해석과 응용기법, 그림분석기법 그리고 적극적 명상기법이 있다. 분석치료는 이러한 기법들을 활용하여 의식과 무의식의 만남과 대결, 이를 소화하는 과정을 통해서 통합하는 개성화(Individuation)를 달성하고자 한다. 물론 이때의 개성화는 진정한 자기 자신을 발견하는 일이 중심이다. 분석가는 내담자의 무의식 세계로 들어가 이를 동화시키려는 목적으로 꿈을 분석하며, 그림분석의 해석을 시도한다. 여기에 적극적 명상은 내담자가 명상을 통하여 무의식을 직접 체험해 보는 방법이다. 이런 점에서 분석심리학의 적극적 명상기법은 더 높은 차원의 자기성찰의 방법이라고 볼 수 있다. 이 적극적 명상에서는 무의식에서 일어나는 감정이나 환상, 강박관념, 백일몽 등의 내용들을 경계하고 아무런 비판 없이 편안하게 명상에 잠겨야 한다.

적극적 명상에서는 상상(imagination)이 중요하다. 명상에서는 상상이라는 방법이 필연적으로 사용되기 때문인데, 이 상상에는 두 가지, 적극적 상상과 피동적(수동적) 상상이 있다. 융에 의하면 **적극적 상상(active imagination)**이란 능동적인 성격으로서 직관, 즉 무의식을 인지하려는 자세에 입각하여 행해지는 현상이다. 이때 정신에너지인 리비도(Libido)는 무의식에서 일어나는 모든 요소들을 직접 사로잡으며, 이에 해당하는 모든 요소들을 연상케 함으로써 고도의 명확성과 인식 가능성을 부여한다. **수동적 상상(passive imagination)**이란 수동적인 태도로서 직관적 자세를 미리 갖지 않는 현상이다. 이 수동적이고 피동적인 상상은 정신의 해리를 수반하는, 즉 정신이 갈라지는 일종의 분열적 현상이 어느 정도 일어난다고 가정하는 것이다. 이때 정신의 해리 현상은 의식에 대립되어 나타나는 것이며 병리적이거나 이상한 특징을 나타내는 것이다. 그러나 적극적 환상에서는 수행하는 내담자의 적극적인 참여 자세로 인해 해리상태가 일어나는 것이 아니며, 의식 역시 무의식에 대립적 관계도 아니라 보충적 관계다. 이는 차원 높은 고도의 정신활동, 즉

의식과 무의식의 성격이 통합되는 적극적 상상의 작업이다. 적극적 상상의 작업은 분석가의 지도를 받을 필요도 없으므로 명상 수행자가 자아와 무의식과의 대면만을 목적으로 한다. 무의식과의 대면은 무의식에 대립된 의식의 입장을 요구한다.

◎ 적극적 명상기법(active meditation)의 수행적 태도

적극적 명상기법에서는 상당히 성숙된 자아를 전제로 한다. 이 기법은 누구나 할 수 있지만 내담자가 반드시 해야 하는 작업은 아니다. 그러나 자아기능이 약한 사람은 무의식에 휘말릴 위험도 있어 오히려 역효과를 초래할 수도 있다. 이는 적극적 명상을 시도하는데, 어느 정도 성숙된 자아기능이 필요한 이유다. 실제로 적극적 명상은 수행자가 무의식에서 경험되는 여러 현상들과 직면해야 한다. 이때 무의식에서 일어나는 시각적 환상을 직접적으로 경험하는 것이며 때로는 청각적으로 듣는 경우도 발생한다. 여기에는 우선 수행자의 자아관조를 통해 상상이 '일어나게 만드는' 현상이 있고, 수행자가 그 일어난 상상이나 환청과 '적극적으로 직면하는 것'도 발생한다. 적극적 명상은 인류의 여명기까지 거슬러 올라가며 '제도로서의 종교'가 아니라 인간의 영적인 측면과 관계를 맺은 종교의 본래적 의미와 관련이 있다. 곧, 인간 정신 속에 있는 신성하고 영원한 힘, 영, 혹은 영혼이라 부르는 이 힘을 자각하고 느끼며 그 의미를 음미하고 차분히 바라보는 일체의 활동이 적극적 명상의 기원이라 볼 수 있다.[144]

융은 이 방법을 스스로 시도해보았고 제자들에게도 권했다. 특별히 그의 제자 중에서도 한나(B. Hannah) 여사와 폰 프란츠(M.-L. von Franz) 여사 등이 시도하여 이를 임상사례로 발표하였다. 그 가운데서도 한나 여사가 어느 여성을 분석한

---

144)   Barbara Hannah. 이창일 & 차마리. (2020). 융의 적극적 명상: 당신의 영혼을 만나는 방법. 학지사, 13-14.

인상적인 사례는 유명하다. 심한 환청에 시달리는 이 여성 내담자는 파괴적이고 위험한 소리에 영향을 받았다. 한나 여사는 그 여성 내담자에게 적극적 명상을 시켰다. 내담자는 귀에서 들려오는 목소리의 주인공에게 적극적으로 질문을 던져 그가 누구인지, 무슨 이유로 그녀를 괴롭히는지를 질문하며 대화를 시도했다. 이때 파괴적이고 위험했던 소리의 내용은 차츰 감소되고 긍정적인 내용으로 바뀌어 회복되었다. 그 후 그 내담자는 완쾌되어서 결혼하였고 정상적인 사회생활을 할 수 있게 되었다고 한다.

적극적 명상을 수행하는 과정은 다음과 같다. 수행자는 고요한 묵상이나 환상이 '일어나도록 함'에 있어서 집중이 가능한 장소를 선택해야 한다. 물론 외부영향을 차단시켜 명상에 집중하여 어떤 상(像)이 나타나면, 그 상이 스스로 변화할 때까지 기다려야 한다. 이때 수행자는 무의식적 내용을 억압하는 의식의 영향을 약화시키면서 그 상(像)이 어떻게 전개되어 변하는가를 관찰한다. 이때 수행자에게 나타난 상(像)을 인위적으로 지우려고 하거나 거부감을 나타낼 필요가 없이 자연스럽게 직면해야 한다. 어느 정도의 시간이 경과하면 그 상은 자유로운 변화를 일으킨다. 만약 뱀이 나타났다면 그 뱀은 그대로 있지 않고 점차 사라지면서 다른 상(像)으로 바뀌게 된다. 이어서 전혀 새로운 상이 나타나게 된다. 이때 수행자는 물론 어둠과 밝음으로, 애써 구분하려는 심리적 작용이 수반되는 것을 경험할 것이다. 어떤 경우에는 상당한 시간 동안 부정적인 상이 나타난 두려움을 느끼기도 한다. 그 때문에 수행자는 이런 상을 빨리 지우려고 하는 유혹이 따르게 마련이다. 적극적 명상은 무의식과 의식의 통합, 상상과 현실의 통합이 이루어지는 중요한 심리치료의 기법을 활용되어질 수 있음에 틀림없다. 그러나 이때 필요한 것은 자신의 자아를 더 강하게 인식하는 자세다. 이런 현상을 두고 '무의식과의 대면'이라고 하는데, 실로 무의식과의 대면은 공포적 대결을 경험하는 터널을 지나가야 한다. 수행자에게 명상작업을 성공적으로 수행하기 위한 용기와 확신, 그리고 무던한 인내가 요구되는 이유가 여기에 있다.

◎ 자기원형상과 대면

자기원형상과의 대면은 초월적 경험이다. 자기의 원형상이란 자기에 해당하는 특성이 하나의 상으로 드러나는 현상이다. **자기의 원형상은 개인의 내면, 즉 무의식에 깊이 존재하므로 발견하기에 쉽지 않지만 때로는 그런 자기의 원형상이 하나의 상으로 드러나는 것이다.** 자기의 원형상은 매우 드물기는 하지만 꿈에서도 나타나고 이러한 적극적 명상을 통하여도 드러난다고 믿는 것이다. 그러기에 이 명상의 과정에서 어떤 상을 '일어나게 함'이 성공하면 그 상(像)과 함께 행동하고 직면하는 과정에서 신비로운 자기원형상을 대하게 된다. 이를 초월기능의 작용이라 부르는데, 이는 거의 꿈에서 경험하는 것과 같은 유사한 체험이다.

그런 점에서 적극적 명상에서 나타나는 상은 마치 꿈에서 대하는 기분을 느끼게 만든다. 때로는 수행자 자신이 꿈을 꾸는 것으로 착각될 수도 있다. 그래서 무시무시한 상이 나타나면 그 상을 지워 버리기 위해서 재빨리 눈을 뜨고 싶어진다. 실로 명상을 통하여 무의식의 깊은 세계를 체험해 보지 않은 사람은 이런 체험이 신비하면서도 얼마나 두려운 일인지를 도무지 알지 못한다. 이것은 사람이 신비스런 것에 직면한다는 것은 희열이면서도 두려움이라는 이중성을 동시적으로 경험하는 특이한 현상이다.

만약 호랑이의 상이 명상에서 나타났다면, 그 호랑이와 대화를 해 보아야 한다. 물론 이때 수행자는 공포감을 느끼며 호랑이와 대화하게 될 것이다. 그러면 그 대화는 단순히 호랑이와 대화하는 것이 아니라, 수행자의 마음(무의식)속에서 일어나는 것과 대화하는 것이기도 하다. 이런 대화를 통하여 호랑이는 다른 상으로 변형되고, 결국 그 상(像)은 사라지는 경험을 하게 된다. 이에 따라 수행자는 호랑이를 '나' 자신의 일부로 수용함으로써 자신에게서 일어나는 심리적 변화를 경험한 것이다. 그때의 기분은 어떤 것이며 또 어떤 깨달음과 느낌일까? 이것은 두말할 것도 없이 수행자 본인이 직접 체험하게 되는 느낌과 스스로의 해석이 따르는 경험이다. 이는 이론적인 지식보다는 거의 직감적이고 직관적 작용에 해당하는 현상이기 때문이다.

9.

'7 step' Meditation & Contemplation Exercise:
7단계 명상과 관상훈련

아래의 지시문에 따라 7단계의 명상으로 들어가 보도록 한다. (마음훈련 예시)

하루에 두 번(한낮 점심 먹기 전과 한밤 잠자기 전) 최소한 15분 이상 침묵하며 조용히 바른 자세로 허리를 펴고(의자에 앉거나 가부좌를 틀거나) 머물러 있습니다.

아래에 기록되어 있는 일곱 가지 단계는 당신으로 하여금 문제의 핵심에 이르게 하여 현재의 당신과 당신이 앞으로 어떻게 변화되어야 하는지에 관하여 알려 주고 있습니다.

이 훈련은 매우 심오한 것으로 **〈당신이 얼마나 많은 죄를 지었는가에 관한 것이 아니고〉, '무엇이 어떻게 당신의 깊은 마음 안에서 당신을 움직이고 끌어당기고 있는가?' 하는 것**과 일상에서 근본적인 삶의 가치와 의미를 이끌어내는 마음의 훈련을 시작하는 것입니다.

당신 안에서 움직이는 '영성적 자기(spiritual Self)'는 당신을 반드시 변화하게 합니다. 만일 당신이 이 수련을 계속할 수 있다면, 당신은 당신 자신의 진실된 모습을 찾게 될 것이며 마음의 평화를 이루고 삶의 균형을 이루어 조화로운 삶을 살아갈 수 있는 힘을 가지게 될 것입니다.

1단계: 조명을 구하는 침묵

침묵으로 시작하십시오! 오늘 반나절이 어떠했는가를 회상하기 위해 당신 의식의 기억에만 의존하고 있어서는 안 됩니다. 당신의 삶을 깊이 볼 수 있도록 무의식 안에서 움직이는 자기(Self)의 안내와 통찰력을 구해야 합니다.

가톨릭교회의 수도자들은 성경 안에 적혀 있는 시편 저자의 외침을 반복하며 자신의 내면과 대화를 이끌어냈습니다. **"하느님 나를 살펴보시고 내 마음 알아주소서. 나를 파헤쳐 보시고 내 근심 알아주소서. 죽음의 길 걷는지 살피시고 영원한 길로 인도하소서"**(시편 139, 23-24)

신에 대한 특별한 믿음이 없다 하면 다음과 같은 의미 있는 구절을 내 안에 있는 '자기(Self)'에게 되뇌어도 좋습니다. **"우리가 도저히 바꿀 수 없는 일들은 평온한 마음으로 받아들이게 하소서. 우리가 마땅히 바꿀 수 있는 일들에 대해서는 변화를 추구할 수 있는 용기를 주소서. 그리고 진정 우리가 어떤 것은 바꿀 수 있고 또 어떤 것은 바꿀 수 없는지 그 둘을 구별해 낼 수 있는 지혜를 주소서"**

2단계: 삶의 긍정적이고 밝은 면에 '집중하기': 내가 가진 것들에 '감사하기'

현재 직면한 스트레스로 부정적인 생각습관과 어두운 감정 중독이 강한 경우 핵심적으로 실천합니다. 당신은 집중에 들어가기 전에 당신이 스스로 존재하며 안전하다는 확신을 가져야 합니다. 설혹 아무도 당신을 사랑하고 인정하지 않는다 하더라도, 내 안의 '자기(self)'를 변함없이 신뢰하고 '자기(self)'는 당신을 사랑해주고 지탱해주는 힘을 가지고 있다는 사실을 확신한다면, 당신이 심리적으로 안고 있는 어두운 모습들 가운데 많은 것들은 저절로 사라져 버릴 것입니다

일상의 삶 가운데에서 감사드리고 싶은 사건이나 체험들이 있으면 그것을 기억하면서 긍정적인 감사의 마음을 되새깁니다. 크고 중요한 선물이든, 또는 작고 아주 보잘것없는 선물이든 당신이 타인에게서 받은 모든 선물에 대해서 깊이 감사하는 마음을 가집니다.

이어 당신이 평소 전혀 모르는 사이에 받은 선물들에 대해서도 기억하고 소환하여 감사하는 마음을 가집니다. 하루를 살면서 당연하게 생각할 수 있는 것들, 하지만 지구와 세상이 당신에게 허락한 소박한 선물에 대해서 감사하는 마음을 가집니다. 태양의 햇살과 찬 바람에 대해 감사하고, 착하고 검소하고 성실하게 살려 했던 당신의 노력에 감사하고, 시원한 공기와 푸른 하늘에 감사하고, 다른 사람들이 내게 준 인사와 미소, 격려와 칭찬에 대해서 감사하는 마음을 가집니다.

당신 자신의 부족함을 생각하면 감사할 마음이 쉽게 일어날 것입니다. 당신 자신은 나약하고 가엾은 존재입니다. 당신은 당신이 원하는 대로 선한 일을 하거나 남을 사랑할 수 없는 경우가 많습니다.

3단계: 삶에 대한 실재적 성찰

당신이 보낸 반나절을 다음같이 반성해 보십시오. 당신 혼자 경험한 것과 당신

과 무의식(자기: Self)이 함께 경험한 것을 대조하면서 반나절을 정리해 보십시오. 다음과 같은 식으로 하면 됩니다.

"우리(의식과 무의식)는 아침에 일어나서 조용한 침묵 가운데 있었습니다. (그 당시에는 설령 잠이 깨지 못해 자신을 의식하지 못했다 하더라도.) 그런 다음 우리(의식과 무의식)는 식사했습니다. 식사 도중 내가 크게 화를 냈습니다. 그 후 우리(의식과 무의식)는 집안 청소를 했습니다. 우리(의식과 무의식)는 일터에 나갔습니다. '나'는 차가 늦게 간다고 화를 냈습니다. 일터에서 '나'는 경솔하게 사람을 판단했습니다. 일이 끝나고 나서 우리(의식과 무의식)는 잠들기 전 조용한 침묵 가운데 머물렀습니다."

이렇게 성찰하는 것은 심리학적 근거가 있습니다. 당신 안에서 무의식은 살아 움직입니다. 무의식은 끊임없이 의식에게 말을 걸어옵니다. 내 안의 해결되지 않은 감정(unresolved emotion)은 끊임없이 나의 의식으로 올라오며 나에게 불편한 감정을 일으키며 일상의 삶 가운에서 혼란과 우울, 때로는 무기력과 분노를 자아내기도 합니다. 따라서 당신은 내 안의 '나, 자기(Self)'에게 말해야 합니다. "이제는 내(ego)가 사는 것이 아니라 자기(Self)가 내 안에서 살아가고 있습니다"라고 말할 수 있어야 합니다.

위의 방식으로 반나절을 대략 (비교적 빠른 시간에) 반성한 다음 당신이 '우리'라고 말할 수 없고 '나'라고 말해야만 했던 경우들에 시간을 들여 특별 성찰하십시오. 예를 들어 "나는 경솔하게 사람을 판단했습니다. 나는 이기적으로 행동했습니다" 등에서 통찰하고, 마음을 돌아보는 시간을 충분히 가지십시오.

당신이 당신의 날들을 이와 같은 방법으로 경건하게 성찰(reflection)할 때 당신은 보다 섬세하게 자신의 내면과 대화할 수 있습니다. 다시 말해서 자신을 객관화할 수 있는 힘을 가진다는 것은 당신이 당신의 삶에 있어서 다른 모든 활동과 충동으로부터 깨어 있고. 스스로를 진단할 수 있는 능력을 가져 나간다는 것입니다.

4단계: 느낌에 대한 고찰

이렇게 성찰한 뒤에는, 반나절 동안 당신 안에서 일어났던 지배적인 느낌의 세계가 어떤 것이었는지 점검하십시오. 이 점검은 일기예보 보도와 비슷합니다. 일기예보 보도는 객관적이고 전체적입니다. "오늘의 날씨는 전반적으로 흐리고(…)", 마찬가지로 반나절 중 지배적이었던 내면세계를 점검해 볼 필요가 있습니다. 반나절 내내 못마땅한 마음이었는지, 의기소침해 있었는지, 초조해했었는지, 혼란 속에 있었는지, 방황하고 있었는지 등등. 반대로 적극적인 느낌의 세계를 내면 안에서 체험할 수 있었는지? 예로서 자신의 실존을 느끼면서 지냈거나, 자신감을 갖고 살았거나, 감사하는 마음이 일어나거나, 사람들이 사랑스럽게 다가왔거나, 살아 있다는 사실이 고마움으로 다가왔거나 등의 감정의 역동을 알아차려 봅니다. 이렇게 반나절 지배적이었던 느낌의 역동을 파악한 뒤, 그 느낌이 나의 삶과 나를 둘러싼 사람들의 삶의 관계에서 어떤 영향을 주고받았는지 돌아보아야 합니다.

5단계: 삶에 대한 의식 성찰

이제는 다음 질문에 따라서 당신 삶(외부 세계+내면 세계)을 성찰하십시오.
- 내 안에서 어떠한 변화가 일어나고 있는가?
- 내가 만난 이들과의 관계와 교류 가운데서 나는 어떠한 메시지를 얻었는가?

- 그러한 모든 일들이 나를 어디로 이끌어가고 있는가?

- 나에게 다가오는 세상은 대체 나에게 어떠한 깨달음을 주려고 하는가?

- 사람들과의 관계와 역동 안에서 내가 깨달은 어떤 잘못이나 실수 혹은 결점이 있는가? 또는 내가 받아들이기 어려운 나의 모습이 있는가?

6단계: 희망 다지기

내면의 정화가 이루어진 후 밝은 미래의 상을 상상하는 것이다. 새로운 마음을 만드는 훈련을 통해 무한한 내면의 힘을 깨닫고 건강한 몸과 마음, 그리고 삶을 만들어 나갈 수 있습니다. 세상의 행복을 만들 수 있는 유일한 사람은 그 행복을 자각하는 본인 당사자뿐입니다. 치유가 필요하면 치유를, 위로가 필요하면 위로를, 용기가 필요하면 용기를 내면에 있는 자기(Self)에게 말하십시오.

7단계: 내일을 향한 희망에 찬 결의

당신의 결심으로 내일은 좀 더 만족스럽게 살아갈 것이란 희망찬 마음을 갖으면서 명상을 마무리 합니다. 당신의 나약함을 강인함으로 바꾸어 나가기 위해서는 희망을 가져야 합니다. 희망은 '지금 여기'에 있는 나에게 삶의 의미와 가치를 발견하도록 도와주고, '용기'있게 살아갈 수 있는 힘을 줍니다.

10.

집중적 마음수련 치료
(Intensive Mind Care / Exercise Therapy)

'영성(靈性)'이란 바로 우리가 우리 자신이 되게 하는 영적 핵심, 융이 말한 자기 (Self), 자율적인 핵심이다. 누구나 그 자기를 발아시켜 자기 자신의 온전한 본모습을 찾아가는 길이 '개성화 과정(individuation)'이고 '자기실현(self-actualization)'의 과정이다.[145] 자기실현(自己實現) 또는 개성화 과정은 융의 중심사상으로, 개인적 성격의 발달을 지향하는 분화의 과정이다. 의식과 무의식의 통합을 이루어, 자신이 가지고 있는 모든 기능을 온전히 제대로 사용할 수 있도록 함으로써 전체성(全體性)을 달성해 나가는 융합의 과정이다. 그렇다면 이는 인간 누구에게나 주어진 삶의 중심과제일 수밖에 없다. 중년 이후 인간은 통합을 위한 끊임없는 통섭의 과정을 수행한다. 그렇다면 영성(spirituality)의 역동에 관련한 견해와 분석심리학적인 견해가 서로 만날 수 있는 길이 있다.

스위스 취리히(Zurich)의 연방기술연구소에서 1938년부터 1941년까지 열렸던 특강 시리즈에서, 융은 동양과 서양의 전형적인 상징과 변환과정에 대한 고찰을

---

145) C. G. Jung. (1921). Psychological Types, Definitions. C. W. 6, Princeton University Press, Princeton(1990), 757; 이부영. (2002). 자기와 자기실현. 한길사, 서울, 29.

통해 요가와 이냐시오 성인의 '영성수련', 그리고 연금술에 대해 강의하면서, 서양을 대표하는 인간 정신 변환의 도구로써 이냐시오의 '영성수련'을 말하고 있다.[146] 이냐시오의 《Spiritual Exercises》는 영적인 훈련, 즉 영적 수련이라는 의미이다. 한국에서 처음으로 《Spiritual Exercises》를 한국어로 번역 출간한 예수회의 고(故) 윤양석 신부는 이를 "영신수련"으로 번역하였다. 이 명칭은 서구어의 'Spirit'이 '영과 정신'을 포괄하는 의미를 살리기 위해 '영신(靈神)'이란 용어를 사용하고, 이로써 수련의 주체를 드러내는 장점이 있다.

융의 자서전 번역본('回想, 꿈 그리고 思想', Jung CG 집문당, 1989)에서는 "영성(靈性)훈련"이라고 번역되었으나 본 연구에서는 '마음수련'이라는 용어를 사용하기로 하였다. 그 까닭은 '영성훈련', '영신수련' 등의 용어는 특정한 종교적 편향을 가지거나 묵상, 기도 등의 영적인 수련이나 훈련 등을 의미하며 종교적인 오해나 편견을 가지게 할 수 있어, '마음수련'이라는 개념으로 정돈하게 된 것이다. 이러한 일련의 과정을 분석심리학적 관점에서 재편성하여 융합심리분석상담 치료의 도구로써 활용하고자 하는 것이다. 인간은 우리 주위의 자연처럼 자동적으로 자신의 본성을 꽃피울 수는 없다.

인간은 자신의 본성을 최대한으로 펼쳐나가기 위해서 부단하게 성찰하고 수련하고 노력해야만 한다. '영성(靈性)'이란 바로 우리가 우리 자신이 되게 하는 영적 핵심으로써 누구나 그 핵심, 고갱이를 발견하여 자기 자신의 온전한 본모습을 찾아 나가야 비로소 존재 이유와 삶의 의미, 삶의 숭고한 가치를 깨달을 수가 있다.

대략 4주간(30일, 중간에 수련을 잠시 멈추는 기간을 여유 있게 2-3일 허락하

---

146) C.G. Jung. (1939). Modern Psychology(Second Edition). Vol. 3-4, Notes on Lectures, Zurich(1940), 149-264.

여 4*7(+2 or 3) 대략 30일에 걸쳐 실시되는 '집중적 마음훈련 치료(Intensive Mind Care Therapy)'는 주간이라고 부르는 네 개의 부분으로 구성한다. 이러한 구분은 내담자의 상담환경과 조건에 따라 유연하게 변경할 수 있다. 그러나 진단-분석-훈련-치료의 프로세스는 단계에 따라 전개하고 수퍼바이저에 의해 모니터링 되면서 진행되어져야 한다.

제1주간(정화: 마음진단)의 주제는 세상의 모순과 부조리 그리고 자신의 분열과 실패, 좌절과 절망의 현실을 직시하고 관찰하면서 정화하기 위한 첫 단계로 자신의 불만과 불안을 인식하고, 분노와 우울을 가늠하며 현실을 수용하는 시간이다. 이로써 인간은 자신의 존재 이유와 의미, 가치와 목적을 회복하는 수련을 시작하게 된다. 이때 마음진단 도구를 통해 내담자의 불안과 우울, 그리고 분노의 역동과 세기를 파악하여 이후 진행되는 주간의 기본적인 이해 도구로 활용한다.

제2주간(조명: 마음분석)에는 나의 출생에서 지금까지 살아왔던 시간들을 조명해 보는 시간이다. 지난 시간의 여러 가지 사건들과 만남들 가운데에서 직간접적으로 나의 정서적, 심리적, 영성적 균형에 영향을 주었던 일들을 확인하는 시간이다. 주로 인생 곡선 작업(Life Cycle CT)을 통해 내담자의 라이프 스토리를 한눈에 파악할 수 있도록 도와주고 저널링과 내러티브를 통해 삶의 이야기를 내담자는 진솔하게 할 수 있고, 상담자는 들을 수 있는 기초적인 자료를 준비한다. 그리고 동시에 심리학적 분석(Psychological Analysis)의 도구로서 MBTI의 유형분석, 영성적 분석의 도구로서 Enneagram의 유형분석 그리고 TA(Transaction Analysis)를 통한 관계 교류적 분석을 통한 일반적인 성향의 분석과, 개인의 특수한 경험과 삶에서 만들어진 특수한 성향들에 대해 분석함으로써 내담자의 마음을 입체적으로 분석한다.

제3주간(식별: 마음훈련)의 주제는 나의 인생의 수난, 좌절, 고통, 시련의 시간으로 돌아가 바꿀 수 없는 과거의 시간과 사건, 상황들을 새롭게 재해석함으로써 오늘 그리고 내일의 삶에 생겨나는 장애를 해결하는 프로세스를 진행한다. 생각을 비우고, 의지를 포기하고, 용서와 화해, 성찰과 통합의 시간을 가지면서 내담자 스스로 치유의 시간을 가질 수 있도록 도움을 주고, 상담자는 치료의 개입지점과 때를 선택하고 집중하여 효과적인 치료의 시간이 될 수 있도록 도움을 주는 단계이다. 특히 식별(discernment)의 시간이 요구되는 것은 할 수 있는 일과 할 수 없는 일, 해결할 수 있는 상황과 해결할 수 없는 상황, 변할 수 있는 조건과 변할 수 없는 조건 등을 식별하여, 할 수 있는 것에는 최선을 다해 문제를 해결할 수 있도록, 할 수 없는 것은 미련 없이 포기할 수 있도록 내담자는 지도자로서의 조언을 아끼지 않는 시간이 되어야 한다.

제4주간(일치: 마음치료) 단계에서는 자아(ego)와 자기(self)를 통합하는 과정을 통해 탈아(beyond-ego), 혹은 초-자아(trans-personality)의 길을 찾아 나갈 수 있도록 돕는다. 명상과 관상을 통해 자신을 보다 깊이 알고 사랑하며 자기를 실현하는 것을 넘어, 자신을 초월하는 길을 찾을 수 있도록 지도자로서 분석심리상담자가 적극적인 도움을 주는 과정이고 단계이다. 이처럼 '영성수련'은 내적인 상처나 어두운 기억의 치유를 통해 자아(ego) 깊은 곳에 있는 자기(self)의 소리를 듣고 성찰(reflection)함으로써 자신과의 화해와 통합, 성장과 성숙을 도모하는 과정이다. 특별히 마음치료의 과정은 5개의 단계로 구성된다.

① **Remember(기억)**
② **Reinterpretation(재해석)**
③ **Refresh(회복)**

④ Reformation(변화)

⑤ Recreation(부활)

마음공부, 마음수련, 마음치유 등 다양한 이름으로 마음을 고요하게 하고 내면의 힘을 일깨우는 방법을 공부하는 것은 우리들에게 유익하다. 마음, 구체적으로 생각을 바꾸면 뇌가 변하고, 신경화학 물질이 변하고 유전자 활동 스위치가 변하고 에너지장이 변하면서 내 몸과 삶이 함께 변해 나간다. 마음치유의 핵심은 삶의 밝은 면, 긍정적인 면을 선택하고 집중하는 것이다. 그리고 희망에 찬 미래를 상상하는 것이다. 그 프로세스는 부정적인 기억과 마음의 상처를 치유하는 '정화훈련'의 과정, 주목해야 할 대상을 선택해 밝은 생각의 습관을 만드는 '집중훈련', 건강한 몸과 마음을 준비하는 '상상훈련'의 과정을 거치면서 마음이 몸을 새로운 삶으로 이끌어 나갈 수 있도록 이끌어준다.

내면이 어두워진 이유는 사람마다 각각 다르다. 그가 살아온 삶의 마디마디 만났던 사람들과 일어났던 사건들, 경험이 주었던 역동과 감정의 파고들을 관찰하며 무엇이 나의 마음을 부정적이고 어둡게 만들었는가를 찾아내야 한다. 원인을 찾아내야 한다. 그것은 발병의 뿌리를 잡아내는 일이다. 자신의 삶의 전반을 성찰하며 진단하는 내면의 작업을 진행하는 것이 첫 번째 과정이다. 자각하고 진단한다는 의미는 과거의 기억으로 다시 돌아가 돌이킬 수 없는 사건들과 삶들을 다시 나의 의식의 영역으로 가져오는 일이다. 특히 누군가로부터 받은 마음의 상처와 그로 인해 생겨난 분노와 원망, 우울과 침체는 '용서'라는 의지적 작업을 통해 극복할 수 있도록 노력해야 한다. 이제 구체적으로 5단계로 이루어진 치료의 과정을 전개해 본다.

제1단계: Remember(기억하기)
- 분노의 감정 기억하고 인식하기: 자신의 이야기 쓰기

기억하기는 마음을 치료하는 시작입니다. 과거의 후회와 원망, 불운했던 일들이나 해결되지 않은 감정들(무의식)은 의식으로 급작스레 올라와 삶을 불안하게 우울하게 때로는 분노하게 만듭니다. 내 마음 기억의 창고를 정돈하는 작업이 필요한 시간은 인생의 중반기에 우리를 찾아옵니다.

상담자는 현재 분노의 감정에 휩싸인 내담자가 스스로 자신의 분노를 발견하도록 도와준다. 그리고 내담자가 자신의 분노 감정을 피한 적이 있는지 아니면 계속해서 직면하고 있는지를 알아본다. 만일 내담자가 자신의 분노 감정을 수치스러운 것으로 여기고 억압하고 있었다면, **그 억압에 사용된 방어기제(예: 부정, 억제, 억압, 전위, 퇴행, 동일시 등)로는 어떤 것들이 있었는지에 대해 스스로 찾아보게 도움을 준다.** 이 평가가 이루어졌다면 상담자는 곧바로 내담자가 분노 감정에 직면하도록 도와준다. 분노 감정이 왜 생기게 되었는지를 알아내는 과정에서 다시 자신의 과거 상처를 기억해야 하는 아픔이 따르는데, 이때 상담자는 그 **분노 감정은 지극히 정상적인 것이며, 절대 부끄러운 것이 아님을 인식시켜 주고 이에 직면하도록 용기를 주어야 한다. 곧 분노는 행동을 취할 수 있도록 동기를 부여하며, 잘못된 일이 있을 경우 그것을 시정하도록 도움을 줄 뿐 아니라 자신의 자존감 유지를 위해서도 상당히 긍정적이며 건강한 감정**임을 알게 해야 한다. 그 분노의 감정이 부정적으로 표출될 때에만 비로소 부정적 결과가 도출되는 것뿐이다. 상담자는 이러한 과정을 위해 내담자가 스스로 자신의 이야기를 요점화하여 기록하게 한다. 여기에는 다음과 같은 체크리스트가 사용될 수 있다.

- 당신의 분노는 어린 시절에 근거합니까? 아니면 최근의 어떤 사건 때문입니까? 그 감정에 연루된 사람들은 누구입니까?
- 당신이 느끼고 있는 분노나 부정적인 감정들의 목록을 간단히 적어보십시오. 그리고 그 분노의 감정에 스스로 점수를 매겨보십시오. 분노의 감정이 가장 강한 상태가 10점이고 가장 약한 상태가 1점입니다.
- 각 항의 감정들이 시간의 흐름에 따라 어떻게 변화했는지에 대해 설명해 보십시오. 어떤 것은 시간이 지나면서 감정이 순화되기도 하고 어떤 것은 시간이 갈수록 심화될 수도 있습니다.
- 당신은 그 사람에게 직접 그 감정들을 토로합니까? 아니면 다른 사람들에게 그 분노를 대신하고 있습니까?
- 당신이 느끼고 있는 분노의 감정이 부끄럽고 미숙하다고 생각합니까? 아니면 건강하다고 생각합니까? 그 이유는 무엇입니까?
- 일상에서 특별히 이러한 분노 감정이 더 북받칠 때가 있다면 언제입니까? 그 감정 때문에 구체적으로 생활에 방해를 받는다면 어떤 경우입니까?
- 당신은 이 분노 감정으로 생긴 수치심이나 죄의식 등을 가지고 있습니까? 그 감정에 대해 점수를 매겨 보십시오.
- 그 가해자 때문에 얼마나 많은 에너지를 낭비하고 있습니까? 또 그 때문에 생기는 스트레스는 어떤 것입니까?
- 당신의 상처가 삶에 단순한 변화를 일으켰습니까? 아니면 영구적인 큰 영향을 끼쳤습니까?

이 외에도 상담자는 여러 가지 질문을 하면서, 내담자가 스스로 자신의 상처와 관련된 이야기를 써 나가도록 도와준다. 이러한 작업은 내담자가 자신의 존재를 여러 각도에서 바라볼 수 있도록 도움을 줄 뿐만 아니라, 이야기를 쓰기 시작하면서부터 이미 치유를 경험하게 된다. 이러한 이야기 쓰기는 자신의 과거를 들여다보게 되고 현재를 검토하며 미래를 준비하는 데 무척 중요한 자료를 제공해 준다. 한편, 구체적인 과거의 사건에만 초점을 맞추어 이야기를 쓰는 것이 아니라 매일의 삶에서 그 사건과 직접 관련되지 않았더라도 다른 많은 자신의 이야기를 쓰는 것도 권장할 만하다. 이것은 매일의 삶에 대한 성찰을 통해 차츰차츰 자신이 정화와 용서를 통한 새로운 마음을 향한 여정을 걷고 있음을 체험할 수 있게 하는 근본적인 치유의 원천이 된다. 이때 중요한 것은 이야기를 쓰는 시간과 날짜를 반드시 기록해 두어야 한다는 것이다. 이것은 내담자 자신의 현재의 마음 상태와 이후의 마음 상태의 변화를 체크하기 위한 것이며, 이를 통해 이야기를 쓰기 전 상태와 이후의 상태에 대한 상담의 결과도 평가할 수 있다. 이렇듯 자신의 이야기 쓰기는 치료의 중요한 한 부분이며, 이미 그 이야기를 쓰고 있는 순간 자신도 모르게 감정의 순화를 체험하게 된다. 다음은 이러한 이야기 쓰기를 위한 원칙들이다. 상담자는 이러한 이야기 쓰기의 원칙을 내담자가 염두에 두도록 도와준다.

① 취향에 따라 컴퓨터에 기록할 것인지 두꺼운 노트에 기록할 것인지를 먼저 정하고, 자신의 현재의 삶을 중심으로 할 것인지 아니면 과거의 삶을 중심으로 할 것인지 나름대로의 이야기 형태를 선택한다.

② 상담자가 각 회기마다 던져 주는 질문들에 초점을 맞추어 이야기를 전개해 나갈 수 있도록 쓰기 전에 미리 마음속으로 준비를 한다.

③ 이야기를 쓰는 시간을 정하면 좋다. 아침형 인간인지 저녁형 인간인지도 고려할 수 있다. 하루 중 가장 정신이 맑고 스케줄에 영향을 받지 않는 고요한 시간에 작업을 한다.

④ 이야기를 쓰는 장소도 정해 두면 좋다. 이곳저곳에서 쓰는 것이 아니라 자신의 일을 중단하고 고요히 머무를 수 있는 적당한 장소가 좋다.

⑤ 세세한 것을 기록하다 보면 내용이 너무 산만해지므로 요점을 기록하는 방식으로 쓰는 것이 좋다.

⑥ 강박을 느끼며 이야기를 쓰지 않고 자연스럽게 부담 없이 이야기의 속도를 조절할 수 있다. 이 작업이 오히려 자신을 구속해서는 안 된다.

⑦ 이 이야기는 나의 내면에 관한 이야기인 만큼 다른 사람의 손에 들어가지 않도록 주의를 기울인다.

⑧ 이 이야기가 만일 다른 사람에게 알려지는 경우에는 어떻게 할 것인지를 미리 생각해 놓아야 한다. 또는 본인이 죽은 뒤 다른 사람들이 이 기록을 어떻게 다루어 주기를 원하는지 미리 밝혀 두는 것도 좋다.

⑨ 이야기를 쓰는 도중에 발생하는 수많은 정서적인 반응들에 대해서는 혼자서 해결하려 하지 말고 상담자와 논의한다. 또한 자신이 스스로 처리할 수 없는 감정들은 신뢰할 수 있는 사람들의 도움을 통해 해결해 나가는 것이 좋다.

제2단계: Reinterpretation(재해석하기)

기억된 일들은 바꿀 수 없는 과거의 사건입니다. 결코 바꿀 수 없는 사건을 새롭게 해석함으로써 히스테리적 비참을 평범한 불운으로 바꾸는 치유의 과정이 필요합니다. 그릇된 과거의 믿음에서 벗어나야 합니다. 부모, 사회, 문화, 종교, 과거의 경험 등 우리의 기억 속에 저장된 명령들과 가치들을 새롭게 해석하여 기존의 명령에서 벗어나야 자유로워집니다.

제1단계에서 내담자가 자신의 과거 사건과 현재의 상처 그리고 그 때문에 생긴 분노와 기타 여러 부정적인 감정에 대해 기억하고 인식하게 되었다면, 이제 구체적으로 치유를 위해 과거의 사건에 대한 재해석이 필요함을 깨닫고 가해자를 새롭게 해석하려는 결심을 하도록 도와준다. 이러한 결심을 하는 데 다음과 같은 체크리스트가 도움이 될 것이다.

- 당신은 지금까지 이러한 감정에 대처하는 여러 방법을 써왔을 것이다. 그러한 방법에는 어떤 것들이 있으며, 그것들이 지금까지 효과가 있었는가? 그 방법들의 효과에 대해 각각 1에서 10까지 점수를 매겨 보라. 이러한 방법들의 효과가 미진했다면 이제 마지막 대안으로 용서가 필요함을 느끼는가?

- 정말 용서를 통해 변화하고 싶은가? 그렇다면 당신이 생각하는 용서의 정의는 무엇인지 적어 보라. 혹시 거짓 용서, 곧 조건이 있는 용서이거나 과거의 사건을 잊어버리기 위한 용서 또는 스스로 가해자를 용서한다는 의식을 통해 도덕적으로 우월감을 느끼기 위한 방편으로 용서를 생각하고 있는 것은 아닌가?

- 만일 그렇다면 당신이 생각하는 용서가 진실된 용서와 차이를 지니게 된 원인은 무엇인가? 이러한 차이점은 단순히 우연적인 것인가? 아니면 심각하게 고려해야 될 사항인가?

- 당신이 만족할 수 있을 때까지 이러한 용서의 차이점을 계속해서 극복해 나가야 하므로 상담자와 꾸준히 대화하라.

- 이제 진정한 용서를 할 마음의 준비가 되었으면 의지를 모아 결심을 하라.

- 이러한 용서의 결심이 바로 나 자신을 위한 것임을 다시 한번 명심하고, 처음에 잘되지 않더라도 용서란 반드시 충분한 시간을 거쳐 이루어지는 것임을 생각하여 희망을 잃지 말라. 또한 용서란 누가 강요해서 이루어지는 것이 아닌 만큼 절대 상담자나 다른 사람들의 충고를 듣고 억지로 이 과정에 들어서지는 말라.

이 두 단계는 사실 **내담자 편에서 과거의 사건을 재해석하기 위한 준비 단계의 성격**이 더 강하다. 따라서 이 첫 번째와 두 번째의 단계에서는 상담자가 직접적인 개입을 하기보다는 **내담자가 스스로 과거의 사건을 재해석할 수 있는 마음의 정리를 할 수 있도록 뒤에서 기다려 주고 지켜보아 주는 역할**을 할 수 있다. 과거의 사건을 재해석한다는 것은 다름 아닌 '용서'라는 인류의 보편타당한 가치이자 영성의 중요한 테마의 시작이다.

만일 내담자가 구체적으로 지금까지 상처 치유를 위한 모든 방법을 써 보았지만, 효과를 보지 못해 '용서'밖에는 다른 대안이 없다고 스스로 느끼며 결국 용서하기로 마음을 먹었다면, 이는 용서의 세 번째 네 번째 단계를 시작하는 때이며, 상담자는 앞서 두 단계에서보다 훨씬 더 적극적으로 내담자를 도와주는 역할을 하게 된다.

제3단계: Refresh(회복하다)
- 기존의 '틀'을 해체하는 작업

기존의 저장된 명령에서 벗어나면 좌절과 분노, 쓰라림과 우울 그리고 불안이 우리를 괴롭힙니다. 주변의 사물들과 사람들을 마음대로 통제할 수 없고 미래가 불확실해질 때, 기존의 틀은 심각한 위기를 느끼게 됩니다. '틀'의 억압에서 벗어나야 자유로워지고 회복될 수 있습니다.

용서하기로 마음의 결심을 굳혔다면 용서를 위한 구체적인 작업에 들어간다. 이를 위해서는 일단 과거의 사건과 가해자에 대한 새로운 시각의 이해가 필요하다. 과거의 사건을 어떻게 바라볼 것인지는 스스로의 주관에 많이 달려 있다는 사실을 인지해야 한다. 따라서 상담자는 이 단계에서 내담자가 자신에게 피해를 준 가해자와 자신의 과거 사건에 대한 인식이 구체적이고 객관적인 사실에 바탕을 두고 있다 하더라도 그것을 평가하는 관점을 좀 더 긍정적으로 변화시킬 수 있도록 도와주어야 한다. 만일 내담자가 지금까지 가지고 있었던 이해와 전혀 다른 또 다른 사실을 깨닫게 된다면 용서는 훨씬 더 쉬워질 수 있다.

(1) 상대방을 이해하고자 노력하기

이 세 번째 단계는 이전의 첫 번째와 두 번째 단계가 자신의 이야기와 자신의 분노 감정에 초점을 맞추어 자신을 다시 바라보는 기회를 가졌던 것과는 반대로 **상**

처를 준 상대방을 더 깊이 이해하기 위한 작업의 단계이다. 따라서 상담자는 내담자가 지금까지 가해자에 대해 생각해 보지 못했던 점이 있다면 그것은 어떤 것이었는지에 더 초점을 맞추어 적극적으로 내담자를 인도해 나가야 한다. 어떤 사람은 상담자의 도움 없이도 스스로 이러한 사고의 유연성을 보일 수 있지만 어떤 내담자는 이러한 상담자의 길 안내가 없을 경우, **그동안 자신은 무조건 피해자이며 가해자는 무조건 나쁜 사람이었다고 생각하는 사고 유형**에서 결코 자유롭게 벗어날 수 없다.

다음은 상담자가 내담자를 좀 더 마음과 이성을 열어 가해자를 이해할 수 있도록 도와줄 수 있는 여러 가지 설명들이다. 상담자는 내담자에게 이러한 설명과 질문들을 듣고, 첫 번째 단계와 두 번째 단계에서 자신의 이야기를 기술한 그 방식으로 가해자의 상황을 이해하기 위한 이야기를 계속해 나가며 변화할 수 있도록 이끌어준다.

상담자 편에서 해 줄 수 있는 도움말의 예시를 살펴보자. 이것은 구체적인 치료의 과정에서 상담자가 진행했던 과정을 정돈해 놓은 것이기에, 실제 상담과정에서 충분히 나의 것으로 적용하여 활용할 수 있을 것이다.

질문 1. 나에게 상처를 준 그 사람은 어린 시절을 어떻게 보냈습니까?

가해자가 아동기와 청소년기를 어떻게 보냈는지 아는 대로 기술해 보십시오. 많은 경우 상처를 준 사람은 나와 무척 가까운 사람이었을 것입니다. 따라서 그 사람의 과거에 대해 누구보다 잘 알 수 있는 경우가 많습니다. 이 어린 시절에 대한 정보가 없다면 당사자에게나 아니면 다른 주변 사람에게 물어 알아볼 수도 있을 것입니다.

그 사람은 행복한 유년 시절을 보냈습니까? 혹시 부모에게 상처를 받았거나 가난에 찌들었거나 큰 신체적 질병에 시달렸거나 주변 친구들에게 외면을 당했거나 등등의 특별한 사항은 없었습니까? 그리고 그러한 상황이 있었다면 가해자는 그 당시 어떤 마음을 가지고 있었고 어떻게 그 상황을 대처하며 지금까지 살아왔을까요?

때로는 당신에게 상처를 준 사람의 과거에 대해 절대 알 수 없는 경우도 있을 것입니다. 이때는 개인적인 질문이 아닌 철학적이고 종교적인 관점에 바탕을 둔 4번과 5번의 질문에 근거하여 이야기를 써 내려가도 좋습니다.

질문 2. 당신에게 피해를 줄 당시에 그 사람은 어떤 상태였습니까?

당신이 상처를 받은 그때에 가해자의 여러 차원(지성적, 심리적, 정서적, 육체적, 경제적, 가정적)에서의 환경은 어떠했습니까? 극한 상황에서 아주 힘든 상태였습니까? 상당한 스트레스에 처한 상태였다면 그것은 어떤 것이었습니까? 당신에게 했던 그 말이나 행동이 만일 우발적이고 일회적이었다면 그 당시에 그 사람의 상황이 정상이 아니었을 가능성이 큽니다.

반면에 당신이 받은 상처가 일회적인 것이 아니라 계속적으로 반복되는 생활 속에서 누적된 것이라면, 왜 가해자는 그처럼 당신에게 계속적인 상처를 입히는 삶의 유형을 가지게 되었을까요? 당신의 어떤 말이나 행동이 원인이 되었던 것은 아닐까요? 혹시 어린 시절의 가정환경이나 부모의 문제 때문에 그러한 행동이 생겨나게 된 것은 아닐까요?

질문 3. 구체적으로 상처를 주었던 그 사건을 일단 접어두고 그 사람과의 원래의 관계에 대해 진술할 수 있습니까?

그 사람과 얼마만큼 오랫동안 알고 지내왔습니까? 만일 당신이 좋아하고 사랑하는 사람이었다면 적어도 그 사람에 대한 긍정적인 면이나 장점들을 몇 가지 찾는 데 어려움이 없을 것입니다. 마음에 떠오르는 과거의 좋은 관계에 대한 기억이나 이미지는 없습니까? 상대의 가해 사건 외에 그 사람과 행복했고 기쁜 추억들을 가지고 있지는 않습니까? 그 사람 나름의 좋은 점들을 찾아보십시오.

두 사람이 오랫동안 알고 지내는 사이였다면 관계성의 측면에서 당신이 상처를 받은 그 사건 자체가 가해자 측에게도 또한 상처요, 부정적인 체험이었을 가능성이 있습니다. 이에 대해서는 어떤 생각이 드십니까? 가해자는 당신에게 상처를 주고 나서 행복해졌다고 보십니까? 아니면 똑같이 어렵고 힘든 고통의 시간을 보내고 있습니까? 가해자는 당신에게 이러한 상처를 주고 나서 인생이 어떻게 변하였습니까?

질문 4. 철학적 관점에서 본 그 사람은 어떤 사람입니까?

질문이 어려울 수 있을지 모르겠지만 이 질문과 다음 질문은 구체적인 나의 시각을 벗어나 세상과 인간에 대한 이해를 좀 더 형이상학적인 관점에서 바라볼 수 있게 도와줄 것입니다. 이는 그 가해자를 당신과의 둘만의 관계 안에서만 바라보는 것이 아니라, 그 관계를 전체적인 인간의 시간적 역사 안에서 그리고 동시대를 살아가는 수많은 세상 사람들의 관계 안에서 바라보는 것을 뜻합니다. 곧 이 관점은 '나' 자신의 관점에서만 세상을 바라보는 것이 아니라 역사적인 시간과 세계적인 공간이라는 넓은 관점에서 나와 가해자를 인간 세상의 한 구성원으로 바라보는 시각입니다.

이러한 시각 안에서 **우리는 모두 세상에 살아가는 가치 있는 한 인간으로서 서로 존중받아야 하는 존재임을 깨닫게 됩니다. 나는 비록 상처 입었지만 그렇다고 해서 그 상처를 준 사람도 반드시 상처를 받아야만 한다는 논리는 이 철학적 관점 안에서는 타당하게 받아들여질 수는 없는 이야기입니다.** 이러한 관점에서 보면 **인간은 상처를 주는 인간으로서 살아가기도 하고, 상처를 받는 입장에서도 살아가게 됩니다.** 곧 나는 현재 상처를 입은 피해자의 입장이지만 어느 면에서는 어떤 다른 사람에게 동시에 피해를 주는 가해자의 입장으로 살아갈 수도 있다는 것입니다. **따라서 누가 상처를 입혔거나 입었거나 하는 구체적인 사건의 인과관계를 따지기에 앞서 모든 인간관계 안에는 이러한 상처가 존재한다는 현상학적 인식을 가질 필요가 있습니다.** 인간관계 안에서 상처는 어쩌면 본질적으로 서로 주고받을 수밖에 없는 필요악처럼 인식됩니다.

이러한 관점을 받아들일 만한 여유가 생기십니까? 만일 그렇다면 자신이 받은 상처에 대한 개인적인 고통은 훨씬 더 숭고한 차원에서 승화될 수 있을 것입니다. 어떤 상처에 대한 고통의 체험 강도가 개인적이며 감정적인 차원에서 느껴질 때는 무척 견디기 힘들 수 있지만, 그 고통에 대한 이해가 이처럼 **철학적이고 인간학적인 인식 차원으로 승화**된다면 상대적으로 그 강도는 약화될 수 있습니다. 신기한 것은 상처를 분명히 받았음에도 그것을 상처라기보다는 인생의 한 과정 안에서 자연적으로 겪게 되는 삶의 일부로 받아들일 수만 있다면 자신은 훨씬 더 자유로워질 수 있다는 것입니다.

예를 들어 사랑하는 사람을 잃었다고 합시다. 그 죽음의 원인이 구체적으로 어떤 사람이었을 경우(사고이건 고의적이건 간에) 그에 대한 분노는 이루 말할 수 없을 것이며, 그는 용서할 수 없는 나의 원수가 될 수 있습니다. 그러나 이 죽음에 대한 사건을 단순한 개인적인 시각으로만 바라볼 것이 아니라, 한 번 세상에 태어나 한 번 죽어야 하는 세상과 인간의 삶과 죽음에 대한 현상학적 이해의 차원으로 바라보는 것도 필요합니다. 만일 이러한 관점이 가능하다면 우리는 구체적인 사람에 대한 분노와 증오심에 초점을 맞추었던 태도에서 좀 더 겸허한 마음으로 세상과 사람을 대하거나, 또는 종교적 초심으로 돌아가는 자신을 체험할 수 있을 것입니다. 이러한 마음은 용서를 가능하게 만드는 중요한 요소입니다.

질문 5. 종교적 관점에서 볼 때 가해자는 당신에게 어떤 존재입니까?

당신이 만일 영적이고 신앙적인 관점에 대해 관심이 없다면 이 질문에 대답하지 않아도 좋습니다. 하지만 대부분의 사람은 자신의 삶의 철학과 이러한 영적인 견해에 대한 통합을 이루려 한다는 사실을 염두에 두고 한 번쯤 생각해 보는 것도 좋을 듯합니다. 물론 이 질문은 특정한 신앙을 이야기하려는 것이 아니고 당신이 현재 가지고 있는 인생관 안에서 좀 더 영적인 측면을 강조하여 당신의 마음을 넓혀가는 기회를 드리려고 하는 것입니다.

대부분의 유일신 종교의 전통은 아무리 사악한 인간이라 할지라도 구원받을 수 있는 길이 있음을 말하고 있습니다. 비록 사악하고 이기적인 사람일지라도 회개하고 변화할 수 있는 가능성을 언제나 가지고 있습니다. **따라서 당신은 그 가해자를 단순히 당신에게 해를 끼친 사람으로만 볼 것이 아니라 하느님의 신성하고 신비로운 계획 안에서 나름대로 어떤 존재 목적을 가지고 있다는 것을 인정할 수 있습니**

까? 또한 한걸음 더 나아가서 **그 사람이 당신의 삶에 비록 상처를 안겼지만, 그것이 꼭 부정적인 상처로만 기억되는 절대적인 악(惡)으로 보아야만 합니까?** 하느님께서 허락하신 어떤 심오한 계획 안에서 나의 긍정적인 변화를 위한 시련 가운데 하나로 생각할 수는 없습니까? 따라서 그 가해자를 더 넓은 하느님의 심오한 계획 안에서 어떤 역할을 수행했던 한 사람으로 기억할 수는 없습니까?

우리는 이러한 하느님의 섭리를 삶의 여러 사건을 통해 경험하고 있습니다. 예를 들면 불치의 병에 걸려 투병하는 환자들 가운데는 정상인이 이해할 수 없고 현실에서 찾아볼 수 없는 내적인 평화와 행복을 체험하는 사람들이 있습니다. 물론 그들이 처음부터 이러한 마음을 갖는다는 것은 어려운 일이지만 **하느님의 은총과 섭리의 힘은 이들의 현세적이고 실제적인 불행을 오히려 영적으로는 더 큰 깨달음과 안식에 이를 수 있도록 이끌어줍니다.** 곧 **영적인 측면에서 보면 현실의 시련과 고통은 오히려 더 성숙한 자아로 나아가기 위한 하나의 기회며 과정인 것입니다. 당신의 고통과 상처를 이러한 일련의 영적 변화의 과정 안에서 이해할 수 있는 여지는 없습니까?**

또한 영적이고 신앙적인 사람들은 자기 스스로 모든 것을 해결할 수 없음을 깨닫는 겸손한 마음을 갖습니다. 이런 의미에서 당신은 자신의 고통과 상처를 치유하는 최선의 방법인 용서의 힘을 얻는 데 하느님의 도움이 절대적으로 필요하다고 느끼십니까? 그렇다면 당신은 용서를 하는 데 어떤 도움이 필요하며, 그 도움을 어떻게 얻을 수 있다고 생각하십니까?

종합: 이제 당신은 자신에게 상처를 준 그 사람에 대해 당신이 지금까지 위의 질문에 답하며 생각해 왔던 여러 가지 관점들을 종합할 시간입니다. 당신이 처음 그

가해자를 생각했던 관점과 지금 이러한 질문들에 답을 해 나가면서 얻은 관점 사이에 차이점을 느끼십니까? 바뀐 점이 있다면 그것은 무엇입니까? 어떤 느낌이 드십니까? 이것들을 구체적으로 이야기 형식으로 기록해 두십시오.

(2) 가해자에 대해 공감하기

물론 가해자에게 처음으로 가지고 있던 감정에 변화가 없다면 공감은 불가능하다. 이것은 위의 다섯 가지 질문에 답을 하면서 점차로 상대도 상처를 받은 사람이요 나와 마찬가지로 어떤 사람에게서 또는 어떤 구체적인 환경에서 나름대로 상처와 고통을 겪고 있었음을 깨달을 때 가능해질 수 있다.

이러한 긍정적인 감정의 변화는 사람마다 차이가 있다. 따라서 상담자는 너무 급하게 이 단계를 내담자에게 요구해서는 안 된다. 때로는 이러한 공감에 대한 감정이 생겨나면서도 동시에 사라지거나 아니면 이러한 긍정적 감정의 변화가 오면서도 동시에 분노와 복수의 감정이 교차할 수도 있다. 상담자는 내담자의 상황에 너무 급격히 반응하지 말고, 시간을 충분히 주고 기다려야 한다. 이런 감정의 긍정적 변화를 기다리는 시간에 이야기 쓰기는 계속되어야 한다. 첫 번째 단계와 두 번째 단계에서 사용했던 이야기 쓰기가 이 세 번째 단계에서도 유용하게 사용될 것이다. 만일 자연적인 시간의 흐름에 따른 변화가 너무 요원하다고 느낄 때는 상담자 편에서 긍정적인 변화에 대한 노력을 적극적으로 요청해 볼 수는 있다. 예를 들면 "나는 아무개(상처를 준 사람의 이름)가 정말 행복하고 평안하기를 소망한다."라는 말을 반복해서 큰 소리로 암송하게 할 수도 있다. 상담자는 이때의 느낌을 내담자가 노트에 기록하도록 한다. 처음에는 짜증이 나고 불편한 마음이 드는 것이 정상이다. 또한, 분노의 감정이 오히려 더 북받칠 수도 있다. 그러나 상담자는 여기에 실망하지 말고 계속적으로 위와 같이 긍정적으로 용서하는 문장을 암송하도록 한다. 시간이 흐르면 분명 그 가해자를 생각할 때 조건반사와 같은 형식으로 연상되었던 분노의 감정이 서서히 변화되어 감을 내담자 스스로 느끼게 된다. 곧 내담자가 가해자의 이름을 부르면서 축복의 좋은 메시지를 자꾸 암송하다 보면 조건반사적 학습의 원리에 따라 점차로 그 가해자의 이미지가 바뀌게 되어 있다. 이것은 부정적 심상을 긍정적으로 바꾸어 주는 행동심리학적 접근인데 상담자는 때로 이러한 방법을 사용할 수도 있을 것이다.

(3) 자신의 고통을 받아들이고 가해자에게 마음을 전하기

이제까지의 노력으로 내담자는 점차로 가해자의 마음을 이해하게 되고 그 결과로 자신의 고통을 받아들이게 된다. 이런 상태에 이르면 상담교사는 내담자에게 구체적으로 가해자를 위한 선물을 하도록 이끌어 준다. 이것은 진정한 용서의 한 표현이며, 나아가 화해를 위한 시작이 된다. 다음과 같은 내담자의 고백은 용서의 동기와 종류가 조금씩 차이가 있다 하더라도 자신의 상처를 치유하기 위한 단계에 이미 들어서 있음을 보여 준다.

"나는 분명히 아버지를 이해하게 되었어요. 처음엔 정말 비열하기 짝이 없는, 인간 이하로 생각하였지만, 아버지가 얼마나 할아버지에게 인정을 받지 못하고 살았는지, 그리고 얼마나 심한 욕을 들으면서 자존심에 상처를 받았는지를 알고 난 뒤 분노보다는 동정심이 들었어요. 내가 만일 아버지의 상황에 처했다면 나는 더 형편없이 되어 가정을 꾸리지도 못했을지 몰라요. 그런 면에서 왜 아버지가 알코올 중독자가 될 수밖에 없었는지 이해가 가요. 아버지 마음속의 슬픔을 왜 진작 알지 못했는지 오히려 속상한 마음이 들어요."

"나는 그 사람을 이제 미워하지 않습니다. 그 사람을 통해 내가 누구인지 더 잘 알게 되었고 그 사람이 바로 내가 내 자신으로 살아야 한다는 것을 깨닫게 해 준 사람이었기 때문입니다. 나는 늘 그 사람에게 의지하며 살아왔기 때문에 그리고 그 사람에게 내 모든 인생을 걸었기 때문에 더 큰 상처와 배신감에 몸을 떨었던 것 같아요. 그러나 **아픔을 겪고 난 뒤 이제 내가 내 삶의 주인이라는 것, 누구도 나의 삶을 통제할 수 없다는 것을 알게 되었어요.** 그리고 그 사람은 바로 내 삶의 일부가 아니라는 사실을 인정한 뒤 그 사람을 마음속에서 놓을 수 있었습니다. 이러한 생각이 그를 용서하는 데 도움이 되었습니다."

"그 사람은 분명 내게 죄를 지은 사람이라서 내가 용서해도 분명 하느님께 벌을 받을 것이라고 생각합니다. 그 사람이 이 사실을 깨닫고, 이후부터는 새로운 사람으로 살아가기를 진심으로 기원합니다. 나는 그 사람을 용서합니다. 또한 그러한 용서의 행위가 그 사람의 죄를 묵인한다는 의미가 아니라는 사실도 잘 압니다. 따라서 이 용서는 그 사람을 위한 것이 아니라 바로 나 자신을 위한 것입니다. 더 이상 그 사람이 나의 삶에 부정적인 영향을 끼치는 것을 원치 않고 평화를 얻기 위한 것입니다."

"처음에 저는 우리 부처 상관을 죽이고 싶을 정도로 미워했습니다. 그 사람은 저를 벌레만도 못하게 취급했어요. 얼마나 내 자신이 한심해 보였는지 자살을 생각해 본 적도 수없이 많았습니다. 그 사람은 우리 직원들이 좋은 성과를 내면 자신이 한 일인 것처럼 꾸미고 모든 공로를 가로챕니다. 그리고 질책을 받을 일이 있으면 모두 제 책임으로 돌려 상부에 보고하도록 강요했습니다. 그런 이유로 저는 수없이 상급기관에 불려나가 질책을 당하고 시정 명령을 받는 역할을 했습니다. 그런데 이상한 일이 일어났습니다. 얼마 전 승진 발령에 제 이름이 끼어 있었던 것입니다. 그것도 차장에서 청장으로 승진한 것이었습니다. 전 믿기지 않았습니다. 이런 일이 어떻게 가능한지 이해가 가지 않았습니다. 사실 이 청장의 직위는 이전부터 저를 그토록 집요하게 괴롭히던 바로 그 상관에게 이미 내정되어 있었던 자리였습니다. 그러나 그 상관은 떨어지고 제가 올라갔으니 믿을 수가 없었습니다. 자초지종을 알아보았더니 상부에서는 제가 희생정신이 투철하고 상사와 부하직원을 사랑하는 마음이 지극하다고 보아 이를 아주 높이 평가했다는 것입니다. 인사위원회에서는 제가 늘 칭찬받는 좋은 보고는 제 상사에게 양보하고 질책을 당할 사항이 있으면 제가 희생해 온 것처럼 생각했던 것입니다. 결국 저는 저를 괴롭히는 상사 때문에 진급하게 된 것입니다. 이 모든 것이 다 하느님의 섭리라 생각하니 더 이상 그 사람을 미워할 수가 없었습니다. 물론 저에게 아주 못되게 굴었지만 **결국 그 상사 때문에 저는 진급을 하게 되었으니 원수가 아니라 은인이라 해야겠지요.**"

예로 제시한, 내담자 마음이 변화하게 되는 원인은 가해자의 상황과 마음을 이해함, 내 자신에 대한 새로운 깨달음, 자신의 행복과 치유를 진정으로 바람, 하느님의 폭넓은 섭리 안에서 가해자를 바라보는 데에 있었다. 내담자를 상대하는 상담자는 더 많은 상황에서 이처럼 용서를 가능하게 하는 여러 가지 이유를 체험할 수 있을 것이다. 이러한 체험이 쌓이면 상담자는 내담자가 어떤 상처를 입었는지에 대한 유형을 파악할 수 있고 어떻게 접근해야 하는지에 대한 노하우를 가지게 될 것이다.

상담자를 찾아온 내담자가 구체적으로 이렇게 용서하는 마음을 가지게 된다면 상담자는 **자신에게 상처를 입힌 바로 그 사람에게 구체적인 선물을 하도록 말해준다. 이것은 꼭 물질적인 선물만이 아니라 마음이 담긴 편지나 전화 통화와 같은 형식도 포함된다.** 또한 진정으로 마음이 담긴 기도를 봉헌해 주는 것도 아주 좋은 선물이 된다. 이러한 선물의 행위는 구체적인 용서의 실천적인 체험을 내담자가 얻게 된다는 의미에서 아주 중요한 요소가 된다. 이제 구체적으로 상대방을 향한 나의 감정적 에너지의 흐름이 변하기 시작함을 내담자가 느낀다면 제4단계를 통해 상담자는 그러한 **에너지의 방향을 내담자 자신으로 돌려 자신의 정체성에 대한 재구성을 꾀하도록 도와준다.** 곧 제4단계에서 내담자는 상대방과 세상에 대해 전혀 다른 관점과 변화된 감정을 경험하고 난 뒤, 다시 자기 자신으로 돌아와 이러한 영적 여행으로 나는 어떻게 변해 있으며 나에게 이 고통은 어떤 의미인지 그리고 나의 삶의 목적과 의미는 무엇인지 등등의 자아성찰 또는 영적 정체성의 재정립을 시작하게 된다. 이 과정이 다 이루어지면 내담자는 용서의 실천을 통해 진정한 영적인 자유를 느낄 수 있을 것이다.

제4단계: Reformation
- 변화하다. 영적인 자유 체험하기

변화의 과정은 치유의 과정입니다. 과거의 고통을 대면하여 그것을 견뎌내는 극복의 과정을 통해 변화합니다. 변화는 지금 여기, '오늘'의 새로운 의미와 가치를 발견하여 살아간다는 것을 의미합니다. 우리는 멈추게 만드는 모든 사건들과 기억들로부터 우리는 새로운 해석을 통해 회복하고 변화해야 합니다.

제1-2단계를 거치며 용서를 희망하고, 제3단계를 거치며 상대방과 세상에 대한 더 폭넓은 이해를 경험한 내담자는 이제 제4단계에서 자신을 돌아보는 성찰의 시간을 갖는다. 이제 내담자는 자신의 상처가 분명 고통이지만 그것이 주는 또 다른 긍정적인 의미를 발견하게 된다.

(1) 자신의 고통의 의미를 발견하기

빅터 프랭클(Victor Frankle) 박사는 **사람은 과거를 변화시킬 수 없지만 일어난 일에 대한 의미를 발견함으로써 그 고통에 대한 태도를 변화시킬 수 있다고 보았다. 곧 고통이라고 하는 마음의 괴로움은 그것을 견뎌내고 수용하며 의미를 깨달은 자에게는 그 고통의 정도가 경감된다는 것이다. 사람은 각자 나름대로 고통을 경험하고 있는데 그 고통 안에는 반드시 의미가 있다.** 그러나 이 의미는 그냥 체험되는 것이 아니라 그것을 찾으려는 노력을 통해서 얻을 수 있는 고통의 열매인 것이다.

상담자는 내담자가 용서의 3단계를 거쳐 사람과 사물을 바라보는 새로운 시각과 관점을 얻게 된 뒤에는 이처럼 자신의 고통에 대한 의미를 찾는 것이 훨씬 수월하다는 사실을 깨달아야 한다. 3단계를 거쳐서 온 내담자는 이제 새로운 국면으로서의 제4단계에서 역시 자신의 이야기를 써 내려가며 자신의 고통의 참의미에 대해 기술해 나간다.

여기에 상담자는 **고통에 대한 다음과 같은 일반적인 영적 의미를 내담자가 묵상할 수 있도록 이끌어줄 수 있다.** 인간은 누구나 자신에게 주어진 삶의 고통을 지고 살아간다. 이 고통의 길은 원하지 않는다고 피하거나 다른 형태의 모습으로 선택할 수 있는 것이 아니다. 이렇듯 **인간은 자신이 원하든 원치 않든 자신에게 주어진 삶의 고통을 지고 살아야만 하는 존재이기에 고통을 원망하며 부정하기보다는 자신만의 이 고통을 어떻게 지고 갈 것인지 더 깊이 생각**해야 한다.

'피할 수가 없다면 즐겨라.'라는 말도 있듯이, 이 세상에 신께서 허락하신 나만의 고통을 원망하지 않고, 그 고통 속에 깊이 숨겨진 참된 고통의 의미를 깨닫는 것이 중요하다. **예수님께서도 당신의 십자가의 길을 인간적으로는 피하고 싶으셨다. 그러나 예수님께서는 당신의 수난이라는 고통의 잔을 거두어주실 수만 있다면 거두어주시기를 아버지께 청원하시면서도 마지막 결정은 아버지의 뜻에 따르셨다.** 만일 인간이 자신의 의지와는 다르게 **인생의 고통을 경험하는 이 삶의 질곡을 하느님께서 나에게 그 고통을 통한 참된 의미를 발견하여 부활의 기쁨을 주시고자 마련하신 하나의 영적 선물로 받아들일 수만 있다면, 십자가의 길은 결코 고통으로만 얼룩진 인생의 걸림돌이 아닐 것이다.** 오히려 인간이 이 십자가를 통해서만이 참된 영적 자유와 기쁨을 느낄 수 있다는 사실을 깨달을 수 있다면 우리는 자신의 상처와 고통을 통해 더욱 영적으로 성숙한 자유인으로 거듭날 수 있는 기회를 얻을 수 있을 것이다.

자신의 상처와 고통에 대한 이러한 명상과 함께 내담자는 다음의 질문에 대해 깊이 생각하며 자신의 이야기를 진솔하게 써나간다.

① 이전의 당신은 고통에 대해 어떻게 생각했습니까?
② 지금 당신은 이 고통을 더 큰 삶의 상황 속에서 바라볼 수 있습니까?

만일, 이 질문에 긍정적인 대답을 하였다면, 하느님께서 어떤 의미로 나에게 허락하신 십자가라 생각하십니까? 또 그 결과 '나' 자신이 더욱 영적으로 성숙하게 되었다고 생각하십니까?

(2) 혼자가 아니라는 사실을 깨닫기

사실 용서는 혼자의 힘으로 이루어낼 수 있는 인간의 영역이 아니다. 상담자는 내담자가 1단계와 2단계를 통해 자신의 용서가 필요함을 깨닫고 이후에 제3단계를 거쳐 가해자와 세상에 대한 관점을 변화시키는 개인적인 용서의 길을 성공적으로 이루어냈다면 이제 영적 치유와 공동체적인 사랑의 도움을 통해 진정한 용서를 이루어낼 수 있는 힘을 얻는다.

필자가 소속된 가톨릭교회 공동체에서는 상처받은 내담자를 위해 먼저 전례와 성사(聖事)적인 도움을 주며 사랑의 힘을 깨달을 수 있는 기회를 마련한다. **잘 준비된 참회예절과 고해성사 그리고 성체성사를 통한 영적인 은총은 그 무엇과도 바꿀 수 없는 용서의 절대적인 내적 근간**이 된다. 내담자는 이러한 전례와 성사를 통해 하느님께서 자신을 버리신 것이 아니라 얼마나 자신을 사랑하시는지에 대해 깊이 느낄 수 있다. 하지만 앞서 언급한 대로 이 내적인 하느님 사랑에 대한 인식은 십자가 신학에 대한 깊은 성찰이 전제되어야 한다. 나에게 상처와 고통을 주고 나를 외면하시는 하느님이 아니라 그 고통을 허락하셨지만 나와 함께 아파하시고 그것을 잘 견디어내어 부활의 기쁨을 얻을 수 있도록 늘 옆에서 지켜보아 주시는 하느님에 대한 인식은 내가 결코 버림받았거나 혼자가 아니라는 믿음과 함께 용서를 통한 진정한 치유에 들어서는 중요한 열쇠가 된다.

(3) 삶의 새로운 방향을 설정하기

상담자가 용서를 통한 치유의 과정에 내담자가 상당한 진전을 보였다고 생각하면 이제 구체적으로 앞으로의 삶에 대한 새로운 목적과 방향을 설정할 수 있도록 도와주어야 한다. 진정한 용서의 과정은 내담자가 경험했던 상처와 고통에 대한 치유만이 목적이 아니라, 앞으로의 삶은 어떠해야 하는지를 전망하고 새로운 인생의 목적을 재정립하는 것까지를 뜻한다. 만일 이러한 삶의 재정립이 형성되지 않는다면 근본적인 치유는 이루어지지 않을 것이다.

이제 내담자는 상담자의 도움을 통해 앞으로 대인관계는 어떻게 이루어갈 것이며, '나' 자신이 사람과 세상을 보는 관점은 구체적으로 어떻게 설정할 것인지, 그리고 내 삶의 주인으로서 나는 어떤 인생의 목적을 가지고 살 것인지를 재정립하게 된다. 상담자는 이렇게 삶의 새로운 방향성을 설정하려는 내담자가 이 과정을 잘 이루어낼 수 있도록 내담자의 구체적인 상황에 맞게 잘 이끌어주어야 한다.

제5단계: Recreation
- 새로워지다: 용서를 통한 영적인 자유로움을 발견하기

변할 수 없는 과거의 사슬로부터 생겨나는 내담자의 신체적, 정서적, 사회적, 영성적 불균형과 부조화에 주목하여 '나'의 변화에 집중합니다. '나'는 이제 과거의 사건에 묶이지도 억압되지도 않고 재해석할 수 있는 힘을 가집니다.

이제 용서를 통해 내적 치유를 어느 정도 경험하고 있는지는 내담자 자신만이 알 것이다. 실제로 **내적인 치유는 영적인 자유를 선사한다.** 상담자는 내담자가 자신이 그동안 열심히 노력했고, 또, 과정을 통해 기쁨을 발견할 때에 큰 보람을 느낄 수 있을 것이다. 내담자의 마음이 어느 정도 안정되고 감정과 인식이 변화되었음이 느껴질 때 상담자는 내담자의 현 상태에 대한 나름대로의 평가를 통해 무엇이 더 필요하고 부족한지 그리고 어느 부분에서 자신이 성장했는지에 대해 구체적으로 알 수 있도록 배려해 줄 수 있다.

다음의 각 질문들에 답변하면서 내담자는 자신의 내적 상태를 솔직하게 1점에서 10점까지의 점수로 표기한다. 각 질문의 대답이 1점에 가까울수록 그 질문에 대한 부정이 강하다는 것을 뜻하는 것이고, 반대로 10점에 가까울수록 그 질문에 대한 긍정적인 의미가 강하다는 것을 뜻한다.

① 당신에게 상처를 주었던 그 사람을 생각해 보십시오. 당신은 그 사람을 생각할 때 어느 정도 화가 나십니까? (1점 = 전혀 화를 내지 않는다. 10점 = 극도의 화가 치민다.)

② 당신에게 일어난 그 상황과 상처를 생각할 때 수치심이 어느 정도 드십니까? (1점 = 전혀 수치스럽지 않다. 10점 = 극도의 수치심이 든다.)

③ 당신은 하루 동안 가해자에 대한 생각과 그가 나에게 한 일에 대한 생각이 들 때마다 그 감정과 생각을 추스르느라고 얼마나 많은 에너지를 소모하고 계십니까? (1점 = 매우 적은 에너지를 소비한다. 10점 = 하루 에너지의 대부분을 소비한다.)

④ 과거에 시도했던 다른 방법들에 비교해서 지금의 용서는 당신에게 어떤 효과를 내고 있습니까? (1점 = 다른 해결책보다 별로 효과적이지 않다. 10점 = 다른 해결책들에 비교하여 훨씬 더 효과적이었다.)

⑤ 이제 당신은 가해자에 대해 얼마나 많은 동정과 연민의 마음을 가지고 있습니까? (1점=절대로 동정이나 연민을 느끼지 않는다. 10점=아주 많은 동정과 연민의 마음이 든다.)

⑥ 당신이 겪은 그 고통을 받아들이기가 얼마나 어렵습니까? (1점 = 너무 어렵다. 10점 = 매우 쉽다.)

⑦ 당신은 사람을 진정으로 용서해 본 경험이 있습니까? (1점 = 없다. 10점 = 사람을 깊이 용서해 본 적이 있다.)

이 7개의 질문 가운데 마지막 질문을 뺀 나머지는 이미 용서의 1단계에서 평가해 보았던 사항들이다. 1번, 2번, 3번의 질문에 대한 새로운 평가점수가 이전의 점수보다 낮다면 사실 내담자는 영적으로 성숙하고 치유되고 있음을 반영하는 것이다. 또한 4번, 5번, 6번의 질문에서는 오히려 새로운 평가점수가 이전의 점수보다 높을 때 내담자 상황이 향상되고 있음을 뜻한다. 이 점수표를 보고 상담자는 내담자가 용서의 길을 통해 내적인 치유를 얻고 있는지, 아니면 예전과 같은 수준이거나 전보다 훨씬 더 상황이 악화되었는지를 가늠해 볼 수 있다.

문제의 답변에 양 끝의 점수, 곧 1점이나 10점의 점수로 대답하는 내담자는 사실 많지 않을 것이다. 따라서 상담자는 내담자의 현 상태가 과거의 상태와 비교하여 얼마나 변화하였는지 그 정도의 차이를 잘 읽어 내야 한다. 이때 상담자가 주의해야 할 사항이 있다. 간혹 어떤 사람들은 뚜렷한 향상을 보여 완벽한 용서를 이루어 낸 것처럼 점수가 나올 수도 있지만 이럴 때 그 점수의 참된 지위 여부를 염두에 두어야 한다는 것이다. 내담자는 자신의 진실한 상태를 점수로 표현했을 수도 있지만, 또 다른 변인이 개입될 가능성도 있기 때문이다. 아무튼 상담자는 내담자의 답변의 점수를 통해 가장 높게 발전된 사항에 대한 적극적인 지지와 칭찬을 아끼지 않아야 한다. 또한, 용서를 방해하고 어렵게 만드는 사항이 드러났다면 그것들을 천천히 다시 살펴보면서 대처해야 한다. 내담자가 이 모든 결과에 대해 만족하고 영적인 자유를 체험하기 시작했다면 이제 어느 정도 상담을 마칠 때가 다가옴을 서로가 느낄 수 있다.

이 상담의 종결은 '새로운 고통과 상처가 온다' 하더라도 이전보다는 훨씬 더 자유로운 마음으로 이 상황을 받아들일 수 있는 힘이 생겼다고 상담자나 내담자 모두 인정할 수 있을 때이다. 상담의 종결 뒤에도 이러한 용서의 과정을 매일의 삶에서 쉬지 않고 계속해 나간다면 점차로 내담자 자신은 용서가 처음보다 훨씬 쉬워지며 자신이 점점 영적으로 강해지고 자유로워짐을 느낄 수 있을 것이다.

지금까지 집중적 마음수련의 5단계에 대해 살펴보면서 우리가 결론적으로 알아야 할 점은, 과거의 사건의 재해석하는 마음수련은 일회적인 완성이 아니라 삶의 모든 과정을 통해 지속적으로 이루어지는 하나의 여정이라는 사실이다. 곧 상담자는 거의 대부분의 경우, 용서는 아주 갑자기 이루어지거나 짧은 시간 안에 높은 향상을 보이는 것이 아니라, 시간이 흐르는 과정 속에서 천천히 이루어지는 삶의 긴 여정의 일부라는 사실을 알고 있어야 한다.

보통의 경우 집중적 마음수련을 하고 나서 1년 또는 몇 년이 흐른 뒤에도 아직 오래 묵은 상처가 있음을 발견하는 것이 대부분이다. 또한, 과거의 사건을 재해석하고 난 뒤에도 새로운 상처들이 생겨나고 새로운 고통이 자신을 괴롭히게 됨을 느끼게 된다. 곧 인간은 끊임없는 마음수련의 과정을 통해 누구나 고통을 긍정적으로 받아들이는 준비를 할 수는 있어도 그것에 결코 면역될 수는 없다는 사실을 깨달을 수밖에 없다. 이런 이유로 상담자는 내담자의 상담 결과에 대해서 섣부른 샴페인을 터뜨리거나 때 이른 절망을 할 필요도 없다. 마음수련은 일회적인 결과로 완성되는 것이 아니라 우리의 삶 안에서 끊임없이 계속되어야 할 기나긴 여정이기 때문이다.

분석심리학자인 칼 융(Carl G. Jung, 1875-1961)은 '영신수련'이 일종의 적극적 명상으로서 인격의 통합을 위한 치유 효과를 발휘할 수 있다고 그의 저서 '적극적 명상'에서 말하고 있다. '영신수련'이 제시하는 관상 혹은 관조, 묵상의 방법은 자기실현 또는 개성화 과정에 크게 도움이 된다. 가톨릭교회 안에서 사용되는 '마음의 상을 본다'라는 '관상(觀像)'이라는 용어는 분석심리학에서 사용하는 개념과 대동소이하다. 분석심리학 치료기법의 하나인 '적극적 명상'은 '관상기도'라는 종교적 전통과 함께 이해한다면, 보다 깊이 있는 통찰이 가능할 것이다.

융의 분석심리학 관점에서의 정신치료(적극적 명상기법)는 의식과 무의식의 만남과 대결 그리고 소화의 과정을 통해서 양자를 통합하는 '개성화의 과정'으로 이루어진다. 적극적 명상이란 무의식과 대면하고 대화하는 방법으로써 무의식에서 일어나는 감정과 환상, 강박관념, 백일몽의 판타지를 경계하거나 비판하지 않는다. 오히려 그것을 적극적으로 의식계에 떠오르게 하고, 그것들을 객체화시켜 대화하는 방법이다. 적극적 명상에서 중요한 것은 환상에 대해 적극적 태도를 가지는 것인데, 여기에서 적극적인 태도란 '무엇인가 일어날 것 같다'라는 기대를 가지고 무의식에 적극적으로 주의를 기울이는 것을 말한다. 그러면 무의식의 정서와 상들이 명료화되어 의식 가까이로 다가온다는 것이다. 적극적 명상법은 꿈 분석을 사용할 때보다 전체성을 달성하는 데 더 효과적이다. 동시대 프로이트의 꿈 분석이 '무의식에 이르는 비단길'로 인정되었으나, 융은 여기에 적극적 명상을 더해 무의식을 탐구하는 두 가지 강력한 방법을 개척했다고 볼 수 있다.

이냐시오의 관상 기도 방법은 내담자가 상상력을 활용하여 구성한 복음서의 장면 안으로 들어가서 그 사건 구성과 진행에 참여하는 기도 방법이다. 기도자(내담자)는 복음서의 등장인물들을 바라보고 그들의 말을 듣고 대화를 나누고 때로는 그 장면의 세부사항을 오감으로 감각하기도 한다. 다른 말로 하면 기도자는 관상기도를 하는 동안 성서의 세계에서 신(예수)과, 등장인물(예수의 제자)들과 어울려 상상을 현실과 연결하려는 것이다. 그러는 동안 벌어지는 의식과 무의식의 흐름 안에 생겨나는 갈등과 조정국면, 화해와 통합 등의 프로세스를 융은 '적극적 명상'으로 명칭하기 시작한 것이다. 이제 융은 그것을 성서 안에서 벗어난 우리들 개인의 일상의 삶으로 끌고 온다. 관상의 상태에서는 꿈의 이미지들과 마찬가지로 아이디어들이 마음에 전개된다. 그러다가 갑작스레 서로 오랫동안 분리되어 있었기에 연결이 끊어져 있던 긴장이 풀리는 효과를 가져온다. 이와 같은 순간은 마치 계시(revelation)처럼 작용한다.[147]

오늘날 심리학적 고찰의 영향을 받아 종교 지도자들, 많은 영성가들도 죄와 회개를 강조하기보다는 상처와 아픔이라는 표현으로 심리학적 접근을 하는 경우들이 많다. 종교인들과 영성가들은 인간은 세상의 죄와 악의 피해자로서 상처받은 존재일 뿐만 아니라, 이 죄와 악에 능동적으로 협력하기도 하는 이중성을 가지고 있으므로 인간의 죄스러움을 회피하고는 인간의 전체 면모를 다루는 것이 아님을 분명히 한다. 앞에서 소개한 치료 방법 중에서 죄스러운 행위에 대한 올바른 죄책감을 배제하지 않을 것인데 그것은 인간의 자아 정체성과 관련하여 매우 중요한 요소이므로 올바르게 강조되어야 한다는 입장에 충분히 동의하기 때문이다. 자기용서(자기면죄부)는 불완전한 결정이며, 무질서한 애착을 합리화하고 되풀이하게 한다. 올바른 죄의식과 건전한 죄책감은 참다운 나를 지켜 주는 등대와도 같다.

'영성수련'은 고통과 상처로부터 자유로워진 영혼이 통합과 융합으로 나아가는 과정을 역동적으로 보여 준다. 상처로부터, 오래된 기억으로부터 자유로워진 사람

---

147)   C.G. Jung. (1946), Analytical Psychology and Education, The Development of Personality, C.W. 17, Princeton: Princeton University press, 1977.

이어야 타인들과 건강하게 만나고 평화롭고 조화로운 삶이 가능하다. 거짓 자아로는 온전한 관계를 이루는 것이 불가능할 뿐만 아니라, 참 자아를 죽이는 일이 되고 말 것이다. '영성수련'에서는 마음의 상처를 치유하는 것이 중심적 과제이다. 이냐시오의 영성수련을 융의 적극적 명상에 의한 통합과 치유로 이해된다면 종교 안에서뿐만 아니라 그 밖에서도 상당히 강력한 마음치유의 도구로서 활용될 수 있을 것이라 생각된다. 결국 '영성수련'에서 치유는 인간 무의식 안에 도사리고 있는 과거의 상처와 좌절, 고통과 시련을 새로운 방법으로 의식 안으로 불러들여 온전히 치유하고 회복하는 치료의 효과적인 도구로 활용될 수 있다.

글을 맺으며

살아가면서 변해야 한다는 생각을 여러 번 하지만 그것이 쉽지 않다. 늘 해 오던 방식과 궤적을 쉽게 바꾸지 못하면서도 변화를 위해 오늘의 '나'를 다그치고 불질 한다. 그러나 부질없이 오늘의 '나'는 여전히 그대로 오늘을 살아간다. 정작 인간이 변하기 위해서 바꾸어야 할 것은 '오늘'이 아니라 바로 자신의 '과거'다. 과거를 바 꾸어야 오늘을 바꿀 수 있고, 내일을 바꾸어 나갈 수 있다. 과거에 일어났던 일이나 흘러버린 시간을 어떻게 바꿀 수 있단 말인가! 불가능하다. 이미 벌어진 일이나 사 건을 다시 변경할 수는 없다. 그러나 "재해석"은 가능하다. 나에게 일어났던 받아 들일 수 없었던 상처와 좌절, 고통과 불운의 시간을 의미 있게 재해석하는 것은 가 능하며, 그것은 새로운 오늘의 '나'를 출발하게 한다. 오늘 나의 마음이 재해석되어 바뀌면 과거와 미래가 동시에 바뀐다.

사람들은 자기 과거를 잘 안다고 생각하지만, 과거는 그리 잘 보이지 않는다. 인 생의 중년에 이르면 위기가 찾아온다. 소위 '중년의 위기'라는 인생의 터널을 잘 지 나가는 사람들도 있지만 20대의 미숙함, 30대의 치열함, 40대 세찬 세월의 바람에 흔들리며 부지불식간에 오십, 지천명의 나이에 이르러 인생의 방향을 두고 혼란과 위기를 맞이하는 동료들을 보게 되었다.

그러나 숱한 세월을 거쳐 온 오십에게는 축적된 인생의 지혜가 있었다. 자신의 인생을 조망할 수도 있고, 죽음이 어렴풋이 보이기도 하면서 남아 있는 시간이 그 리 많지는 않다고 여기며, 삶의 소중함을 생각하기도 한다. 우리에게 찾아온 불안은 우리를 겸손하게 만든다. 다른 사람을 받아들일 수 있는 여지를 만들어 준다. 그래서 오십에는 열매를 맺는다. 꽃이 피고 열매를 맺는 절정의 시간은 나무로서는 힘이 빠지는 시기이다. 몸에 생겨나는 많은 변화들이 불안과 불안정감을 느끼게 하는 것은 자연의 이치다. 그러기에 그동안 수용하지 못하던 사람들도 수용하게 된다. 나는 눈에 보이지도 않는, 어머니와 아버지의 작은 씨앗에서 발아되면서 시작되었다. 나의 마지막도 눈에 보이지 않는 작은 먼지로 돌아가게 될 것이다. 모여들고 흩어지는 것이 자연의 이치다. 나의 원소의 결집은 언젠가 흩어지겠지만, 또 다른 결합으로 어딘가에서 존재할 것이다. 새로운 존재의 방식을 우리는 아직 알 수 없다. 그저 상상하고 추측할 뿐이다.

사제로 살면서 힘들고 어려웠던 일 가운데 하나는 죽음의 공포에 질려있는 사람들을 만날 때였다. 소위 '종부성사'라고 불리는 예식을 진행하며 죽음 앞에 다가선 사람에게 위로를 건네주고, 죄를 용서해 주는 주문을 외우고 기름을 발라 준다. 죽음의 때에 이른 이들은 일순간 깊은 공포에 질리게 된다. 사람이 죽음의 순간에 다다르면 지난 일생의 시간이 주마등처럼 빠르게 지나간다고 한다. 이때 사람들은 자신의 삶에서 평생 추구했던 것들이 의미 없게 다가올 때 커다란 공포에 압도당한다. 평생을 헛살았다는 것이 눈에 보이는데 바로 잡을 기회가 없다는 것을 알게 되는 것이다. 이때 그들을 압도하는 공포와 외로움, 단절과 추락은 지옥을 체험하는 시간이다.

우리에게 변화는 필요하지만, 변화가 필요한 이유는 변하지 않는 '하나'를 지키기 위함이다. 세상은 끊임없이 변화해 나가지만 변치 않는 '영원에 대한 갈망'과 '하늘의 뜻'은 인간에게 큰 희망이며 위로이다. '세상이 무상하고 덧없다' 말하는 이들이 있지만 세상은 살만한 가치가 있고, 이유가 있고, 의미가 있는 곳이다. 끊임없이 흔들리면서 추구했던 가치들은 무엇인가? 내가 어디서 왔는지, 무엇 하러 왔는지, 어디로 돌아갈 것인지를 알게 된다면 우리에게 다가오는 고통은 우리를 살게 하는 힘이 될 것이다.

융합심리 분석상담치료의 다음 과제는 동양 심리학과의 융합이다. 특별히 〈주역〉은 동양철학과 심리학의 핵심이다. 양과 음으로 이루어진 효를 통해 자연과 인간, 세계의 움직임에 대한 64괘를 정리하여 세상 안의 '나'의 판단과 선택, 그리고 행동을 조언한다. 〈주역〉의 세계관은 변하지 않는 일이 없고, 변하지 않는 사람이 없으며, 변하지 않는 물건이 없다는 사실을 전제하고, 변화가 이렇듯 필연적이라면 거기에 대응하는 방법은 흐르는 물처럼 함께 변화해야 한다는 것을 핵심으로한다. 융은 〈주역〉에 매료되어 인생의 중요한 순간에 늘 괘를 뽑아 자신이 가야 할길을 결정했다고 알려졌다. 〈주역〉은 융 심리학에 영감을 주었다. 우리들의 '융합심리 분석상담'은 융의 분석심리에 기반한다. 융의 인식 토대의 기초가 동양의 〈주역〉에서 비롯된 것이라면, 우리는 〈주역〉과 융 심리학의 접점과 상관성에 대해 연구하면서 동서양 철학과 심리학의 융합을 바라보아야 할 것이다.

글을 마무리하면서 다가온 커다란 세계의 격변은 '챗GPT4'의 등장이다. 이제 우리들이 해야 할 지적 작업의 영역을 인공지능에게 맡겨야 하는 시대가 성큼 다가왔다. 두려워할 일도 아니고, 환영할 일이 아닐 수도 있다. 중요한 것은 끊임없이 변화하는 시대의 한복판에서 우리는 지혜의 길을 찾아 나가려는 의지를 내려놓지 않았다는 것이다. 인간의 '무의식'과 '자유 의지'는 어떠한 인공지능도 대체할 수 없는 인간존재의 핵심이다. 과학기술의 끊임없는 진보와 기술의 비약에도 인간에게는 늘 불안과 분노, 우울이 떠나가질 않았다. 인간 내면의 역동과 감정은 인간을 인간이게 하는 중요한 에너지원일 수 있다. 이제 우리는 변화를 관망하며 인간의 진보가 인간의 마음을 다루는 방법을 지켜보고 연구해야 한다. 인간존재의 존엄과 가치를 위협하는 과학기술의 발전과 변화를 경계하면서도 창의적이고 보다 높은 수준으로 비약하는 과학기술의 변화에 대해서, 인간의 존엄과 가치를 지키는 창의적인 연구와 수련을 게을리하지 말아야 할 것이다.